美しい住まいのしつらえ

丸山 弾＝著

家の配置を考えるとき、まずは家の外に余白をつくることから考えます。居心地のよい場をつくるには抑揚のある視線が必要で、その視線をつくるには、窓の先に余白となる空間が必要だからです。

余白の大きさは、室内の空間と対になるよう考えます。室内空間の大きさと外の余白の大きさが釣り合うイメージです。居場所（ソファや椅子）から窓までの距離感を適切に保ちつつ、余白が周辺環境との緩衝帯となることで、伸びやかな視線を得るとともに、窓を開放する際の安心感も得られます。

設計をはじめるときには、居場所と余白の領域をイメージした円を配置図に思い描きます。どこを居場所にするのか、対となる余白はどこに設けるか、内外の大きさの釣り合いは適切か……などを日射や敷地外の周辺環境も意識しながら考えます。

さらに複数の居場所をつくる際には、それに応じた複数の余白を散らばらせることはできないか、余白が大きい場合は窓から居場所までどの様な引きをとるか……などに思いを巡らせます。この作業が、ゾーニング、空間構成、間取りを考える際の下地になっていきます。

また、雨の国の条件として、軒の出と雨水がシンプルに流れる屋根形状が必要です。余白に面した窓に対して、軒が下がるように家の形を整えていくことで、その土地その場所になじむ形となっていきます。

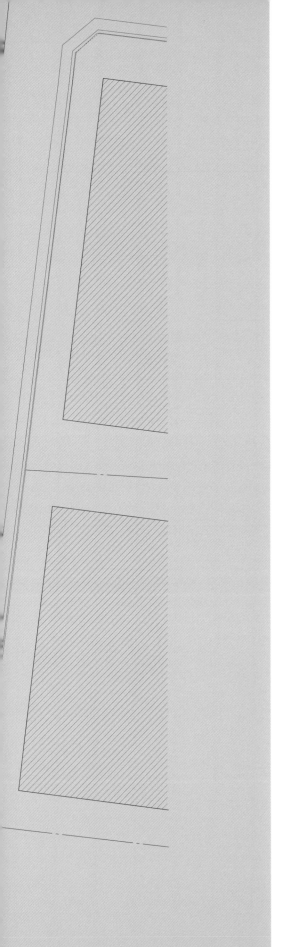

第1章

周辺環境の読み解き方

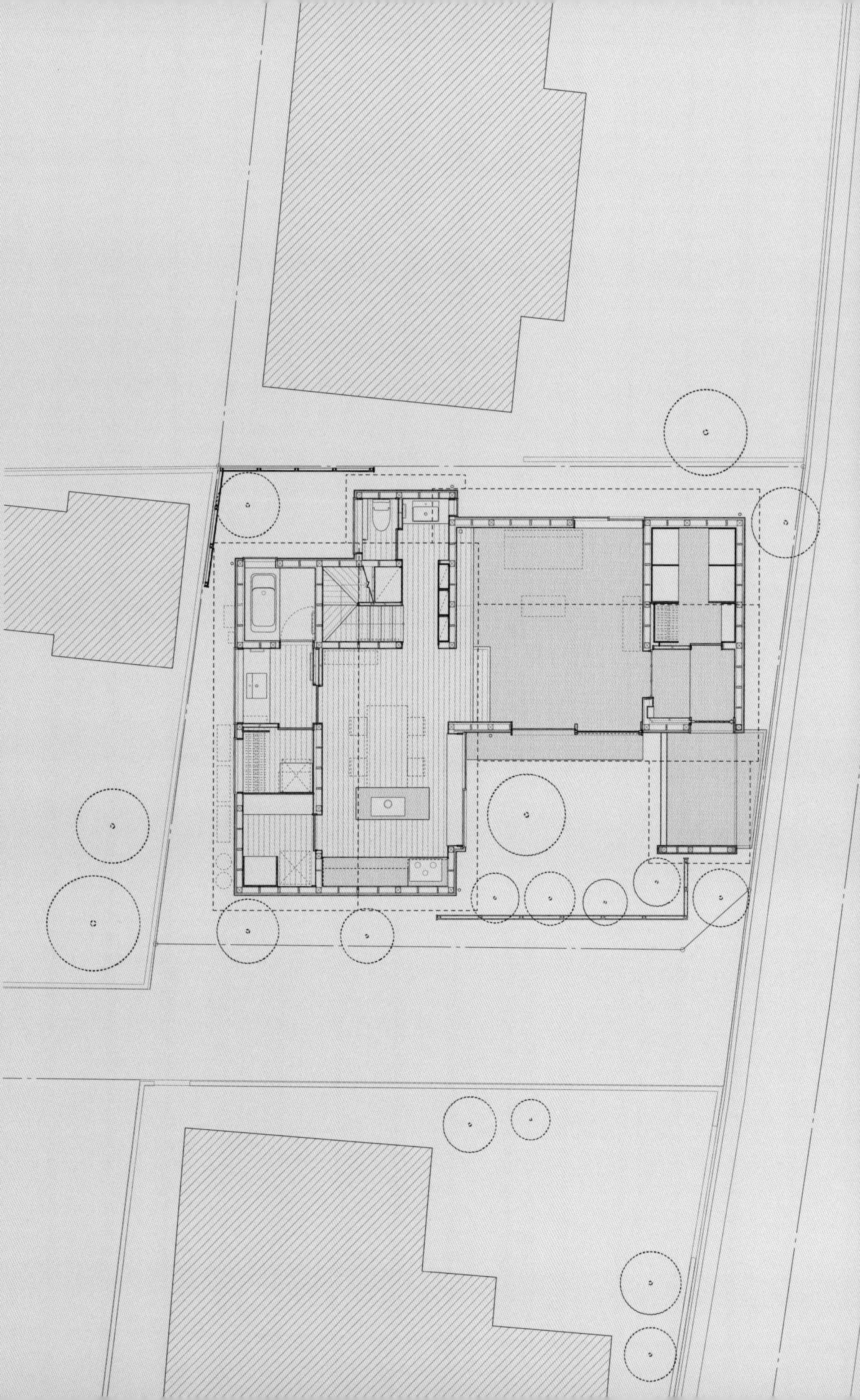

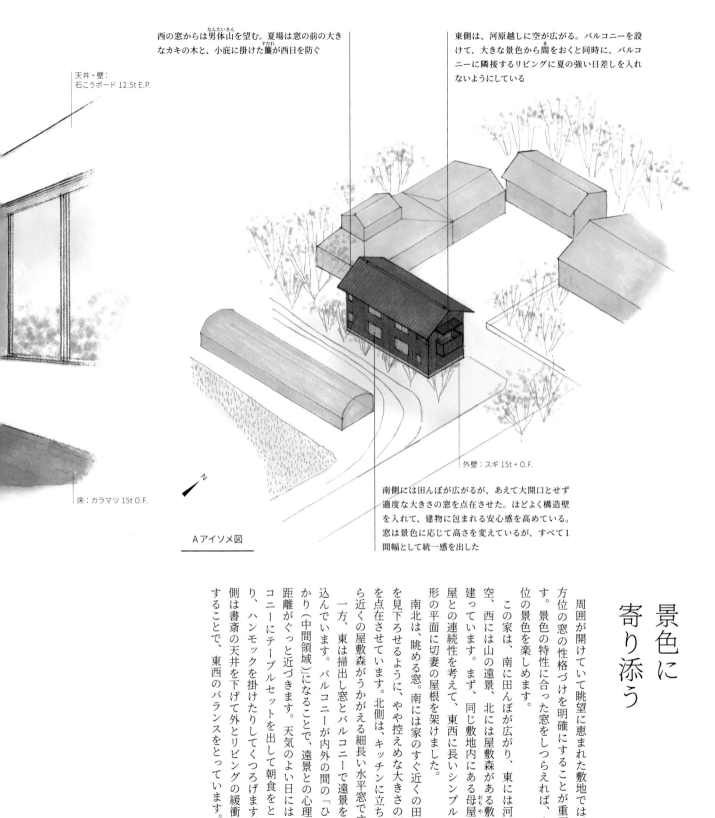

西の窓からは男体山《なんたいさん》を望む。夏場は窓の前の大きなカキの木と、小庇に掛けた簾《すだれ》が西日を防ぐ

東側は、河原越しに空が広がる。バルコニーを設けて、大きな景色から間《ま》をおくと同時に、バルコニーに隣接するリビングに夏の強い日差しを入れないようにしている

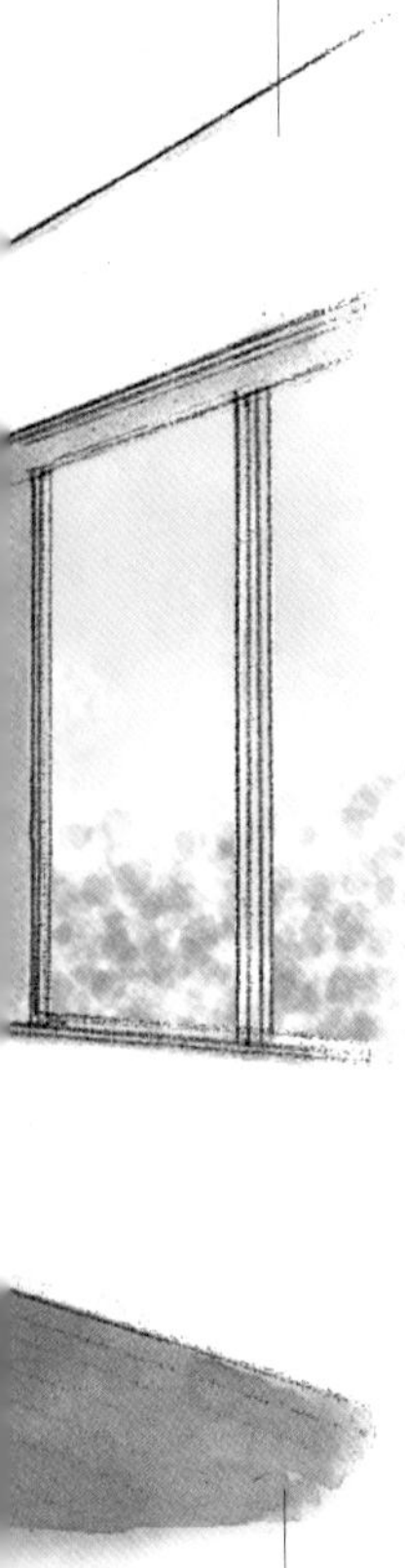
天井・壁：
石こうボード 12.5t E.P.
床：カラマツ 15t O.F.

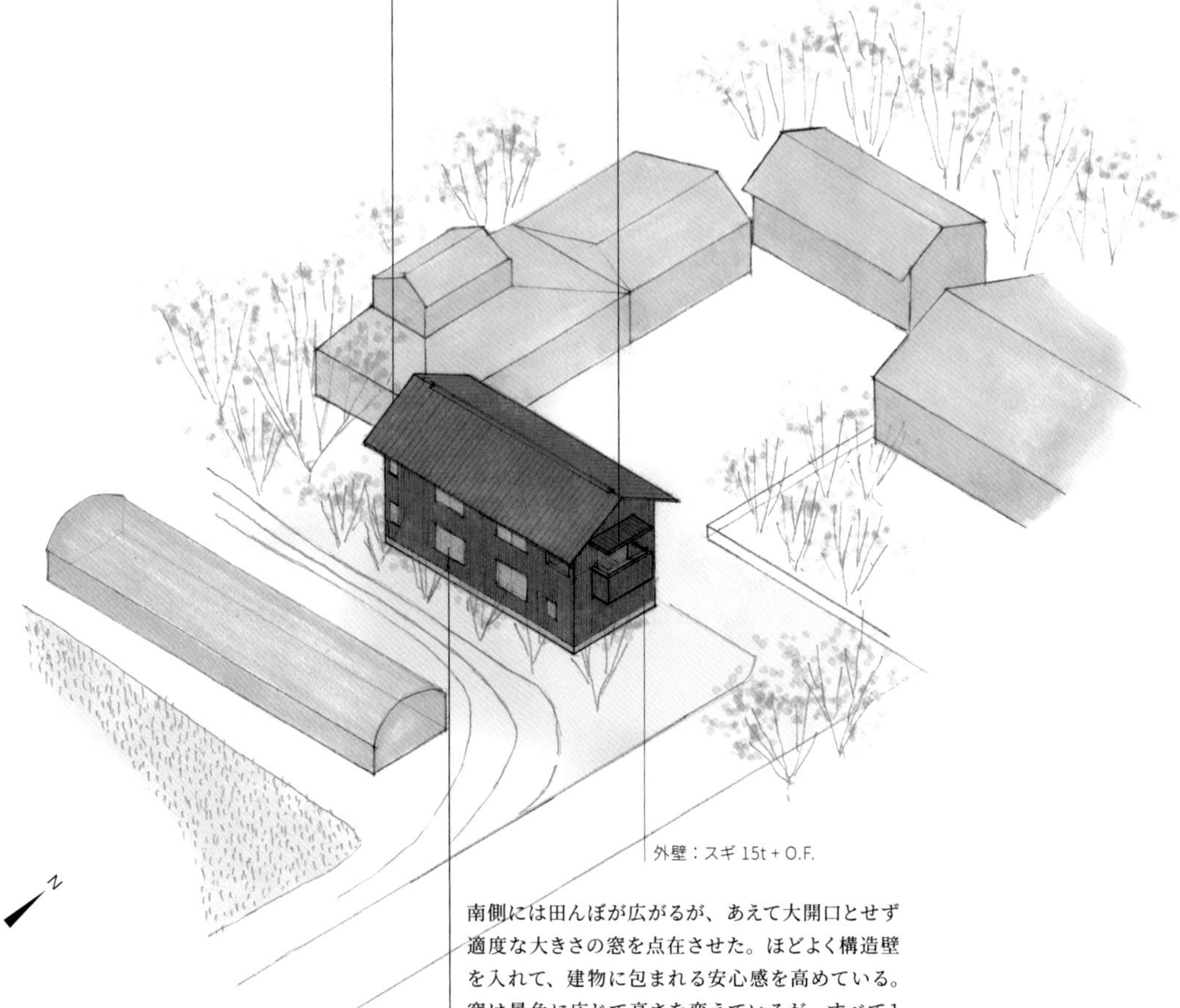
N
外壁：スギ 15t + O.F.

南側には田んぼが広がるが、あえて大開口とせず適度な大きさの窓を点在させた。ほどよく構造壁を入れて、建物に包まれる安心感を高めている。窓は景色に応じて高さを変えているが、すべて1間幅として統一感を出した

Aアイソメ図

景色に寄り添う

周囲が開けていて眺望に恵まれた敷地では、各方位の窓の性格づけを明確にすることが重要です。景色の特性に合った窓をしつらえれば、全方位の景色を楽しめます。

この家は、南に田んぼが広がり、東には河原と空、西には山の遠景、北には屋敷森がある敷地に建っています。まず、同じ敷地内にある母屋《おもや》や納屋との連続性を考えて、東西に長いシンプルな矩形の平面に切妻の屋根を架けました。

南北は、眺める窓。南には家のすぐ近くの田んぼを見下ろせるように、やや控えめな大きさの腰窓を点在させています。北側は、キッチンに立ちながら近くの屋敷森がうかがえる細長い水平窓です。

一方、東は掃出し窓とバルコニーで遠景を取り込んでいます。バルコニーが内外の間の「ひっかかり（中間領域）」になることで、遠景との心理的な距離がぐっと近づきます。天気のよい日にはバルコニーにテーブルセットを出して朝食をとったり、ハンモックを掛けたりしてくつろげます。西側は書斎の天井を下げて外とリビングの緩衝帯とすることで、東西のバランスをとっています。

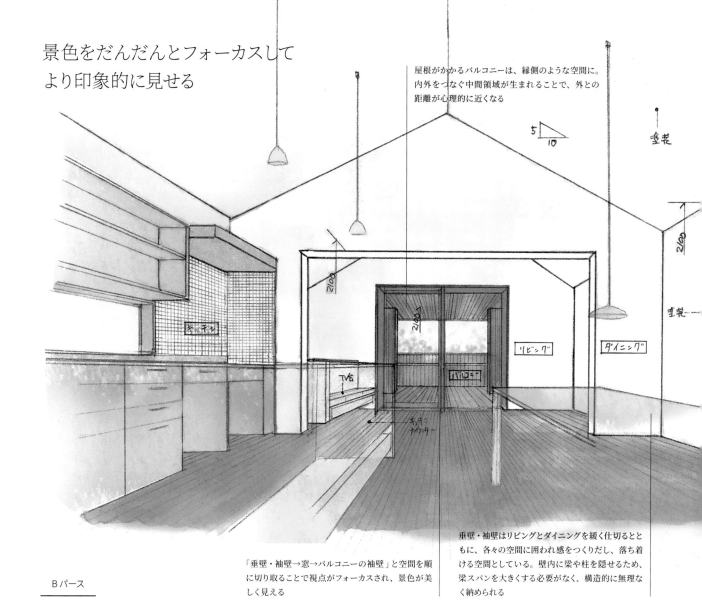

景色をだんだんとフォーカスして より印象的に見せる

屋根がかかるバルコニーは、縁側のような空間に。内外をつなぐ中間領域が生まれることで、外との距離が心理的に近くなる

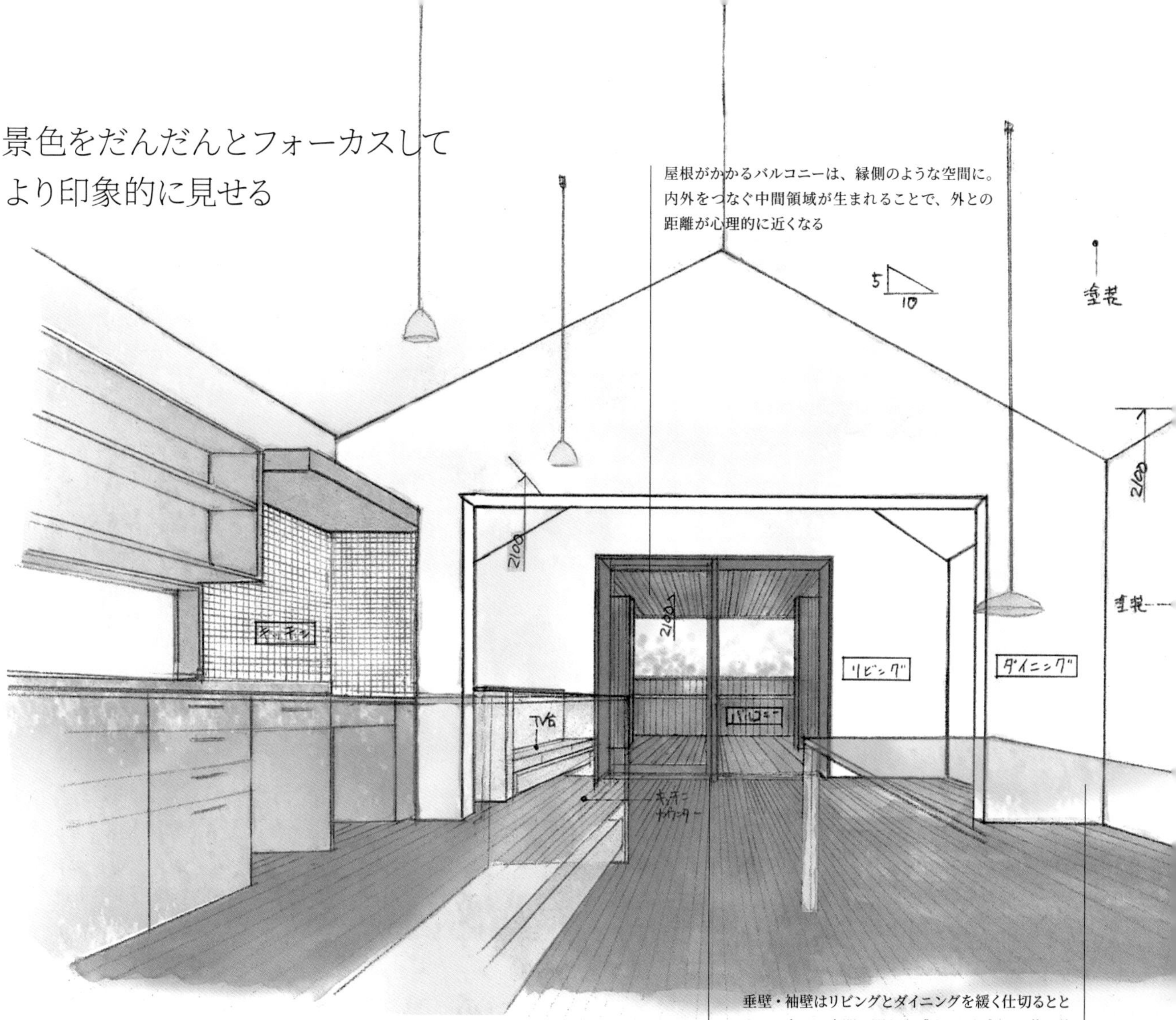
5
10
塗装
2100
2100
2100
キッチン
TV台
リビング
ダイニング
塗装

垂壁・袖壁はリビングとダイニングを緩く仕切るとともに、各々の空間に囲われ感をつくりだし、落ち着ける空間としている。壁内に梁や柱を隠せるため、梁スパンを大きくする必要がなく、構造的に無理なく納められる

「垂壁・袖壁→窓→バルコニーの袖壁」と空間を順に切り取ることで視点がフォーカスされ、景色が美しく見える

Bパース

1≫
東側の外観。1階はアプローチと重なるため、窓を設けていない。バルコニーはあえて一部跳ね出しとして切妻のファサードの固さを和らげるアクセントとしている

バルコニーの軒天井と室内の垂壁の高さを合わせて、空間に規律を与えている。リビングからバルコニーを見た際には、外に向かって段々と高さが抑えられる

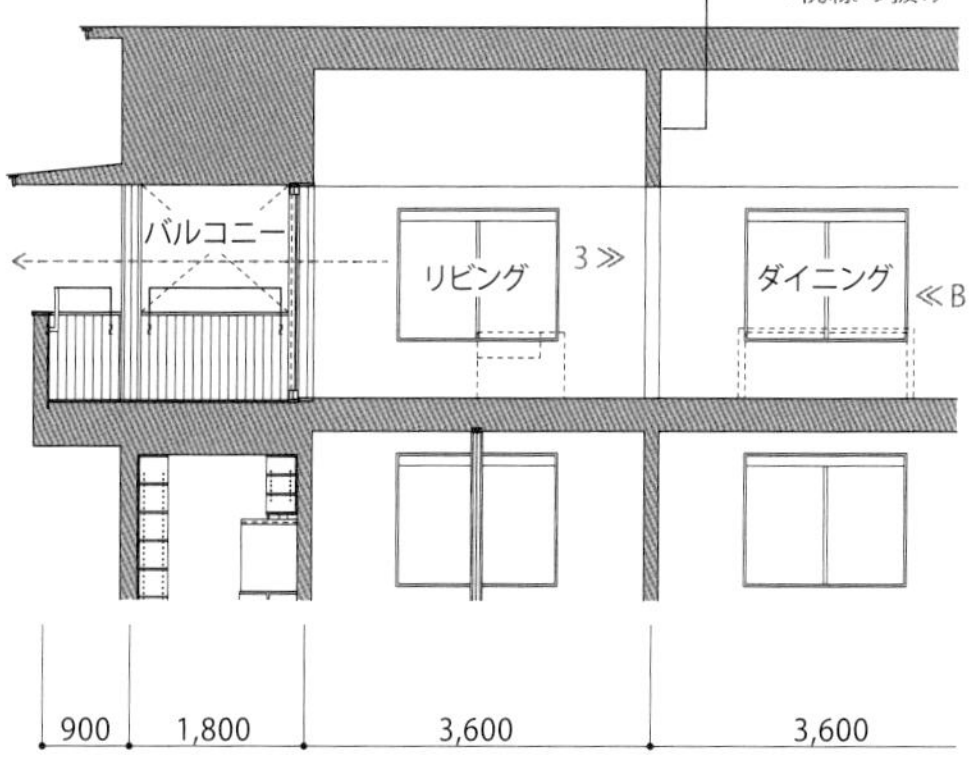
←-: 視線の抜け
バルコニー
リビング
3≫
ダイニング
≪B
900
1,800
3,600
3,600

断面図S=1：150

バルコニーに比重を置きつつ小さな窓でバランスをとる

バルコニーの一部は跳ね出しとし、アプローチがある東側に人の気配を伝えている

バルコニーは木製建具とし、木で仕上げたリビングとバルコニーの床をなじませている

東側と同様に西側からも一部遠景を望めるため、バルコニーとバランスを取る目的でも出窓を設け、西側にも小さな「ひっかかり」をつくった。窓の近くには大きなカキの木があり、夏は西日を遮ってくれる

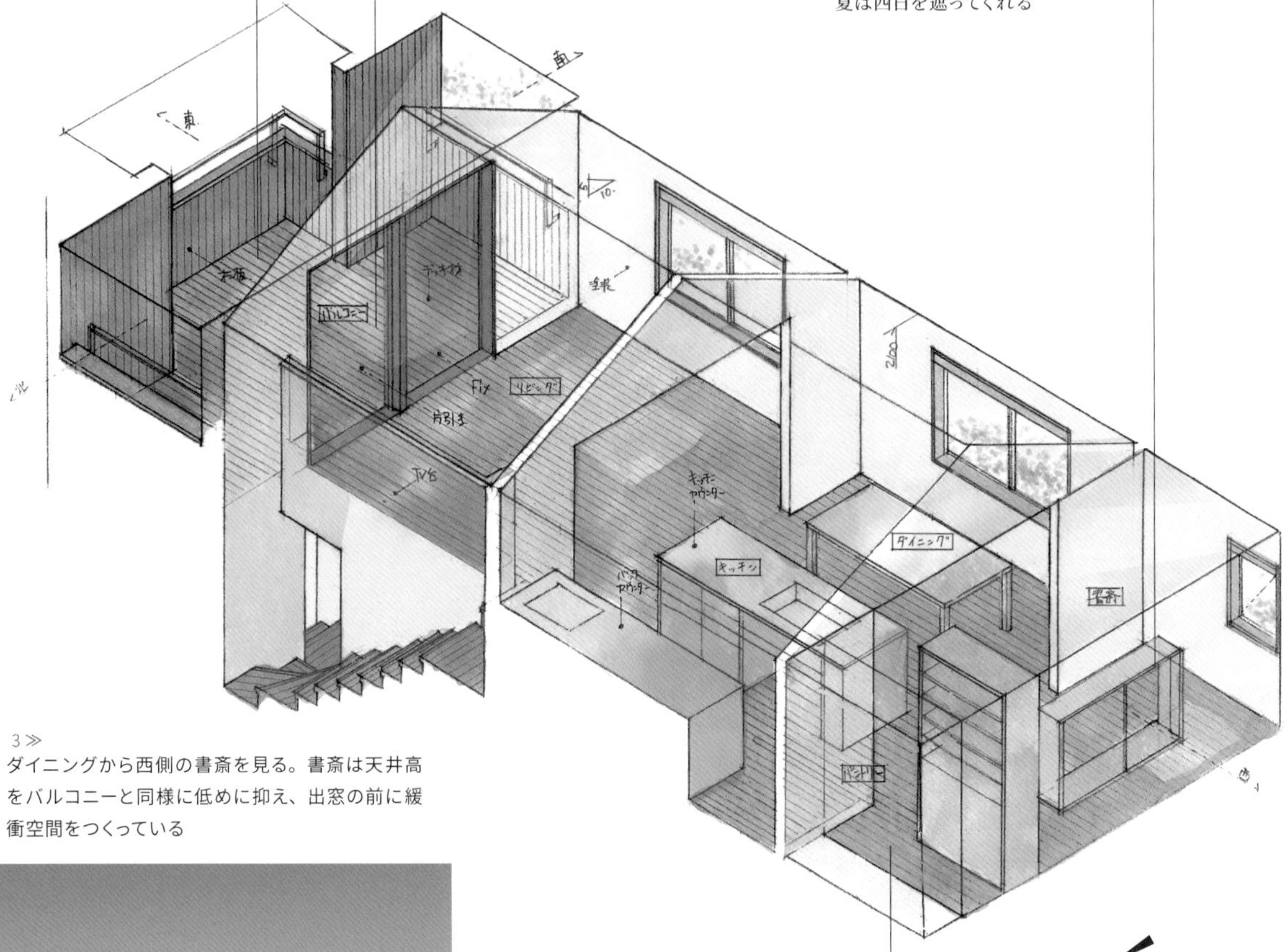

3≫
ダイニングから西側の書斎を見る。書斎は天井高をバルコニーと同様に低めに抑え、出窓の前に緩衝空間をつくっている

パントリーと、家で仕事をするための書斎をキッチン近くの西側に配置。ワンルームながらも、袖壁と低く抑えた天井で緩く仕切っている

C2階アイソメ図

≪2
東西の立面。窓からは大谷石の蔵とカキの木の間から男体山が望める

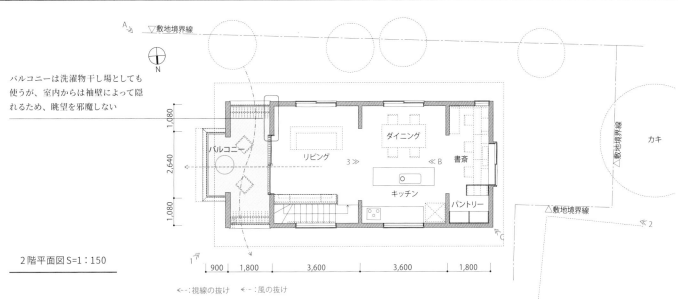

バルコニーは洗濯物干し場としても使うが、室内からは袖壁によって隠れるため、眺望を邪魔しない

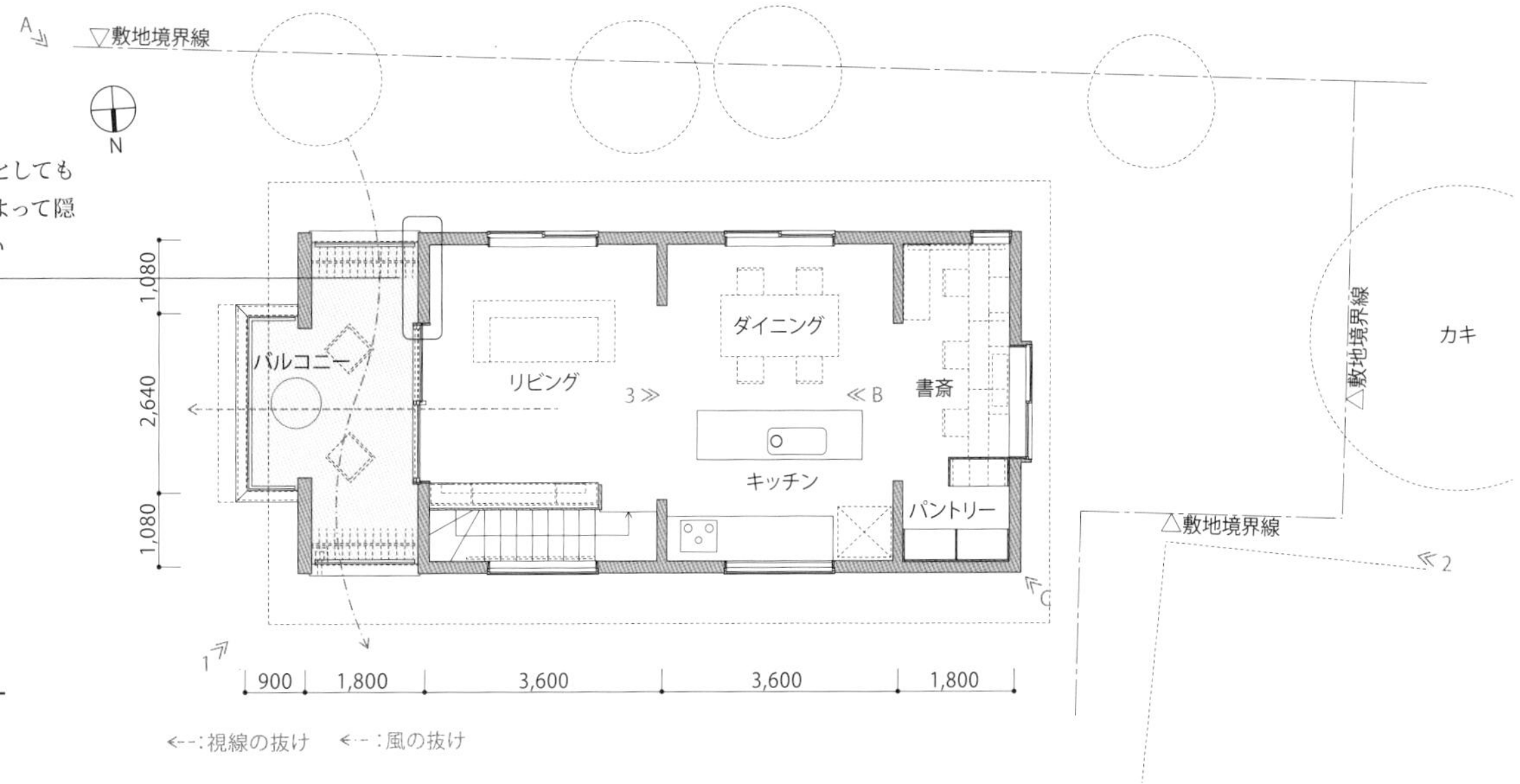
A
▽敷地境界線
N
1,080
2,640
1,080
バルコニー
リビング
3
ダイニング
B
書斎
キッチン
パントリー
C
△敷地境界線
△敷地境界線
カキ
2
1
900
1,800
3,600
3,600
1,800
←-:視線の抜け
←-:風の抜け

2階平面図S=1：150

開かずの窓をつくらない

都心の住宅密集地では、開放的な窓をつくるのは困難です。そのような場合でも「居室＋庭」を対で整えて開かずの窓ができないように、しつらえます。

3階建ての建物に囲まれた、都市部に近い街中の住宅。ここでは、L字形の敷地いっぱいに住宅を設けるのではなく、南側の一部を欠き取って光庭をつくっています。南側のキッチン、リビングに接して対になる外部空間を設けることで、すべての部屋に使える窓ができます。

道路から玄関までの距離感も大切です。屋内駐車場（ピロティ）を設けたことで生じた2枚の耐力壁を利用し、前面道路から心理的に距離をとっています。手前は犬の足洗い場、奥は休憩したり荷物を置いたりできるベンチスペースとしました。2つの空間が外との階層になり、短い距離でプライベート性を高めることができました。

敷地の南側に設けた光庭。光庭の前に眺望用の窓を設けると、室内に広がり感が得られる

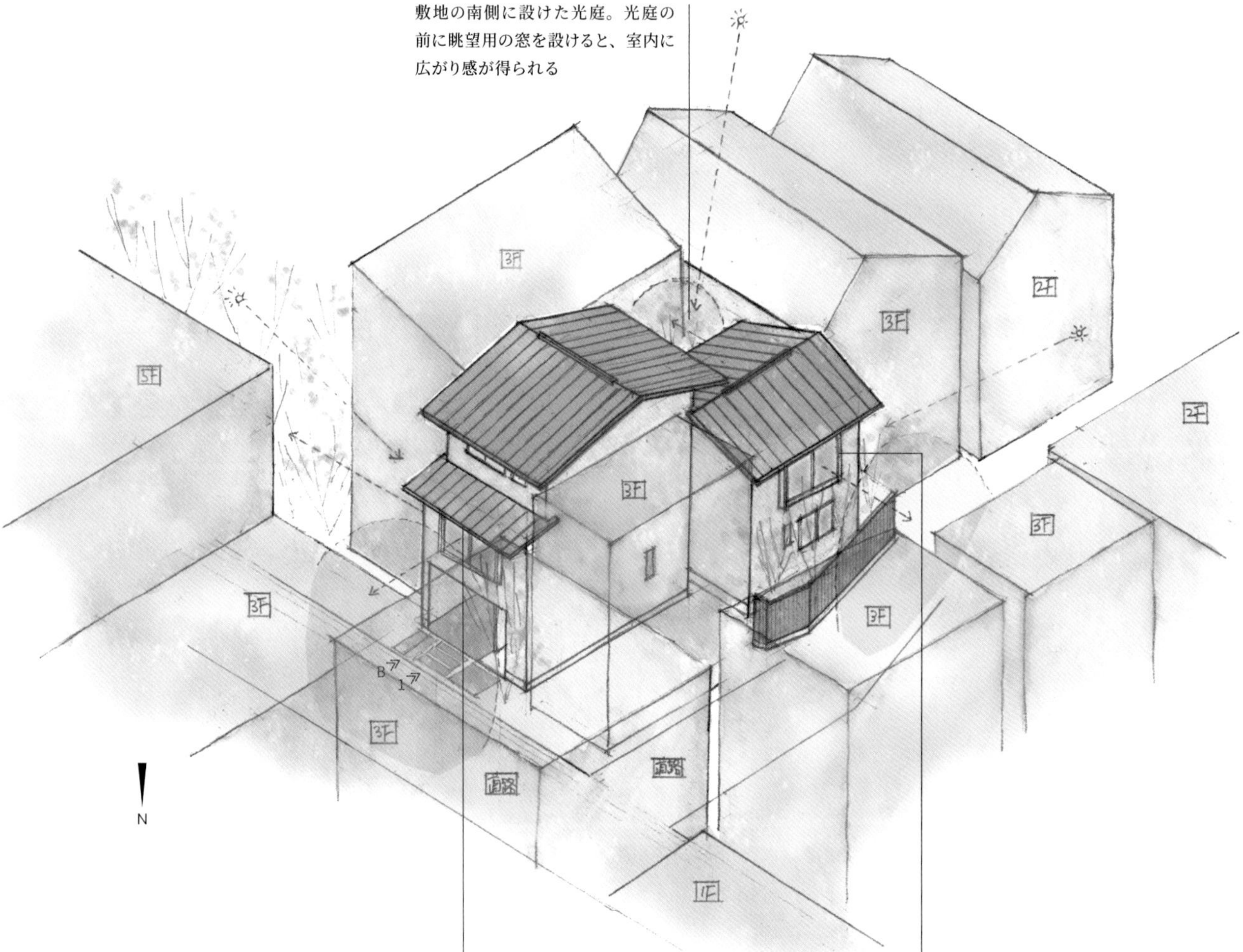

道路側は、道路斜線の制約もあり、2階建てに抑えている。ボリュームを抑え、道路側に軒を深く出すことで人を招き入れる雰囲気にしている

道路や光庭に面する主要な開口部は出窓とし、外部との小さな緩衝空間とする

Aアイソメ図

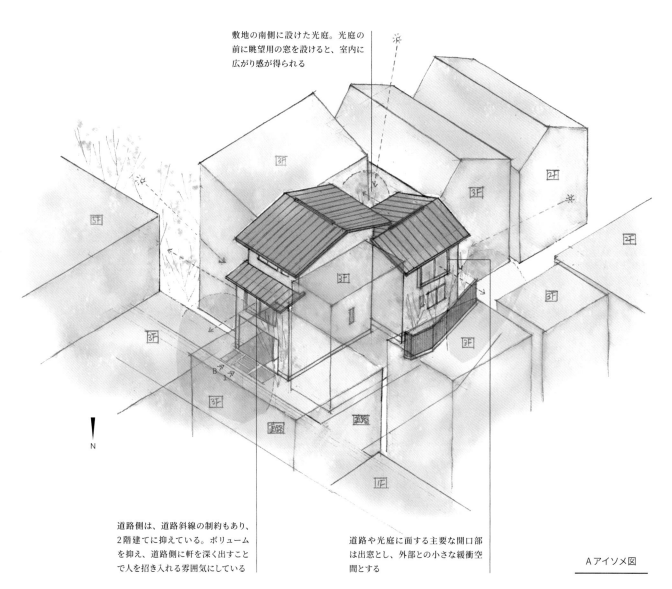

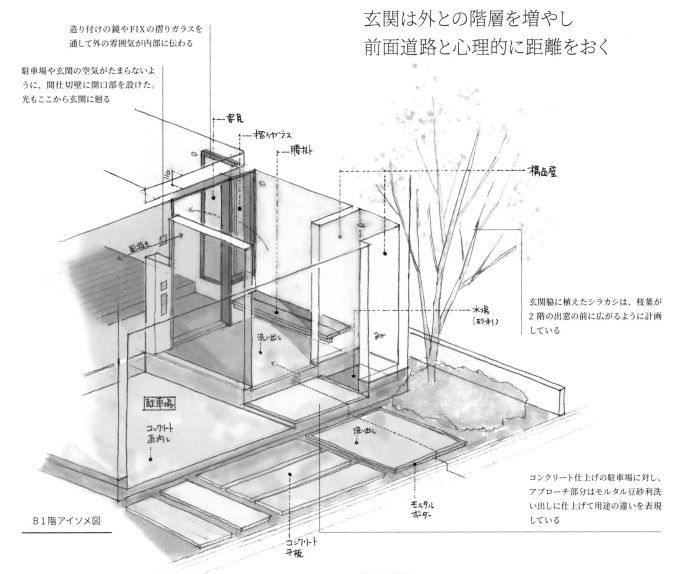

玄関は外との階層を増やし前面道路と心理的に距離をおく

造り付けの鏡やFIXの摺りガラスを通して外の雰囲気が内部に伝わる

駐車場や玄関の空気がたまらないように、間仕切壁に開口部を設けた。光もここから玄関に廻る

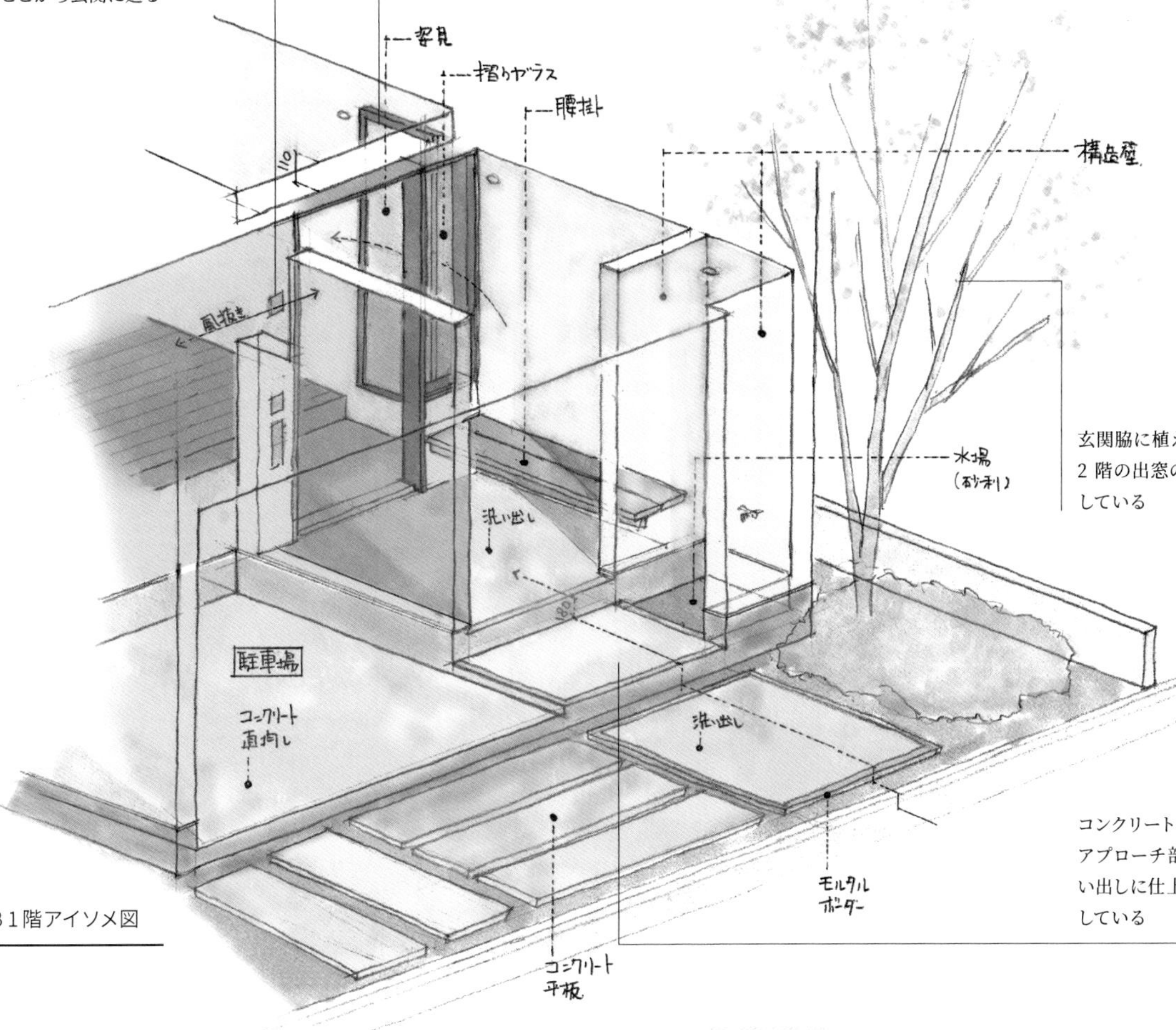
姿見
摺りガラス
腰掛
構造壁
110
風抜き
水場
(砂利)
洗い出し
180
駐車場
コンクリート
直均し
洗い出し
モルタル
ボーダー
コンクリート
平板

玄関脇に植えたシラカシは、枝葉が2階の出窓の前に広がるように計画している

コンクリート仕上げの駐車場に対し、アプローチ部分はモルタル豆砂利洗い出しに仕上げて用途の違いを表現している

B1階アイソメ図

1 玄関廻りを見る。玄関の前に植えたシラカシが隣家や前面道路との緩衝帯となり、街との距離感を増している

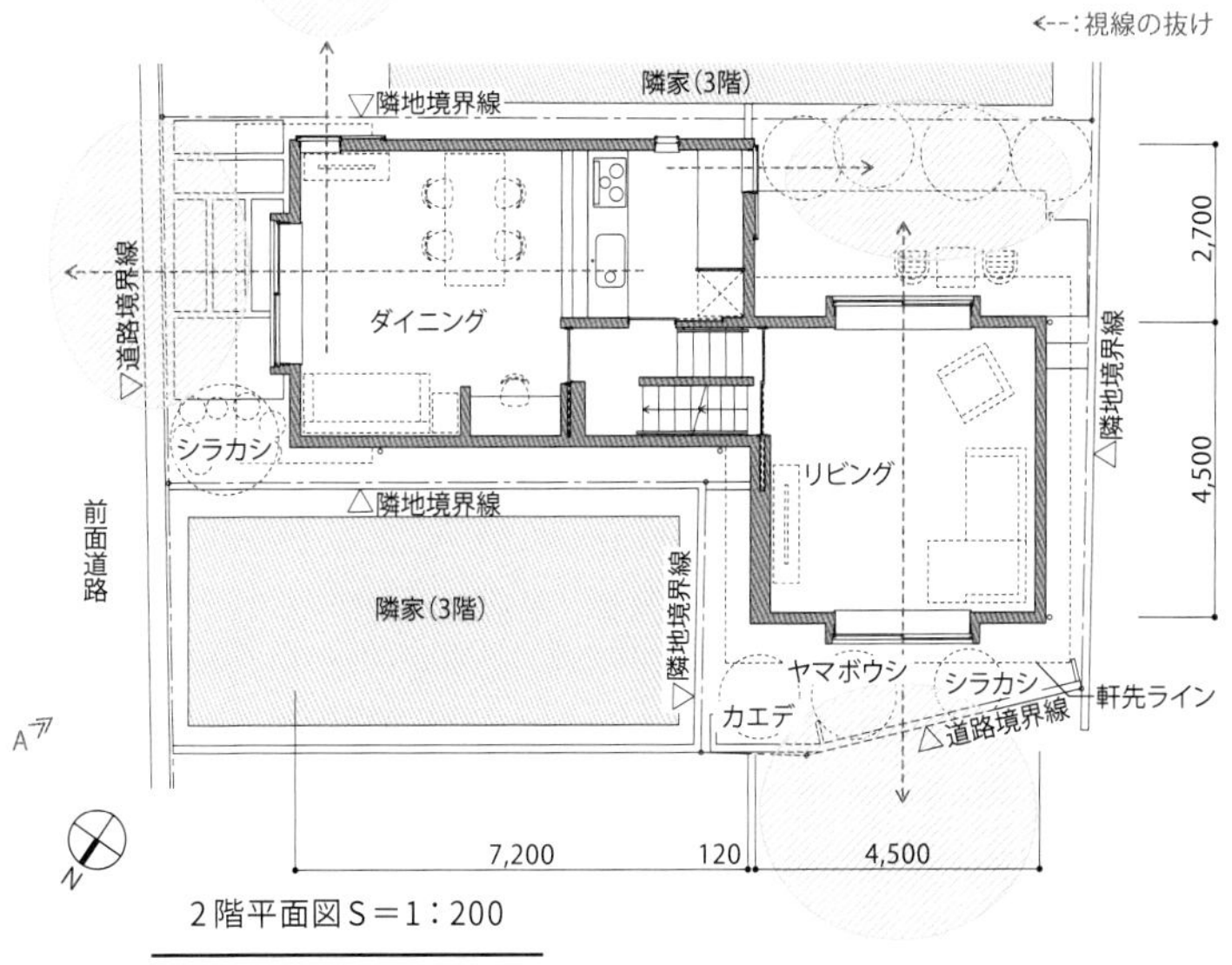
←--:視線の抜け
隣家(3階)
▽隣地境界線
ダイニング
▽道路境界線
シラカシ
リビング
△隣地境界線
前面道路
△隣地境界線
隣家(3階)
▽隣地境界線
ヤマボウシ
シラカシ
カエデ
△道路境界線
軒先ライン
2,700
4,500
7,200
120
4,500
A
N

2階平面図S＝1：200

中庭で抜けをつくる

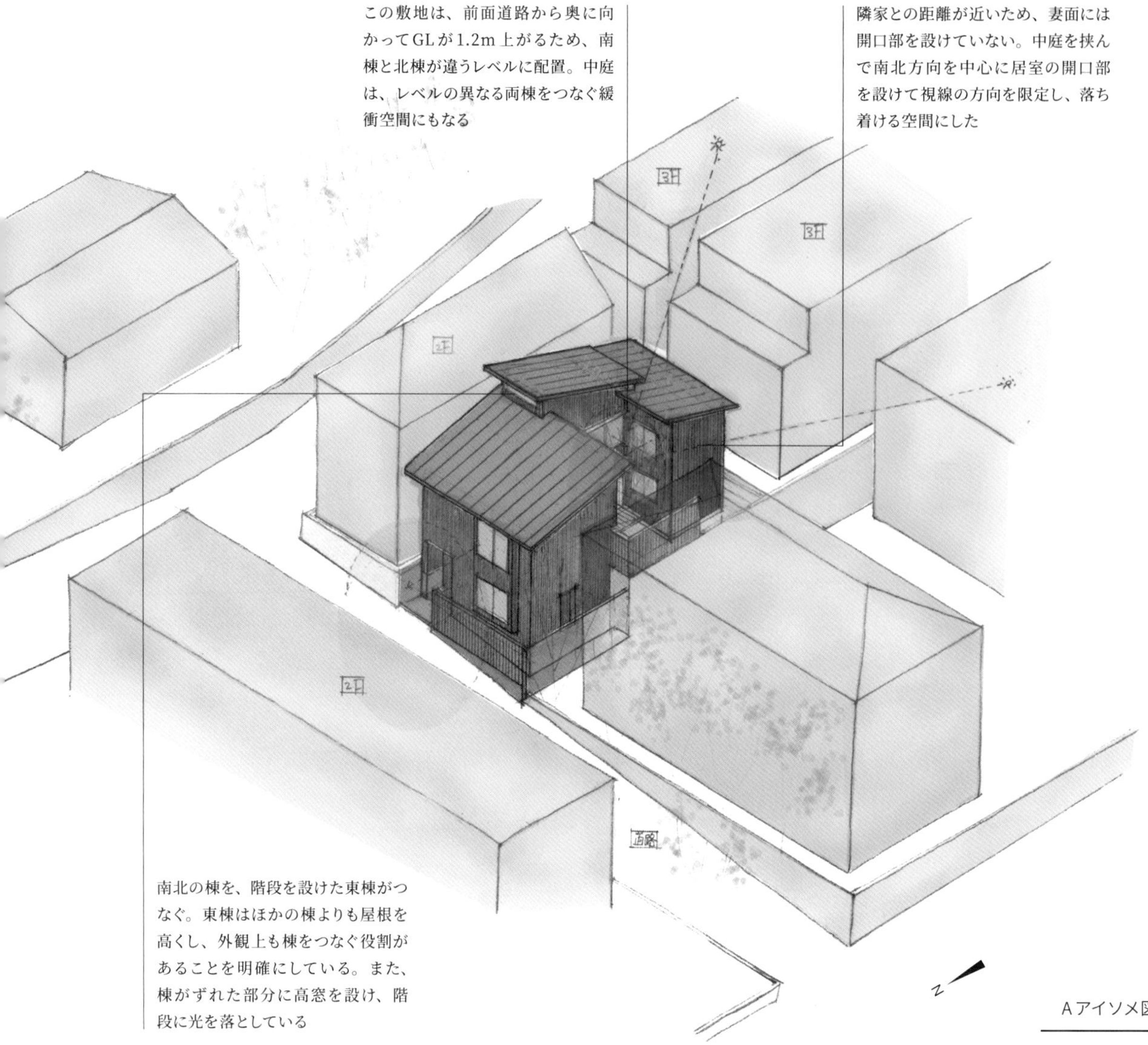
この敷地は、前面道路から奥に向かってGLが1.2m上がるため、南棟と北棟が違うレベルに配置。中庭は、レベルの異なる両棟をつなぐ緩衝空間にもなる
隣家との距離が近いため、妻面には開口部を設けていない。中庭を挟んで南北方向を中心に居室の開口部を設けて視線の方向を限定し、落ち着ける空間にした
3F
3F
2F
2F
道路
南北の棟を、階段を設けた東棟がつなぐ。東棟はほかの棟よりも屋根を高くし、外観上も棟をつなぐ役割があることを明確にしている。また、棟がずれた部分に高窓を設け、階段に光を落としている
N

Aアイソメ図

住宅の周囲に視線が抜けない場合は、中庭が有効です。視線の抜けや光を確保するとともに、各室にいる人の気配も中庭を介してほんのりと伝わります。この事例では、南側に3階建の隣家が建っていました。そのため、リビングの南側に窓を設けると、その隣家の北側の壁が見えてしまいます。そこで、リビングを北に配置し、そこから中庭を挟んで、ボリュームを抑えた南棟が見えるようにしています。これで、隣家の大きな壁が窓から見えることはありません。

建物の正面は道路側に板塀を設け、プライバシーを高めたつくりにしています。ただし、玄関まで閉鎖的な印象にならないように13頁Bパースのようにアプローチに段差を設け、内と外の間に階層をつくり、境界を曖昧に見せました。ポーチの上には小庇を設け、さらに内と外との階層を増やしています。

1 北側外観。北面の窓は出窓とし、ポーチを凹ませることで、道路との距離を保っている

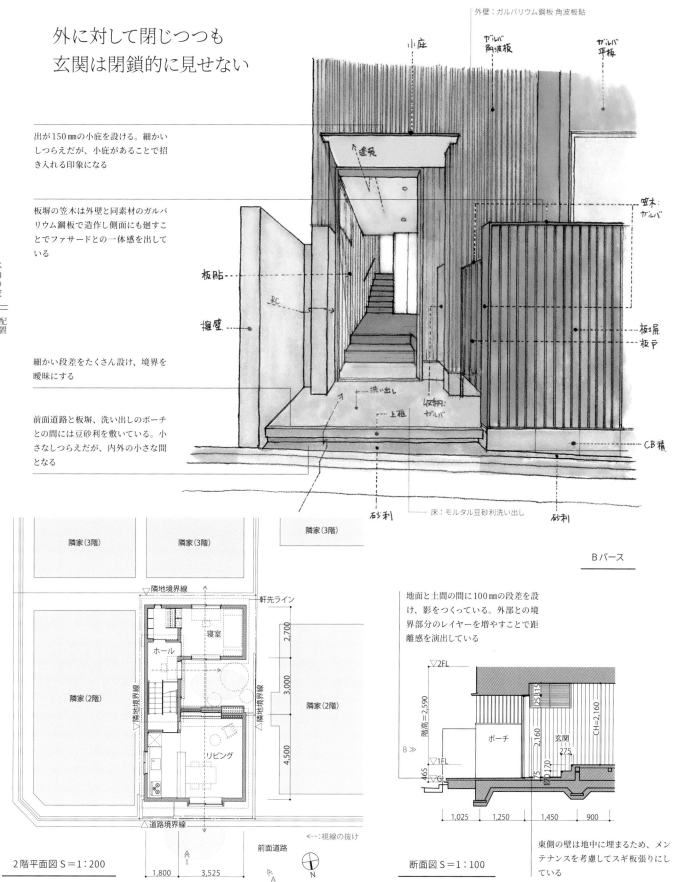

外に対して閉じつつも玄関は閉鎖的に見せない

出が150㎜の小庇を設ける。細かいしつらえだが、小庇があることで招き入れる印象になる

板塀の笠木は外壁と同素材のガルバリウム鋼板で造作し側面にも廻すことでファサードとの一体感を出している

細かい段差をたくさん設け、境界を曖昧にする

前面道路と板塀、洗い出しのポーチとの間には豆砂利を敷いている。小さなしつらえだが、内外の小さな間となる

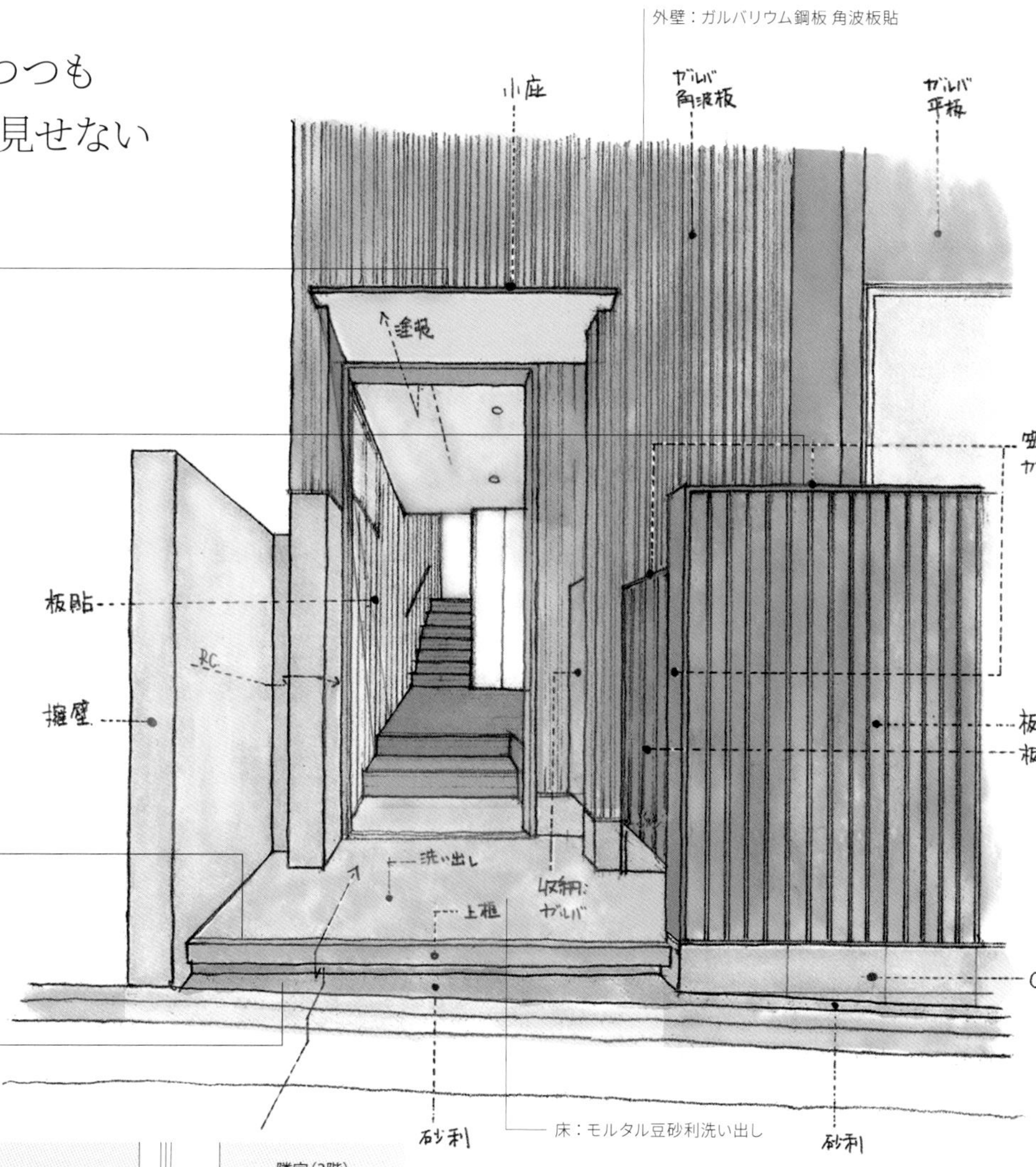
外壁：ガルバリウム鋼板 角波板貼
小庇
ガルバ 角波板
ガルバ 平板
塗装
笠木：ガルバ
板貼
RC
擁壁
板塀
板戸
洗い出し
収納：ガルバ
上框
CB積
砂利
床：モルタル豆砂利洗い出し
砂利

Bパース

地面と土間の間に100㎜の段差を設け、影をつくっている。外部との境界部分のレイヤーを増やすことで距離感を演出している

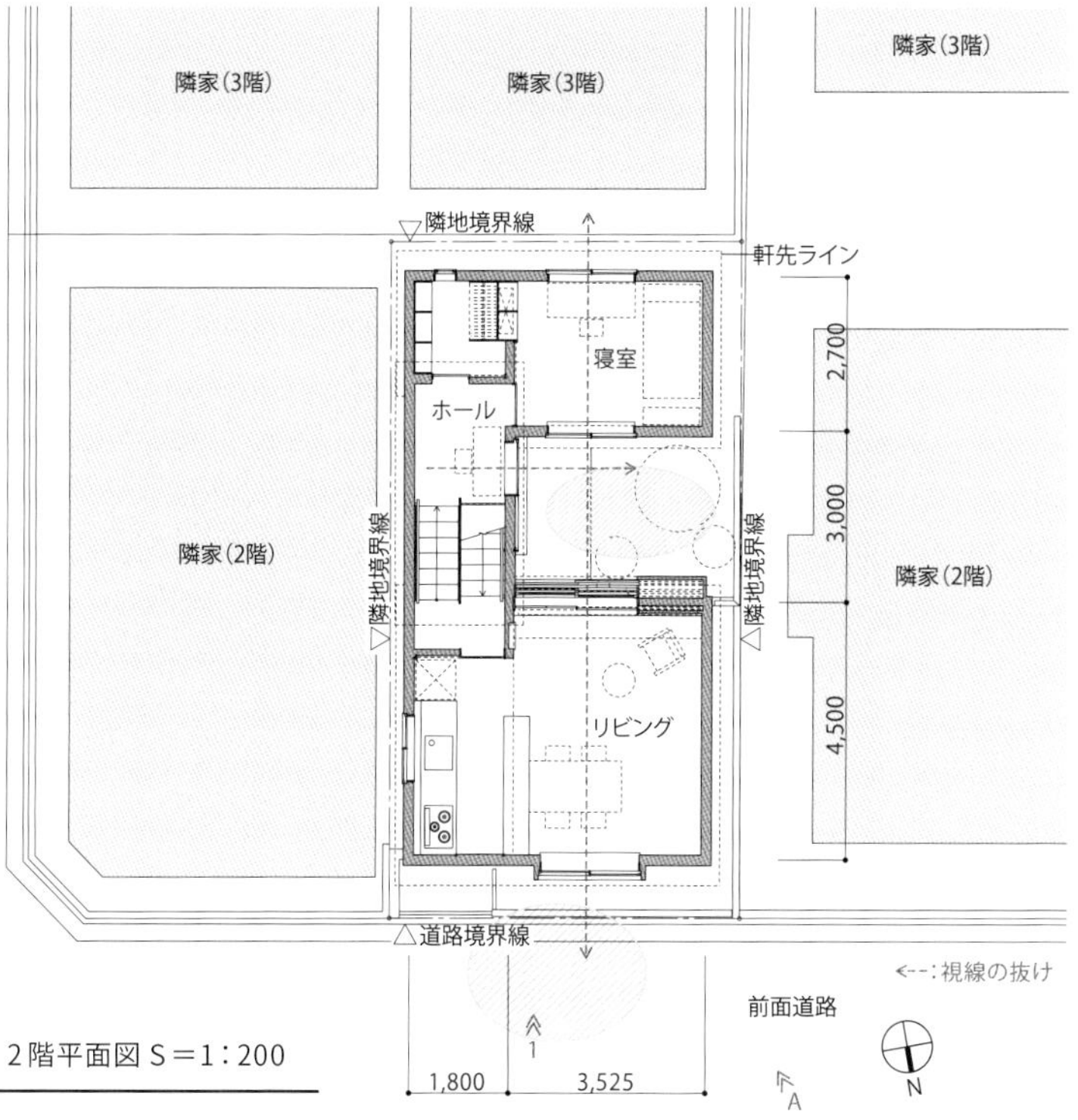
隣家(3階)
隣家(3階)
隣家(3階)
隣地境界線
軒先ライン
寝室
ホール
隣家(2階)
隣地境界線
隣地境界線
隣家(2階)
2,700
3,000
4,500
リビング
道路境界線
←--：視線の抜け
前面道路
1
1,800
3,525
A
N

2階平面図 S＝1：200

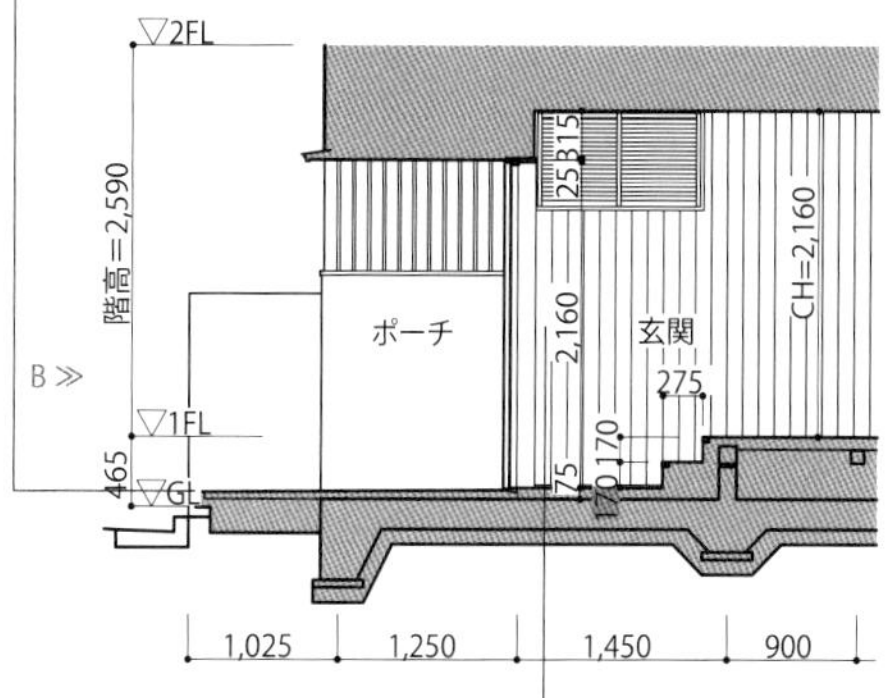
2FL
階高=2,590
B≫
1FL
GL
465
ポーチ
玄関
2,160
CH=2,160
25
315
275
170
75
0
1,025
1,250
1,450
900

断面図 S＝1：100

東側の壁は地中に埋まるため、メンテナンスを考慮してスギ板張りにしている

ボリュームを4棟に分けて雁行配置している。全体で40坪弱の大きさだが、1棟1棟のボリュームを抑えることで、建物を小さく見せて華奢な雑木林のスケールになじませる

南の棟には、ルーフバルコニーを設けている。室内からは水平に視線が抜けるが、バルコニーに出ると垂直方向にも視線が抜け、周囲の自然に触れられる

冬になると、山から北風が下りてくる。風を受ける面を減らすため北側の棟を最も低く抑え、南に行くに従って棟を高くした。内部はそれに合わせてスキップフロアとし、奥の棟に移動するごとに空間が広がっている

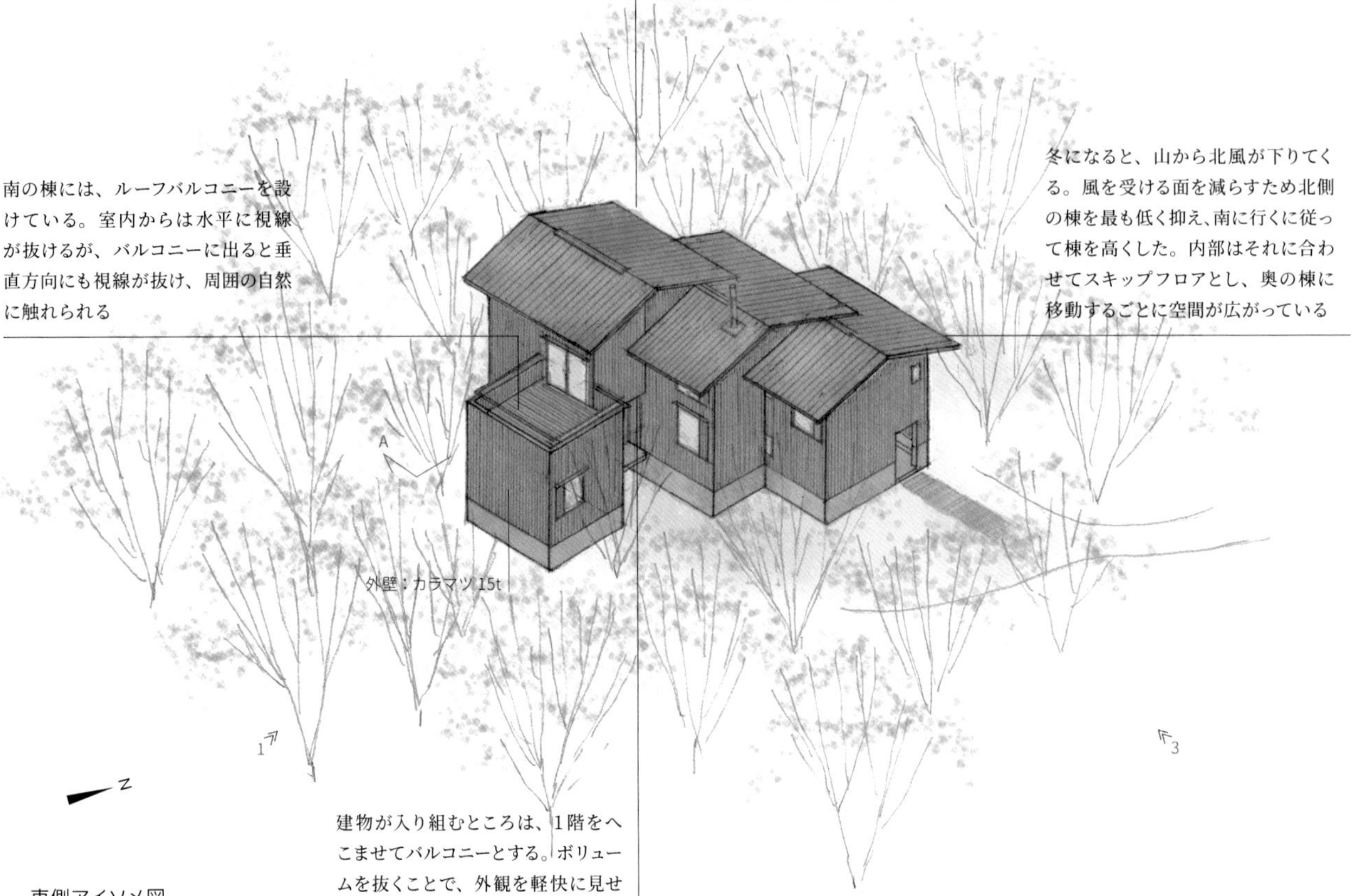

建物が入り組むところは、1階をへこませてバルコニーとする。ボリュームを抜くことで、外観を軽快に見せている

東側アイソメ図

木立に溶け込ませる

この別荘地の敷地は方位に沿わず、隣接する県道に沿って区画割りされています。そのため、ほかの別荘はすべて道路に正対して建てられていました。しかし、それでは十分な採光が得られないだけでなく、窓からは横並びの隣家を眺めることになり、風景を十分に楽しむことができません。そこで建物を南に向けて採光を確保するとともに、四方の窓から木立を楽しめるようにしました。

木立のなかにある玄関は、17頁Cパースのように外側から、ベンチを設けたポーチ、風除室を兼ねた玄関の2つの空間に分けて、段階的に人を内部へと導くようにしています。さらに2つの空間は素材を切り替えたり天井高に差をつけたりすることで、性質を変えています。段階的に外と中の空間をなじませることで、自然豊かな外と、壁に囲まれた内のスケール感のギャップを、埋めています。

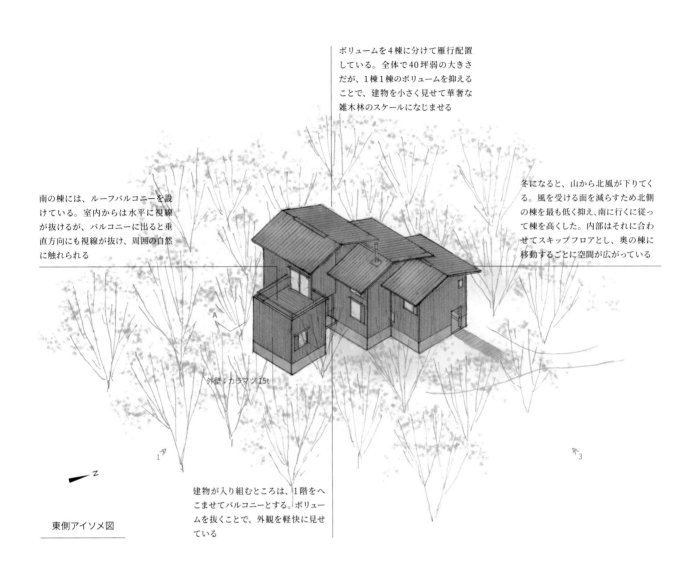

もっと遠くまで視線を抜いて風景を思う存分楽しむ

建物を南に正対させて敷地境界線と軸をずらすことで、視線が隣家に正対せず、遠くまで抜ける

B
2

窓はすべて木製のFIX窓と板戸の組み合わせとし、上下で位置をそろえた。施工性もこれにより高まった。急な雨などの際にすべての窓を同じ操作で閉めることができて楽である

1階は、通常よりも基礎を上げて床高を上げている。基礎が上がることで、湿気対策になるほか、外から覗かれる心配もないので安心感が高まる。また雑木林の枝ぶり（緑）も視界に入ってくる

西側アイソメ図

北側は基礎の一部をへこませて室外機置き場としている

ソファベッドに座ると、南側はダイニング・バルコニーを介して遠くまで視線が抜ける

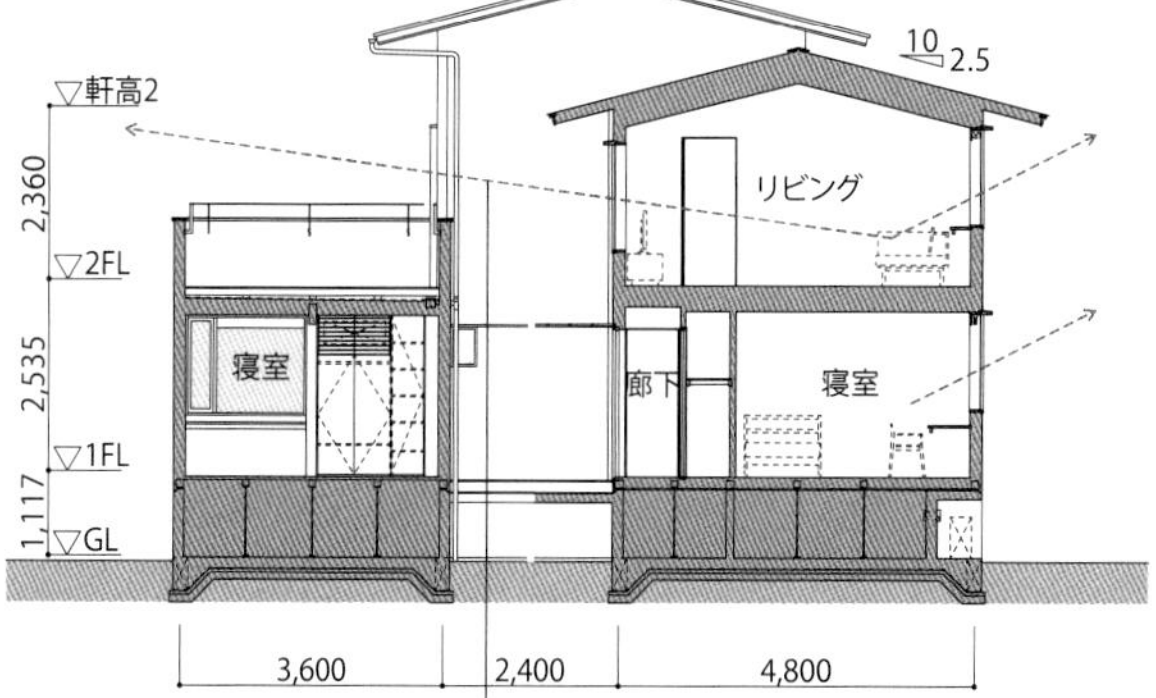
10
2.5
▽軒高2
2,360
▽2FL
2,535
▽1FL
1,117
▽GL
リビング
寝室
廊下
寝室
3,600
2,400
4,800

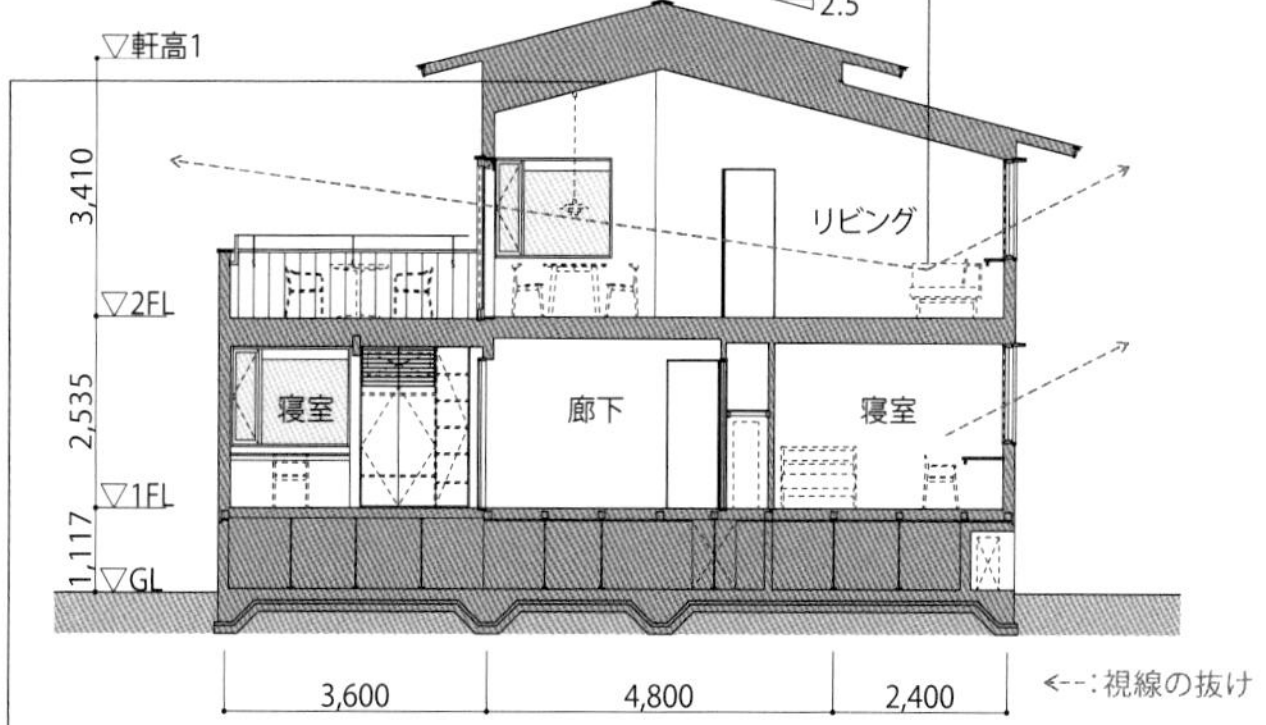
10
2.5
▽軒高1
3,410
▽2FL
2,535
▽1FL
1,117
▽GL
リビング
寝室
廊下
寝室
3,600
4,800
2,400
←--：視線の抜け

リビングの棟の窓からは、外部空間を介してルーフバルコニーを眺められる。室内から同じ建物の外観を見せることで、室内からも外観に映る自然（緑の影、雨の浸み）を意識できる

B断面図S＝1：200

リビングの天井は、屋根なりの勾配天井としている。勾配をすべて統一しているため、ボリュームとボリュームのつなぎ目部分の天井は、棟を中央からずらした切妻形となる

A断面図S＝1：200

2≫北側の外観。同じ造りの木製窓が内部の空間に合わせた高さで並んでいる

1≫南側の外観。南端の棟はルーフバルコニーとして高さを抑えボリュームが大きく見えないようにした

3≫木立に囲まれた別荘。切妻の小屋を雁行配置することで、建物を小さく見せている

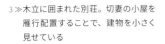

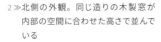

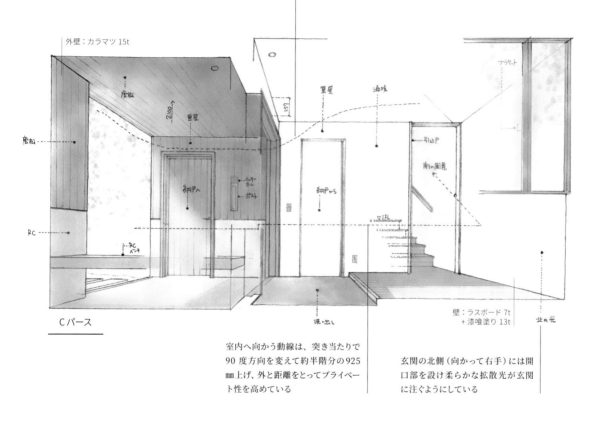

玄関で自然豊かな外と室内のスケールのギャップを埋める

天井高に差をつけて、内外の緩衝空間としている。天井高の操作はいったん抑えてからふわっと上げるイメージ

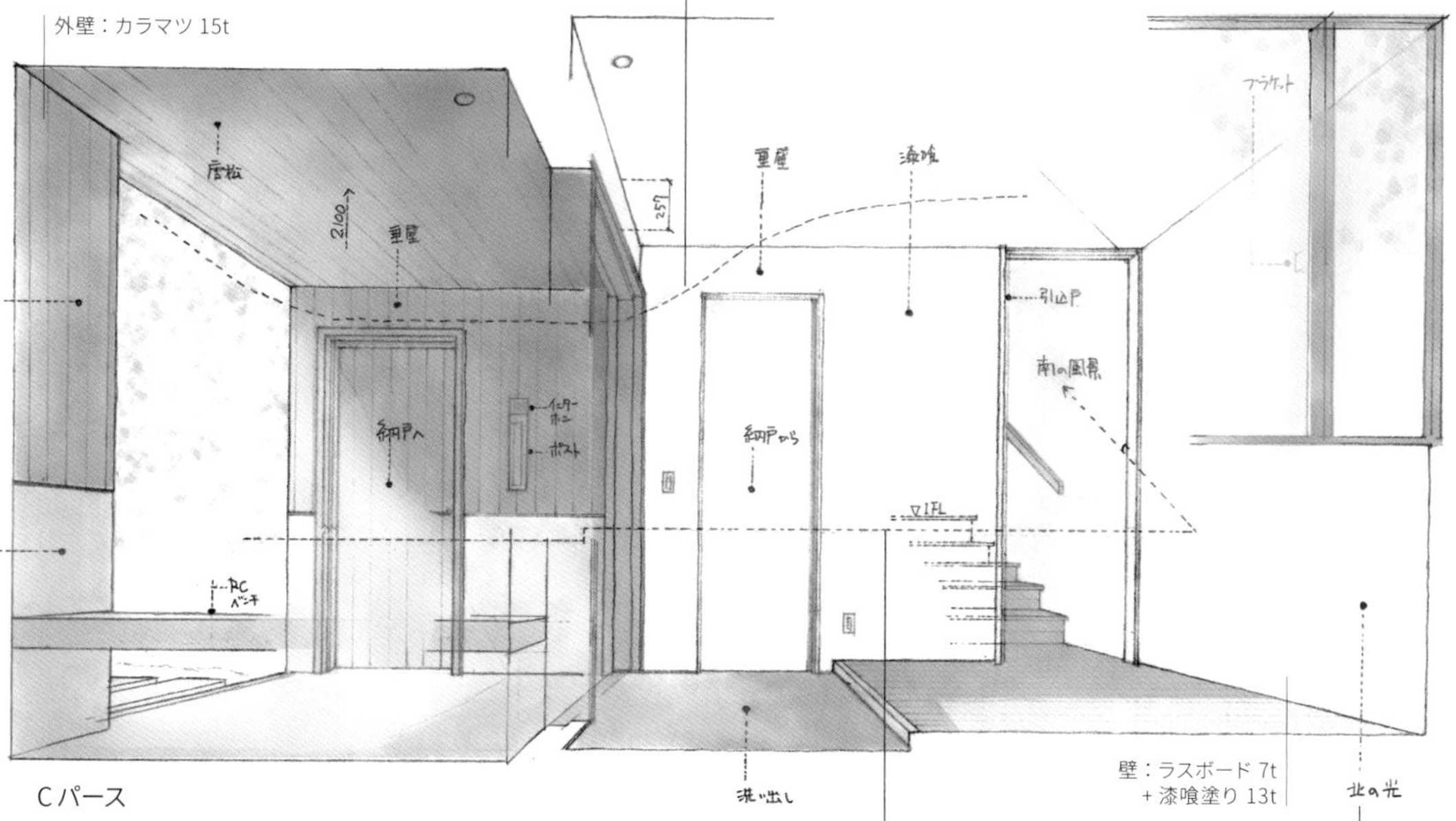
外壁：カラマツ 15t
床板
2100
垂壁
RC
RC ベンチ
納戸へ
インターホン
ポスト
250
垂壁
漆喰
引込戸
南の風景
納戸から
▽1FL
ブラケット
洗い出し
壁：ラスボード 7t
+ 漆喰塗り 13t
北の光

Cパース

室内へ向かう動線は、突き当たりで90度方向を変えて約半階分の925㎜上げ、外と距離をとってプライベート性を高めている

玄関の北側（向かって右手）には開口部を設け柔らかな拡散光が玄関に注ぐようにしている

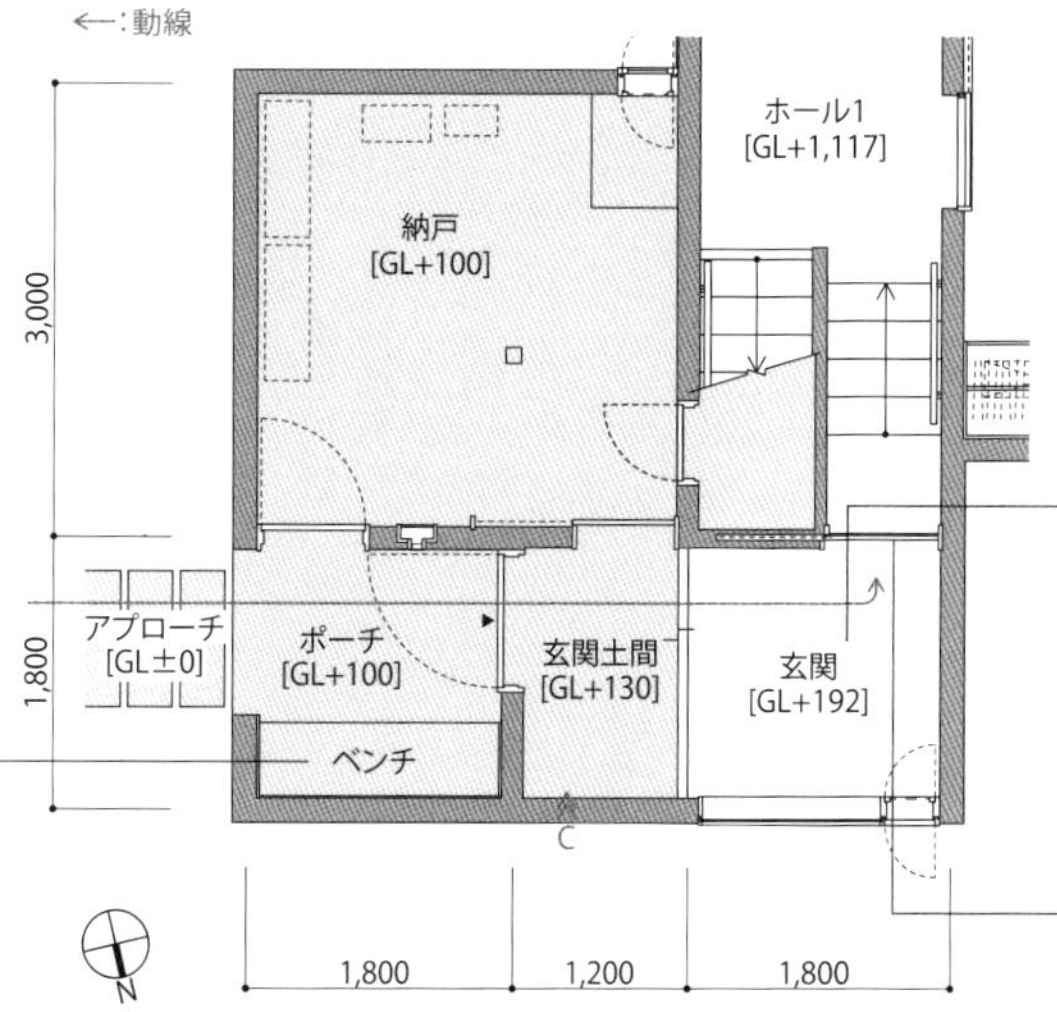
←：動線
ホール1
[GL+1,117]
納戸
[GL+100]
3,000
1,800
アプローチ
[GL±0]
ポーチ
[GL+100]
玄関土間
[GL+130]
玄関
[GL+192]
ベンチ
C
1,800
1,200
1,800

平面図S＝1：100

玄関。天井高2,250㎜でポーチより少し上げている。壁、天井は白い漆喰で仕上げ、ポーチや外部と雰囲気を変えている

ベンチのあるポーチ。天井高を2,100㎜に抑えた。RCと木で外部空間に近い濃い色味の空間にしている

室内へ向かう扉。メインの動線であるため、フルハイトの引戸（高さ2,250㎜）を設けている。それに対し、左側にある納戸の出入口はメインの動線ではないので、引戸（高さ1,850㎜）の上に垂壁を設けている

眺望と採光を両立する

北東に広がる景色に対しては、板塀、庭、2層に分けたバルコニー、広縁と段階を重ねて、内外の距離をとる

道路と敷地には1,950㎜の段差があるが、道路側の擁壁を1,950㎜にすると圧迫感が生まれてしまう。そのため、外階段を2つに分けて、手前の階段で1,440㎜、玄関手前の階段で900㎜上げている。踊り場は子どもたちのたまり場になる

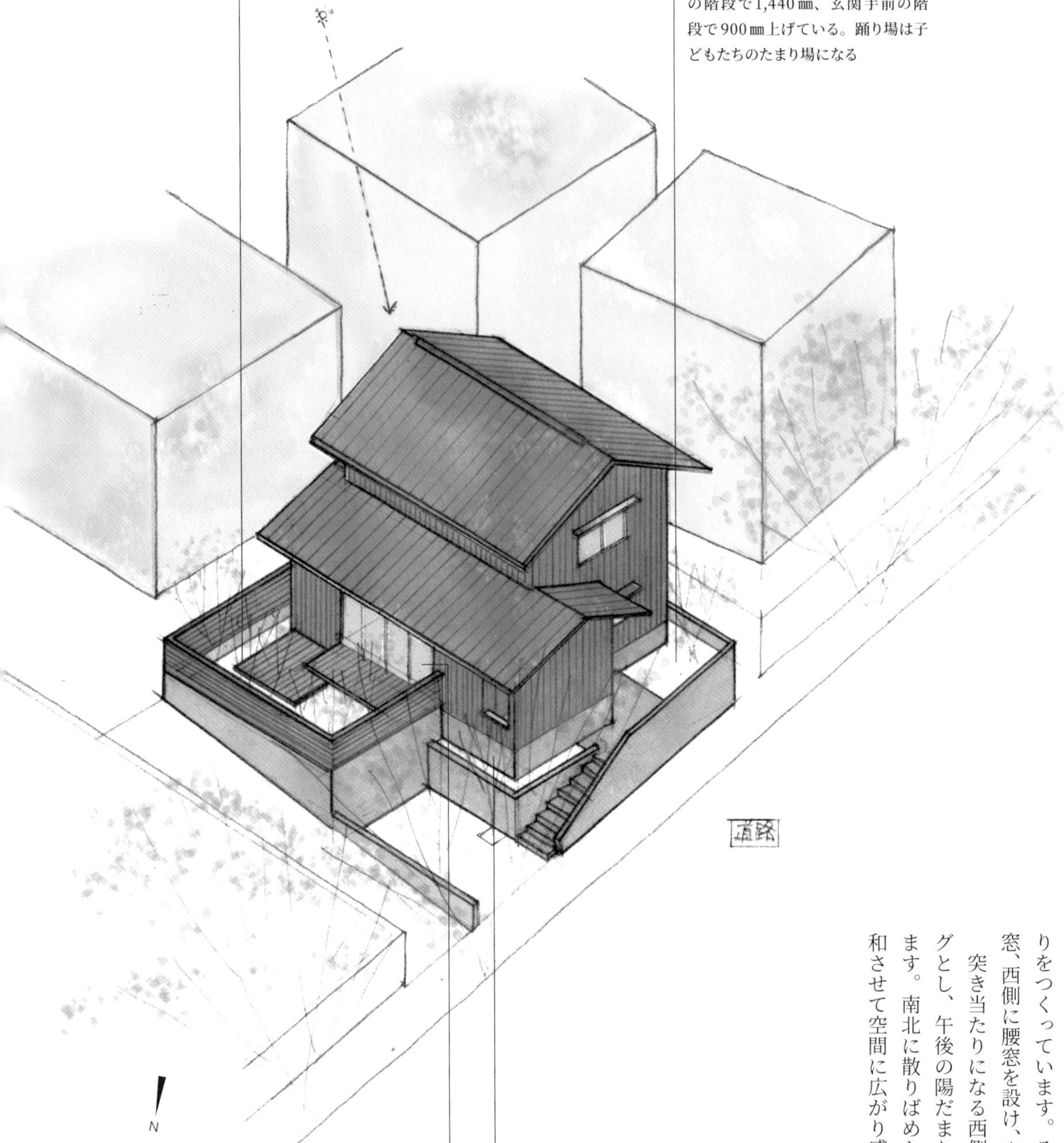

北西側の道路には並木があるが、交通量が多いため道路側の開口部は絞る。その代わり、北東側の窓は1階も2階も大きく開き、斜めに並木を見せる

下屋の軒を道路側に伸ばし、ポーチに屋根を架けた。擁壁の中間レベルから基礎を立ち上げることで建物を低く見せ、敷地と道路の中間領域をつくっている

Aアイソメ図

視線が抜ける方向が南ではない場合、日射をどう取得するかが問題です。この敷地は、東側には畑が広がり、北側の道路には立派な並木があります。しかし南側には眺望は期待できませんでした。そこで南側に明り採りの窓を散りばめて、陽だまりをつくっています。それに対し、東側に掃出し窓、西側に腰窓を設け、東西に抜けをつくりました。

突き当たりになる西側はソファを置いたリビングとし、午後の陽だまりを楽しめるようにしています。南北に散りばめた窓は、東西の方向性を緩和させて空間に広がり感を生み出しています。

北東の眺望は生かしつつも
南の窓で陽だまりをつくる

1 前面道路から外観を見る。擁壁→下屋→母屋《おもや》とボリュームを分けたことで、前面道路からの圧迫感を低減している

北東側に広がる風景の前に庭をつくり、遠景と近景の関係をつくった。この対比が奥行き感を生む

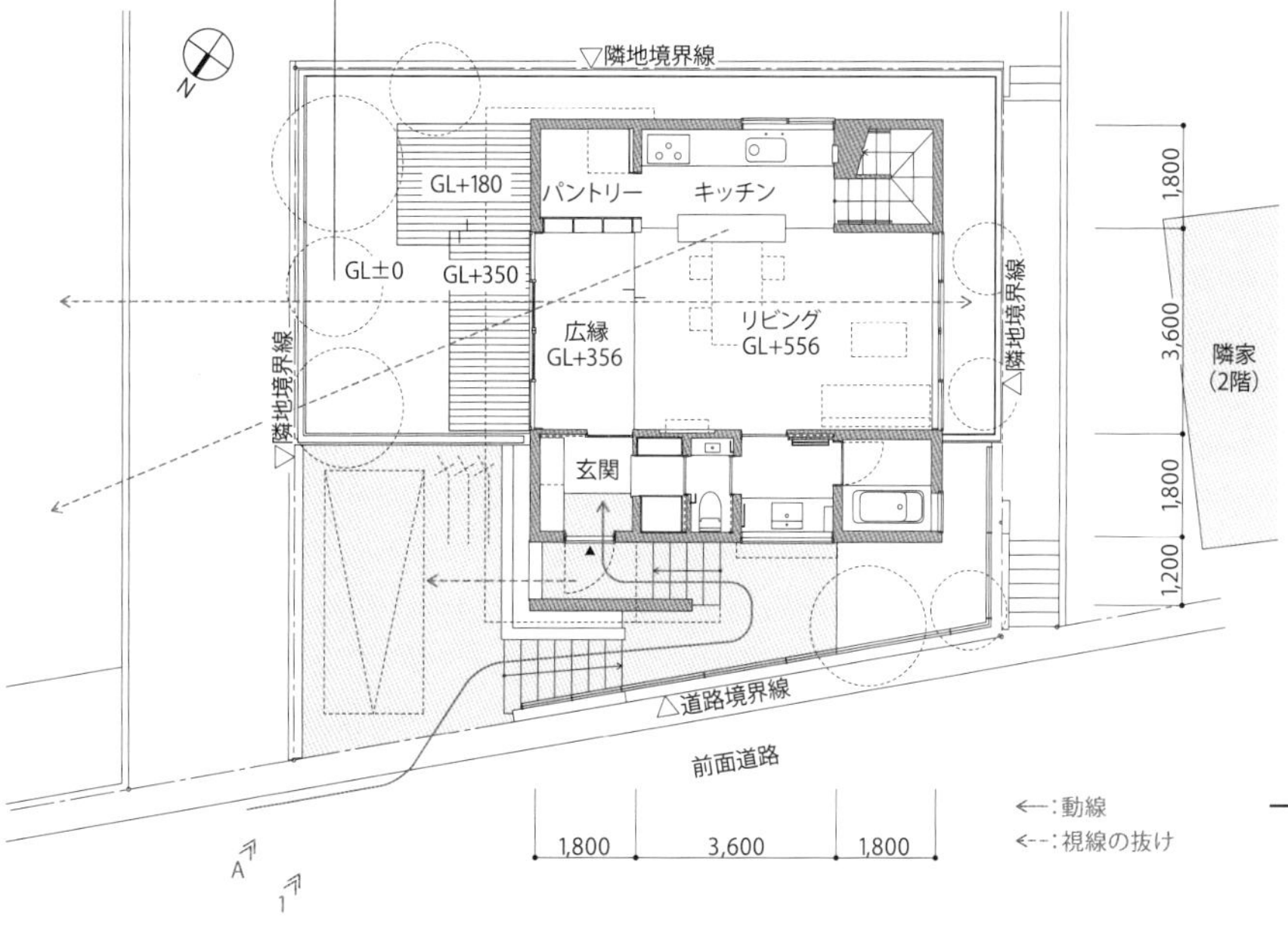
N
▽隣地境界線
GL+180
パントリー
キッチン
GL±0
GL+350
広縁
GL+356
リビング
GL+556
▽隣地境界線
▽隣地境界線
玄関
隣家
(2階)
1,800
3,600
1,800
1,200
△道路境界線
前面道路
1,800
3,600
1,800
←:動線
←-:視線の抜け
A
1

1階平面図 S＝1：200

中庭は多彩に見せる

室内と中庭のかかわり方の違いに幅をもたせると、室内空間が豊かになります。ここでは、リビングとダイニングの床レベル、視線が抜ける方向、窓の高さに変化を与え、場所ごとに中庭を異なる表情に見せています。

リビングは土間として庭とのレベルを近づけました。ソファと窓の間に４５００㎜の距離をとることで、住まい手は一歩引いた視点からくつろいで庭を眺められます。他方、ダイニング・キッチンでは窓の近くにダイニングテーブルを配置し、庭と近づけました。さらに出窓とし、窓台に腰かけられるようにして庭を身近に感じさせています。

≪1 前面道路からポーチを見る。ポーチの先の壁は上下が空いており、中庭に風が通り抜ける

リビングは中庭と引きをとり ダイニングは近づける

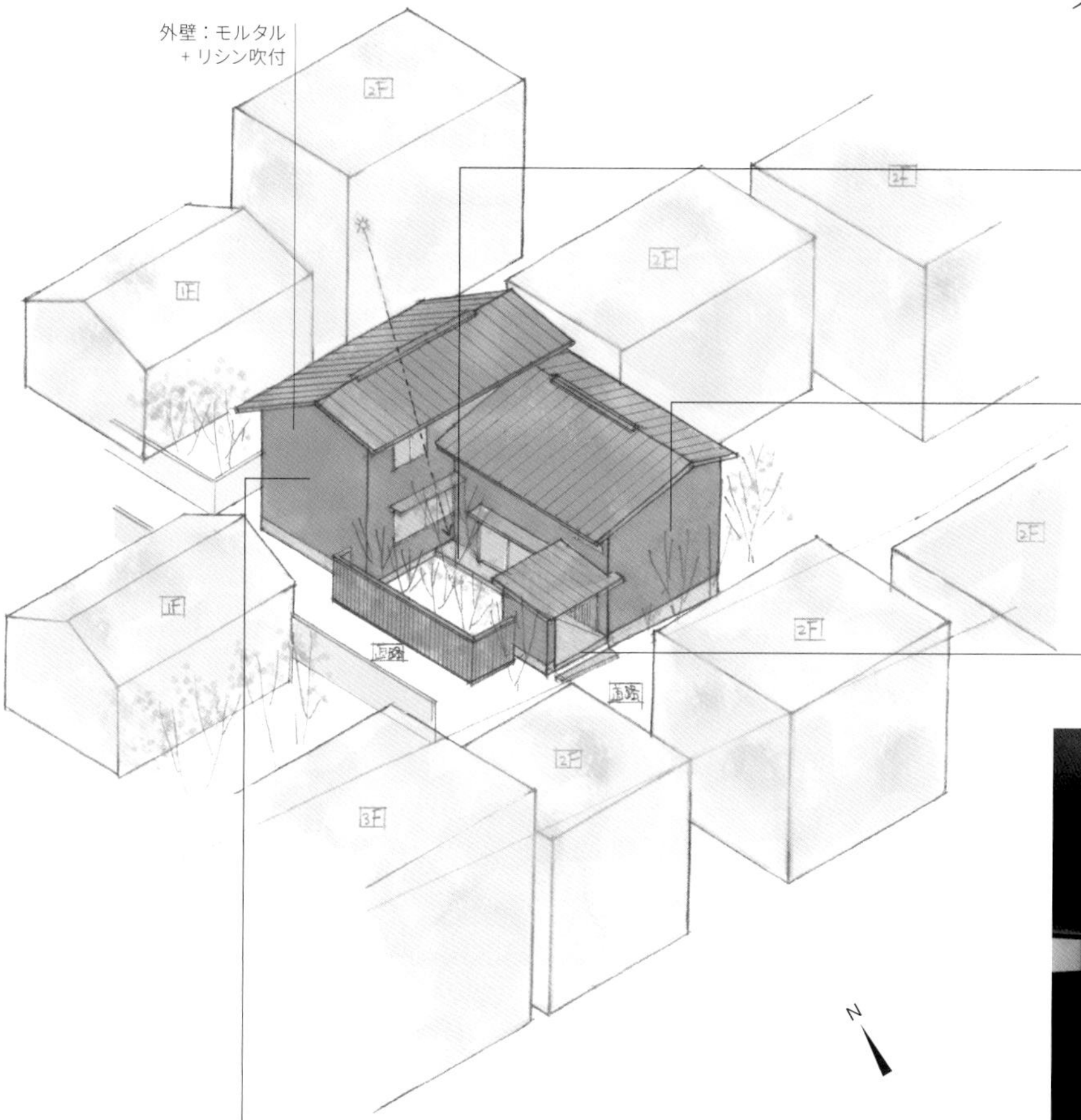

外壁：モルタル
＋リシン吹付
2F
1F
2F
2F
2F
1F
2F
道路
道路
2F
3F
N

リビングは土間とし、冬場の午後の日差しで蓄熱している。夏は落葉樹が西日を防ぐ

前面道路側の棟は1階を土間にして床高を抑え、2階は和室として天井高を低くすることで、軒高を低く抑えている。中庭を大きくしたため、建物が道路際まで迫ってしまうが、圧迫感が少ない

前面道路に窓がない外壁とは対照的に、ポーチ部分だけは開口を大きく設け、外に対して柔らかい表情に見せている

道路に面する外壁には窓を設けず、室内のプライバシーを確保。敷地奥の棟については、西日が入るのを防ぐため西に窓を設けていない

Aアイソメ図

2≫ダイニング・キッチンから中庭を見える。大きく設けた腰窓は、日だまりになる

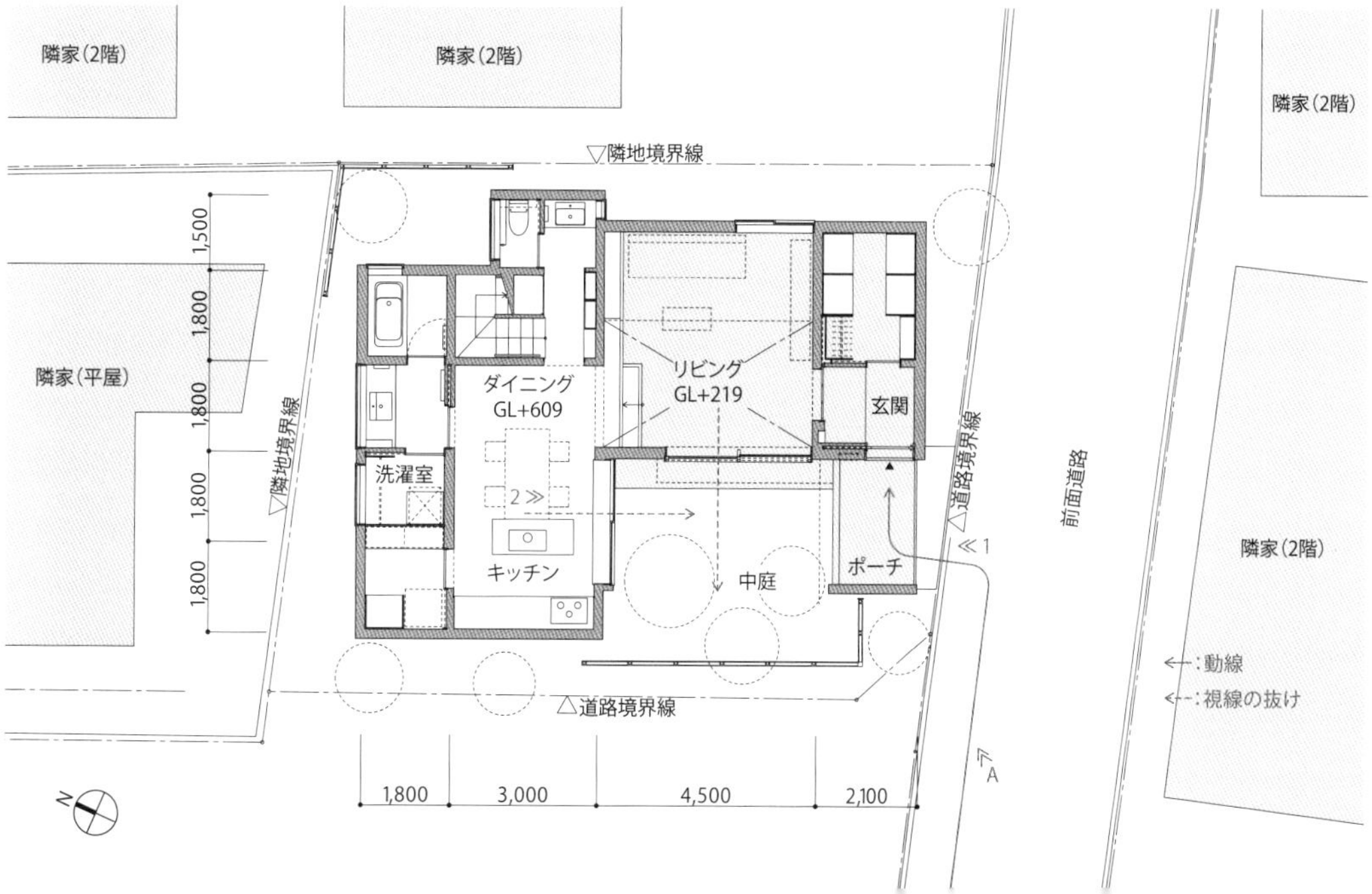

隣家（2階）
隣家（2階）
隣家（2階）
▽隣地境界線
隣家（平屋）
▽隣地境界線
ダイニング
GL+609
リビング
GL+219
玄関
洗濯室
2≫
キッチン
中庭
ポーチ
≪1
△道路境界線
△道路境界線
前面道路
隣家（2階）
←：動線
←-：視線の抜け
A
1,500
1,800
1,800
1,800
1,800
1,800
3,000
4,500
2,100

1階平面図S＝1：200

操作しつつも自然な佇まい

住宅地でも建物の角度を少し振れば、より遠くまで視線を抜くことができます。この家は南が斜めに振れている敷地に建っています。東南にあたる道路側の外壁を南北軸に合わせて振ることで、リビングの窓を真南に向けるとともに、外部に対して視線の抜けを確保しています。そのためリビングの平面は、扇形としました。ソファに座ると斜めの窓から南に視界が広がります。

角度を振ったことで生まれた南側の三角形の敷地は、アプローチとして植栽を施し、ファサードの形の強さを和らげています。東側は、車1台分の駐車スペースです。角度にほかの意図も付け加えると、操作の意図が薄まり自然な佇まいになります。

角度を振った壁は、アプローチから玄関に向かうときにアイストップになる。また2階のダイニングでは南に視線が抜けるコーナー窓となる

建物のボリュームをずらすことで、敷地の奥側にある室外機などの設備を前面道路側から隠せた。さらに第1種高度斜線をかわしてダイニングの天井を高くすることもでき、リビングの道路側とダイニング側で空間に変化が生まれた

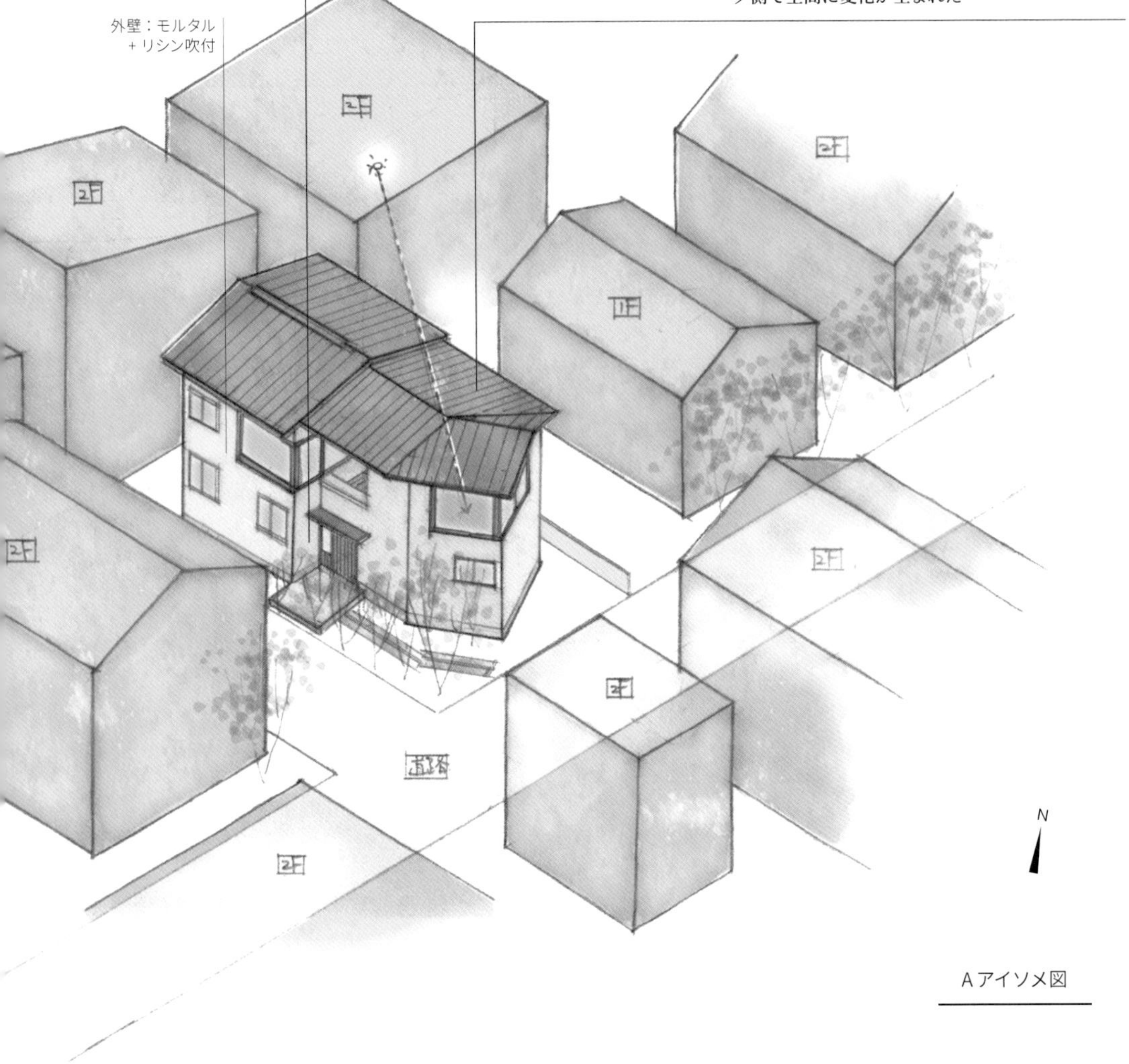

外壁：モルタル
＋リシン吹付
2F
1F
道路
N

Aアイソメ図

前面道路が一方通行のため車庫入れの際に、切り返す必要がある。ここでは車を二度切り返すことになるが、道路に垂直に駐車場を設計するよりもリビングに視線の抜けを確保できた

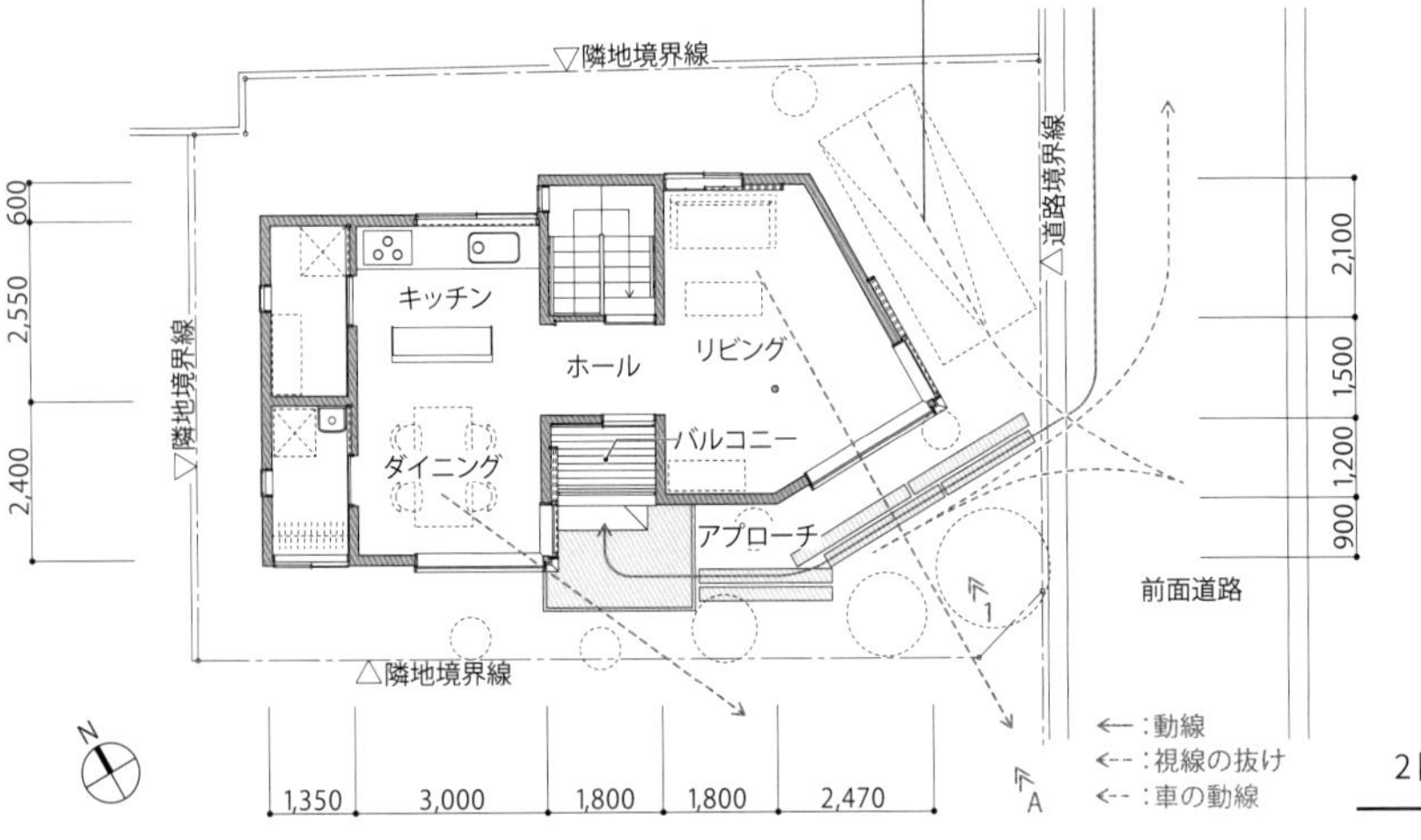

▽隣地境界線
▽隣地境界線
△隣地境界線
△道路境界線
キッチン
ホール
リビング
ダイニング
バルコニー
アプローチ
前面道路
600
2,550
2,400
2,100
1,500
1,200
900
1,350
3,000
1,800
1,800
2,470
A
1
N
←：動線
←--：視線の抜け
←--：車の動線

2階平面図S＝1：200

ボリュームの一部に角度をつけて より遠くまで視線を抜く

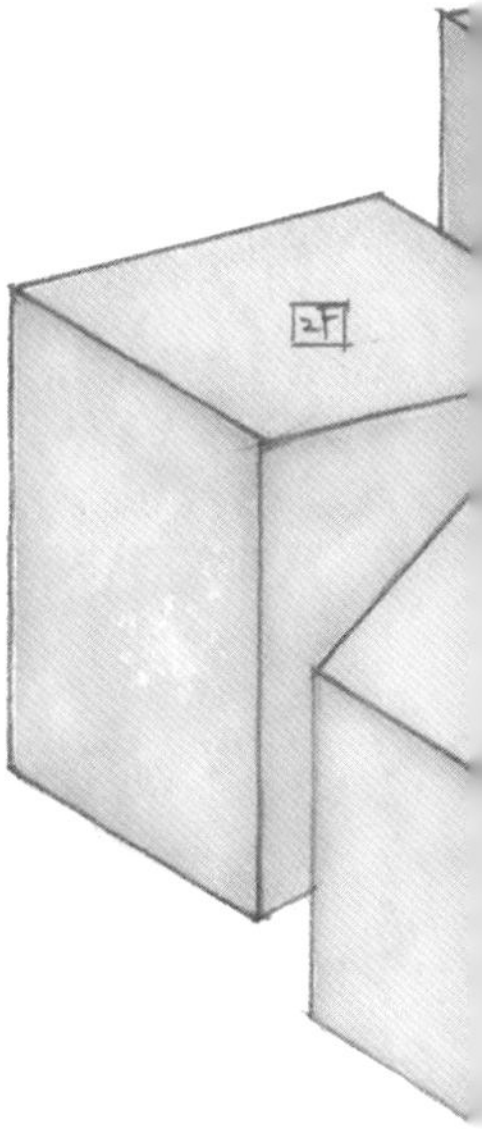

1
南側の立面。南の玄関アプローチには、植栽が施し緑を抜けて玄関に迎えるしつらえとした。南の植栽はリビングの窓からも楽しめる

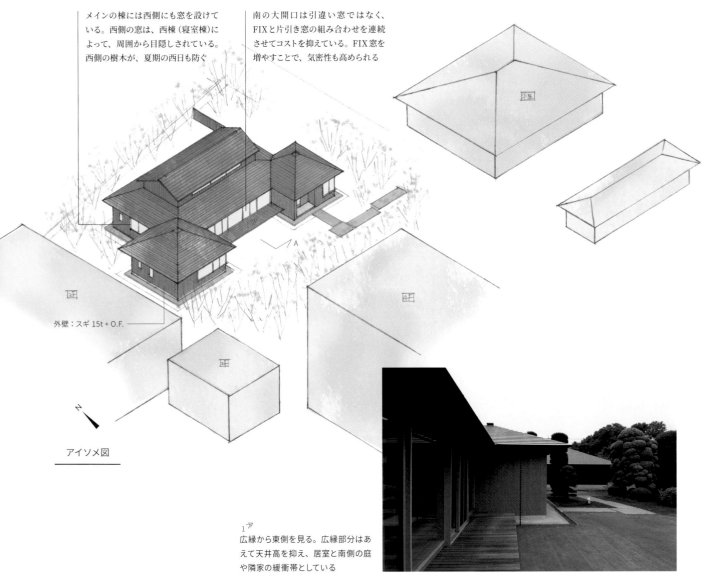

視線は遮りつつ開放的に

平屋では大きな開口部をつくる際周囲からの視線が気になるため、プライバシーの確保が重要です。雁行配置として窓が隠れるようにすれば、視線を遮りつつ開放的な空間を確保できます。

広い敷地に計画した大らかな平屋。対面の4階建の住宅は北側の窓が少なく、南面は周囲から見られる心配がありませんでした。そこで、日射の確保と庭への眺望のため、南に大きな窓を設けています。しかし東にある通路や西は隣家からの視線が気になるため、西棟（寝室棟）や東棟（玄関土間棟）を南側にずらして雁行させ、南側の窓を目隠ししました。

面積が大きいメインの棟は、中心部が暗くなりやすい。ここでは越屋根にして採光している。南北に設置した高窓は、風を通すとともに、夏場の熱気を逃がす役割も果たす

屋根は寄棟に小屋を載せた越屋根《こしやね》とし、各方向の窓に対して軒を下ろす。棟が四方に広がるため、雁行配置の方向性が緩和される

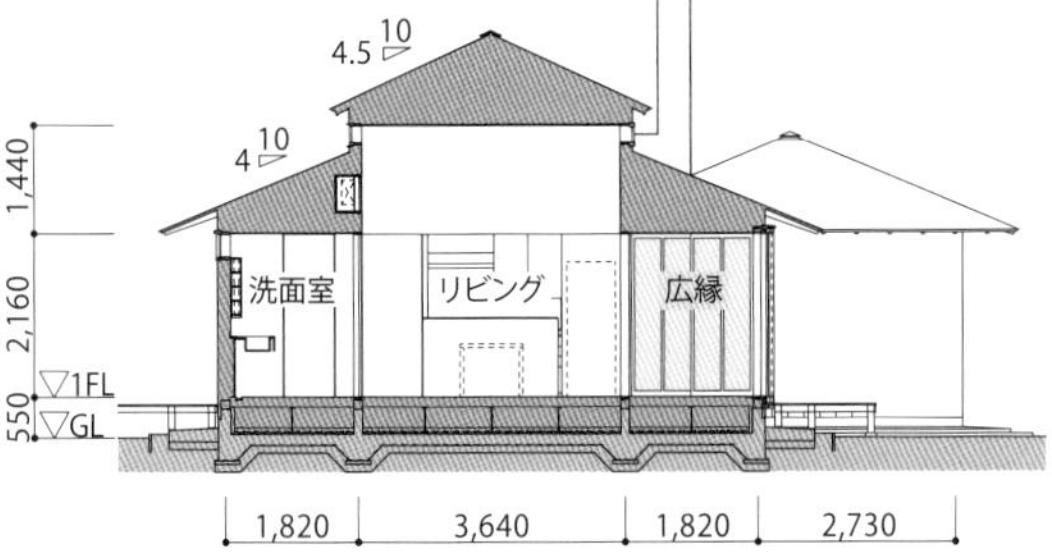
4.5
10
4
10
1,440
2,160
550
▽1FL
▽GL
洗面室
リビング
広縁
1,820
3,640
1,820
2,730
A断面図S＝1：200

メインの棟には西側にも窓を設けている。西側の窓は、西棟（寝室棟）によって、周囲から目隠しされている。西側の樹木が、夏期の西日も防ぐ

南の大開口は引違い窓ではなく、FIX と片引き窓の組み合わせを連続させてコストを抑えている。FIX 窓を増やすことで、気密性も高められる

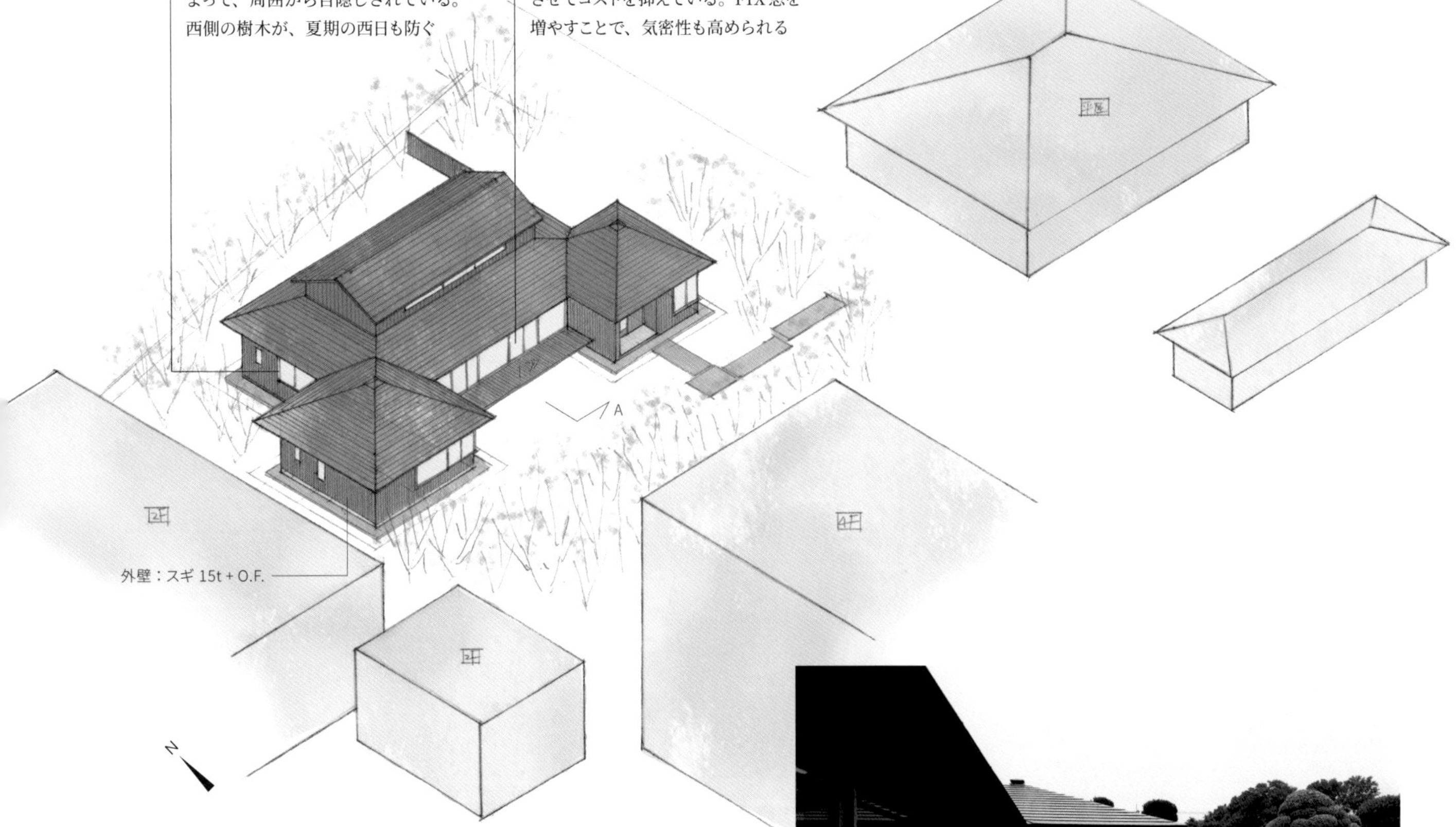
平屋
2F
4F
2F
外壁：スギ 15t + O.F.
1
A
N
アイソメ図

1
広縁から東側を見る。広縁部分はあえて天井高を抑え、居室と南側の庭や隣家の緩衝帯としている

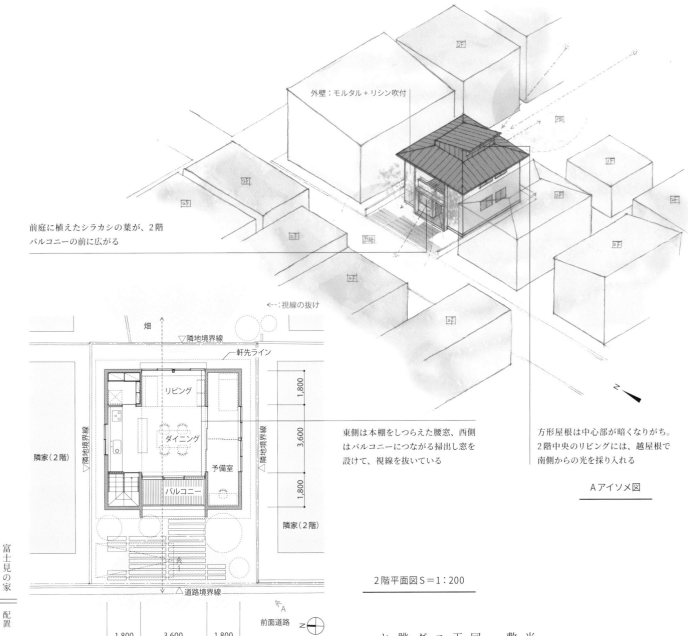

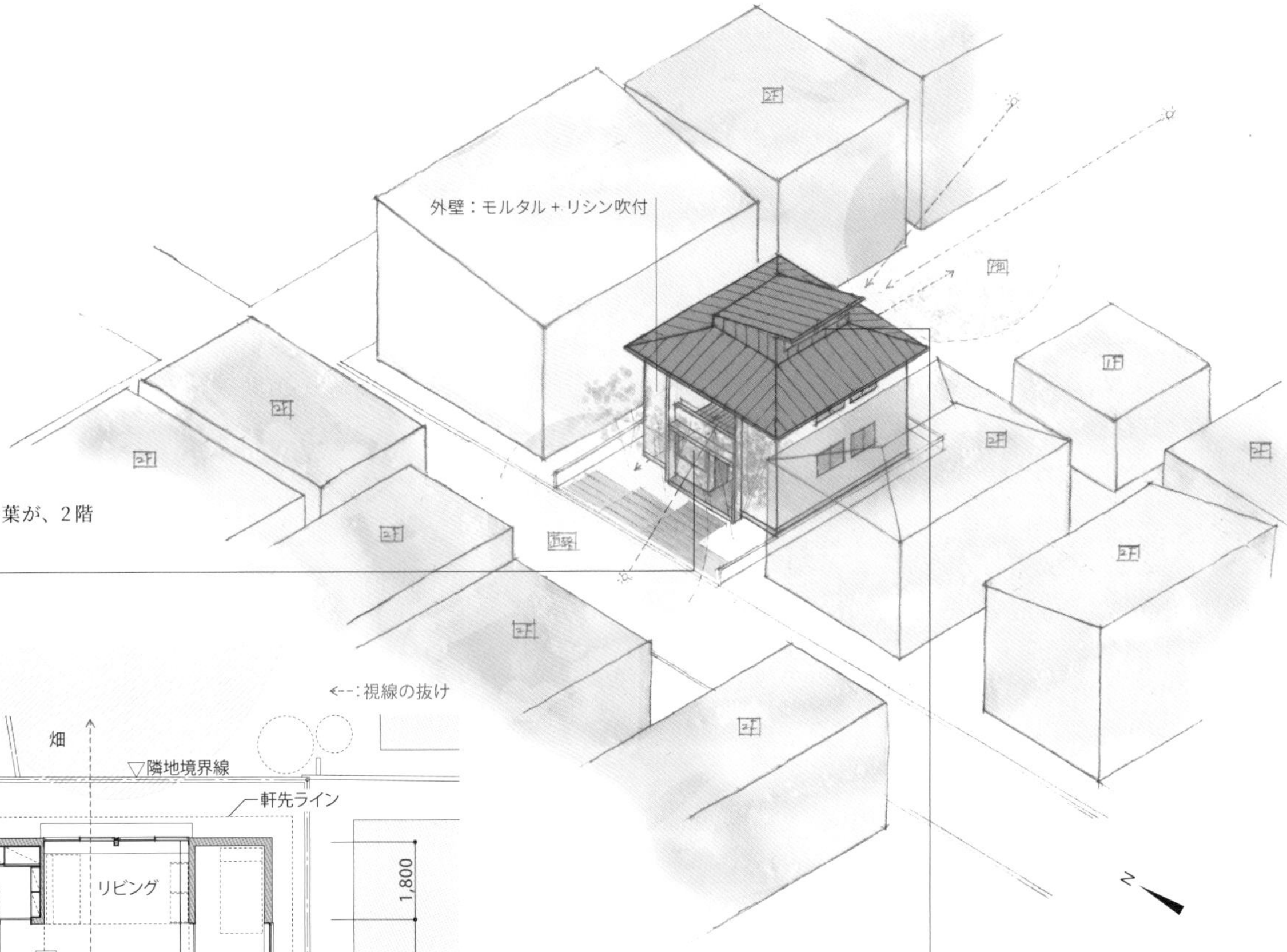
外壁：モルタル＋リシン吹付

前庭に植えたシラカシの葉が、2階バルコニーの前に広がる

東側は本棚をしつらえた腰窓、西側はバルコニーにつながる掃出し窓を設けて、視線を抜いている

方形屋根は中心部が暗くなりがち。2階中央のリビングには、越屋根で南側からの光を採り入れる

Aアイソメ図

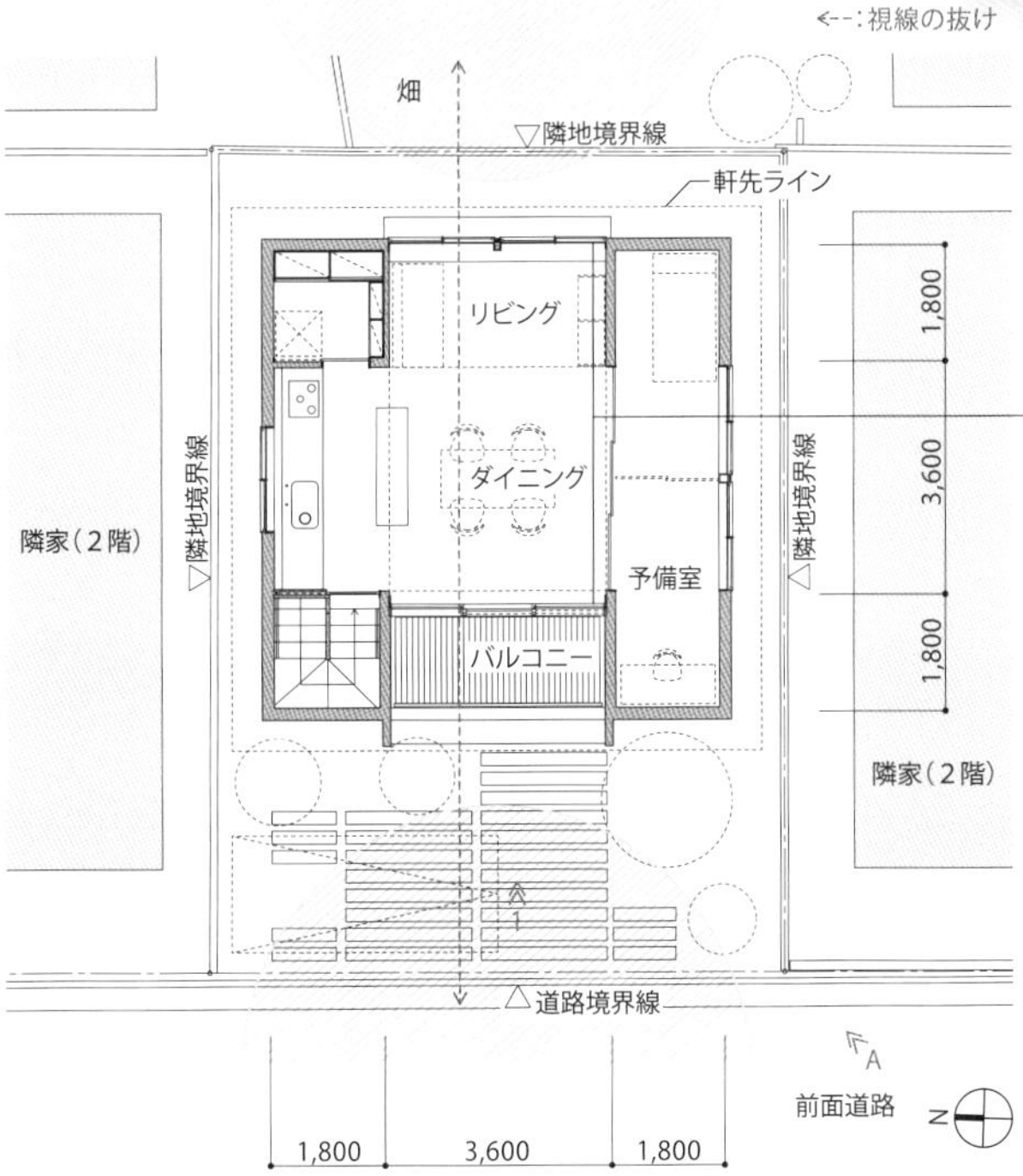
<--：視線の抜け
畑
▽隣地境界線
軒先ライン
リビング
ダイニング
予備室
バルコニー
▽隣地境界線
△隣地境界線
隣家（2階）
隣家（2階）
1,800
3,600
1,800
1
△道路境界線
A
前面道路
N
1,800
3,600
1,800

2階平面図S＝1：200

⩓
1
敷地の奥側に住宅を設けて、前庭に植栽を施している。植栽が道路との緩衝空間にもなる

眺望の窓と採光の窓

南側に隣家が迫っている場合、眺望の窓と採光の窓を明確に分けるとプランがまとまります。敷地を俯瞰して、視線が抜ける方向を把握します。

東側が畑のこの敷地では、東西の視線の抜けと同時に、前面道路から距離をおくことを考えて、正方形プランの住宅を東側に寄せて配置。バルコニーを設けることで道路から距離をとり、リビングを落ち着ける空間にしています。一方、南側は眺望用の大きな窓は設けず、採光を目的に越屋根《こしやね》とし、高窓を設けています。

小さな緩衝空間を点在させる

前面道路の交通量が多い敷地では、道路側に開口部を設けず、道路との距離感をとります。その代わり、敷地内に小さな庭を点々と設け、その庭側に向けて開口部を展開します。

ここでは、道路側に開口部を設けず、南北と西に全部で3つの中庭を設けて寝室やリビングと対の外部空間としています。道路と距離をおくための北庭、マンションの駐車場へ視線を抜く南庭は大きく設け、西側には採光のための1坪の小さな庭を設けています。

玄関は道路と十分に距離を離せなかったため、道路に対して玄関を90度振り、室内に入る動線をクランクさせました。動線は玄関の前、内部の土間の2カ所で曲げています。「たまり（曲がる場所）」では方向転換をするために、一時、歩みを止めることになります。その動作が内と外のちょっとした距離感を生み出します。

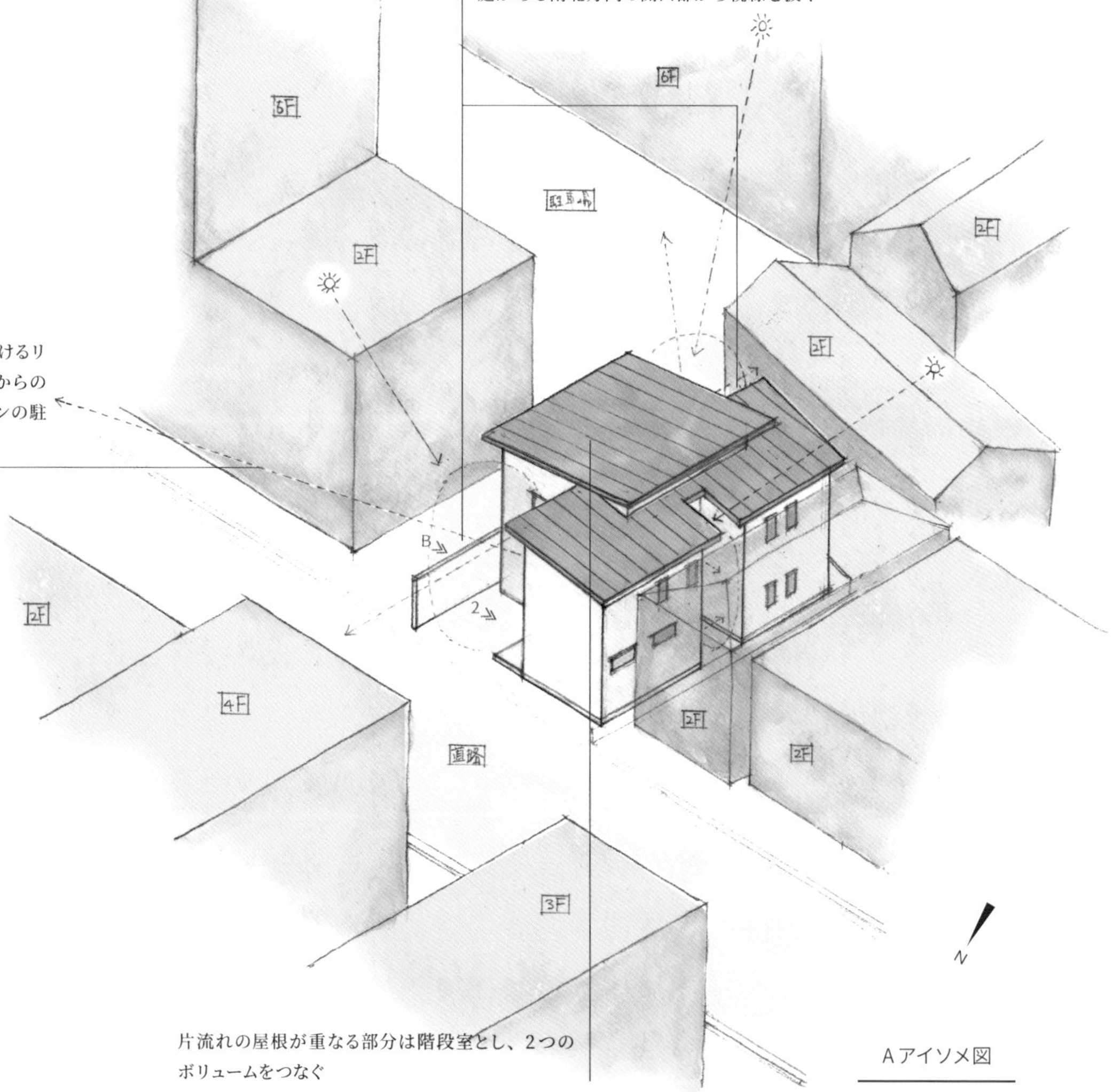
東側にはマンションがあるため、開口部を設けず壁にして、外部との縁を切っている。それに対し、庭がある南北方向の開口部から視線を抜く
寝室は東側に視線を抜き、南北に視線が抜けるリビングなどとは方向性を変えている。寝室からの視線は、庭を介して道路や東側のマンションの駐車場へと抜ける
片流れの屋根が重なる部分は階段室とし、2つのボリュームをつなぐ

Aアイソメ図

1 玄関を見る。格子戸から光が入り込む

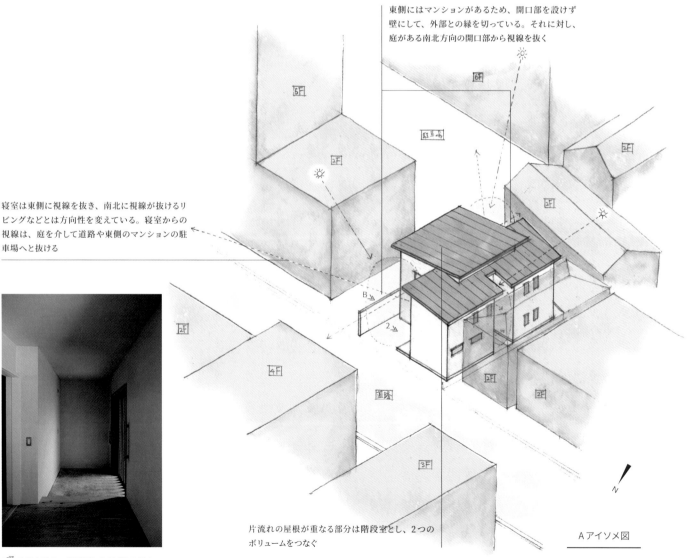

クランク動線で前面道路から距離をおく

玄関と水廻りの間仕切りは、収納を設けてあえて厚みをもたせ、玄関と距離をとっている

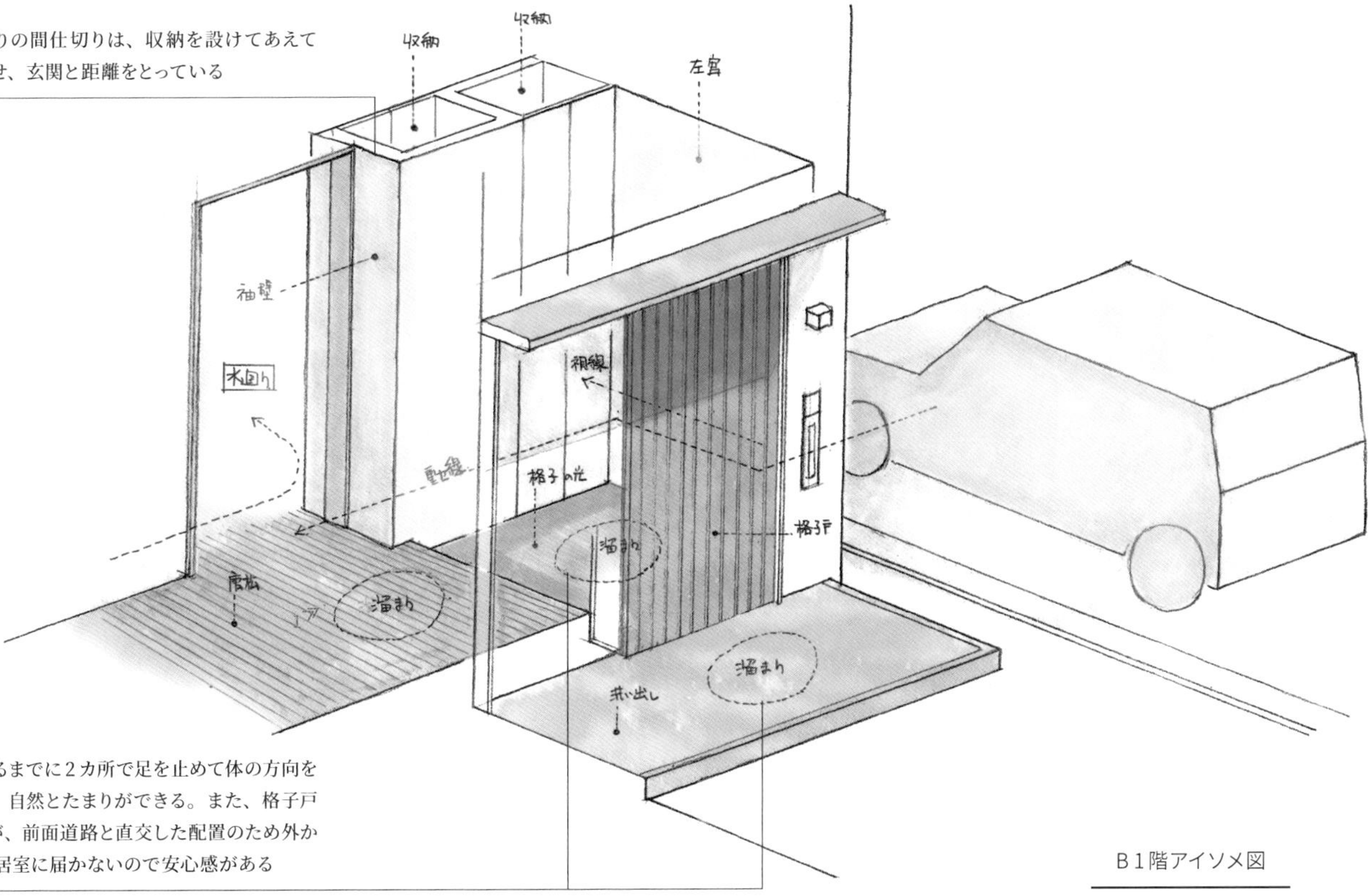
収納
収納
左官
袖壁
水廻り
視線
動線
格子の光
溜まり
格子戸
床板
溜まり
洗い出し
溜まり

住宅内に入るまでに2カ所で足を止めて体の方向を変えるため、自然とたまりができる。また、格子戸としているが、前面道路と直交した配置のため外からの視線が居室に届かないので安心感がある

B1階アイソメ図

2≫玄関正面。玄関戸は木製とし柔らかい印象に見せている

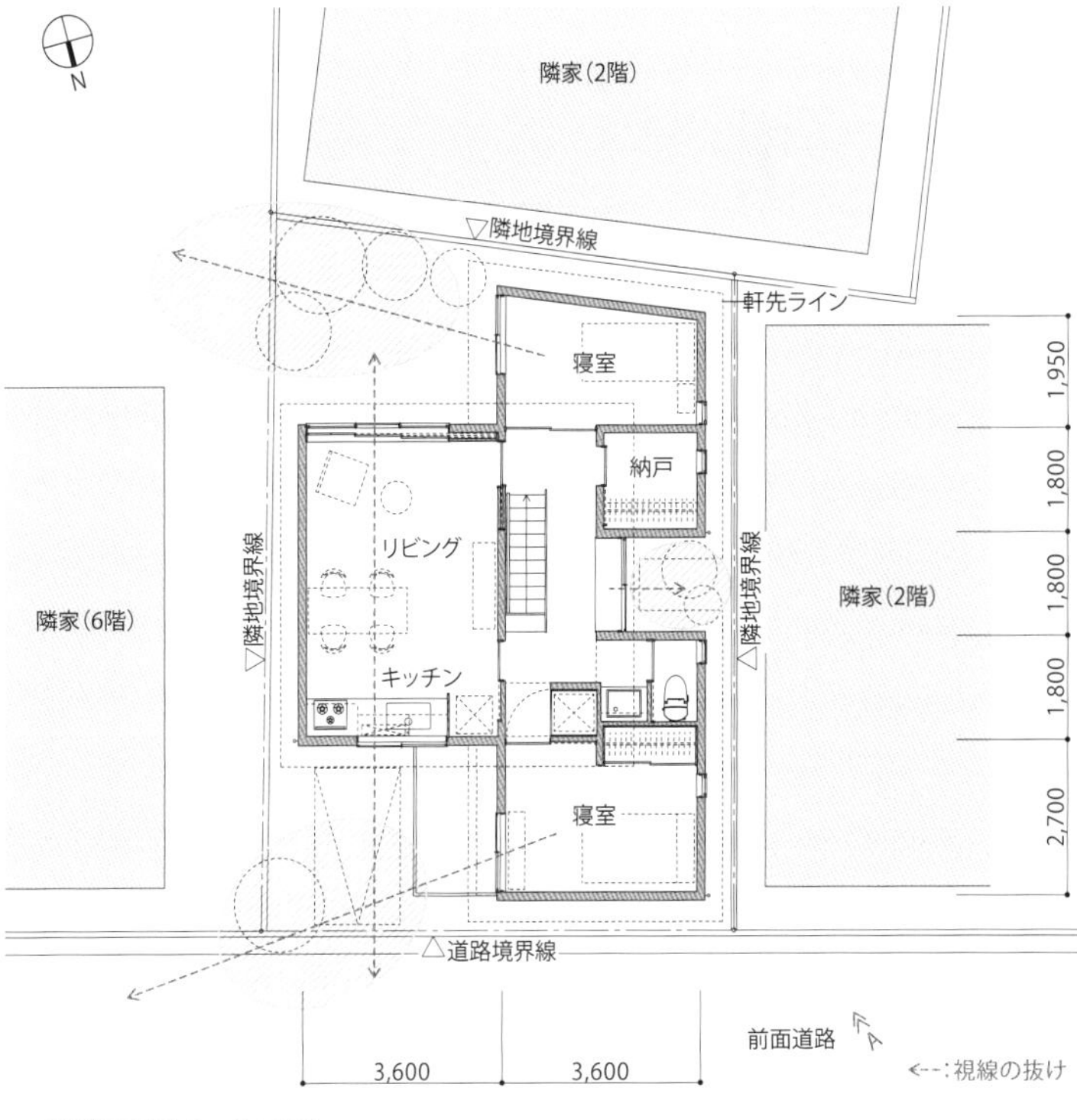
N
隣家(2階)
▽隣地境界線
軒先ライン
寝室
納戸
リビング
キッチン
寝室
隣家(6階)
▽隣地境界線
△隣地境界線
隣家(2階)
1,950
1,800
1,800
1,800
2,700
△道路境界線
3,600
3,600
前面道路
←--:視線の抜け

2階平面図S＝1：200

Case study 1 ―― 暮らしに寄り添う設計　宇都宮の家

光の移ろいを感じる眺めのよい家

東京のマンション住まいから、故郷の宇都宮に住み替え。
子どもたちと自然を感じながら暮らすこと、
家事をこなしながらリモートワークできることが
住まい手の要望でした。

自然の光を楽しむ夕暮れのダイニング。
左頁：家の南には田んぼが広がる。

はじめて敷地に訪れたのは、ある年の5月の終わり。敷地の南に広がる田んぼは水を湛えて空を映し、若々しい緑の苗が植えられていました。北には屋敷森がひかえ、屋敷森の前には母屋や納屋、古い大谷石の蔵がありました。新しく建てる家は、南の眺望が楽しめるよう東西に延び、南の田んぼに軒を下ろした切妻屋根に決まっていきました。そして、南に広がる田んぼの景色をどう受け止めるか、が設計で大切なことになっていきました。

なかなか考えがまとまらず、悶々と考える中、この地で生まれ育った住まい手から「2階から東に流れる川の土手やそこに広がる空を見たい。西の栗の木の先には男体山が見える。」という話を聞きました。そこから田んぼが広がる南だけに眺望をつくるのではなく、東西の風景あるいは北の屋敷森に対しても視線を通すのがよいのではないかと思ってきました。南北の近景、東西の遠景に対して窓を開くことによって、どの居場所にいても、様々な方向に視線が延びる空間となっていきました。

1階には、東西に伸びた廊下にそって家族の寝室や水廻りが並びます。廊下の幅をあえて広くして、突き当たりに洗面台を設けたり、子ども室との間仕切りは引戸にしておおらかにつないだり、寝室の収納を廊下に設けたりすることで、人の気配や営みを感じる空間にしました。

廊下の脇にある12段の階段を上ると、リビングに出ます。2階は大きなワンルームですが、構造壁にもなる袖壁や垂壁で緩やかに区切られており、見え隠れするようにバルコニーやリビング、ダイニングやリモートワークスペースを配置しています。空間を緩く仕切っている壁が、各空間を包み込むとともに、東西の遠景に対する奥行き感を増しています。

右：インナーバルコニーでは、雨の日や夏の暑い日でも外を楽しめる。
中央：キッチンの奥、左にあるワークスペースは、天井が低いこもれる場所。
左上・中：お気に入りの物たちを飾れるキッチンの吊戸棚。
左下：窓辺にはオブジェ。

1日の始まりには東側のバルコニーに朝日が注ぎます。日中は南側の窓から、田んぼの景色と明るい日差しが入ります。夕刻は西の小さな窓から淡い光が廻り、袖壁や垂壁が薄暗い影に包まれます。リモートワークや家事をしながら、光や明暗による一日の移り変わりを愉《たの》しむとともに、田んぼの稲や落葉樹の変化による季節の移り変わりも感じることができます。

田んぼの前に建つ、単純な切妻の家ですが、さりげない仕掛けを繰り返すことで、どの場所にいてもゆっくりと過ごすことができ、移りゆく時間の流れを愉しめる家になりました。

右：パントリーは、袖壁で程よく隠す。
左：仕事の合間、ワークスペースの
小窓から豊かな風景が目に入る。
左頁：家具が置ける幅広の廊下は、
子どもたちの遊び場にもなる。

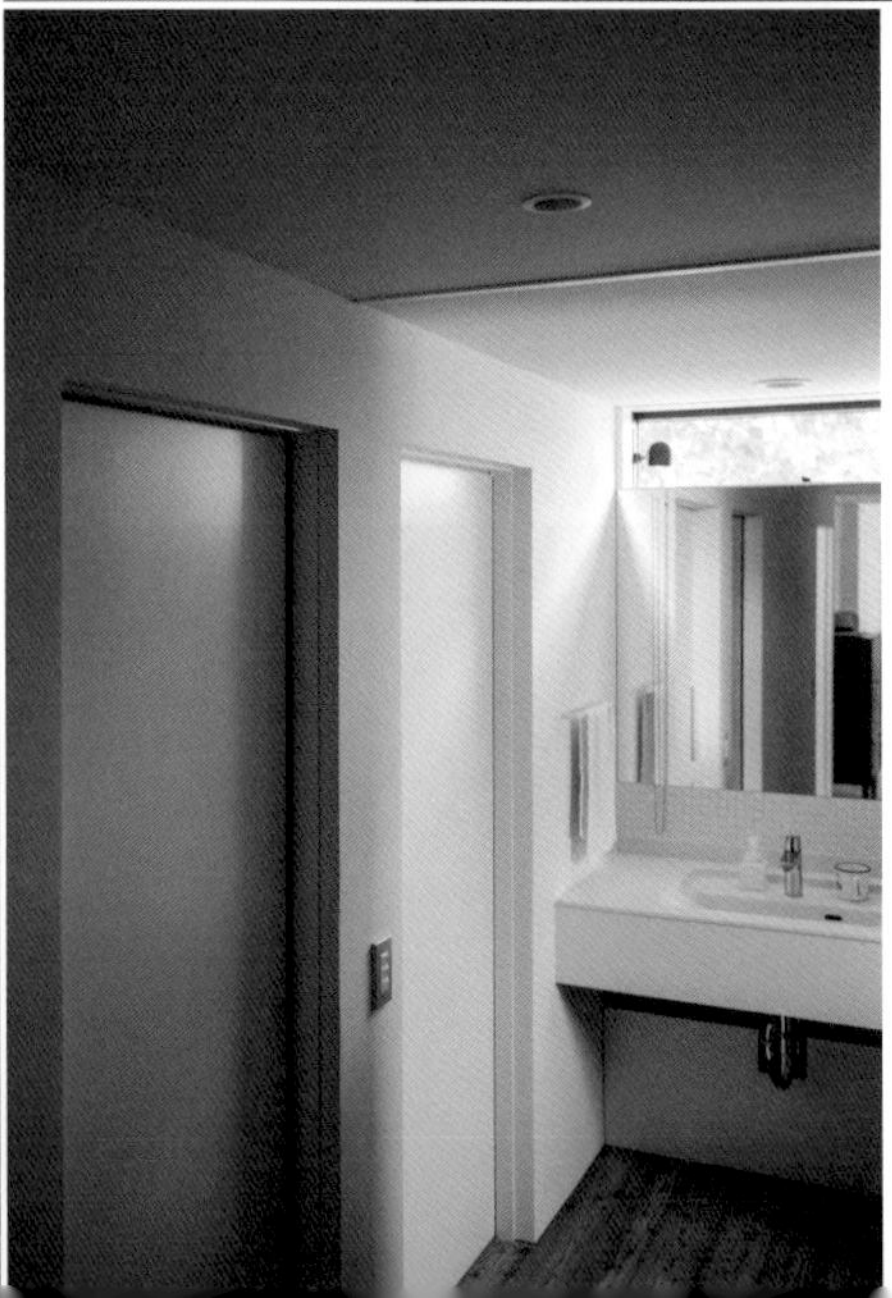

右上：寝室は入り口を絞って、落ち着きのある部屋に。
右下：廊下の突き当りは洗面室。
左上：階段を介して、廊下に光が注ぐ。
左中：子ども室は中央に引戸を設置し、将来は2部屋に。
左下：洗濯室と脱衣室を別に設け、十分な収納量を確保している。

右：玄関の小窓。玄関は少し暗めにすると、明るい外とシーンが切り替わる。
左：西側には大谷石の蔵が佇む。

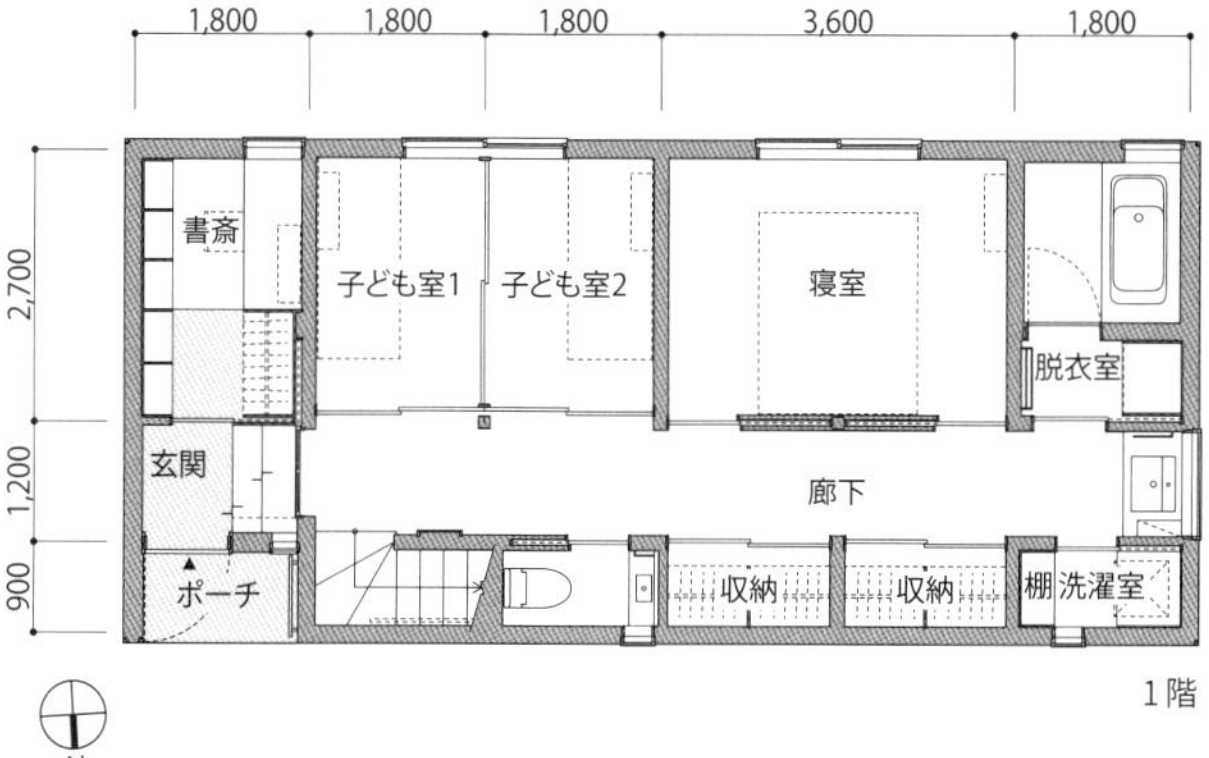
1,800
1,800
1,800
3,600
1,800
2,700
1,200
900
書斎
子ども室1
子ども室2
寝室
脱衣室
玄関
廊下
ポーチ
収納
収納
棚
洗濯室
N
1階

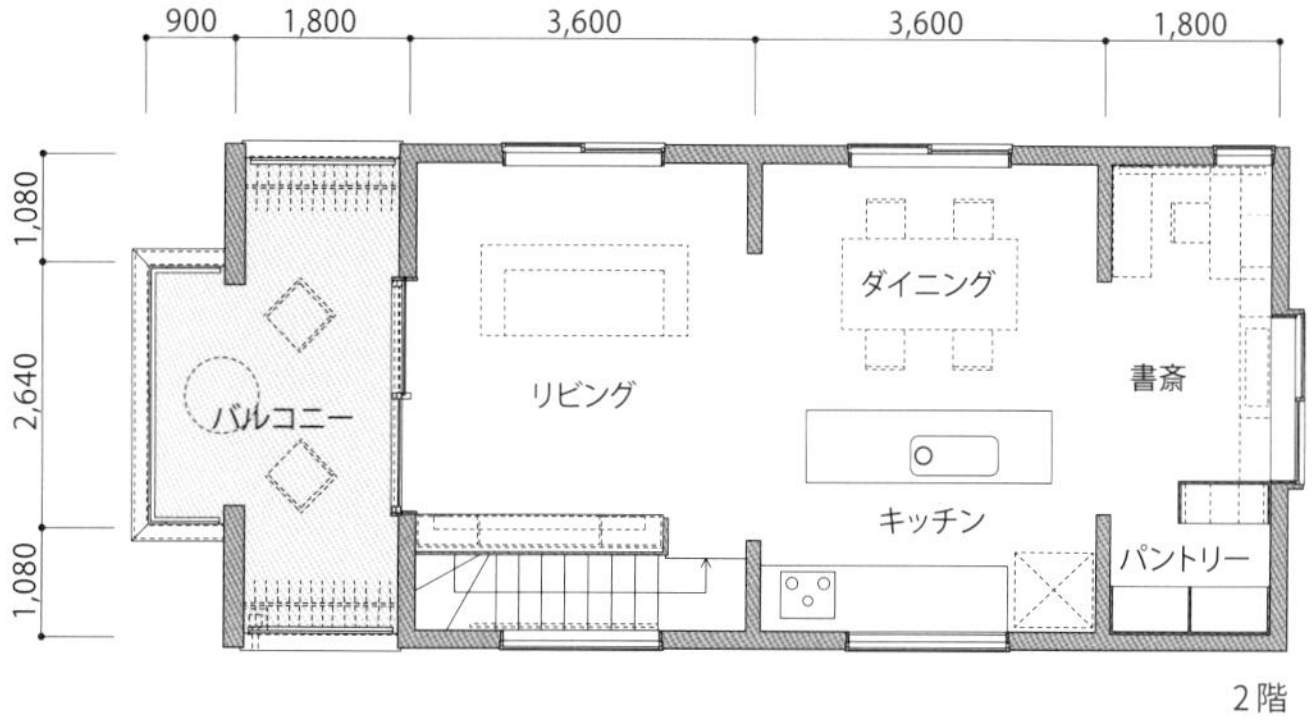
900
1,800
3,600
3,600
1,800
1,080
2,640
1,080
ダイニング
リビング
書斎
バルコニー
キッチン
パントリー
2階

平面図S＝1：150

家は、会社や学校から離れ、家族あるいはひとり落ち着ける場であるべきです。しかし共働きが浸透してきて、家に帰ると家事や子育てに追われる日々。あるいはインターネットの発展により在宅勤務（職住一体）の流れも出てきており、常に家の中に動的で慌ただしい雰囲気が漂っています。

家族と話す、本を読む、映像を見る、物思いに耽る、あるいは何もしない……リビングだけは、慌ただしさとは無縁の落ち着きのある空間にしたいものです。かつては、独立したキッチンにまとまったリビング・ダイニングがある間取りが一般的でした。しかし、現代の慌ただしい日常生活においては、ダイニングとキッチンの行き来がストレスになるとともに、ダイニングの慌ただしさがリビングに伝わってしまいます。

そこで空間の分け方を見直して、キッチンとダイニングを〝つくる〟〝食べる〟などアクティブな場としてまとめ、リビングはそこから距離感を保ち、落ち着きのある空間にしつらえます。さらに空間の大きさや窓の設け方、居場所をつくる家具配置、あるいは素材感をバランスよくしつらえることで、程よいたまり感ができ、空間に落ち着きが生まれます。

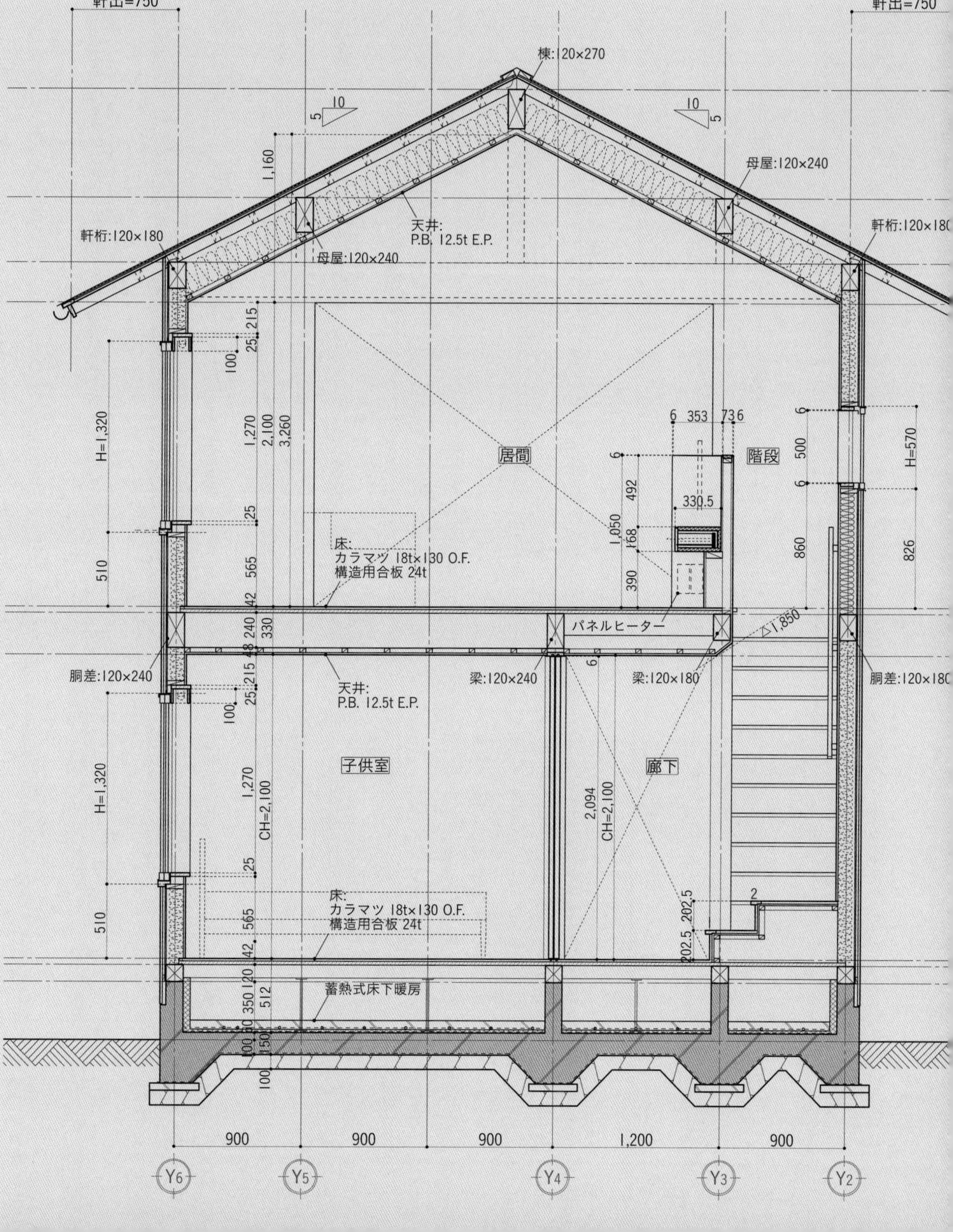
軒出=750
軒出=750
棟:120×270
母屋:120×240
母屋:120×240
軒桁:120×180
軒桁:120×180
天井:
P.B. 12.5t E.P.
居間
階段
床:
カラマツ 18t×130 O.F.
構造用合板 24t
パネルヒーター
胴差:120×240
胴差:120×180
梁:120×240
梁:120×180
天井:
P.B. 12.5t E.P.
子供室
廊下
床:
カラマツ 18t×130 O.F.
構造用合板 24t
蓄熱式床下暖房
H=1,320
H=1,320
H=570
CH=2,100
CH=2,100
900
900
900
1,200
900
Y6
Y5
Y4
Y3
Y2

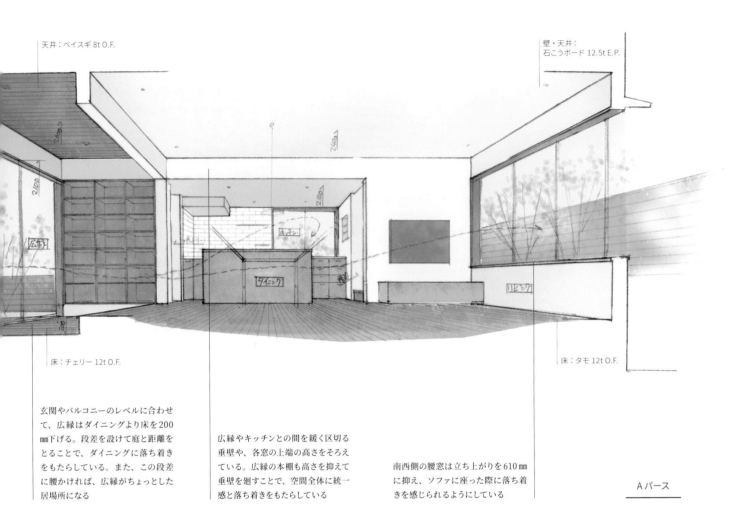

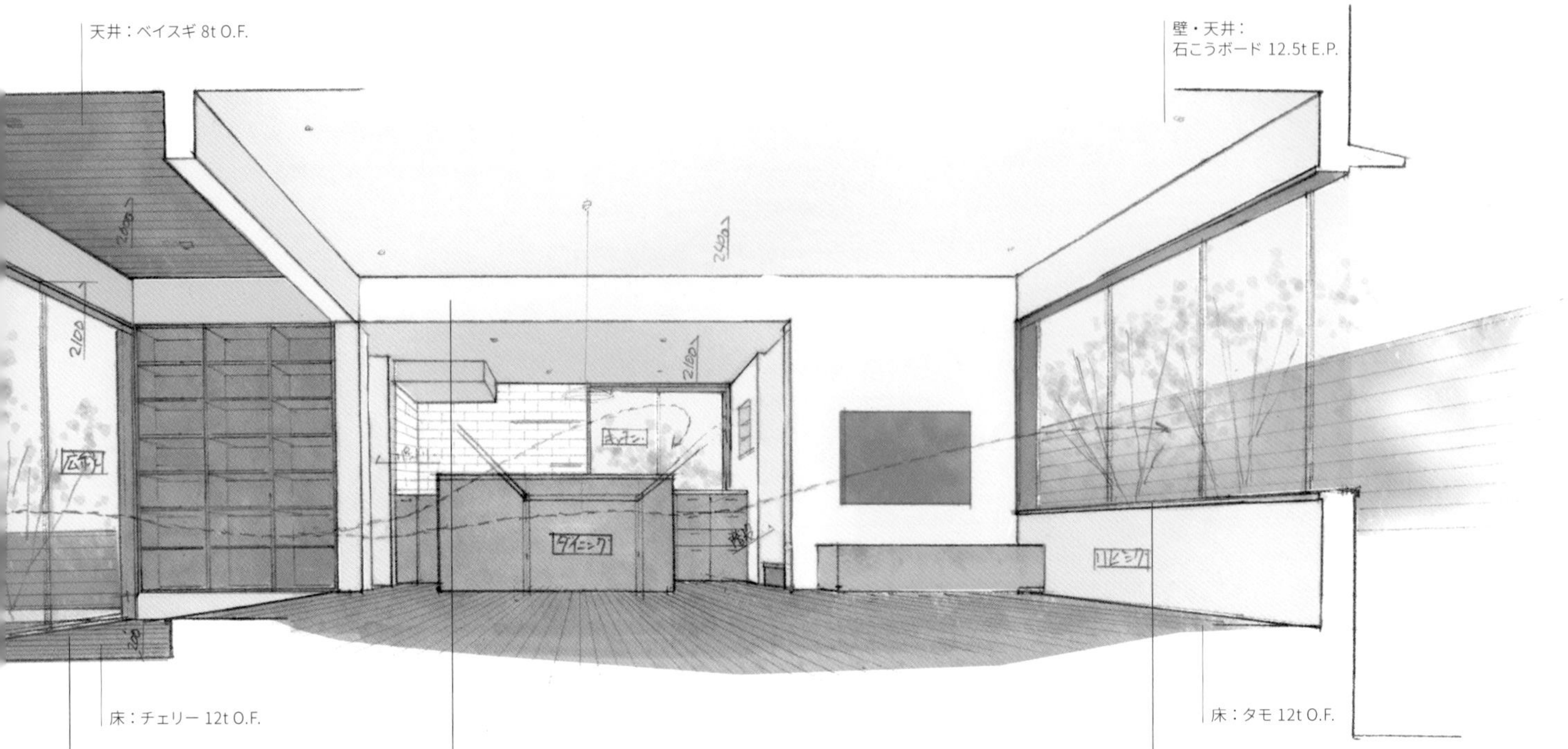
天井：ベイスギ 8t O.F.
壁・天井：
石こうボード 12.5t E.P.
ダイニング
リビング
床：チェリー 12t O.F.
床：タモ 12t O.F.

玄関やバルコニーのレベルに合わせて、広縁はダイニングより床を200㎜下げる。段差を設けて庭と距離をとることで、ダイニングに落ち着きをもたらしている。また、この段差に腰かければ、広縁がちょっとした居場所になる

広縁やキッチンとの間を緩く区切る垂壁や、各窓の上端の高さをそろえている。広縁の本棚も高さを抑えて垂壁を廻すことで、空間全体に統一感と落ち着きをもたらしている

南西側の腰窓は立ち上がりを610㎜に抑え、ソファに座った際に落ち着きを感じられるようにしている

Aパース

陽だまりの移ろいを愉《たの》しむ

窓辺の陽だまりは、住まい手にとって心地のよい居場所になります。陽だまりの移り変わりを利用すれば、部屋の中に複数の居場所がつくれます。

北東に広がる畑の眺望を優先したこの計画では、Ａパースのようにダイニングを中心として北東側に掃出し窓のある広縁、南西側に腰窓のあるソファコーナーを設けました。午前中は広縁、昼間はキッチン廻り、午後はソファコーナーへ陽だまりが移行していきます。それに応じて部屋の中の家族の居場所が、次々と現れるので１日を通して心地よい場所を見つけてくつろげます。

1 キッチンから広縁を見る。午前中は広縁部分が明るく、午後にかけてキッチンとリビングが明るくなってくる。そのため、1日のなかで明暗が移り変わる

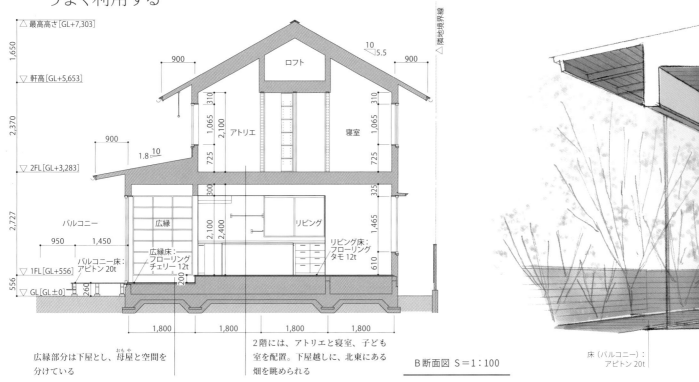

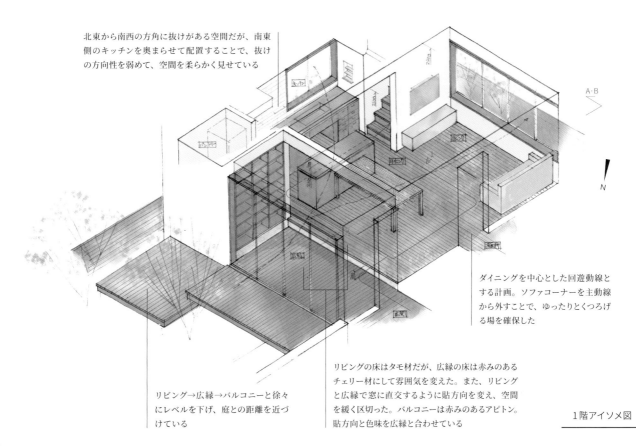

時間帯による窓辺の変化をうまく利用する

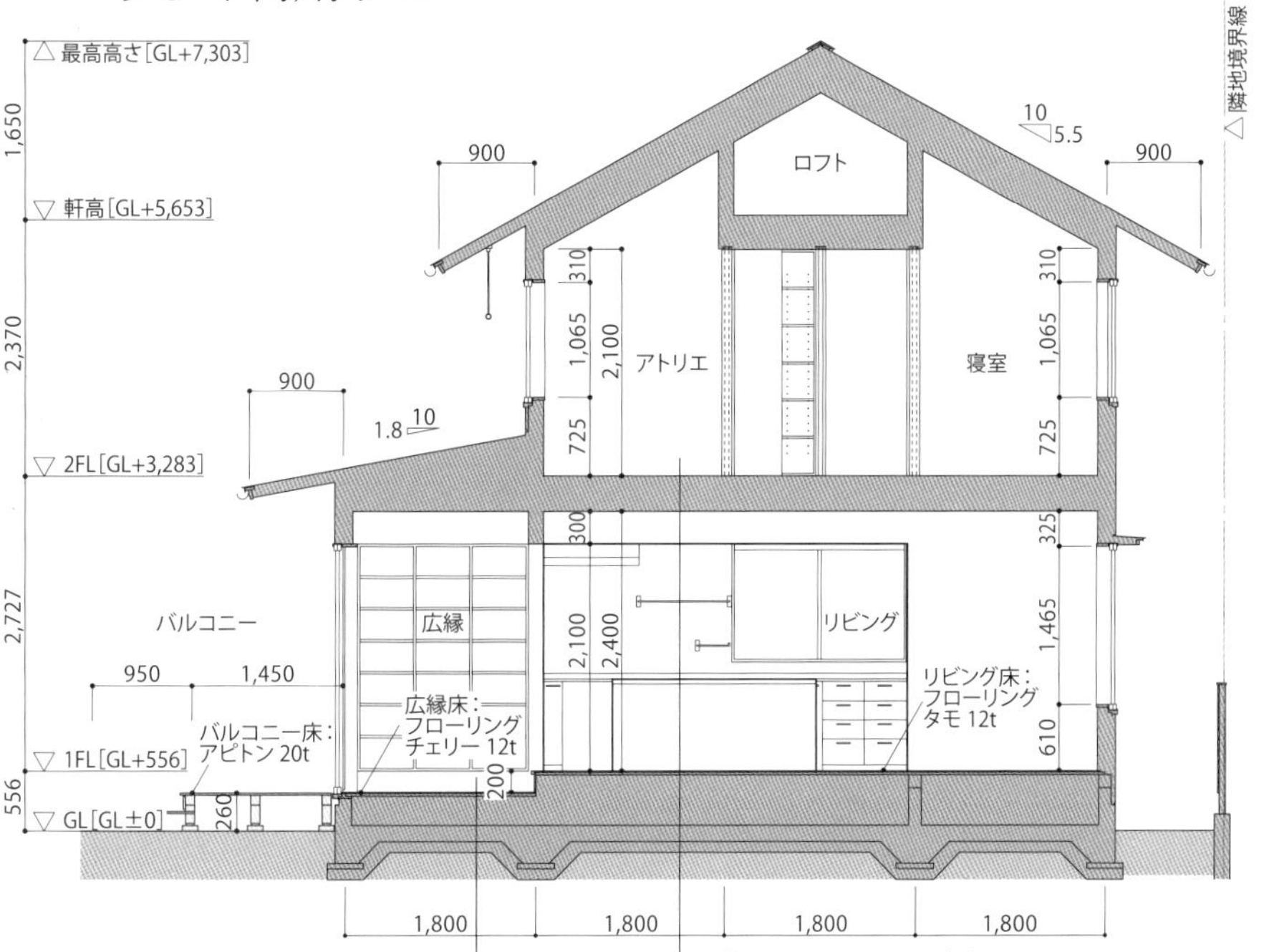
△最高高さ［GL+7,303］
▽軒高［GL+5,653］
▽2FL［GL+3,283］
▽1FL［GL+556］
▽GL［GL±0］
1,650
2,370
2,727
556
△隣地境界線
10
5.5
900
900
900
1.8
10
ロフト
アトリエ
寝室
310
1,065
2,100
725
310
1,065
725
300
325
バルコニー
広縁
リビング
2,100
2,400
1,465
610
950
1,450
バルコニー床：
アピトン 20t
広縁床：
フローリング
チェリー 12t
リビング床：
フローリング
タモ 12t
200
260
1,800
1,800
1,800
1,800

広縁部分は下屋とし、母屋《おもや》と空間を分けている

2階には、アトリエと寝室、子ども室を配置。下屋越しに、北東にある畑を眺められる

B断面図 S＝1：100

床（バルコニー）：
アピトン 20t

北東から南西の方角に抜けがある空間だが、南東側のキッチンを奥まらせて配置することで、抜けの方向性を弱めて、空間を柔らかく見せている

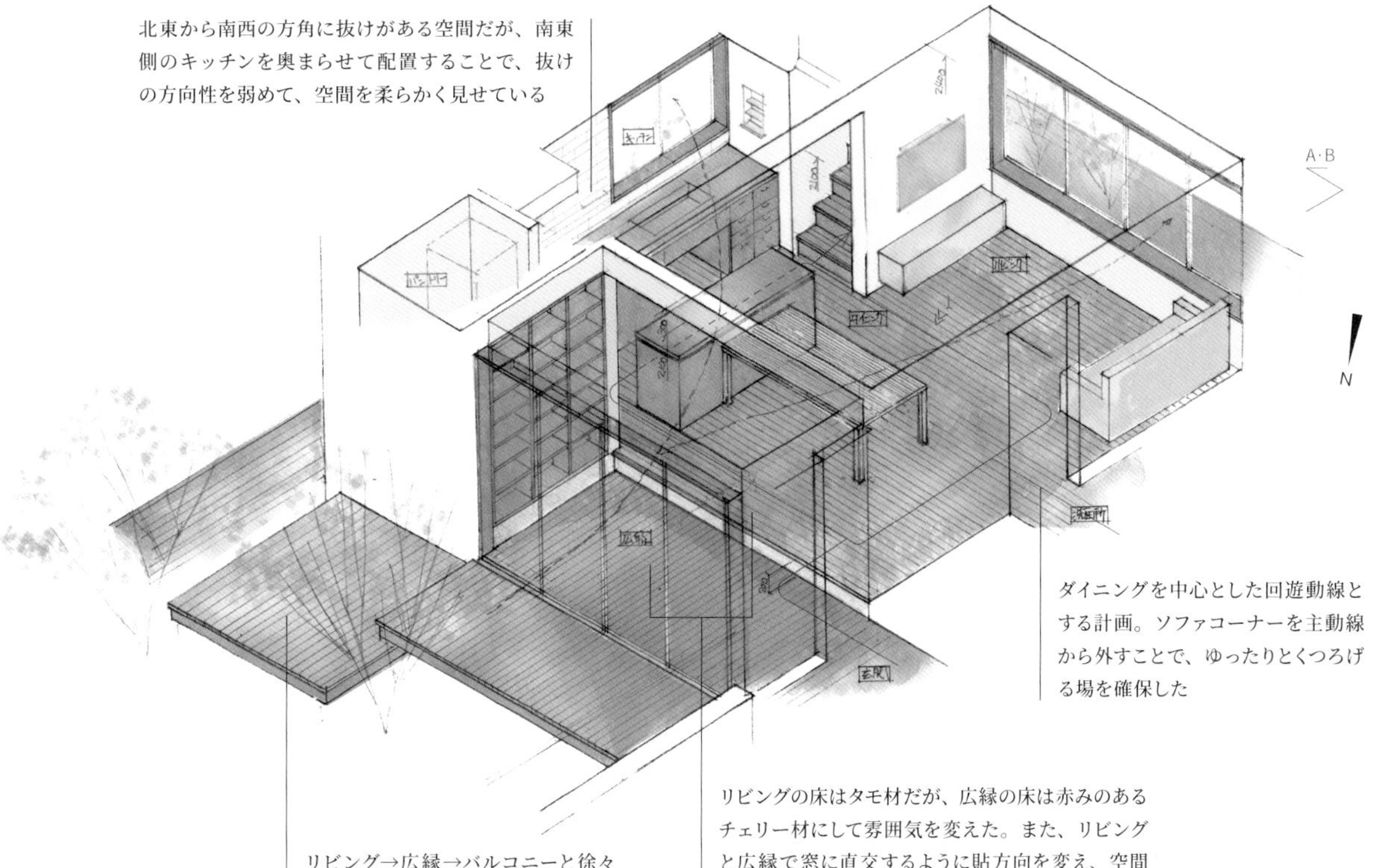
A・B
N

ダイニングを中心とした回遊動線とする計画。ソファコーナーを主動線から外すことで、ゆったりとくつろげる場を確保した

リビング→広縁→バルコニーと徐々にレベルを下げ、庭との距離を近づけている

リビングの床はタモ材だが、広縁の床は赤みのあるチェリー材にして雰囲気を変えた。また、リビングと広縁で窓に直交するように貼方向を変え、空間を緩く区切った。バルコニーは赤みのあるアピトン。貼方向と色味を広縁と合わせている

1階アイソメ図

1 ダイニングからリビング側を見る。明るいダイニングとリビングの間に、暗い階段ホールが挟み、奥行き感を生み出している

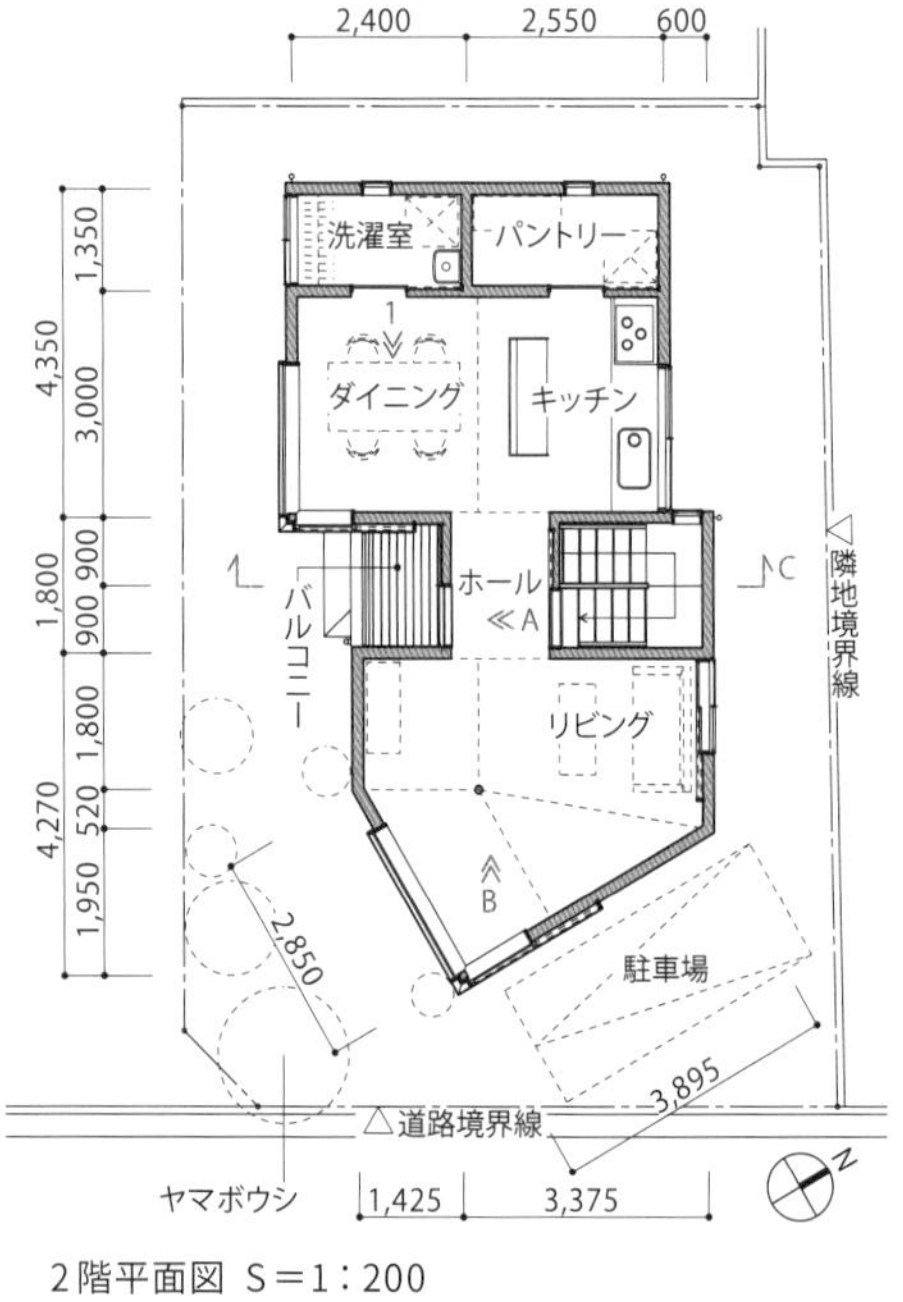

2,400
2,550
600
洗濯室
パントリー
1
ダイニング
キッチン
ホール
A
C
バルコニー
リビング
B
駐車場
隣地境界線
道路境界線
ヤマボウシ
1,350
3,000
4,350
900
900
1,800
1,800
520
1,950
4,270
2,850
3,895
1,425
3,375
N

2階平面図 S＝1：200

気持ちを切り替える仕掛け

共働き家庭では、平日のダイニング・キッチンは慌ただしい空間です。そのためすぐ隣にリビングを設けると、慌ただしい雰囲気が伝わってくつろげません。2部屋の間に緩衝空間を設けることで、リビングが落ち着ける空間になります。

ここでは、階段室と隣り合う廊下の間口を広げて小さなホールとしています。動的で重心（ダイニングチェアに座った際の視点）が高いダイニング・キッチンと、静的で重心（ソファに座った際の視線）が低いリビングとの間を行き来するとき、天井高を抑えたフラット天井のこのホールが気持ちを切り替えるのにちょうどよい空間になっています。

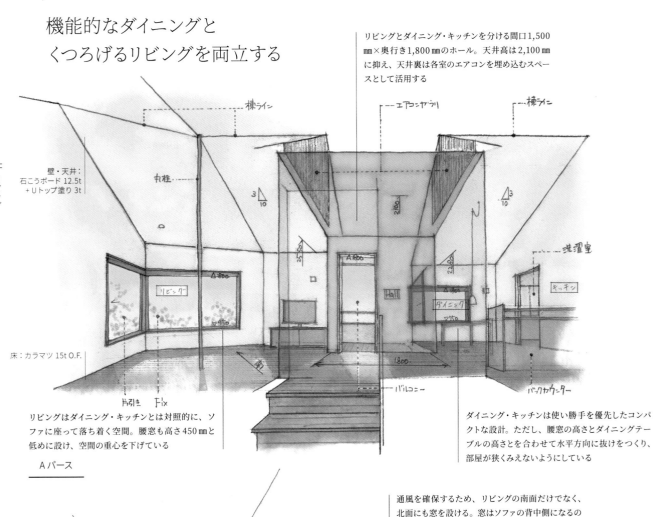

機能的なダイニングと くつろげるリビングを両立する

リビングとダイニング・キッチンを分ける間口1,500㎜×奥行き1,800㎜のホール。天井高は2,100㎜に抑え、天井裏は各室のエアコンを埋め込むスペースとして活用する

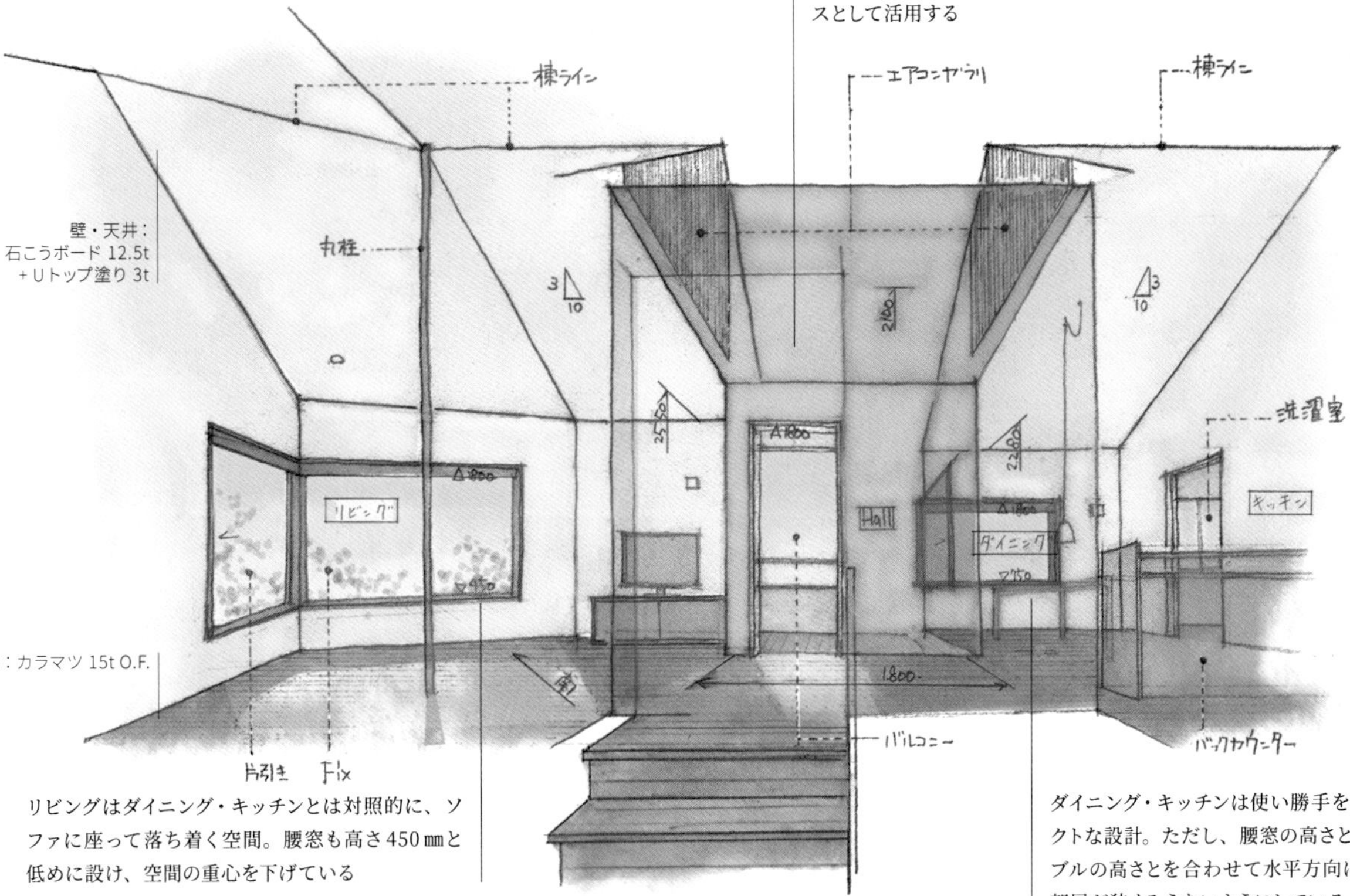
棟ライン
エアコンガラリ
棟ライン
丸柱
壁・天井：
石こうボード 12.5t
+Uトップ塗り 3t
リビング
Hall
ダイニング
キッチン
洗濯室
1,800
床：カラマツ 15t O.F.
バルコニー
バックカウンター
片引き
Fix

リビングはダイニング・キッチンとは対照的に、ソファに座って落ち着く空間。腰窓も高さ450㎜と低めに設け、空間の重心を下げている

ダイニング・キッチンは使い勝手を優先したコンパクトな設計。ただし、腰窓の高さとダイニングテーブルの高さとを合わせて水平方向に抜けをつくり、部屋が狭くみえないようにしている

Aパース

通風を確保するため、リビングの南面だけでなく、北面にも窓を設ける。窓はソファの背中側になるので障子を設け、夜間は壁と同化させて落ち着きを得る

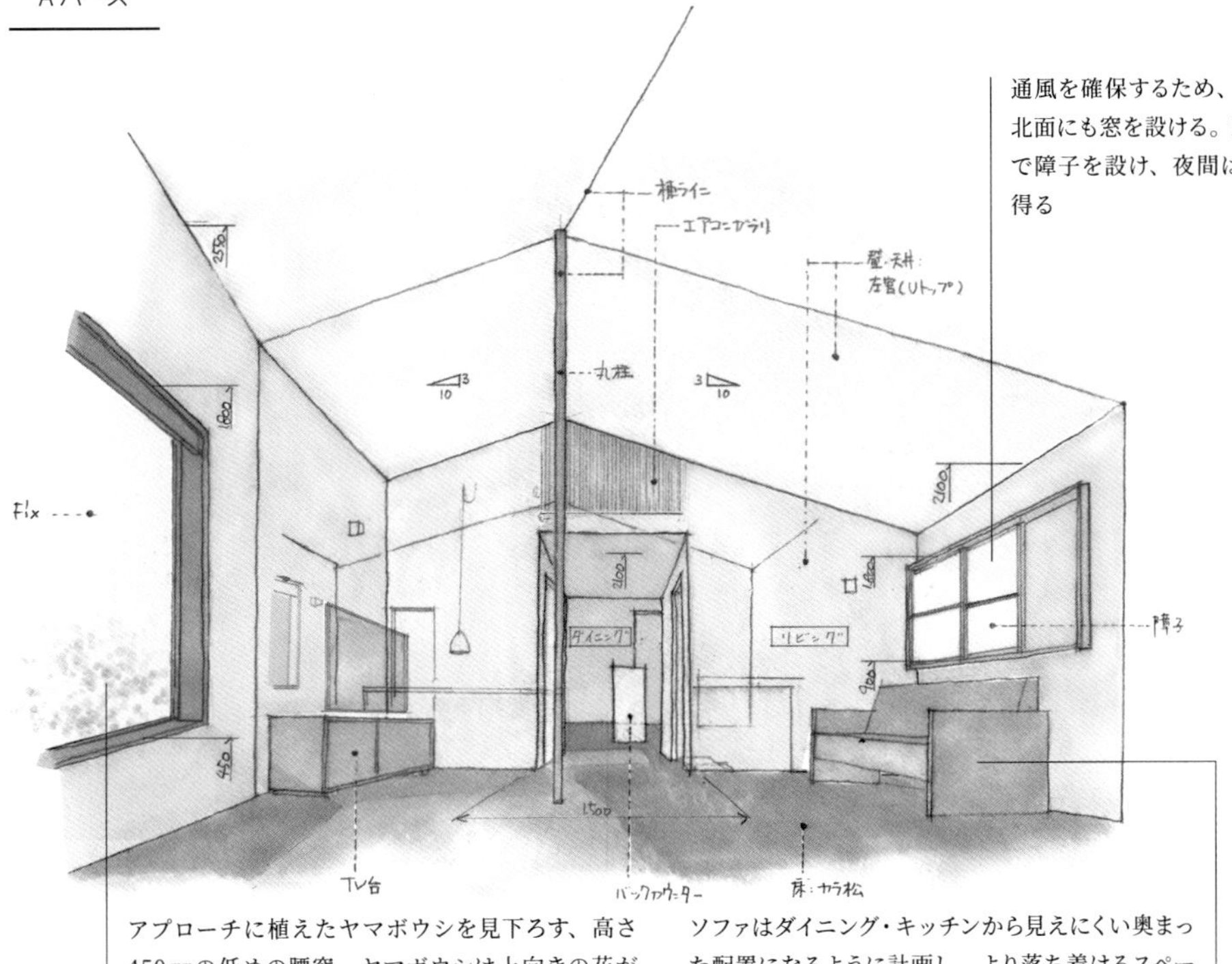
棟ライン
エアコンガラリ
壁・天井：
左官(Uトップ)
丸柱
Fix
ダイニング
リビング
障子
1500
TV台
バックカウンター
床：カラ松

アプローチに植えたヤマボウシを見下ろす、高さ450㎜の低めの腰窓。ヤマボウシは上向きの花が咲くので、2階から眺めるのにちょうどよい

ソファはダイニング・キッチンから見えにくい奥まった配置になるように計画し、より落ち着けるスペースにしている

Bパース

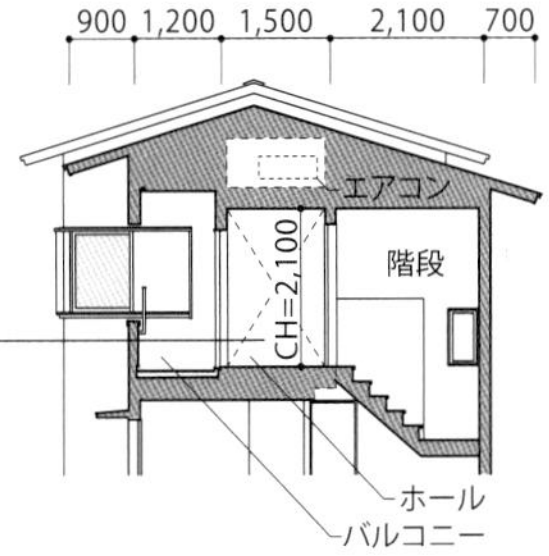
900 1,200 1,500 2,100 700
エアコン
階段
CH=2,100
ホール
バルコニー

ホールは天井が低く、くぐり抜ける空間だが、バルコニーに隣接させることにより、狭く感じさせないようにしている。階段への引戸を開けておくと階段室から視線が外に抜ける

C断面図 S＝1：200

2世帯のほどよい距離

2世帯の家庭では、各世帯の生活リズムの違いに配慮が必要です。リビングとダイニングを緩く仕切れるようにすれば、それぞれの部屋の活用の幅が広がります。

築50年の住宅を二世帯住宅に改修したこの事例。2つの世帯が、つかず離れず暮らすことがテーマでした。たとえば子世帯がダイニング・キッチンで食事をしているときに、親世帯がリビングでくつろぎたい、という場面はよくあります。リビングとダイニング・キッチンをガラスの引戸で仕切ることで、各世帯の様子を感じつつも、気兼ねなく各々の時間を過ごせる空間としています。

⩓1
ダイニングからリビングを見る。バルコニーの掃出し窓は隠し框とし、建具の存在感をなくしている。隠し框とすれば、気密性も高められるうえバルコニーに脱いだサンダルも室内から見えにくく、生活感が薄まる

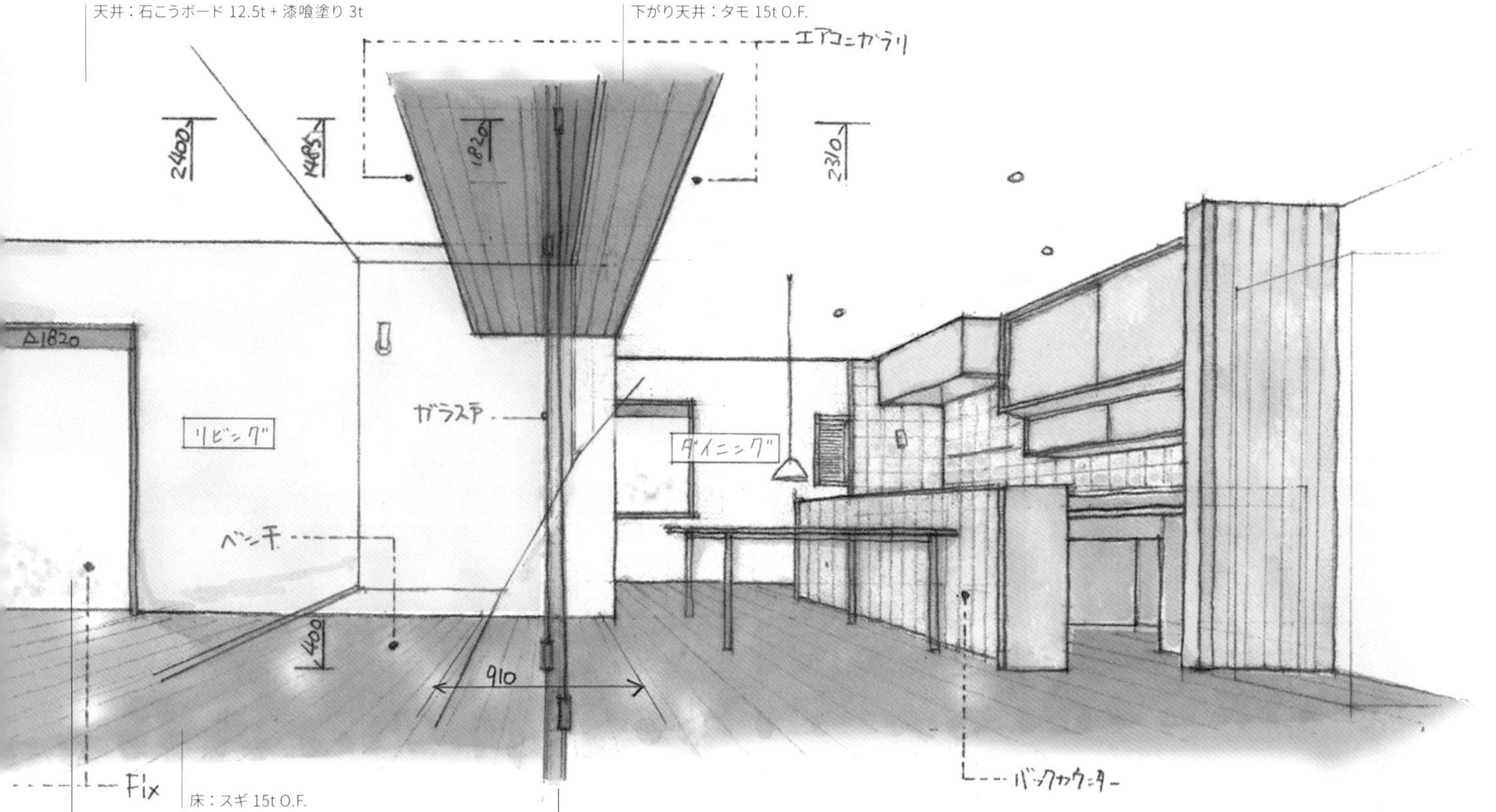
天井：石こうボード 12.5t＋漆喰塗り 3t
下がり天井：タモ 15t O.F.
エアコンガラリ
2400
1820
2310
△1820
リビング
ガラス戸
ダイニング
ベンチ
400
910
Fix
バックカウンター
床：スギ 15t O.F.

リビングの掃出し窓は角の2面をFIX、1面を片引きとする。掃出し窓を最小限にすることで気密性を高めている。また、片引きの箇所を限定すれば、コストも抑えられる

リビングとダイニングのつなぎ部分には1間分、天井高を1,820㎜に抑えた空間をつくり、2つの部屋の心理的な区切りとした。ただし、つなぎ部分の中央に納めたガラス引戸は、枠が目立たないデザインとして、完全には分断されないようにしている

2≫
リビングの東面を見る。掃き出しのL字形の窓には引込みの障子を設けた。日中は障子を壁の中に引き込めば、開放的な窓から外の庭を愉《たの》しめる

ガラスの引戸で仕切れば 生活リズムの違いが気にならない

ガラス引戸部分は、間口1,810㎜、奥行き910㎜の小空間。上部を各室のエアコンを埋め込むスペースとすれば、無駄がない

キッチンのバックカウンターは端に寄せるのではなく、壁から離すことで、バックカウンターを中心とした回遊動線として家事効率を高めている

2世帯の生活時間の違いに配慮して、1階にある親世帯の寝室からはリビングを介さずに水廻りやダイニングに行けるようにした

改修前はダイニング・キッチンに光が入らなかったが、水廻りを移動することで、ダイニング・キッチンに南の光を取り入れるとともに、庭への視線の抜けも確保した

リビングとダイニング・キッチンの間をくびれさせるため、住宅の中心に収納と階段を配置。家全体が階段を中心とした回遊プランとなる

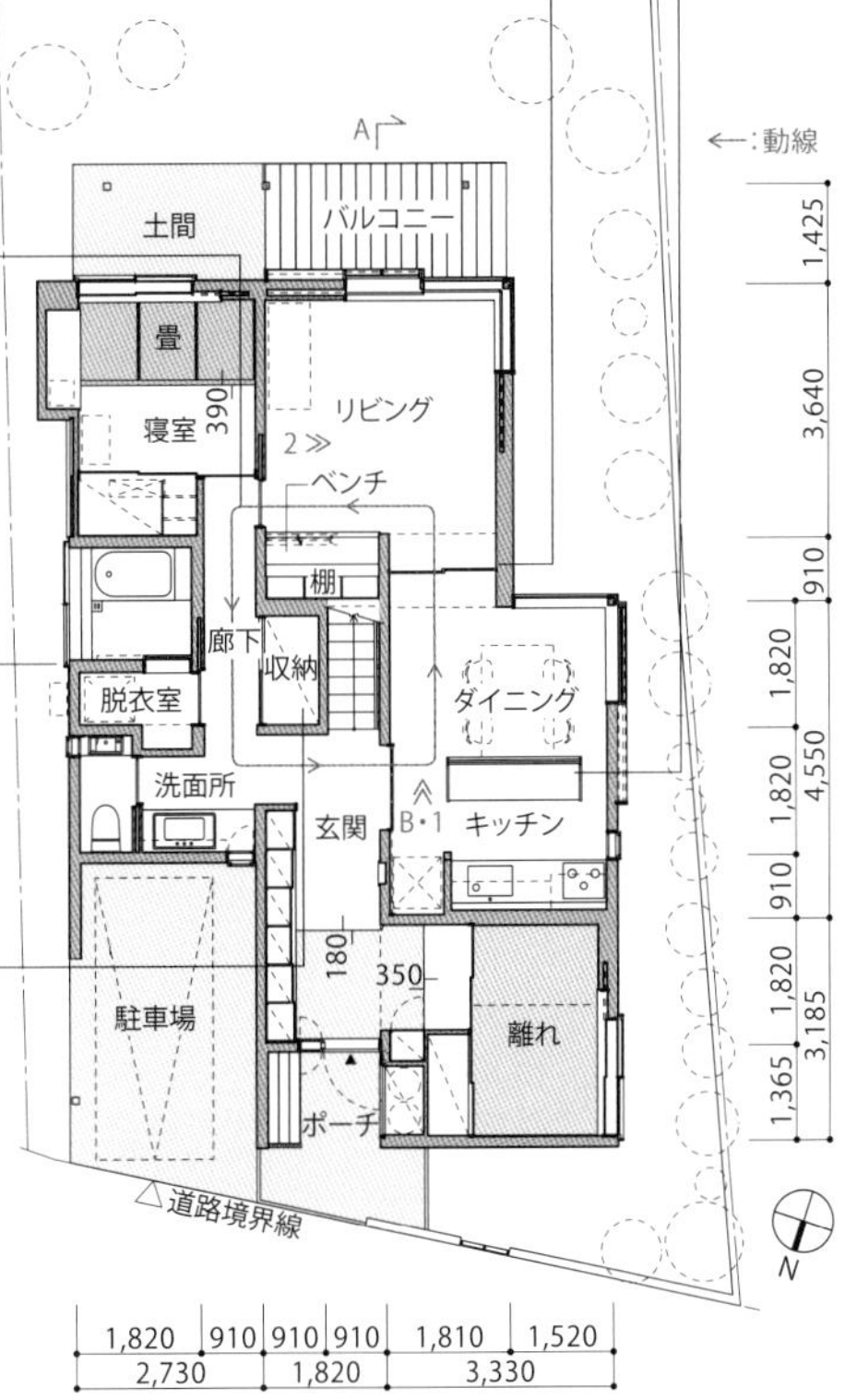

1階平面図 S＝1：200

改修前1階平面図 S＝1：300

Aパース

リビングとダイニング・キッチンがつながりすぎないように、垂壁を設け、つなぎ部分の天井高を抑える。垂壁があると、大きな建具を入れなくてもよいため、建具の反りを軽減できる

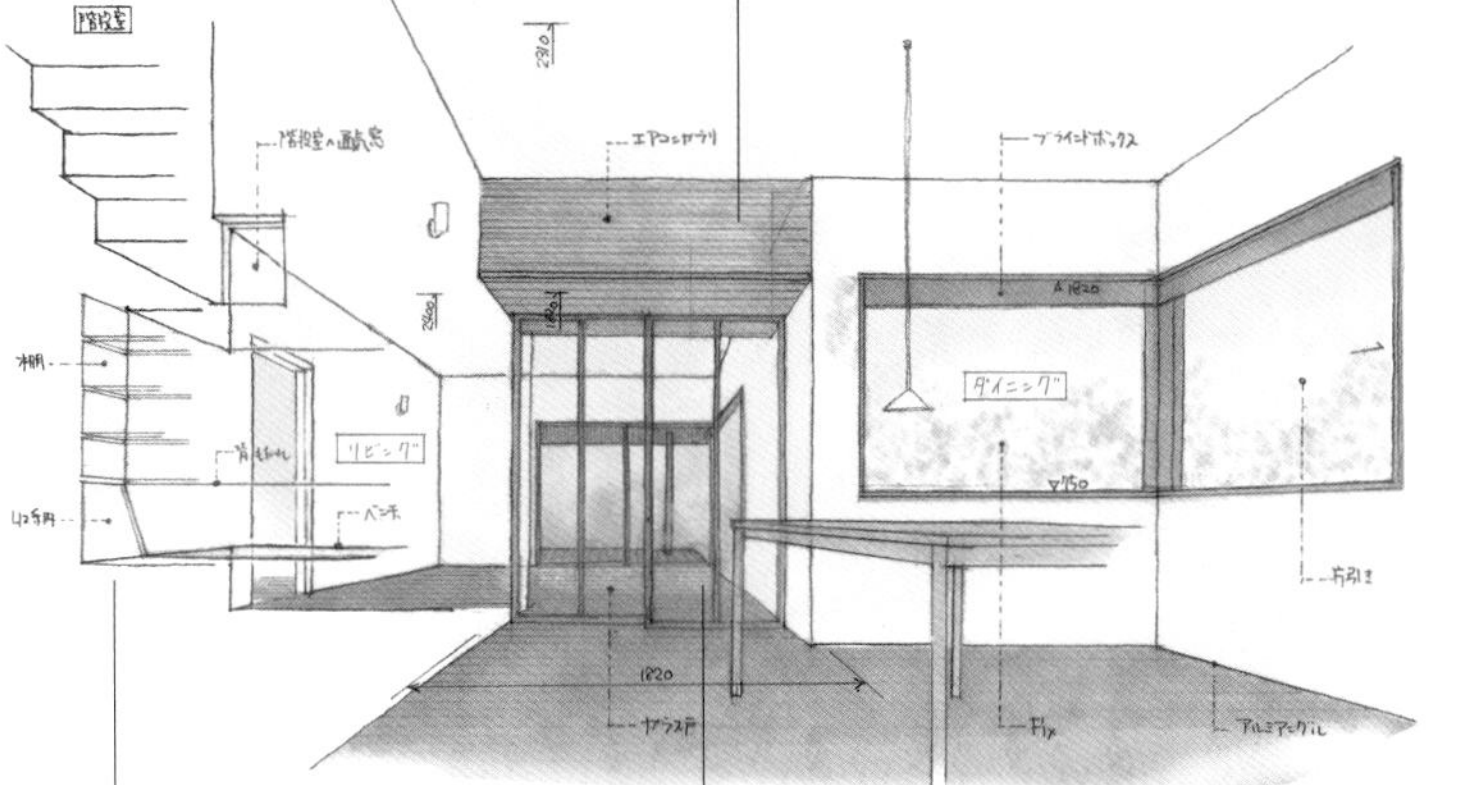

リビング脇は、階段下にあたるスペース。ダイニング・キッチンから死角になる位置にベンチと棚を設け、たまり空間にしている

ガラスの引戸越しに、リビングとダイニング・キッチンがつながる。キッチンからリビングを見ると、リビングの奥にあるバルコニーの掃出し窓から外の景色まで視線が抜けて、より深く奥行きを感じられる

Bパース

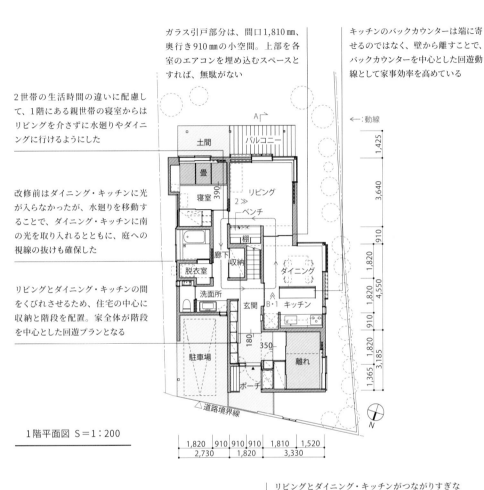

「ひらく」と「包まれる」を同居させる

小さなＬＤＫでは、性質が異なる居場所をつくることで空間に奥行きが生まれます。ここでは、開放的なリビング（窓辺）と包容力のあるダイニングをワンルームにつくり、用途に応じた居場所をつくりました。

敷地の三方を隣家に囲われ、北側の道路面より南側が１２６０㎜高い敷地。中庭を挟んで、半階ずれた2棟が建っています。日射を確保するために、道路側面の棟の2階にＬＤＫを配置しました。中庭に面する南側の窓辺は日中に読書したり、庭を眺めたりしてくつろぐ、ひらかれた居場所。一方北側は砂漆喰壁で包み込み、テーブルを置いて落ち着いて食事を楽しめる空間にしています。

敷地中央に半階分のレベル差があり、2棟をそれぞれのレベルに配置している。LDKと中庭のレベル差は半階分の高さしかないため、窓廻りに座っても中庭が近く、気軽に座れるしつらえになっている。またちょうど中木の枝葉が横に広がる高さとも合うので、緑をより楽しめる

≪1
中庭からリビング（窓辺）を見る。窓廻りは木製でしつらえ、外壁のガルバリウム鋼板の固さとの対比で、窓廻りが柔らかく見えるよう演出している

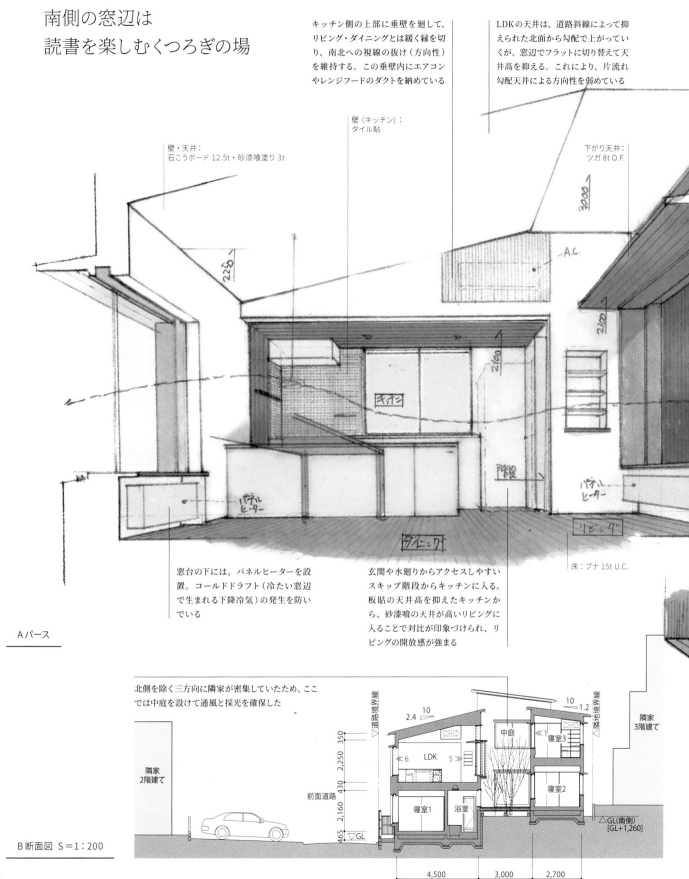

南側の窓辺は読書を楽しむくつろぎの場

キッチン側の上部に垂壁を廻して、リビング・ダイニングとは緩く縁を切り、南北への視線の抜け（方向性）を維持する。この垂壁内にエアコンやレンジフードのダクトを納めている

LDKの天井は、道路斜線によって抑えられた北面から勾配で上がっていくが、窓辺でフラットに切り替えて天井高を抑える。これにより、片流れ勾配天井による方向性を弱めている

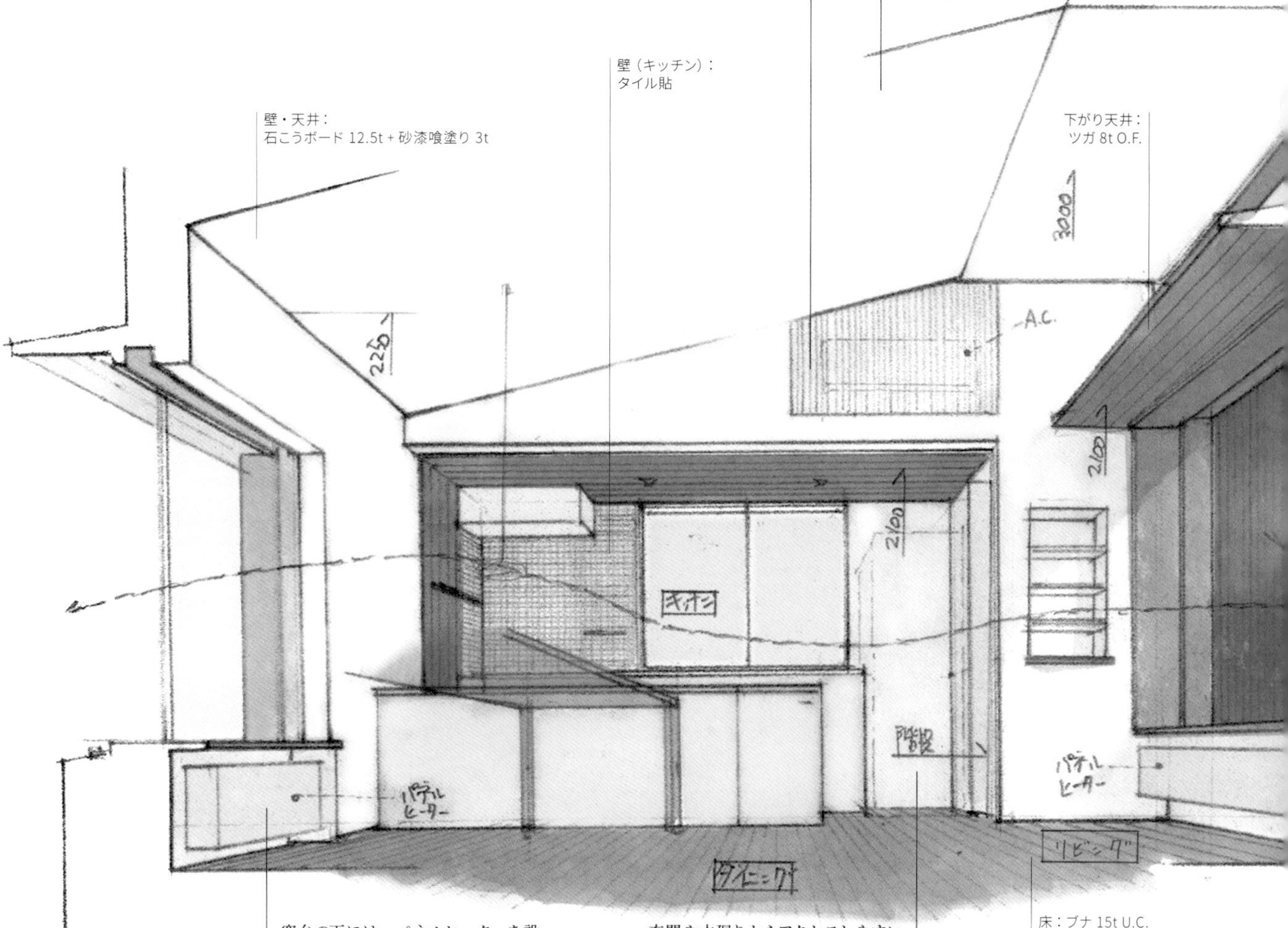
壁（キッチン）：
タイル貼
壁・天井：
石こうボード 12.5t＋砂漆喰塗り 3t
下がり天井：
ツガ 8t O.F.
3000
A.C.
2250
2100
2100
キッチン
階段
パネルヒーター
パネルヒーター
ダイニング
リビング
床：ブナ 15t U.C.

窓台の下には、パネルヒーターを設置。コールドドラフト（冷たい窓辺で生まれる下降冷気）の発生を防いでいる

玄関や水廻りからアクセスしやすいスキップ階段からキッチンに入る。板貼の天井高を抑えたキッチンから、砂漆喰の天井が高いリビングに入ることで対比が印象づけられ、リビングの開放感が強まる

Aパース

北側を除く三方向に隣家が密集していたため、ここでは中庭を設けて通風と採光を確保した

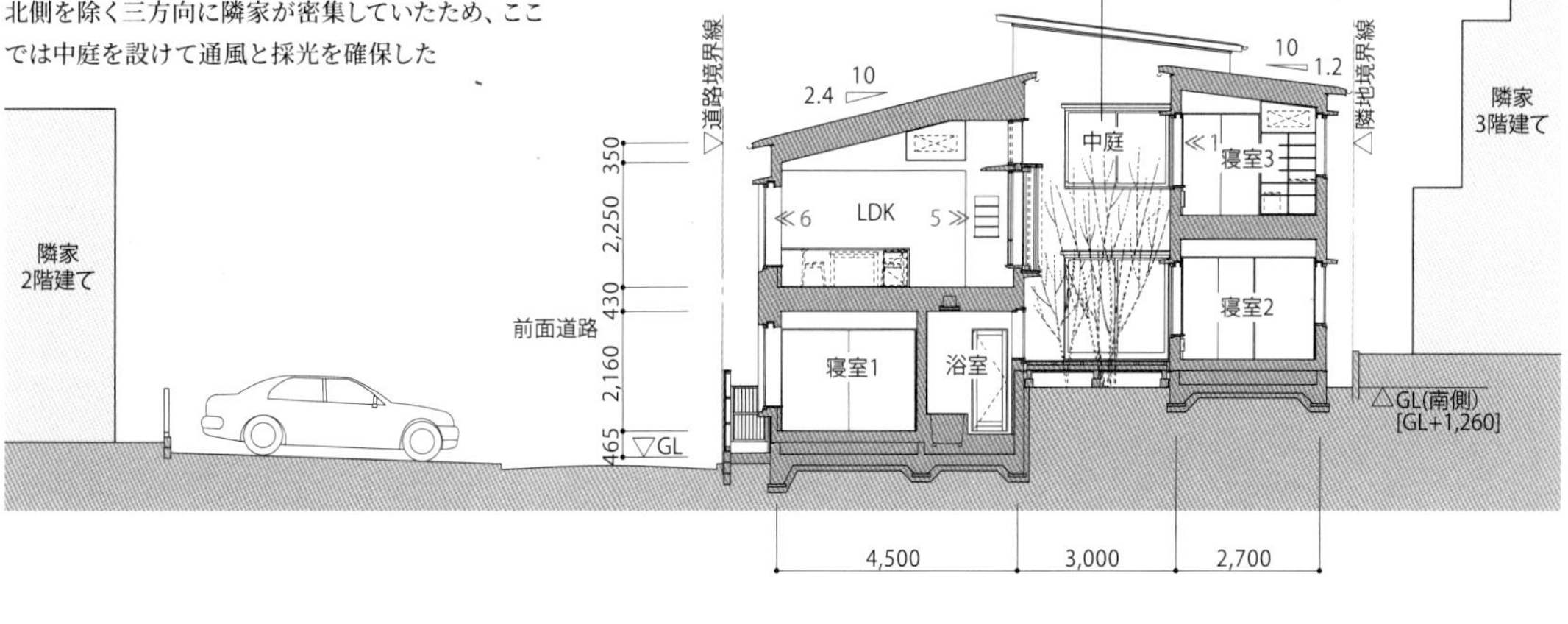
隣家
2階建て
前面道路
▽道路境界線
2.4
10
10
1.2
△隣地境界線
隣家
3階建て
350
2,250
430
2,160
465
▽GL
LDK
≪6
5≫
中庭
寝室3
≪1
寝室2
寝室1
浴室
△GL(南側)
[GL+1,260]
4,500
3,000
2,700

B断面図 S＝1：200

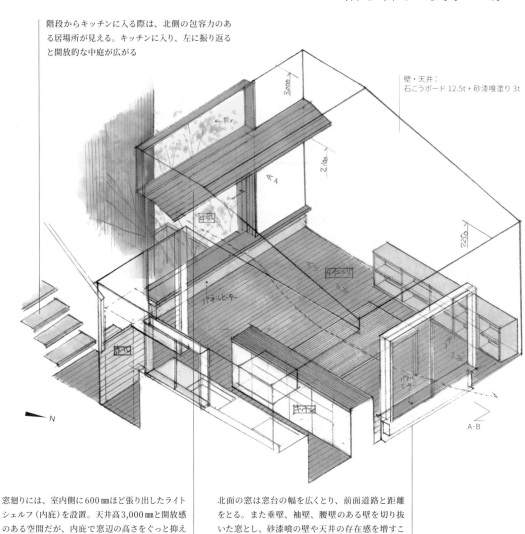

北側の窓辺は落ち着ける食事の場

階段からキッチンに入る際は、北側の包容力のある居場所が見える。キッチンに入り、左に振り返ると開放的な中庭が広がる

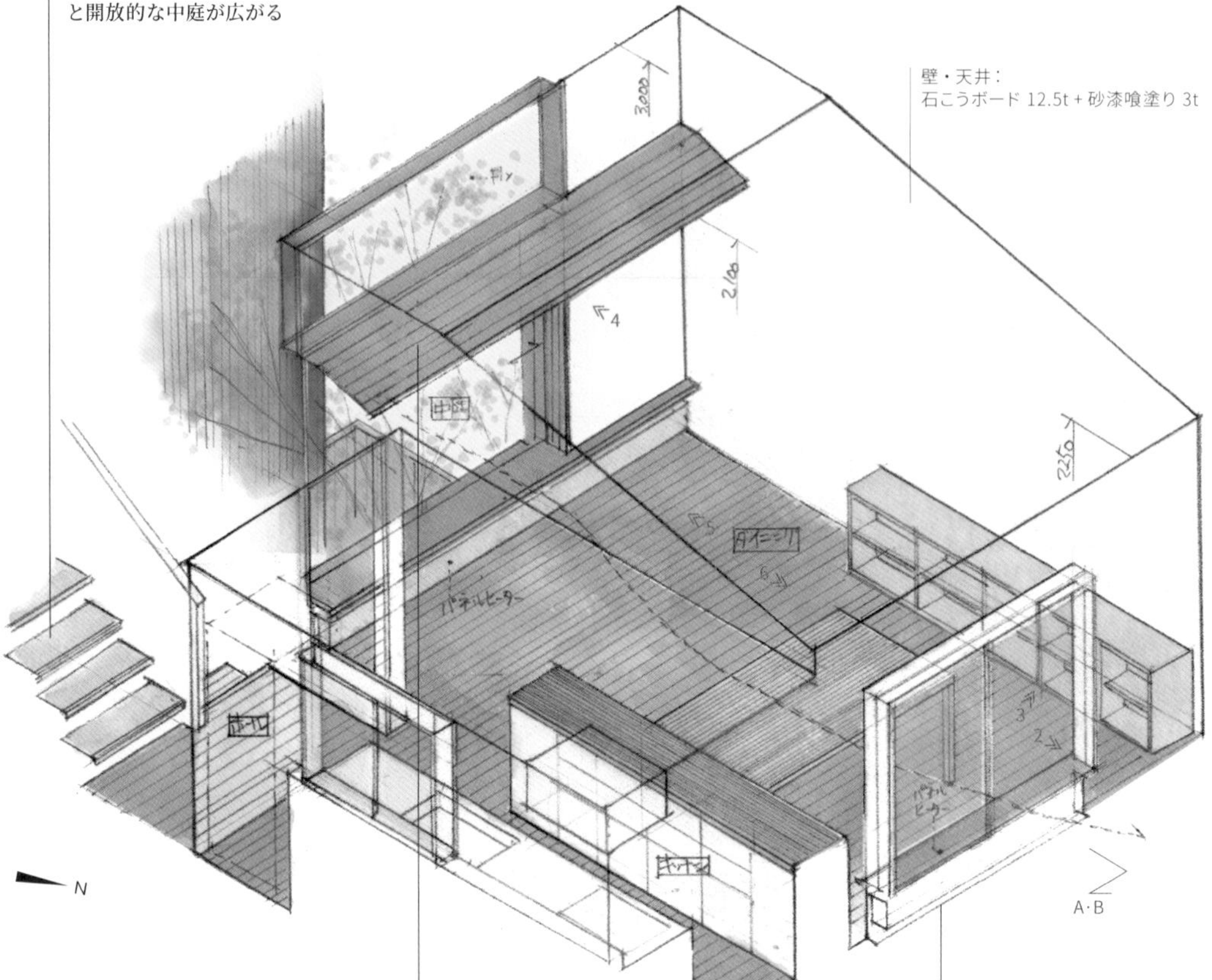
壁・天井：
石こうボード 12.5t＋砂漆喰塗り 3t
3000
2100
2250
中庭
ダイニング
パネルヒーター
ホール
キッチン
N
A·B

窓廻りには、室内側に600㎜ほど張り出したライトシェルフ（内庇）を設置。天井高3,000㎜と開放感のある空間だが、内庇で窓辺の高さをぐっと抑えることで、広くつくった窓台に座った際に落ち着けるようにした

北面の窓は窓台の幅を広くとり、前面道路と距離をとる。また垂壁、袖壁、腰壁のある壁を切り抜いた窓とし、砂漆喰の壁や天井の存在感を増すことで包容力を強めた。中庭側の開放的な窓との対比で、空間に奥行きを生み出す

2階アイソメ図

4 ライトシェルフ（内庇）の先端は、テーパーをかけることで軽快に見せている

3 北側の窓。砂漆喰を壁の内側にも巻き込んでいる

2 窓台の先端は坐ったときに指のかかりがよくなるように、テーパーをかけて丸く削っている

5 ダイニングから南側の窓辺を見る。南棟とは高さが半階ずれているので、対面の部屋からの視線が気にならない

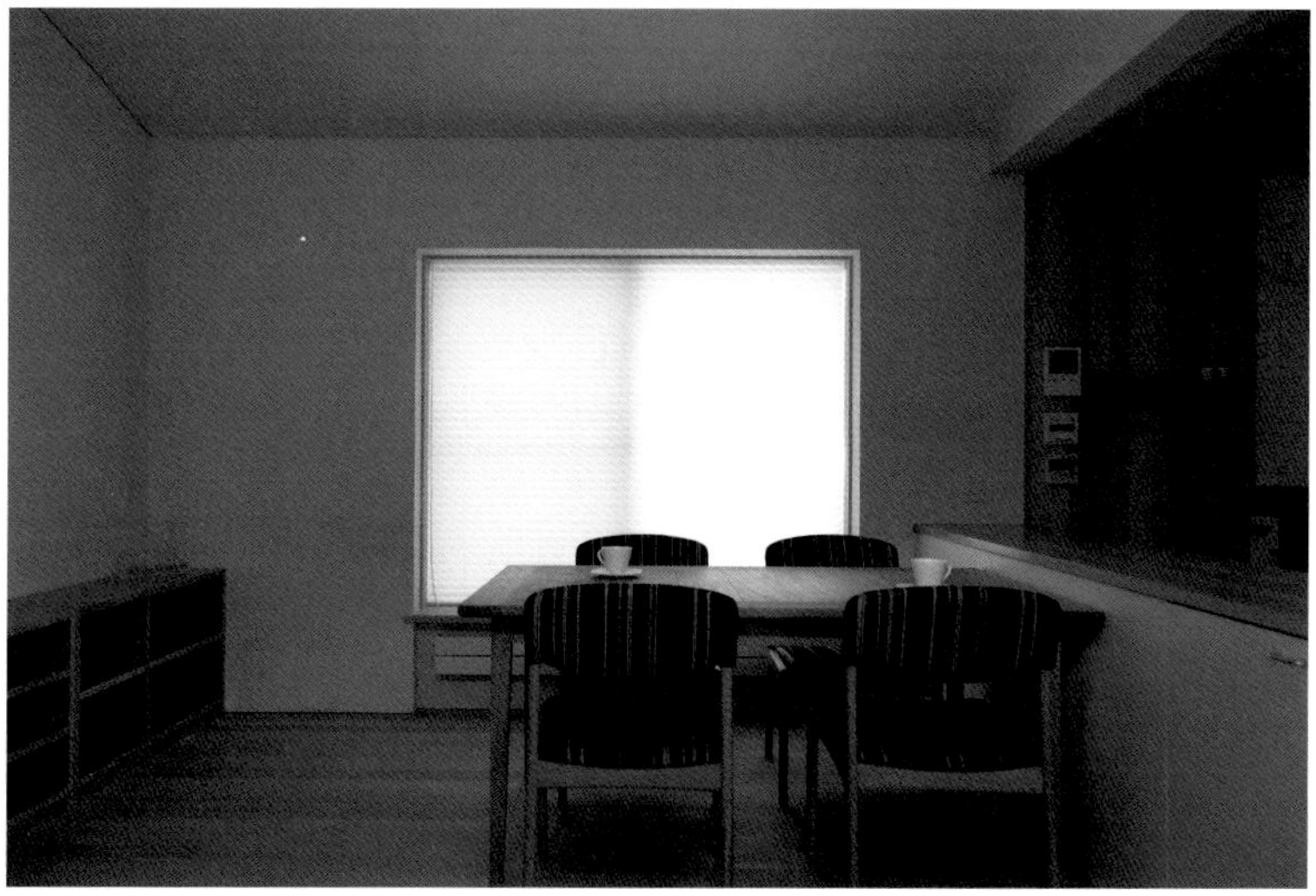

6 北側のダイニングを見る。キッチンのバックカウンターは、袖壁から少しダイニング側にはみ出して設置することで、ダイニングとキッチンを緩やかにつないでいる

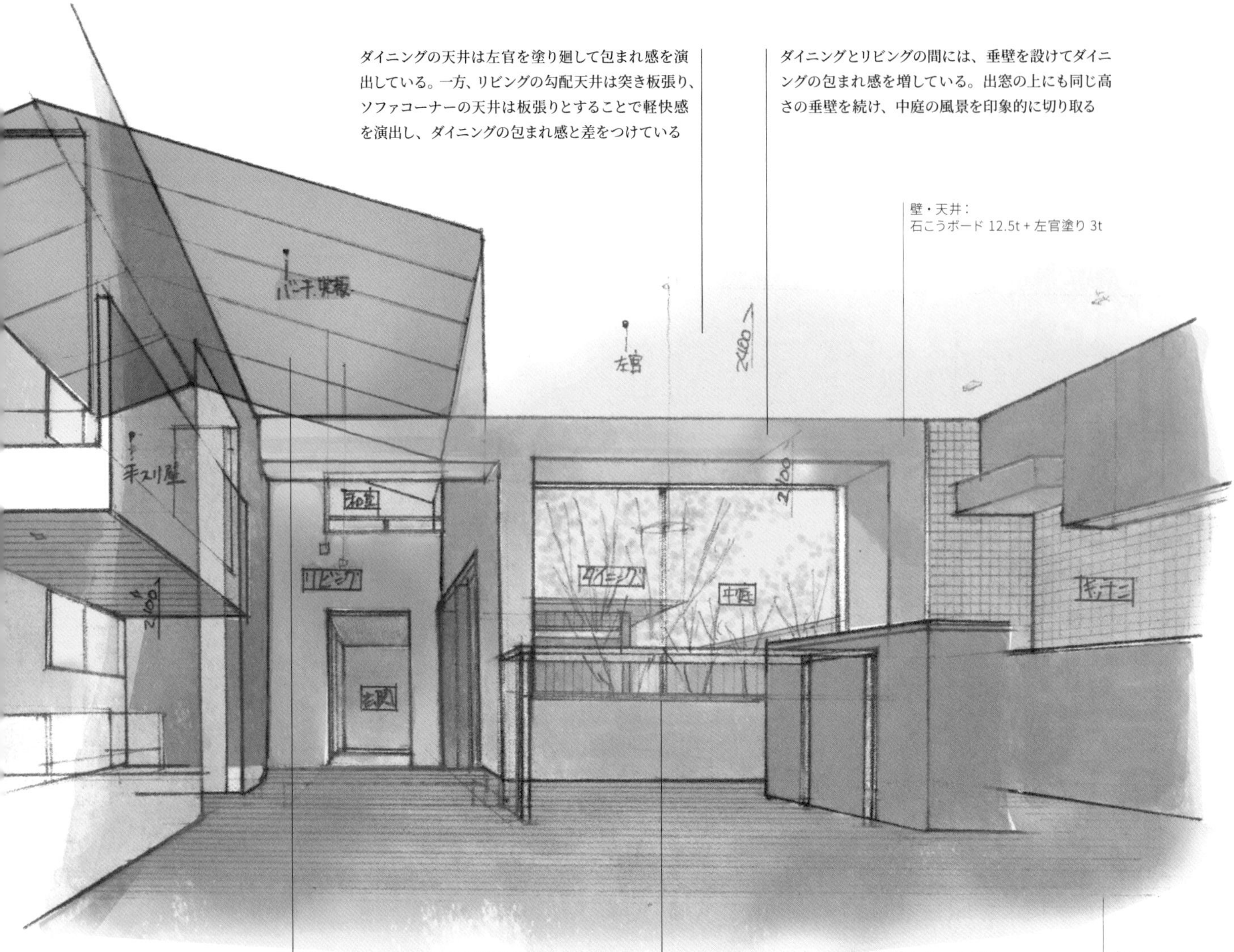

ダイニングの天井は左官を塗り廻して包まれ感を演出している。一方、リビングの勾配天井は突き板張り、ソファコーナーの天井は板張りとすることで軽快感を演出し、ダイニングの包まれ感と差をつけている

ダイニングとリビングの間には、垂壁を設けてダイニングの包まれ感を増している。出窓の上にも同じ高さの垂壁を続け、中庭の風景を印象的に切り取る

壁・天井：
石こうボード 12.5t＋左官塗り 3t

リビングは、ダイニングとは対照的に上に広がる空間にしているが、落ち着ける空間とするため天井が高くなりすぎないようにした。吹抜けは低い部分で3,800㎜、高い部分で4,735㎜に設定

ダイニングでは腰窓から中庭を眺める。ここは、アルミ樹脂複合サッシとして、サッシの見付けを隠すことですっきり見せている。また、窓台を深くして座れる設えにして、中庭との距離を近づけた

床：ヒノキ 15t
セラミック塗料

Aパース

色とりどりに庭をつなぐ

コートハウスでは、中庭の雰囲気を家全体で共有したいものです。家の中心に、中庭の雰囲気を受け止めて各室に伝播させるホールのような場所をつくります。

　ここでは、リビングを掃出し窓で中庭とフラットにつながる土間として、外に近い空間にしました。リビングは上部吹抜けとし、吹抜けに面した2階渡り廊下も中庭と緩くつながる書斎にしつらえています。ダイニング・キッチンは、土間から2段上げたGL＋609㎜に設定。リビングとダイニング・キッチンの間にはあえて建具を設けず、境界を曖昧にし、中庭の雰囲気を家全体で共有しています。

1 土間のリビングには南からの日差しが入る。冬場に蓄熱することを狙い、床は墨モルタルとしている。床暖房も敷設しており、吹き抜けを介して家全体を暖める

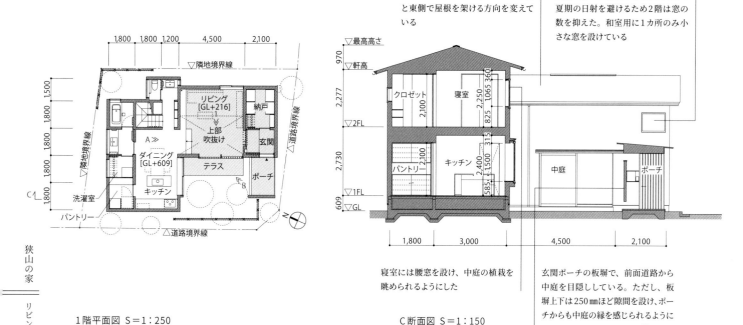

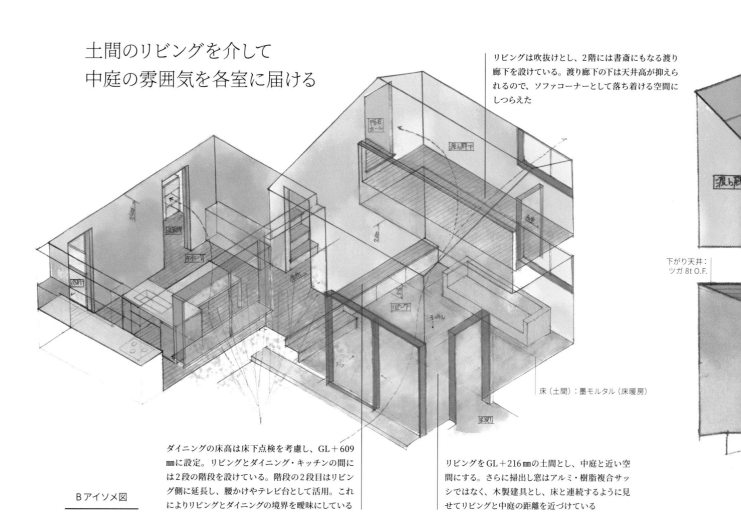

土間のリビングを介して中庭の雰囲気を各室に届ける

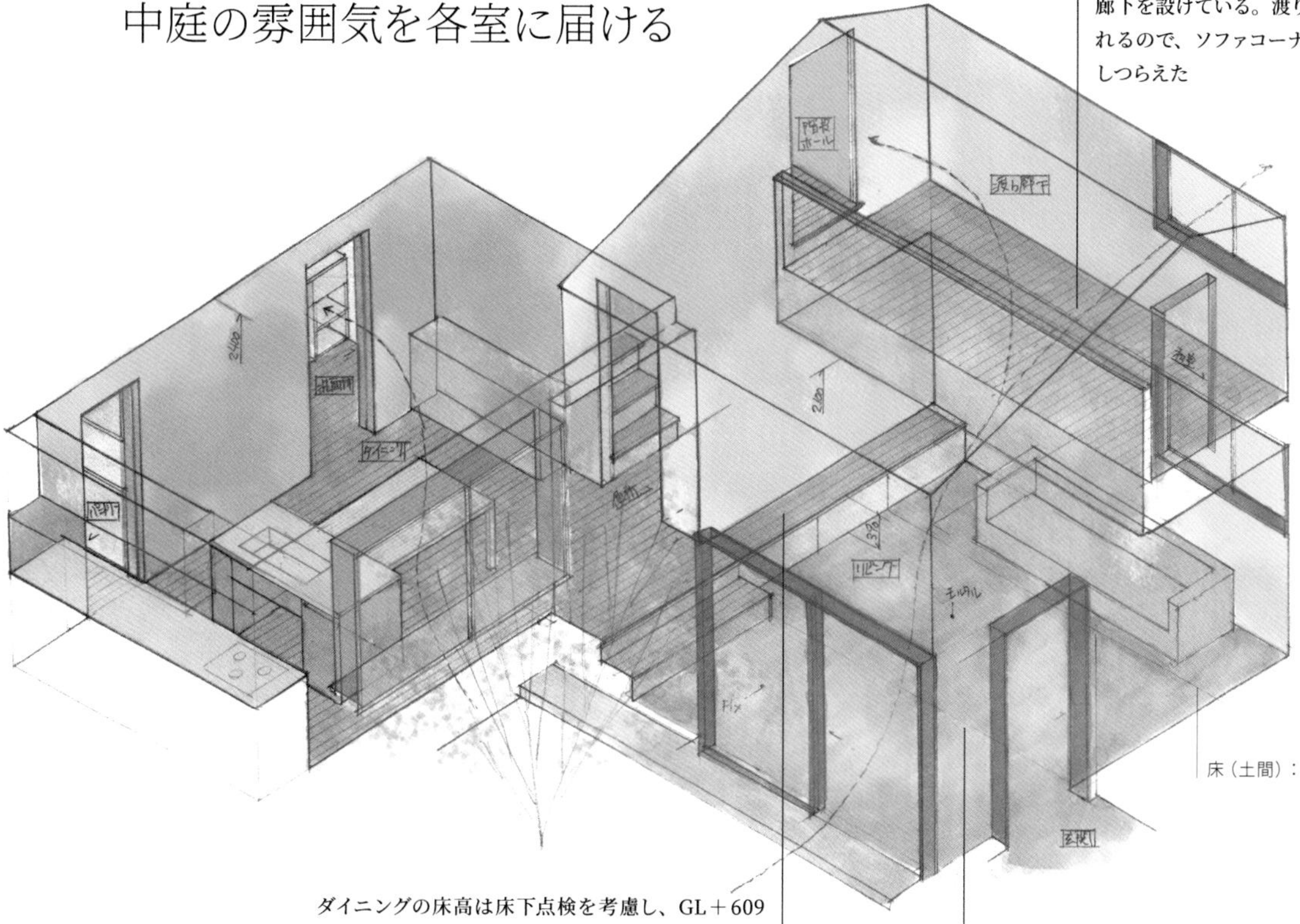
床（土間）：墨モルタル（床暖房）

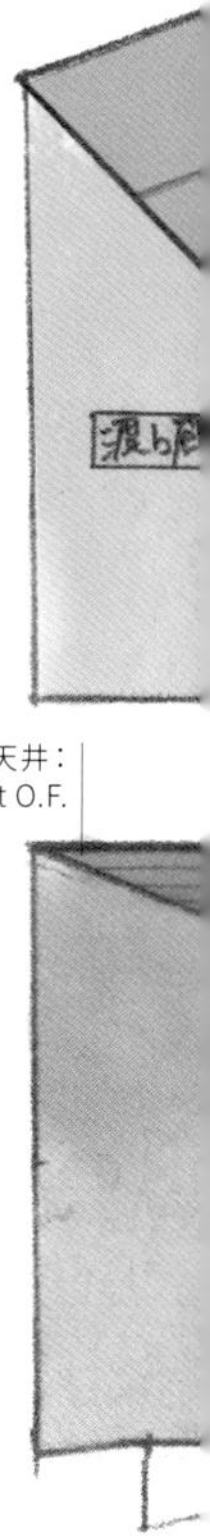
下がり天井：ツガ 8t O.F.

リビングは吹抜けとし、2階には書斎にもなる渡り廊下を設けている。渡り廊下の下は天井高が抑えられるので、ソファコーナーとして落ち着ける空間にしつらえた

ダイニングの床高は床下点検を考慮し、GL＋609㎜に設定。リビングとダイニング・キッチンの間には2段の階段を設けている。階段の2段目はリビング側に延長し、腰かけやテレビ台として活用。これによりリビングとダイニングの境界を曖昧にしている

リビングをGL＋216㎜の土間とし、中庭と近い空間にする。さらに掃出し窓はアルミ・樹脂複合サッシではなく、木製建具とし、床と連続するように見せてリビングと中庭の距離を近づけている

Bアイソメ図

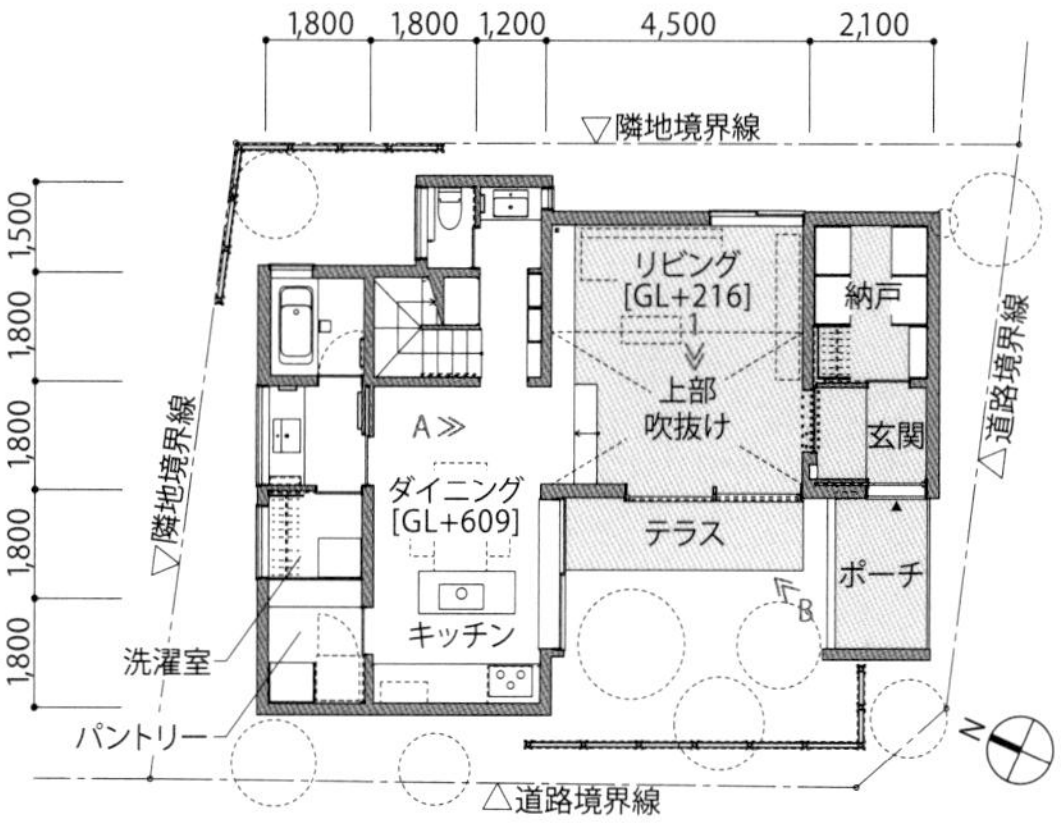
1,800
1,800
1,200
4,500
2,100
▽隣地境界線
1,500
1,800
1,800
1,800
1,800
▽隣地境界線
△道路境界線
リビング
[GL+216]
納戸
上部
吹抜け
玄関
A≫
ダイニング
[GL+609]
テラス
ポーチ
キッチン
洗濯室
パントリー
B
C
N
△道路境界線

1階平面図 S＝1：250

中庭に向けて、軒が下がるよう北側と東側で屋根を架ける方向を変えている

西側1階には掃出し窓を設けたが、夏期の日射を避けるため2階は窓の数を抑えた。和室用に1カ所のみ小さな窓を設けている

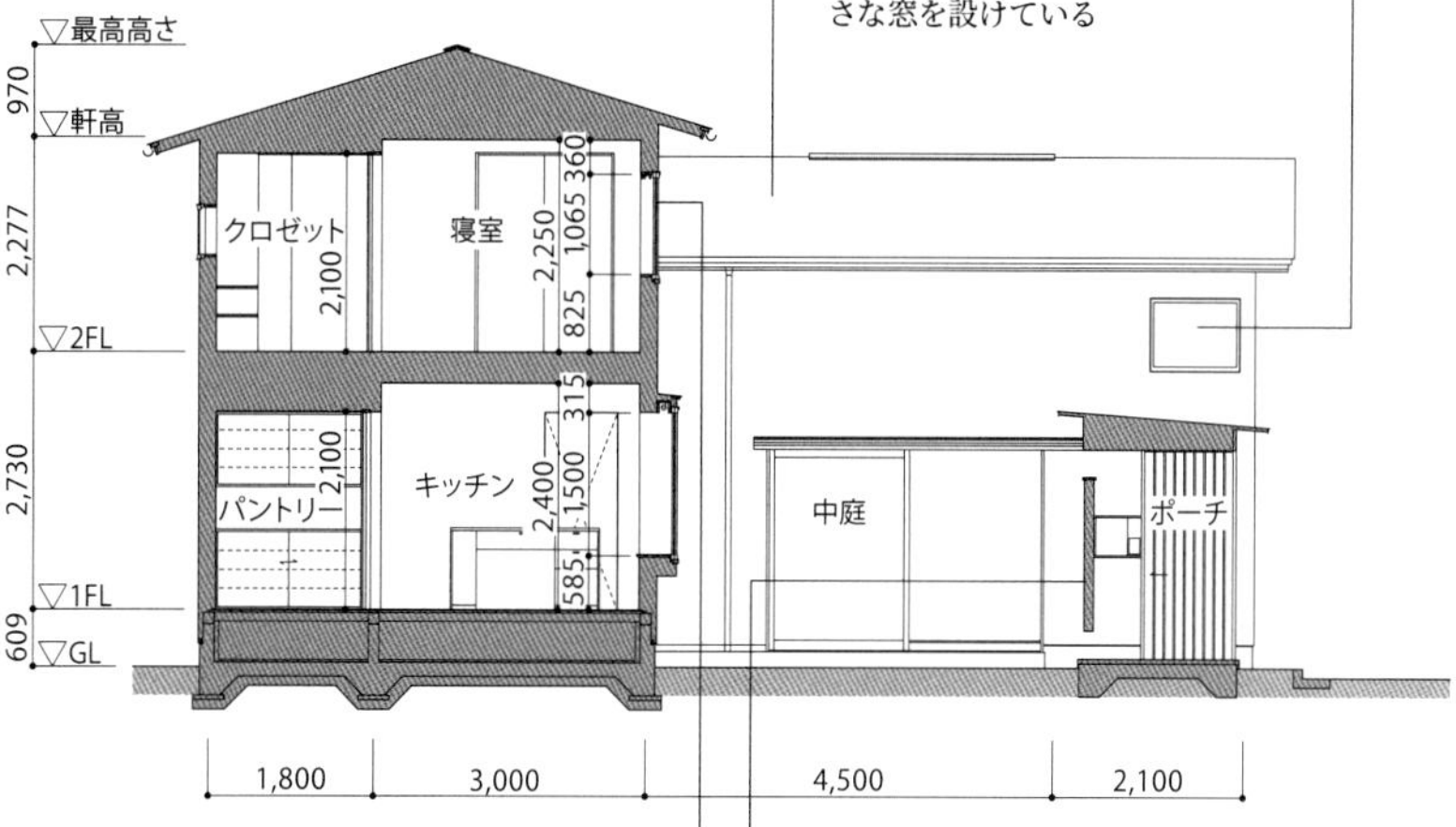
▽最高高さ
970
▽軒高
2,277
▽2FL
2,730
▽1FL
609
▽GL
クロゼット
2,100
寝室
2,250
1065
360
825
315
パントリー
2,100
キッチン
2,400
1,500
585
中庭
ポーチ
1,800
3,000
4,500
2,100

寝室には腰窓を設け、中庭の植栽を眺められるようにした

玄関ポーチの板塀で、前面道路から中庭を目隠ししている。ただし、板塀上下は250㎜ほど隙間を設け、ポーチからも中庭の緑を感じられるようにしている。これによって風も抜ける

C断面図 S＝1：150

内と外の階調は緩やかに

内外の高低差をどう埋めるかで、家の印象は変わります。この事例では、玄関の1段目の踏み面を延長させた広縁をリビングとバルコニーの間に置くことで、外と中を緩やかにつないでいます。広縁は、バルコニーとも同じ床高となるため、内外を緩くつなぐ中間領域にもなっています。

玄関からＬＤＫに向かう際には、広縁を介する主動線と玄関から水廻りに直行できる裏動線を設けました。これで帰宅時にさっと手を洗いたいときや来客がトイレを利用する際にも困りません。

≪1 玄関から広縁を見る。広縁部分は天井の仕上げも変えて、空間を切り替えている。垂壁で重心を落としているので、床座でくつろげる

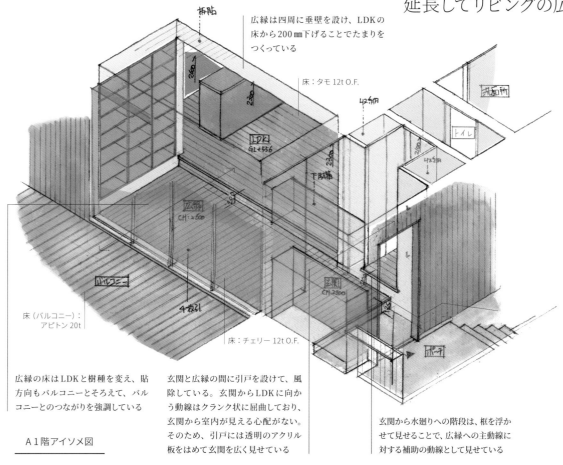

玄関の１段目の踏み面を延長してリビングの広縁にする

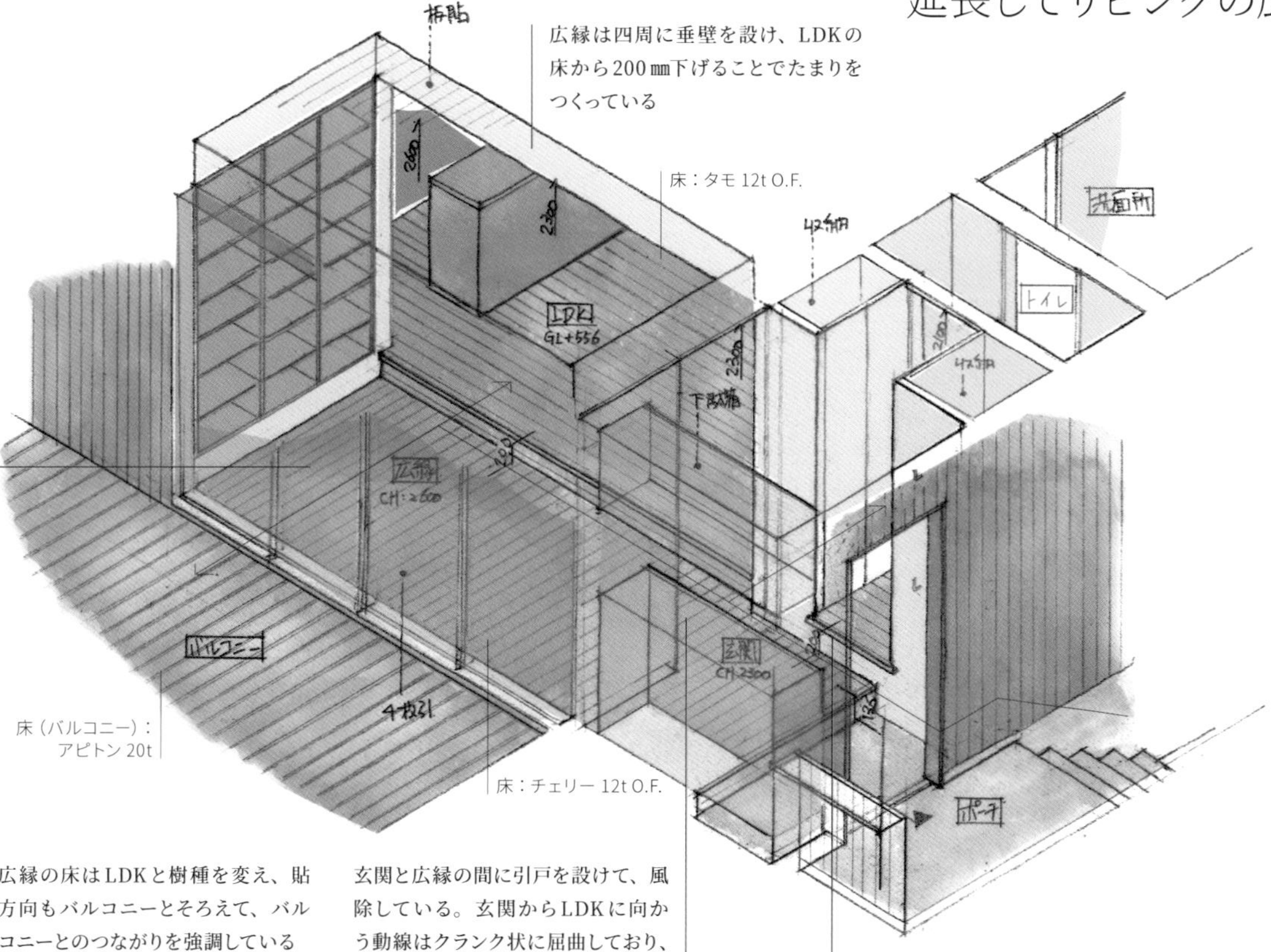
板貼
床：タモ 12t O.F.
洗面所
トイレ
LDK
GL+556
2600
2300
広縁
CH:2600
バルコニー
4枚引
床（バルコニー）：
アピトン 20t
床：チェリー 12t O.F.
玄関
CH:2300
ポーチ

広縁は四周に垂壁を設け、LDKの床から200㎜下げることでたまりをつくっている

広縁の床はLDKと樹種を変え、貼方向もバルコニーとそろえて、バルコニーとのつながりを強調している

玄関と広縁の間に引戸を設けて、風除している。玄関からLDKに向かう動線はクランク状に屈曲しており、玄関から室内が見える心配がない。そのため、引戸には透明のアクリル板をはめて玄関を広く見せている

玄関から水廻りへの階段は、框を浮かせて見せることで、広縁への主動線に対する補助の動線として見せている

A 1階アイソメ図

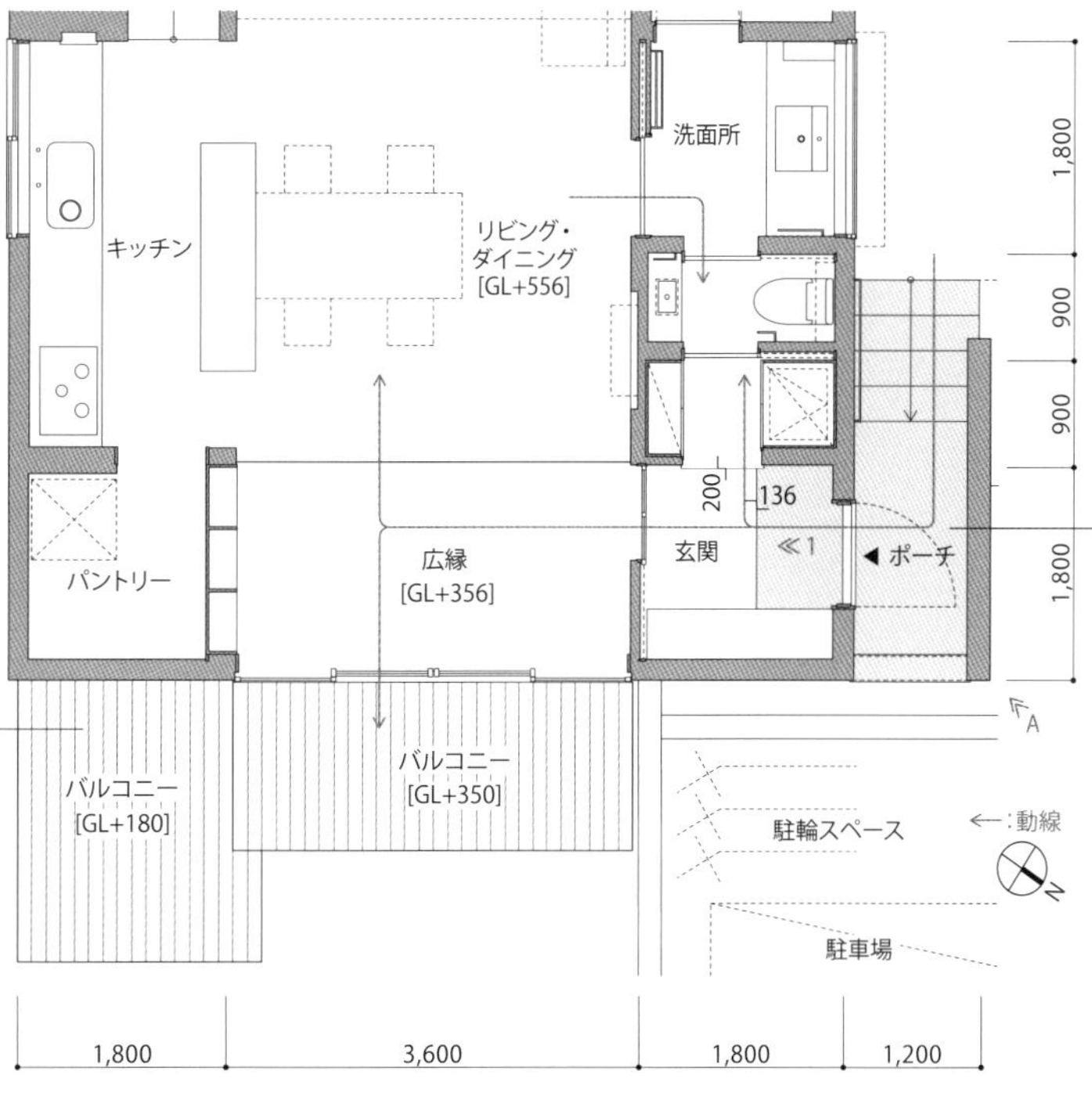
洗面所
キッチン
リビング・
ダイニング
[GL+556]
パントリー
広縁
[GL+356]
玄関
≪1
◀ ポーチ
200
136
バルコニー
[GL+180]
バルコニー
[GL+350]
駐輪スペース
駐車場
←：動線
A
1,800
900
900
1,800
1,800
3,600
1,800
1,200

高さ350㎜のバルコニーは腰かけて庭の眺めを楽しめる。高さ180㎜のバルコニーはリビング・ダイニングから広縁へと抜ける空間とは、少し外して設け、たまり空間として椅子などを置いてくつろげる場とする

前面道路から外階段を上がってポーチへ向かう際には、正面の開口部から北東に広がる畑を臨む。玄関に入ると一変、暗さに包まれるが、次はその先にある広縁からの光に導かれる

1階平面図 S＝1：100

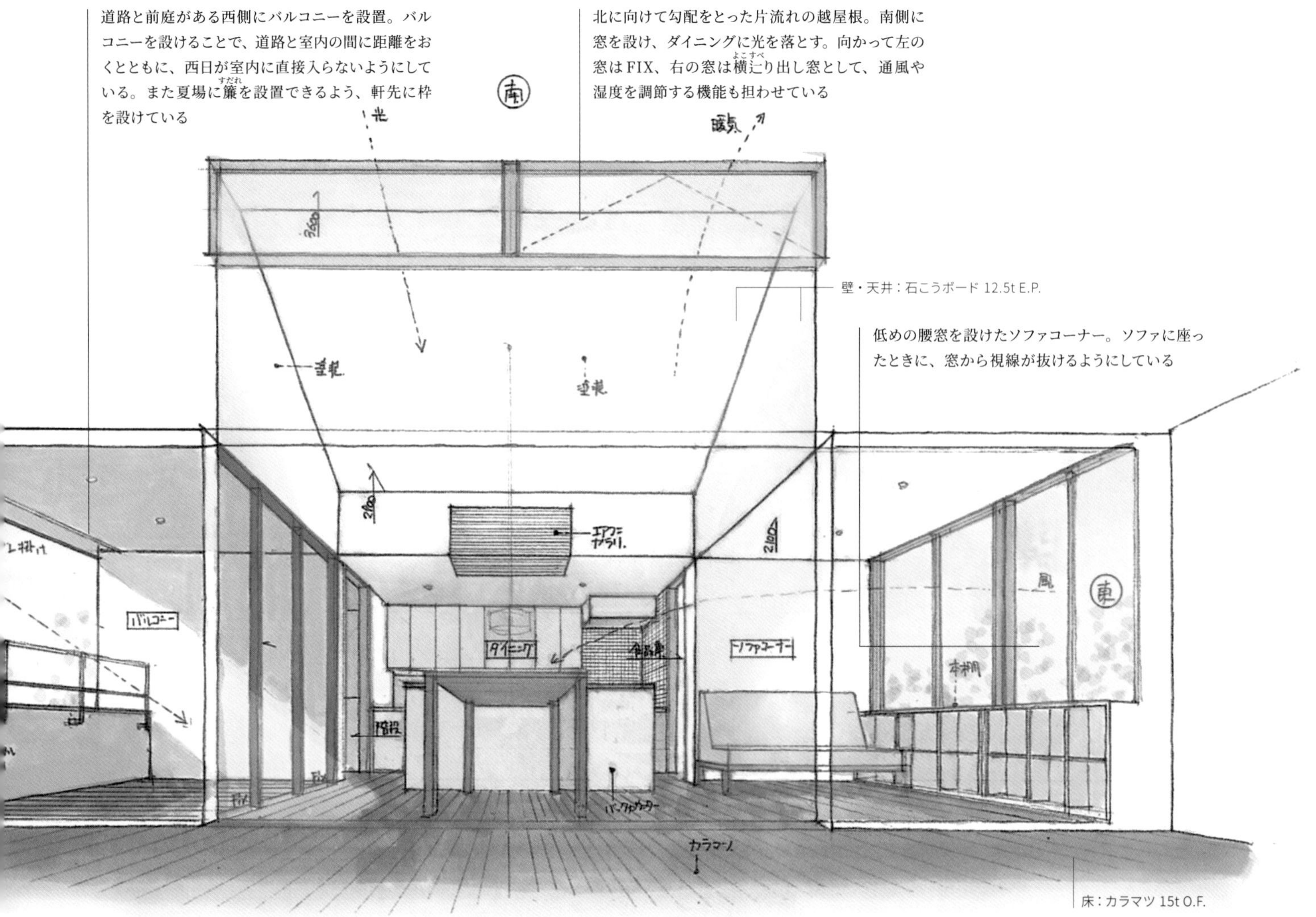
道路と前庭がある西側にバルコニーを設置。バルコニーを設けることで、道路と室内の間に距離をおくとともに、西日が室内に直接入らないようにしている。また夏場に簾《すだれ》を設置できるよう、軒先に枠を設けている
北に向けて勾配をとった片流れの越屋根。南側に窓を設け、ダイニングに光を落とす。向かって左の窓はFIX、右の窓は横辷《よこすべ》り出し窓として、通風や湿度を調節する機能も担わせている
南
光
壁・天井：石こうボード 12.5t E.P.
低めの腰窓を設けたソファコーナー。ソファに座ったときに、窓から視線が抜けるようにしている
バルコニー
ダイニング
ソファコーナー
階段
東
風
本棚
カラマツ
床：カラマツ 15t O.F.

団らんの場とくつろぎの場

都市部では周囲が建て込んでおり、南側に大きな窓を設けられないケースが多くあります。そのような場合には越屋根《こしゃね》を設け、通風と採光を確保します。

事例は、53頁2階アイソメ図のように方形屋根の中心に片流れの越屋根を設けた住宅。高さを抑えた方形で厳しい北側斜線をかわしつつ、越屋根で通風と採光を確保しています。2階の平面は屋根形状に合わせ、越屋根から光が注ぐスペースを人が集まるダイニングとする一方、葺き降ろした四周は天井高を抑え、キッチン、バルコニーとゆったりくつろげるソファコーナーを納めています。

1 ダイニングからソファコーナーを見る。天井が高く明るいリビングに対し、ソファコーナー（奥）、キッチン（左）は天井高を抑え、窓を絞った落ち着ける空間としている

越屋根と天井の高低差で ワンルームに居場所をつくる

将来は子ども室とする予定の書斎。天井高の違いで緩やかにダイニングと区切っている。引戸を閉めれば完全な個室となる。書斎の中心は間仕切壁が設置できるようにし、4畳の2部屋に分けることも可能

窓の下を本棚とし、外との距離をとる。家具の高さを低めにすることで重心を下げ、ダイニングと対照的な空間としている

バルコニーに袖壁を設け、囲われ感をつくるとともに、延焼ラインから5mの距離をとり、木製建具の使用を可能にしている

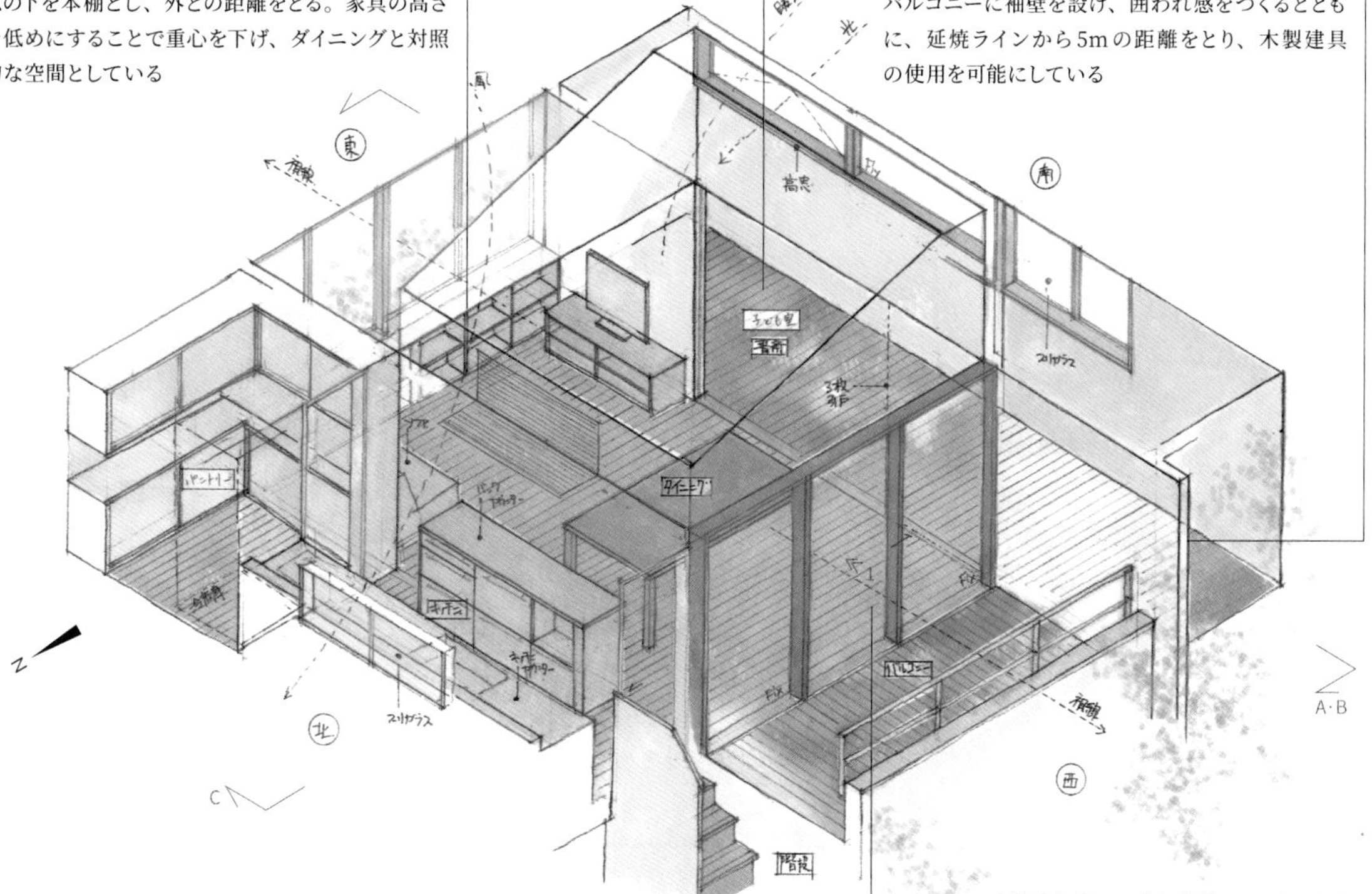

バルコニーの掃出し窓は、床と連続してみえるように、アルミ・樹脂複合サッシではなく木製建具とした。両脇をFIX、中央を片引きとしてコストを抑えつつ、気密性を上げている

2階アイソメ図

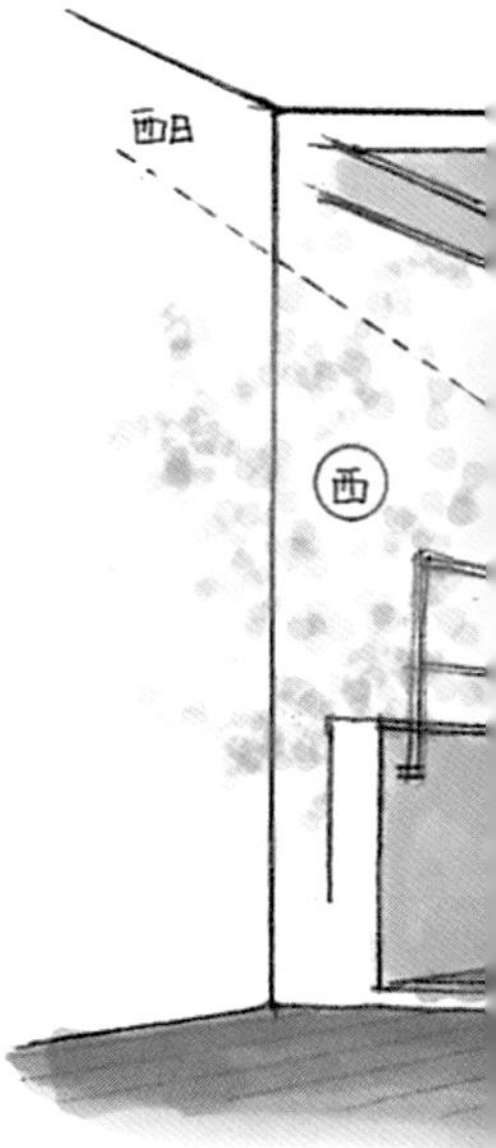

Aパース

屋根のあるバルコニーとし、雨の日でも外に出られるようにした。バルコニーの前にはアプローチに植えたシラカシやカエデが葉を広げている

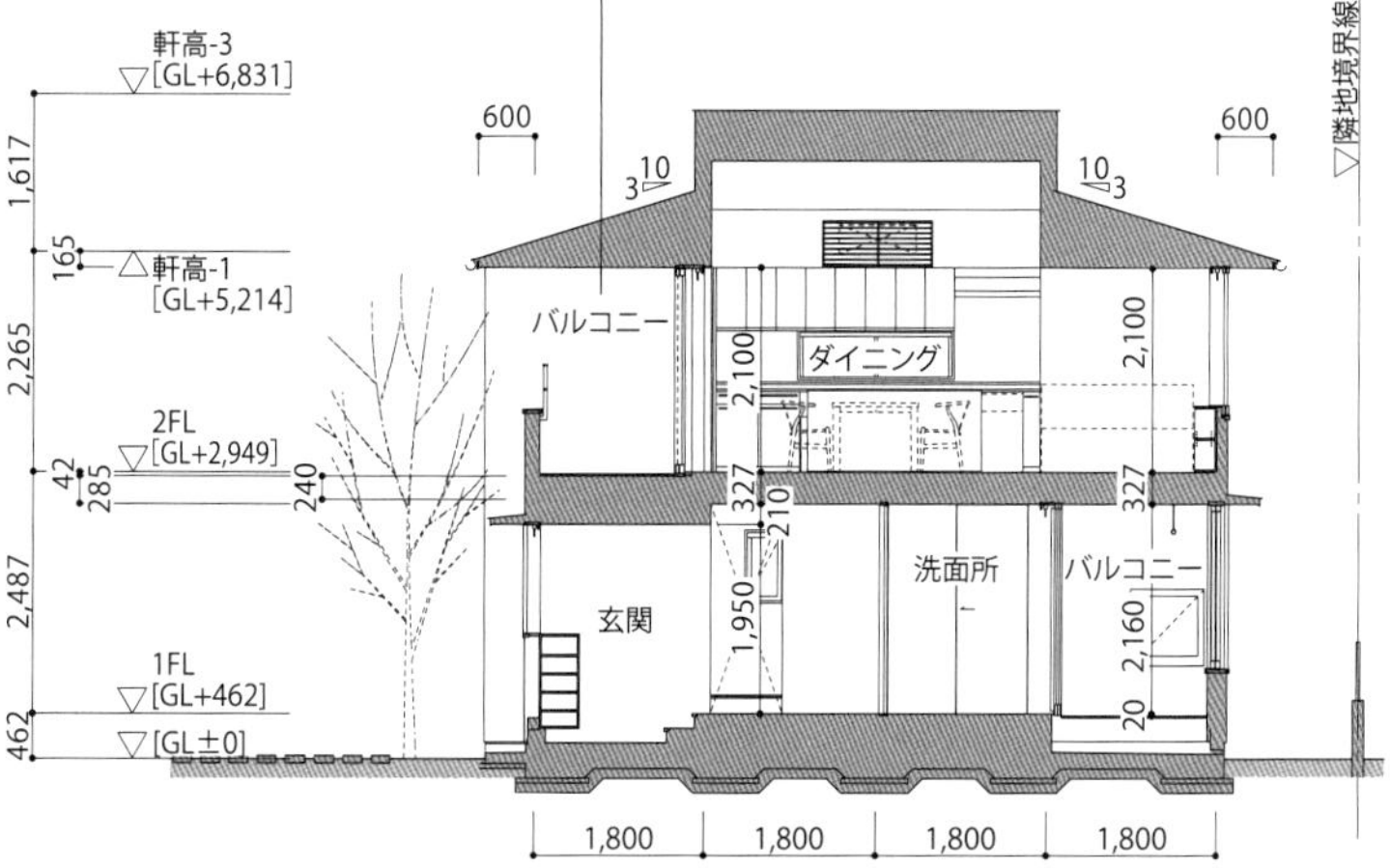

B断面図 S=1:150

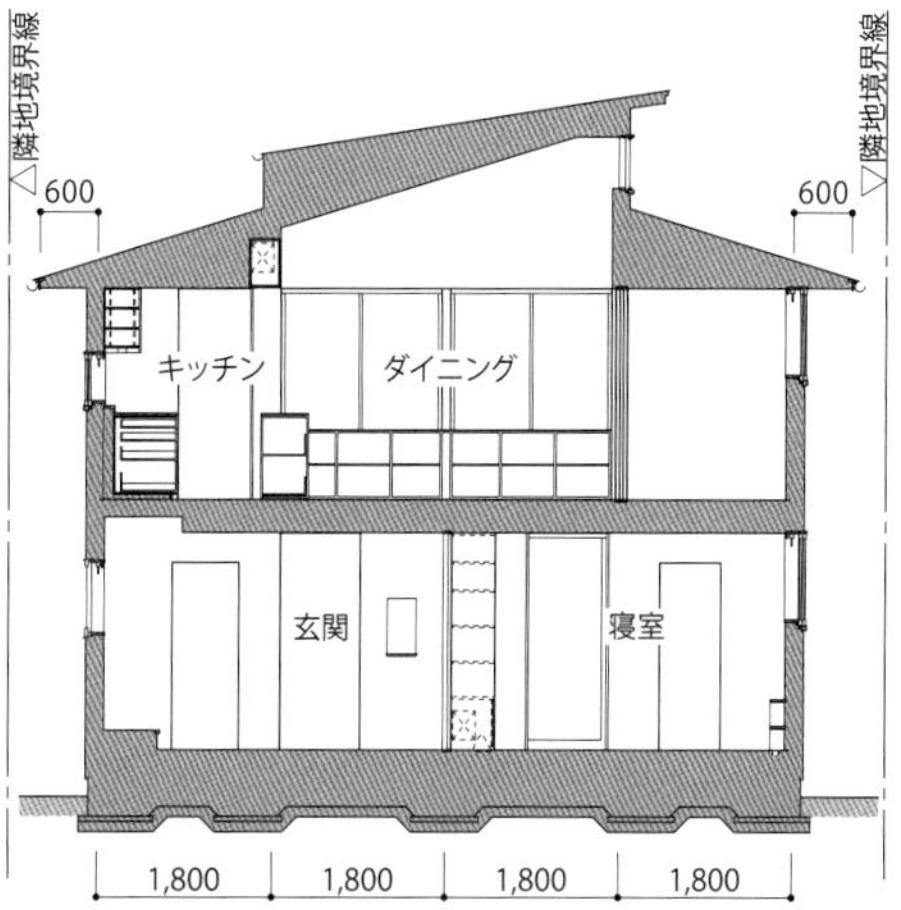

C断面図 S=1:150

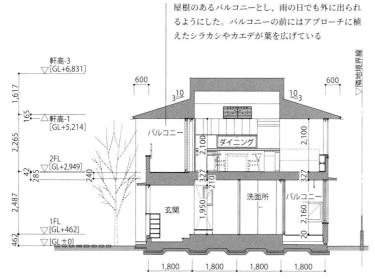

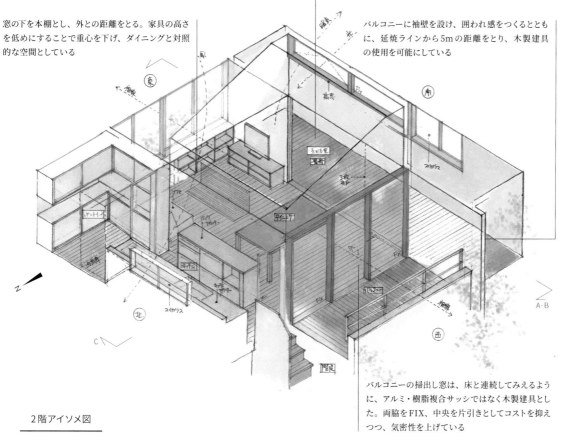

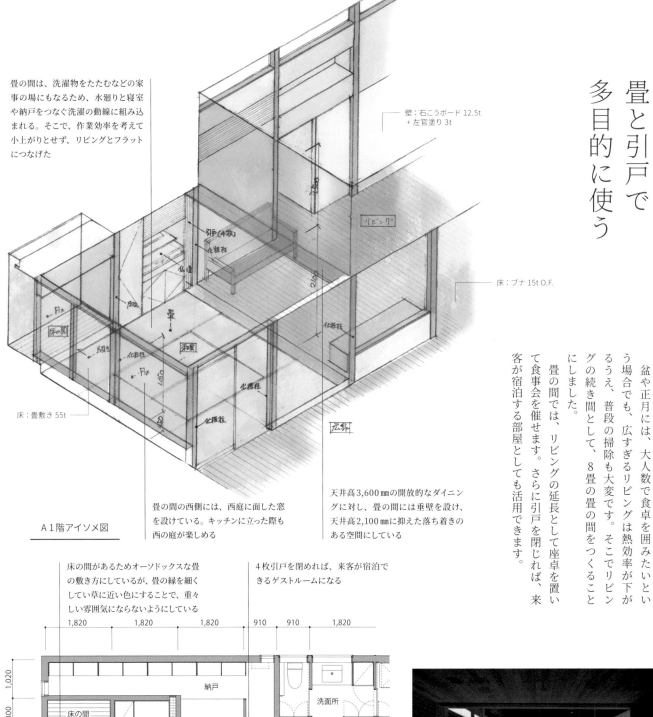

畳と引戸で多目的に使う

盆や正月には、大人数で食卓を囲みたいという場合でも、広すぎるリビングは熱効率が下がるうえ、普段の掃除も大変です。そこでリビングの続き間として、8畳の畳の間をつくることにしました。

畳の間では、リビングの延長として座卓を置いて食事会を催せます。さらに引戸を閉じれば、来客が宿泊する部屋としても活用できます。

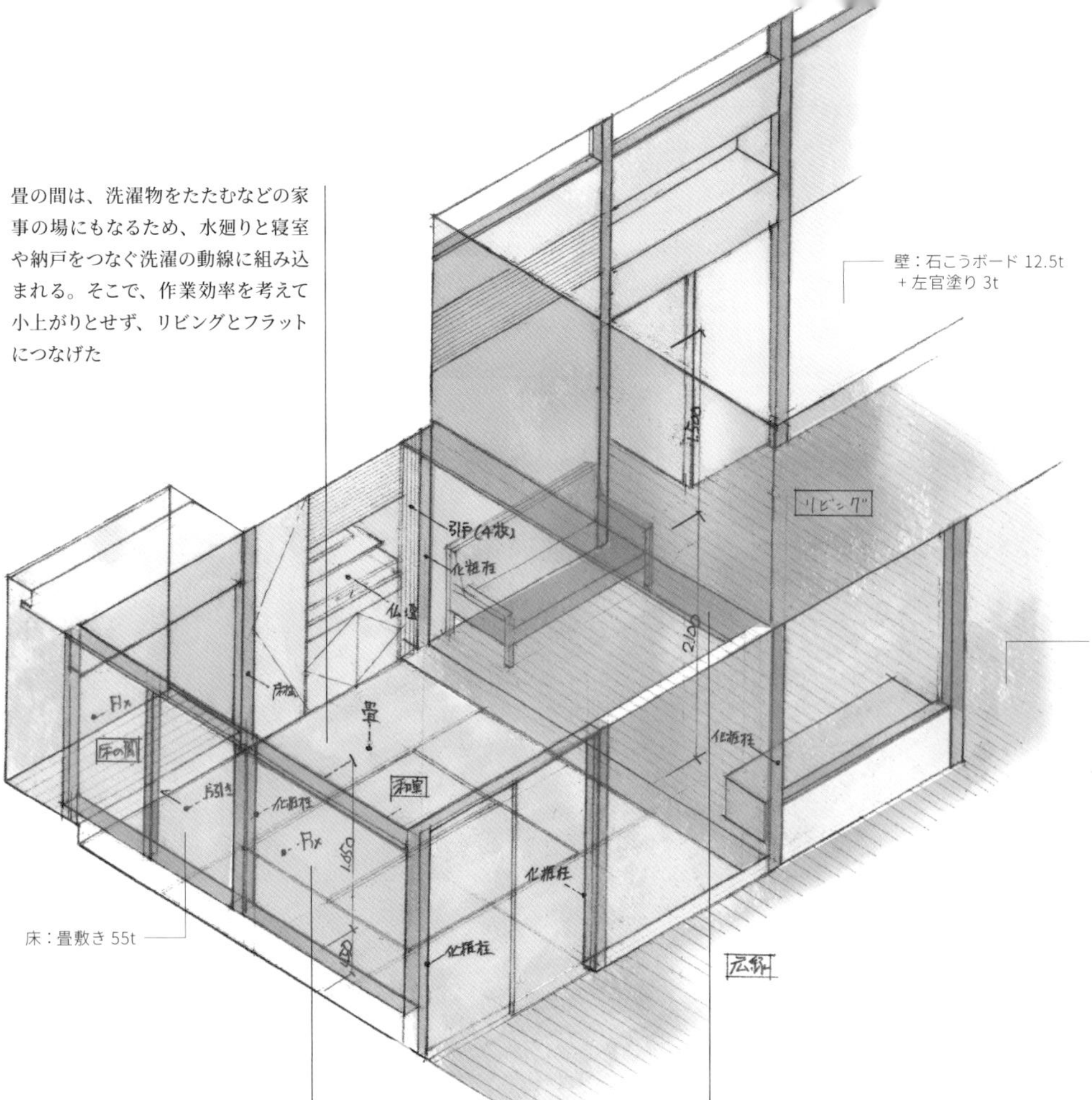
壁：石こうボード 12.5t
＋左官塗り 3t
床：ブナ 15t O.F.
床：畳敷き 55t
リビング
引戸(4枚)
化粧柱
仏壇
畳
和室
床の間
片引き
Fix
2100
1050
広縁

畳の間は、洗濯物をたたむなどの家事の場にもなるため、水廻りと寝室や納戸をつなぐ洗濯の動線に組み込まれる。そこで、作業効率を考えて小上がりとせず、リビングとフラットにつなげた

畳の間の西側には、西庭に面した窓を設けている。キッチンに立った際も西の庭が楽しめる

天井高3,600㎜の開放的なダイニングに対し、畳の間には垂壁を設け、天井高2,100㎜に抑えた落ち着きのある空間にしている

A 1階アイソメ図

床の間があるためオーソドックスな畳の敷き方にしているが、畳の縁を細くしてい草に近い色にすることで、重々しい雰囲気にならないようにしている

4枚引戸を閉めれば、来客が宿泊できるゲストルームになる

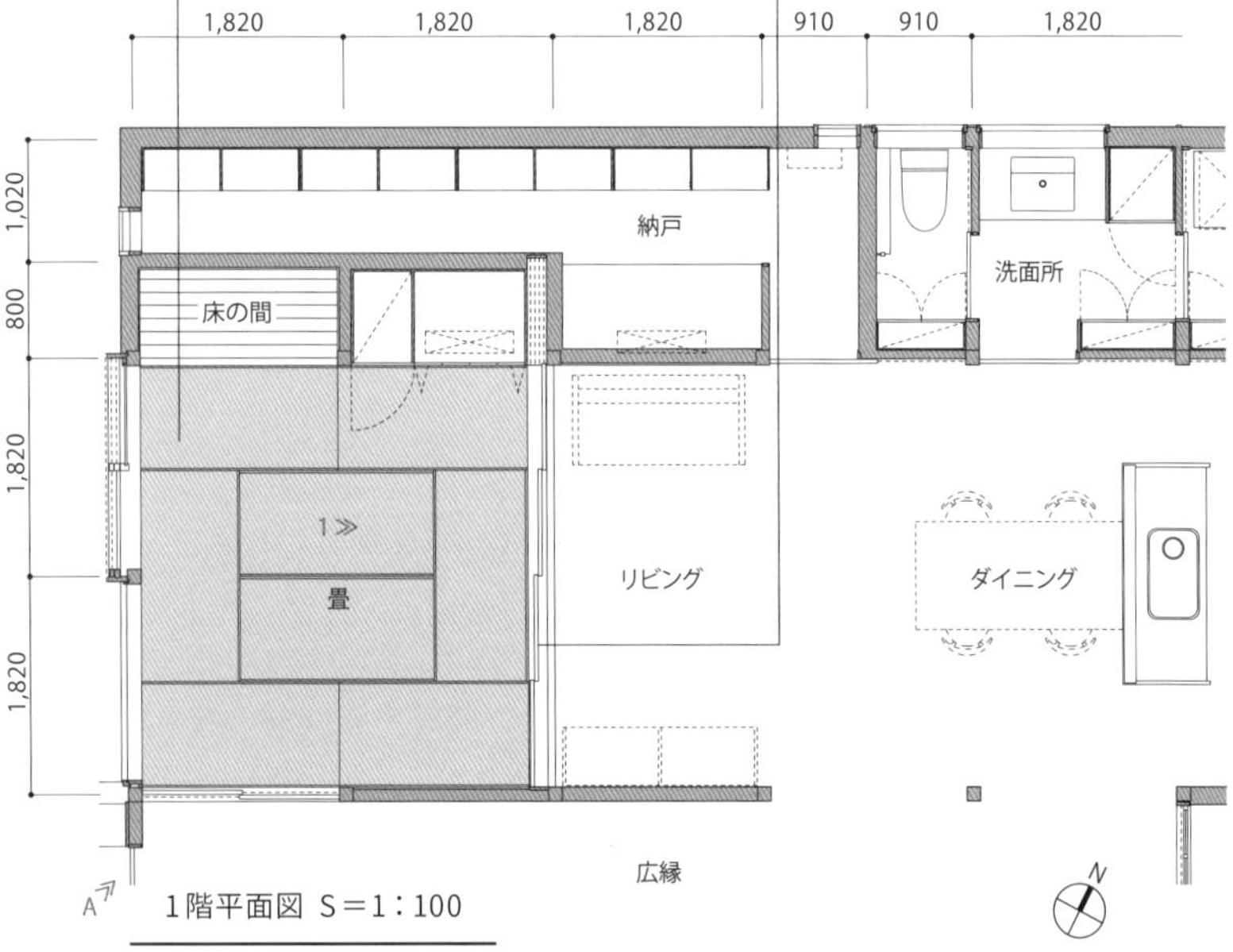
1,820
1,820
1,820
910
910
1,820
1,020
800
1,820
1,820
納戸
床の間
洗面所
1≫
畳
リビング
ダイニング
広縁
A
N

1階平面図 S＝1：100

1≫ 畳の間からリビングを見る。リビングよりも天井高をぐっと下げている。天井が高く開放的なリビングにくらべ包まれ感が得られる

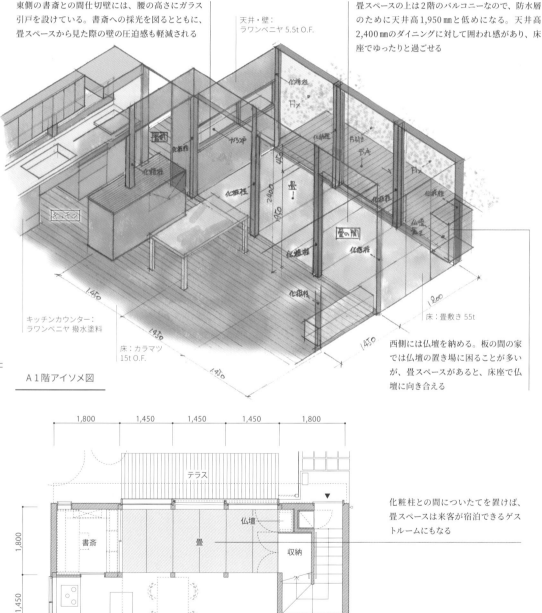

日向ぼっこしながら昼寝

日向ぼっこしながらの昼寝は、誰もが好きでしょう。デッキとつながる掃出し窓の前を畳敷きにすれば、縁側の延長のような快適な昼寝スペースになります。

ここではダイニングの隣に、長手方向に畳を敷きました。ただし、立ってさまざまな仕事をするダイニングと一体の空間では、畳の縁側は落ち着かない空間になってしまいます。ダイニングとの間には化粧柱を立て、心理的な境界を設けています。

1 化粧柱が、ダイニングと畳スペースを緩やかに分ける。化粧柱には天然乾燥材を採用。油が抜けていないしっとりとした手触りを楽しめる。畳に座って柱に寄り掛かった際の触感がよい

東側の書斎との間仕切壁には、腰の高さにガラス引戸を設けている。書斎への採光を図るとともに、畳スペースから見た際の壁の圧迫感も軽減される

畳スペースの上は2階のバルコニーなので、防水層のために天井高1,950㎜と低めになる。天井高2,400㎜のダイニングに対して囲われ感があり、床座でゆったりと過ごせる

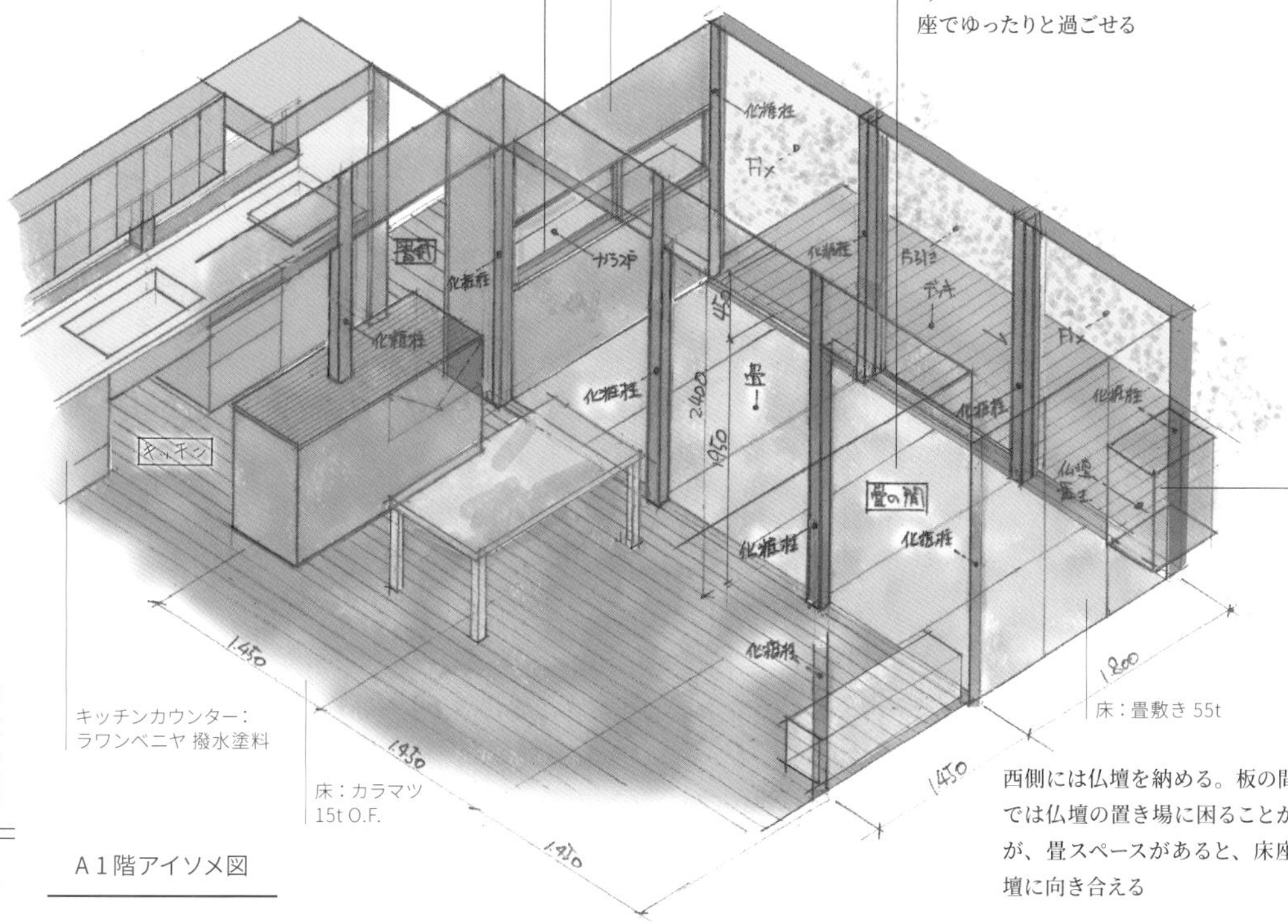

天井・壁：
ラワンベニヤ 5.5t O.F.
化粧柱
Fix
ガラス戸
書斎
畳
2400
1950
畳の間
仏壇
キッチン
キッチンカウンター：
ラワンベニヤ 撥水塗料
床：カラマツ
15t O.F.
床：畳敷き 55t
1450
1800

西側には仏壇を納める。板の間の家では仏壇の置き場に困ることが多いが、畳スペースがあると、床座で仏壇に向き合える

A 1階アイソメ図

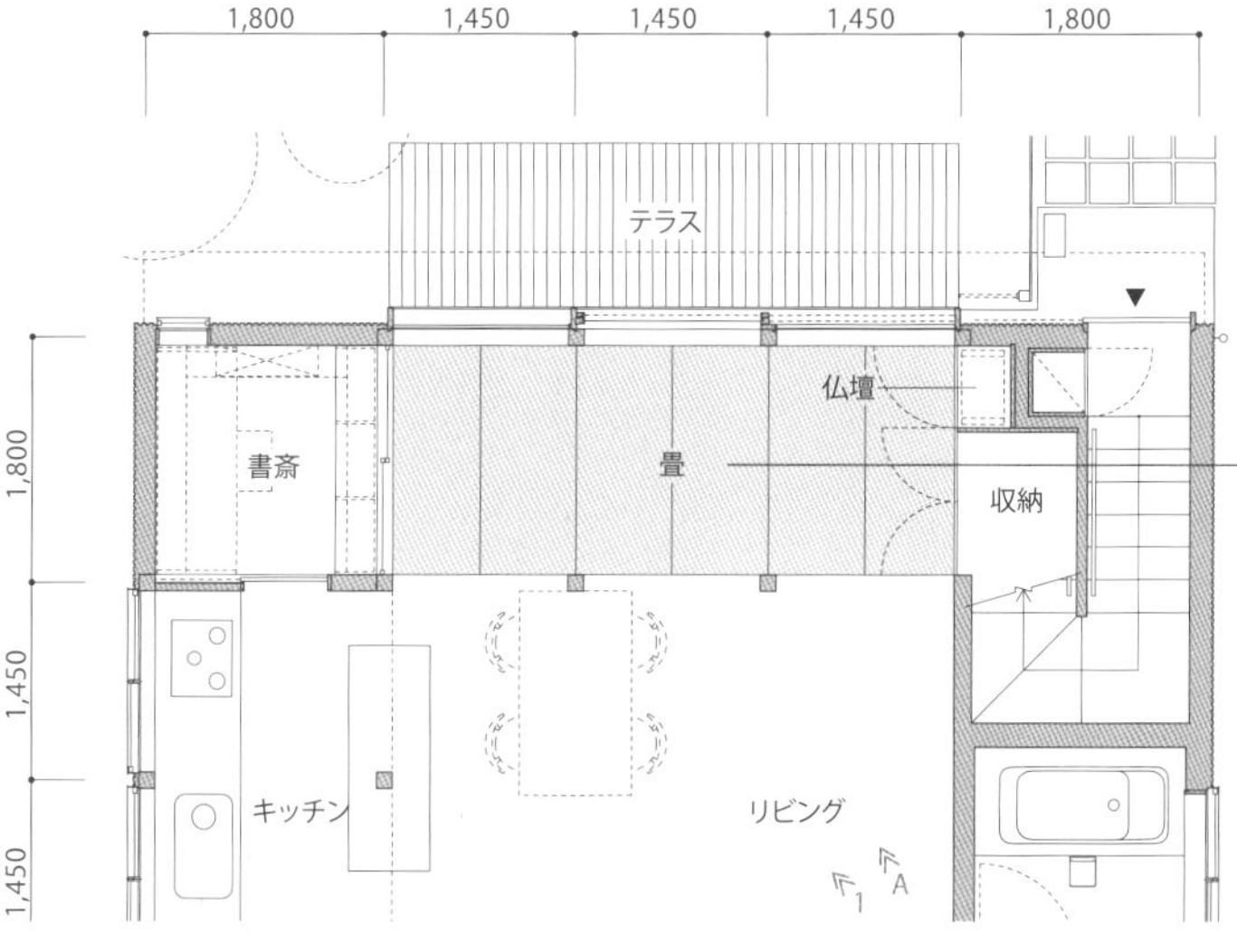

1,800
1,450
1,450
1,450
1,800
テラス
仏壇
書斎
畳
収納
キッチン
リビング
1,800
1,450
1,450
1
A
N

化粧柱との間についたてを置けば、畳スペースは来客が宿泊できるゲストルームにもなる

1階平面図 S＝1：100

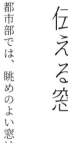

光と気配を伝える窓

都市部では、眺めのよい窓はそうそうつくれません。そのような環境では、あえて窓をソファや椅子と正対させず、光や気配を伝える窓にして奥行き感をもたらします。

　ここでは、人が座る位置から適度な距離をおいて窓を配置し、光や外の気配を伝える窓としています。たとえばリビングでは、ソファの両側に、腰窓を配置しました。腰窓は正対して眺める窓ではありませんが、窓から廻る光や外の木立の気配が伝わることで、程よい包まれ感と開放感が生まれます。

1≫ダイニングの窓を見る。ダイニングの右手の窓からの光が壁に廻ることで奥行き感が出る

壁・天井：石こうボード 12.5t + 漆喰塗り 3t

キッチンとダイニングをつなぐ引戸の高さを、ダイニングやリビングの窓の上端の高さと合わせる。ほかの垂壁の高さもそろえることで、床のレベルが異なる部屋に統一感を生み出している

壁・天井：石こうボード 12.5t + 漆喰塗り 3t

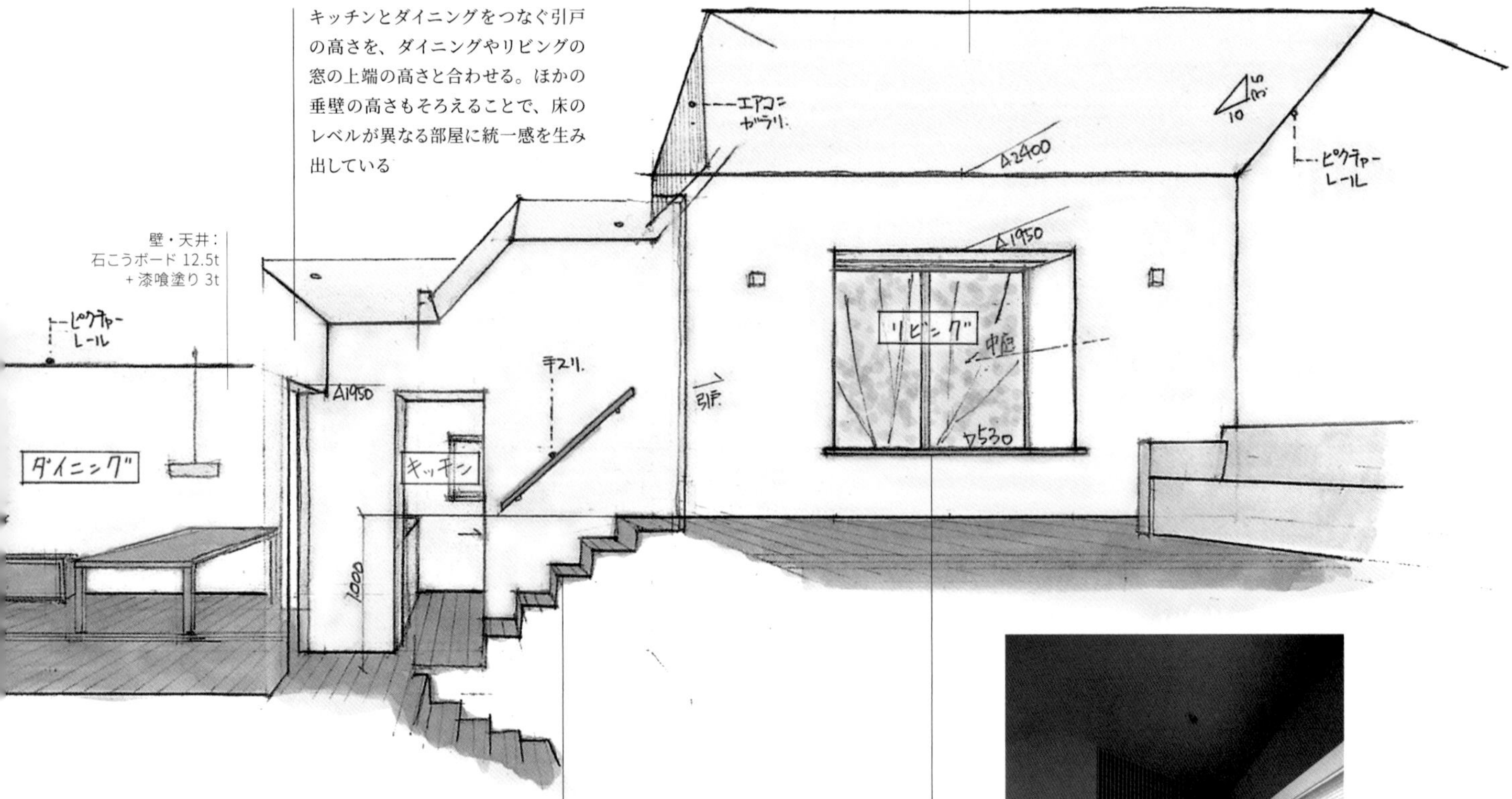

エアコンガラリ
▽2400
ピクチャーレール
▽1950
リビング
中庭
▽530
引戸
手スリ
キッチン
ダイニング
ピクチャーレール
▽1950
1000

半壊ずれたリビングとダイニングを、5段の短い階段で結ぶ。少しの高低差が、それぞれの部屋にほどよい距離感を生む

ソファの左右の腰窓は出窓とし、外と内との距離をとっている。また、窓から入った光が窓廻りに反射することで、腰窓の廻りに柔らかく光が廻る

2≫
リビングからダイニングを見下ろす。階段を介して、ダイニングの窓が見えることで、長手方向への奥行き感が得られる。ただし、冷暖房が効率的に働くようにリビングと階段の間には、半透明のアクリル板をはめた引戸を設置している

天井高と窓の配置で空間の印象は操作できる

ソファの左右に腰窓を配し、垂壁を設ける。壁を連続させることで、壁に守られているような安心感が生まれ、落ち着ける空間になる

フラット天井のダイニングに対し、リビングは勾配天井とし、ボリュームを大きくしている。ダイニングとの対比により、リビング空間のおおらかな印象を強調している

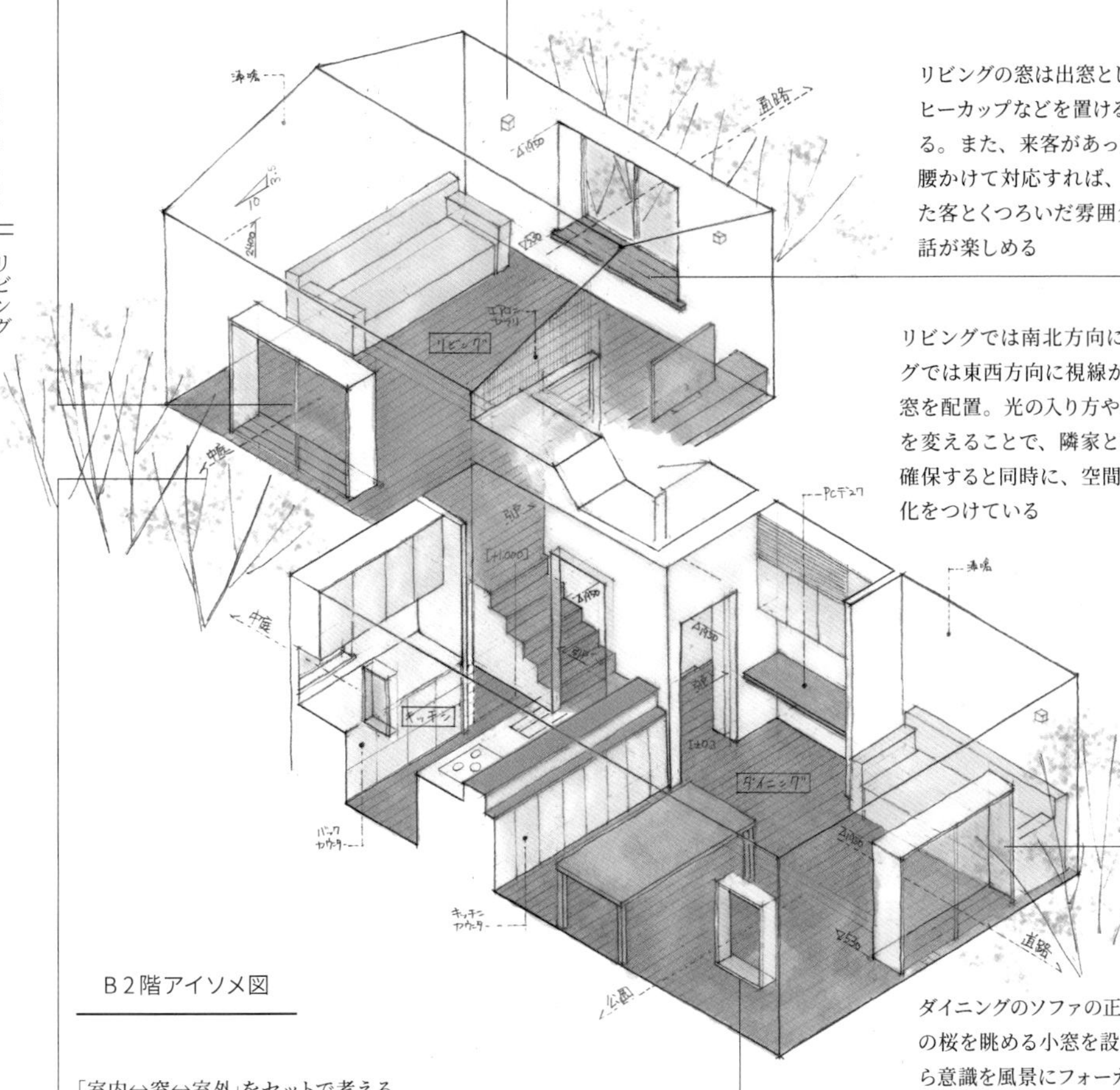

リビングの窓は出窓とし、窓台にコーヒーカップなどを置けるようにしている。また、来客があった際に窓台に腰かけて対応すれば、ソファに座った客とくつろいだ雰囲気のなかで会話が楽しめる

リビングでは南北方向に、ダイニングでは東西方向に視線が抜けるよう窓を配置。光の入り方や視線の方向を変えることで、隣家との距離感を確保すると同時に、空間の印象に変化をつけている

ダイニングに設けた前面道路に面する窓。道路との間に常緑樹（シラカシ）を植え、道路との距離感を保ちつつも光を採り入れる大きな腰窓を設けている

B2階アイソメ図

ダイニングのソファの正面には、公園の桜を眺める小窓を設けた。小窓なら意識を風景にフォーカスしやすい

「室内↔窓↔室外」をセットで考える。ここでは、窓の外にある小さな庭が隣家との緩衝空間となっているため、やや大きめの腰窓であっても外部との距離を保つことができる

床：ラーチ 18t O.F.

Aパース

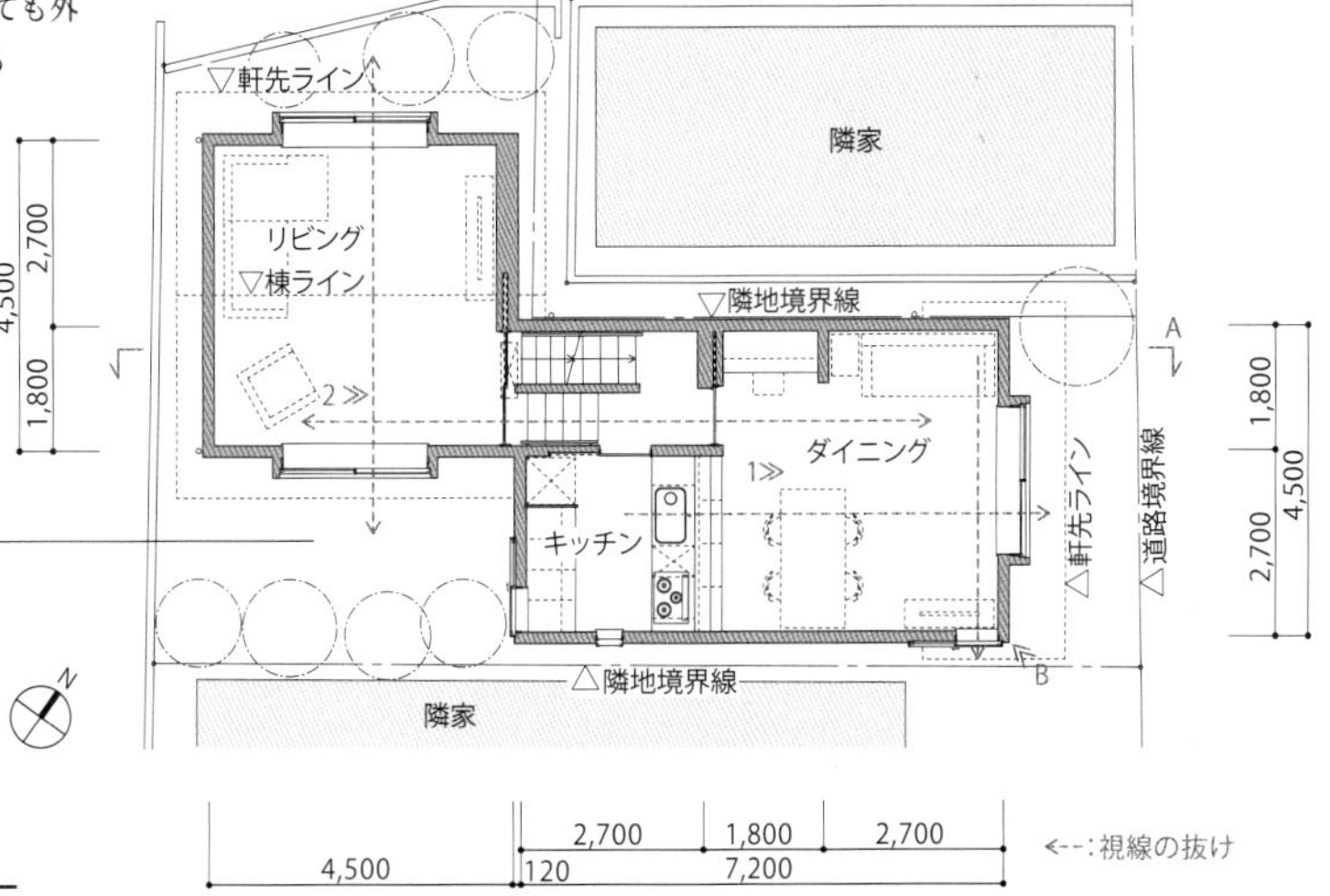

2階平面図 S＝1：200

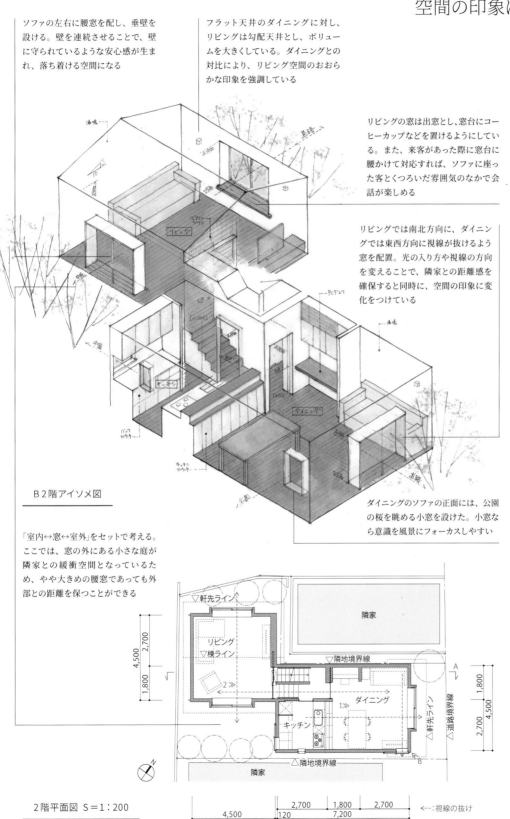

風景までの距離にリズムをつける

自然に囲まれた別荘では、ソファや椅子に座った際の景色の見え方を想定しながら設計を進めます。

木立のなかに各室を雁行に配置したこの事例では、いろいろな居場所から見え隠れする窓からの風景の切り取り方を意識して、配置を微調整しています。たとえば60頁Aパース右端のソファに座った場合は、窓から①近景、②中景、③遠景を楽しめます。ソファとの距離が異なる複数の窓があることで、1カ所に居ながらにして、多様な景色が楽しめて、座る人を飽きさせません。

1 敷地の東側から建物を見る。南に向かって雁行した建築が連なる

木々の間を縫うように ボリュームを置いていく

ダイニングチェアに座ると、西側に設けた腰窓を通して北西に広がる松林や山の稜線が見える。キッチンカウンターの背後の窓からは北側の風景も楽しめる

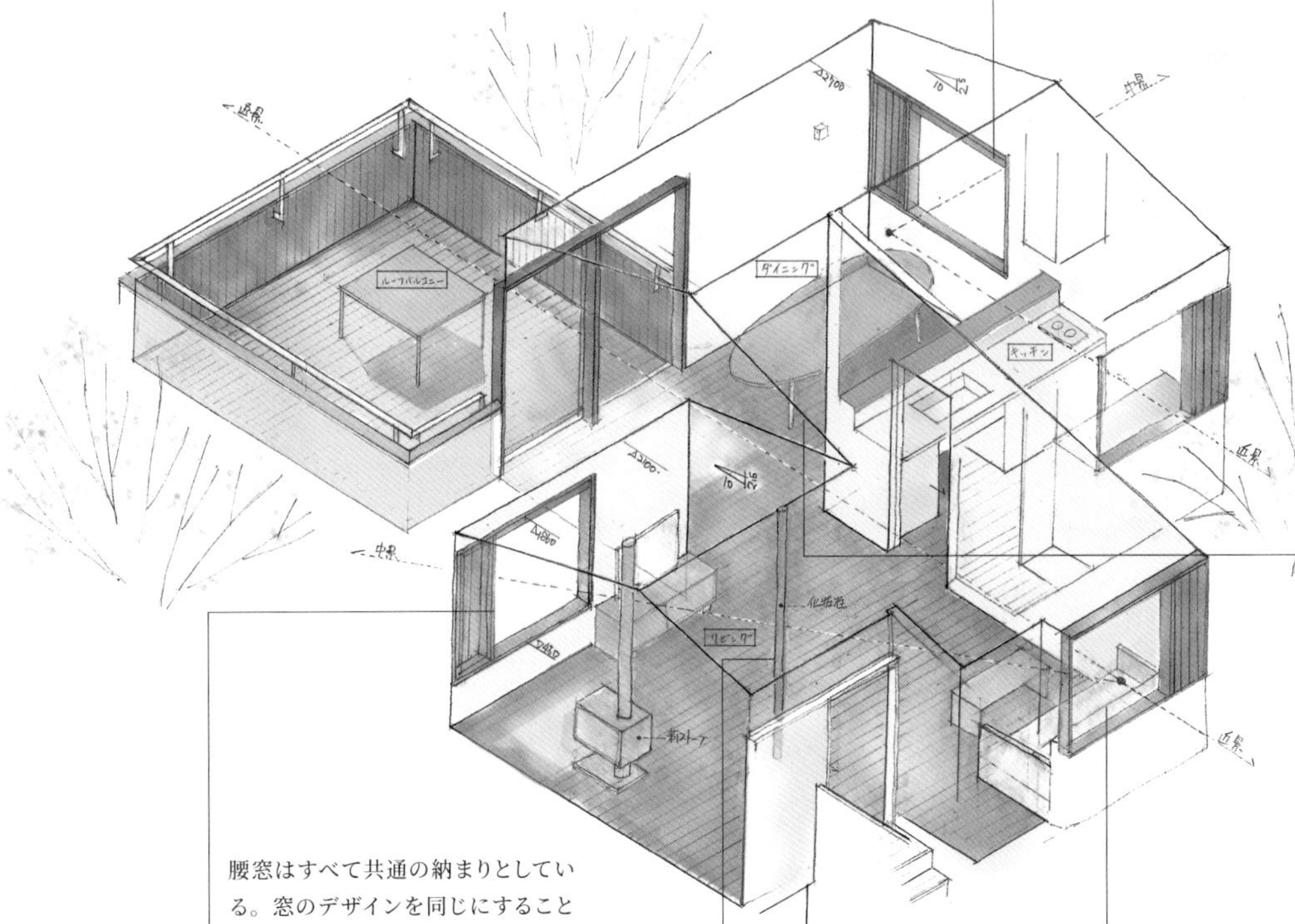

切妻の屋根をずらして配置。リビングは天井高を抑え、ダイニングは高くしているが、勾配天井を連続させることで、ダイニングとリビングに一体感を出している

ソファベッドに寝転んだときは、すぐ後ろの北窓の下にあるクリの木に包まれる感覚になる

腰窓はすべて共通の納まりとしている。窓のデザインを同じにすることで、切り取った景色の違いが浮き立つ。また、開閉する際の動作が共通なので、天候の変化が頻繁な山間部で、急な雨などの際に窓を素早く閉められる

薪ストーブの近くに棟木を支える化粧柱を設置し、ストーブの火にあたるときの背もたれとしている。階段の前にある化粧柱は、階段とリビングを緩く区切る役割も担っている

A 2階アイソメ図

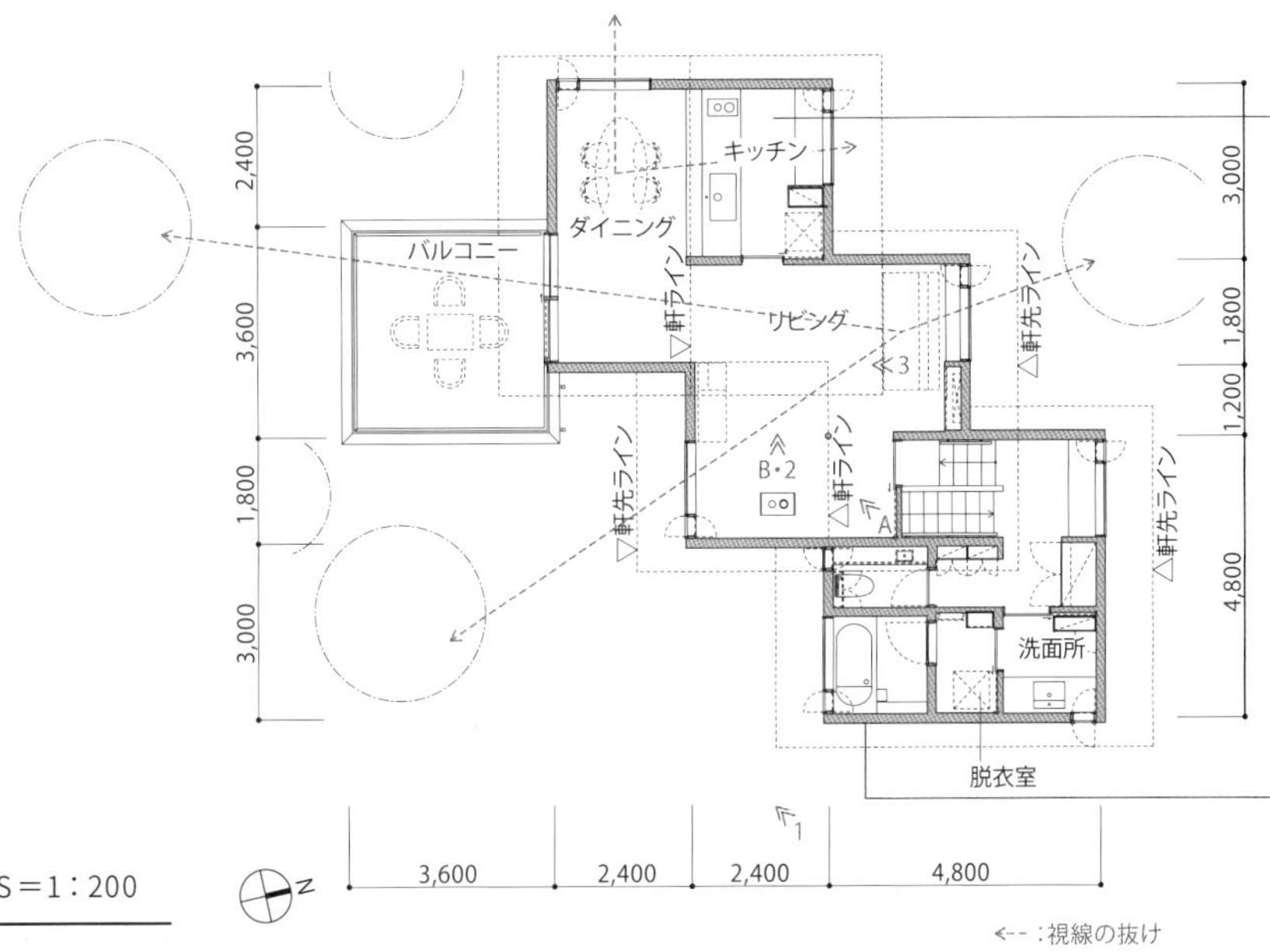

キッチンから全方位の外の風景が楽しめる

自然に恵まれた環境のなかに、大きなボリュームの建物を出現させたくなかった。そのため、小さなボリュームの建物を雁行配置するプランとした。各室を雁行させることで、ダイニングチェアやソファなどから窓までの距離を通常よりも長くとることができた

2階平面図 S＝1：200

←-- : 視線の抜け

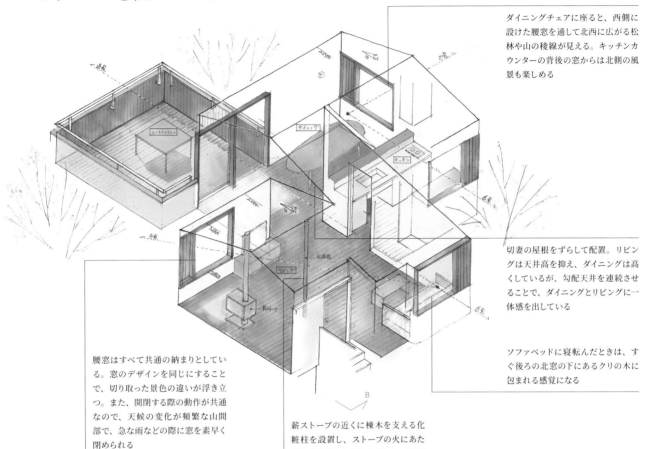

居場所ごとに見える景色を変えていく

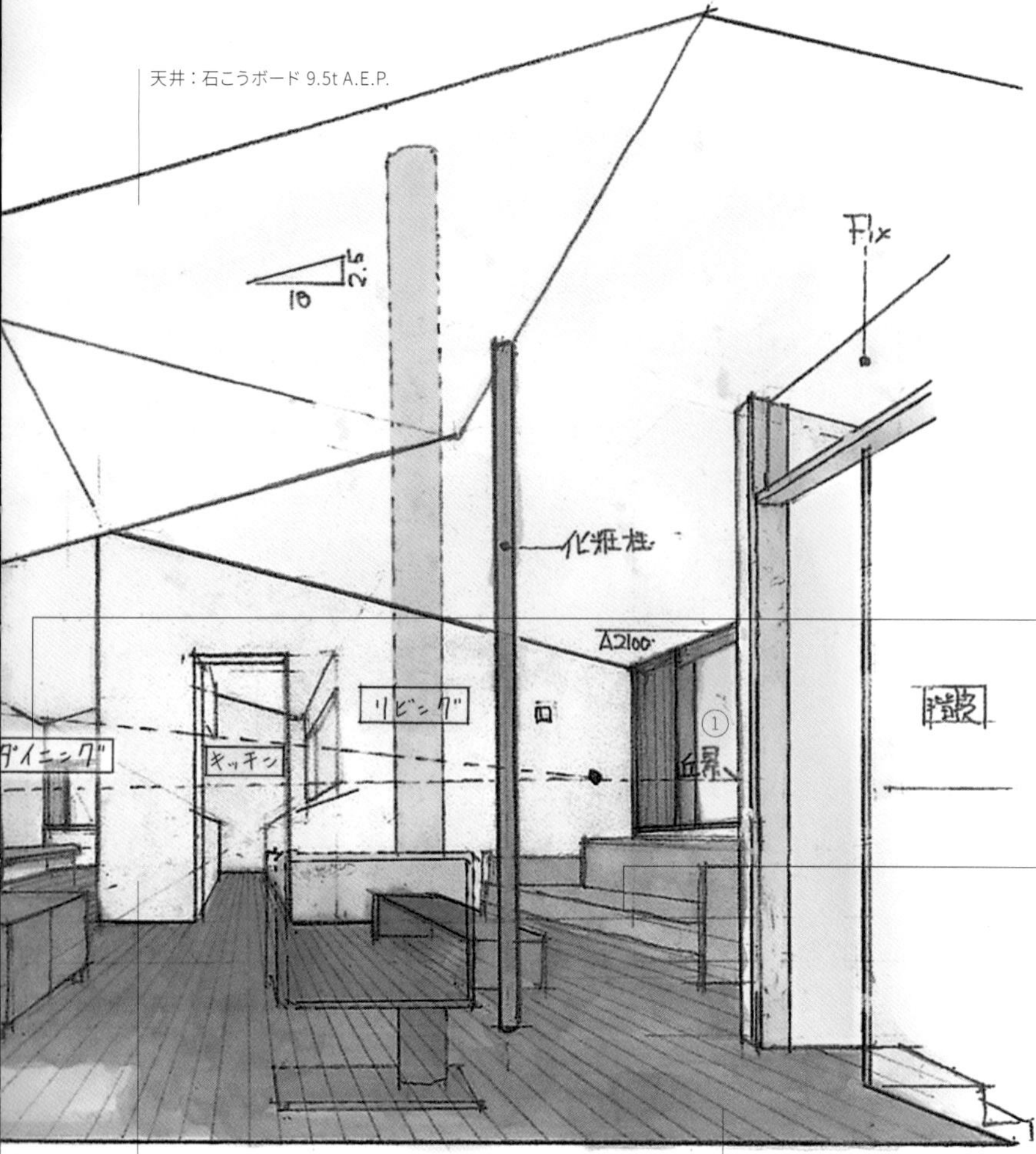
天井：石こうボード 9.5t A.E.P.
Fix
化粧柱
リビング
キッチン
ダイニング
階段
壁：ラスボード 7t + 漆喰塗り 13t
床：ラーチ 18t O.F.

リビングのソファからダイニングの窓は見えないが、窓から採り入れた光と風によって窓の存在を感じる

リビングのソファからは①近景（近くの木の葉）、②中景（建物周辺の樹木）、③遠景（遠くの雑木林・山の稜線）、の眺めが楽しめる。切り取り方を変えることで、自然をより身近に楽しめる

2 リビングからダイニングを見る。隣の部屋が少しずつ見えることで、いちどきに全体は見通せないものの奥行きのある空間になる

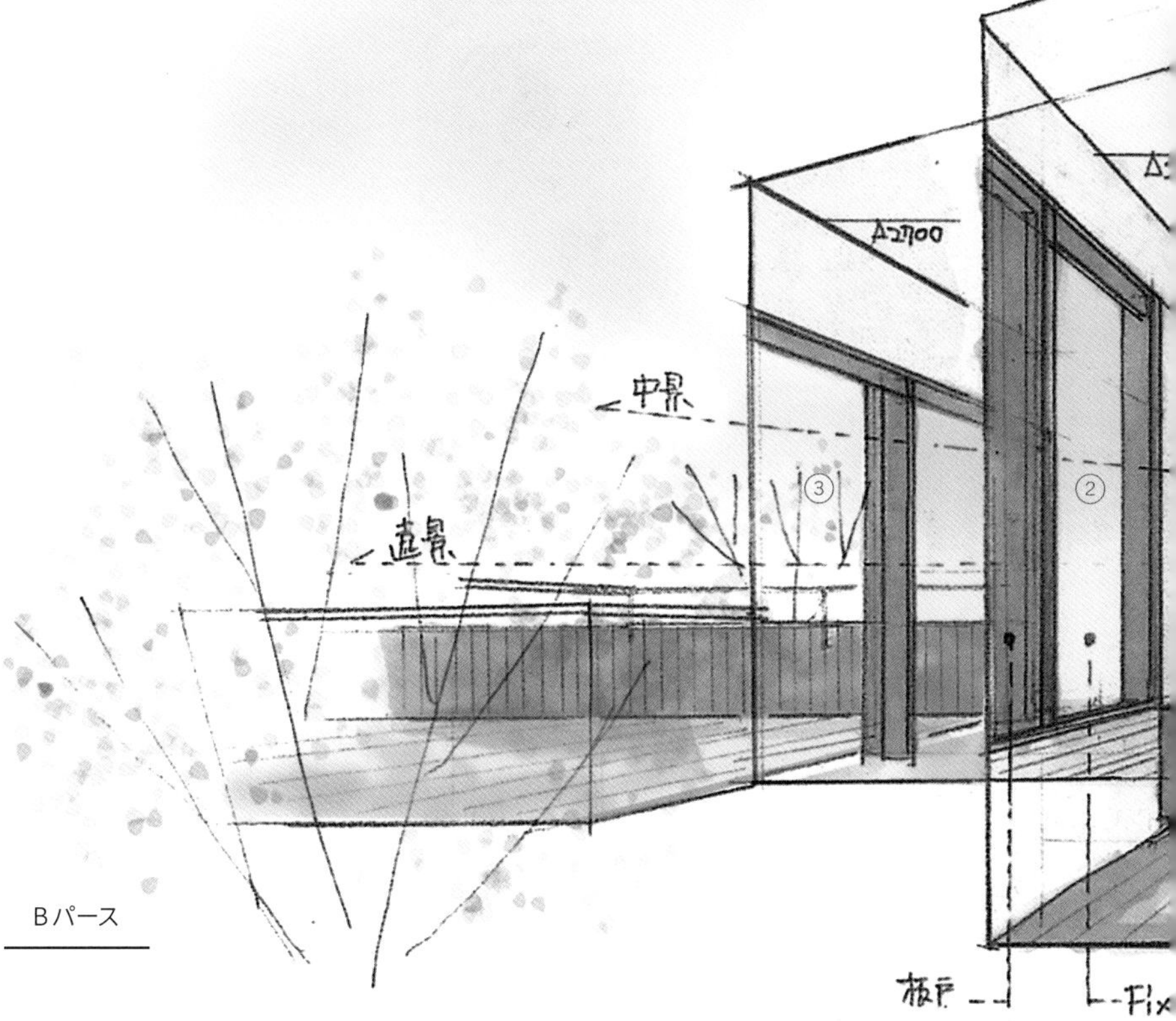

Bパース

≪3 リビングのソファから②方向に外を見る。リビングの窓と、ダイニングの掃出し窓の両方が見えることで、内部の奥行き感が増幅して見える

開放感と包まれ感の心地よいつりあい

緑豊かな場所では、大きな開口部がある開放的な住宅にしたいものです。しかし、ただ大きい窓を設けるだけでは落ち着かない空間になってしまいます。居場所と外部との間には適度な距離が必要です。

来客が多いこの住宅では、人が集えるリビングが求められました。そこで63頁B断面図のように寄棟屋根に切妻の越屋根《こしやね》を設けてリビングを納め、天井が高く開放的な空間をつくりました。一方、寄棟部分は広縁や和室、キッチンとして天井を低く抑えています。天井の高いリビングを外部と直接つなげるのではなく、天井高を抑えた空間を緩衝帯とすることでリビングに落ち着きをつくっています。窓の高さも抑えられるので、日が暮れた後の窓に圧迫感が出ません。

1 ダイニングから和室を見る。掃出し窓から光が注ぐ明るい広縁に対し、リビングは高窓の光が天井に鈍く廻り、柔らかい光の空間になっている

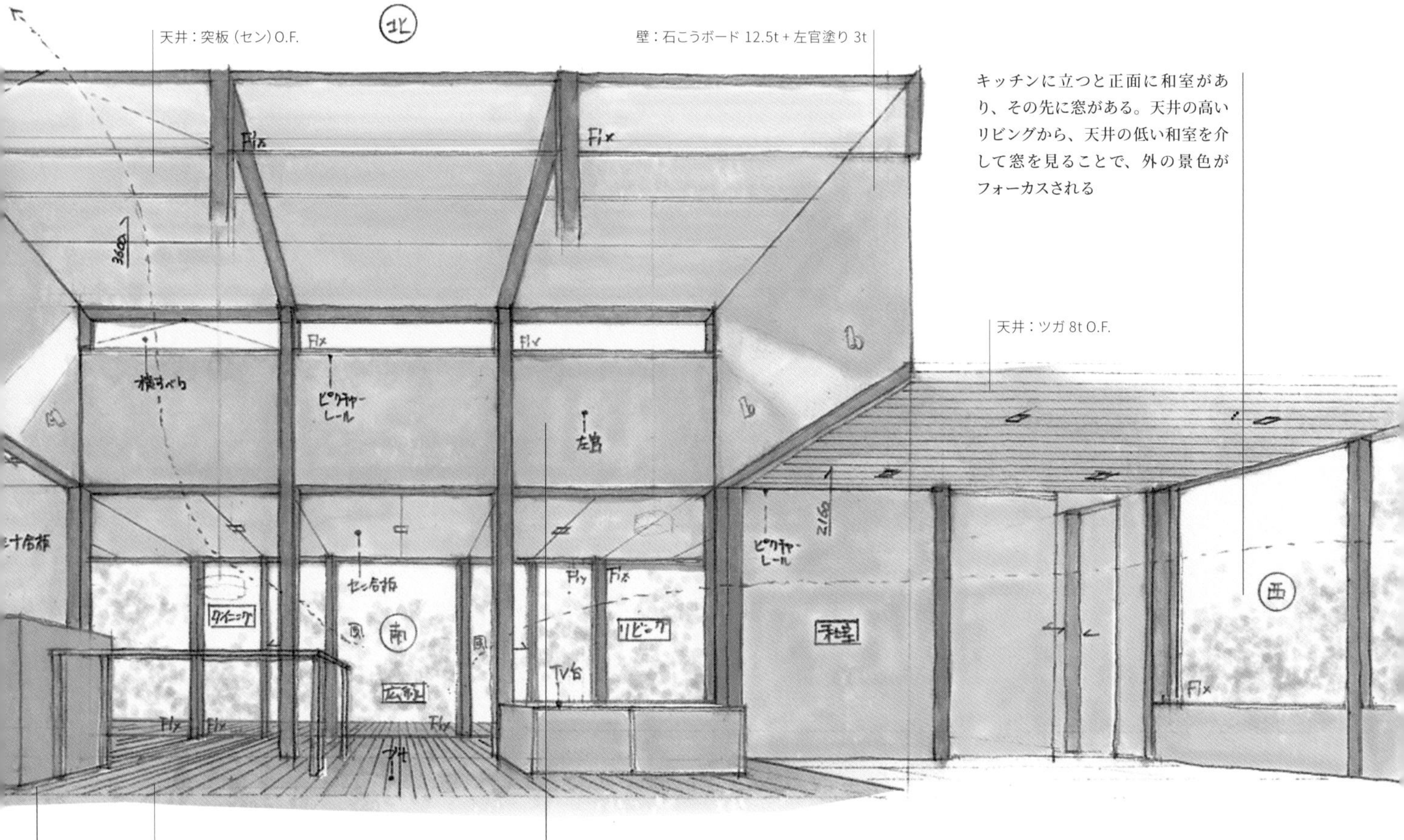

キッチンに立つと正面に和室があり、その先に窓がある。天井の高いリビングから、天井の低い和室を介して窓を見ることで、外の景色がフォーカスされる

キッチンカウンターを、キッチンとダイニングの天井高が変わる境に設置すると、ダイニングとキッチンが緩やかにつながる

リビングの天井はやや高めだが、壁や天井の仕上げを白にせず色をつけることで膨張感を抑え、真壁の柱で空間を引き締める

Aパース

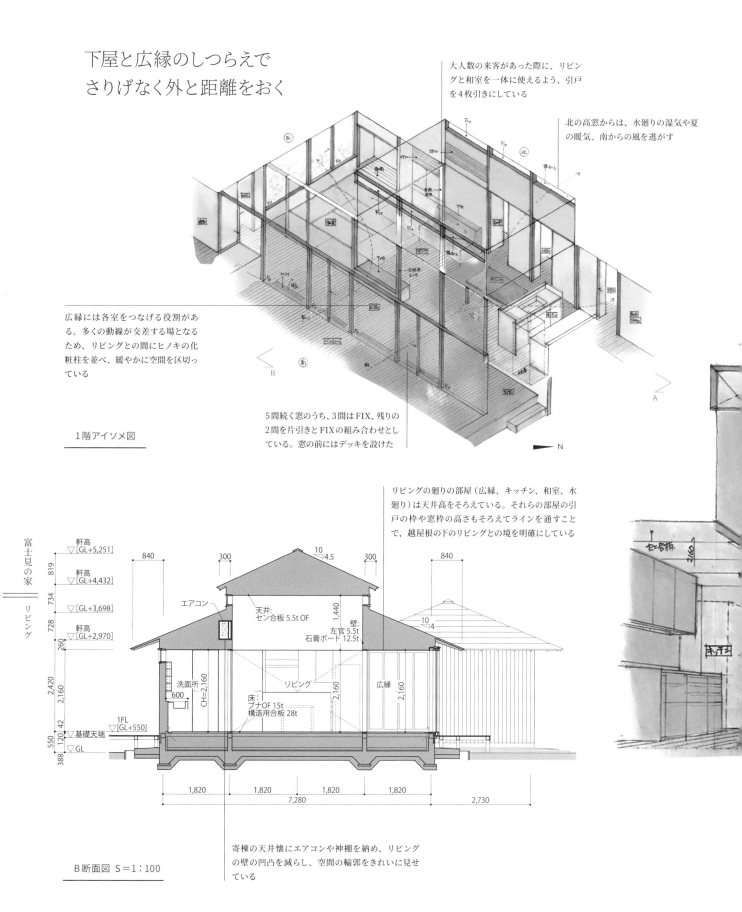

下屋と広縁のしつらえで さりげなく外と距離をおく

大人数の来客があった際に、リビングと和室を一体に使えるよう、引戸を4枚引きにしている

北の高窓からは、水廻りの湿気や夏の暖気、南からの風を逃がす

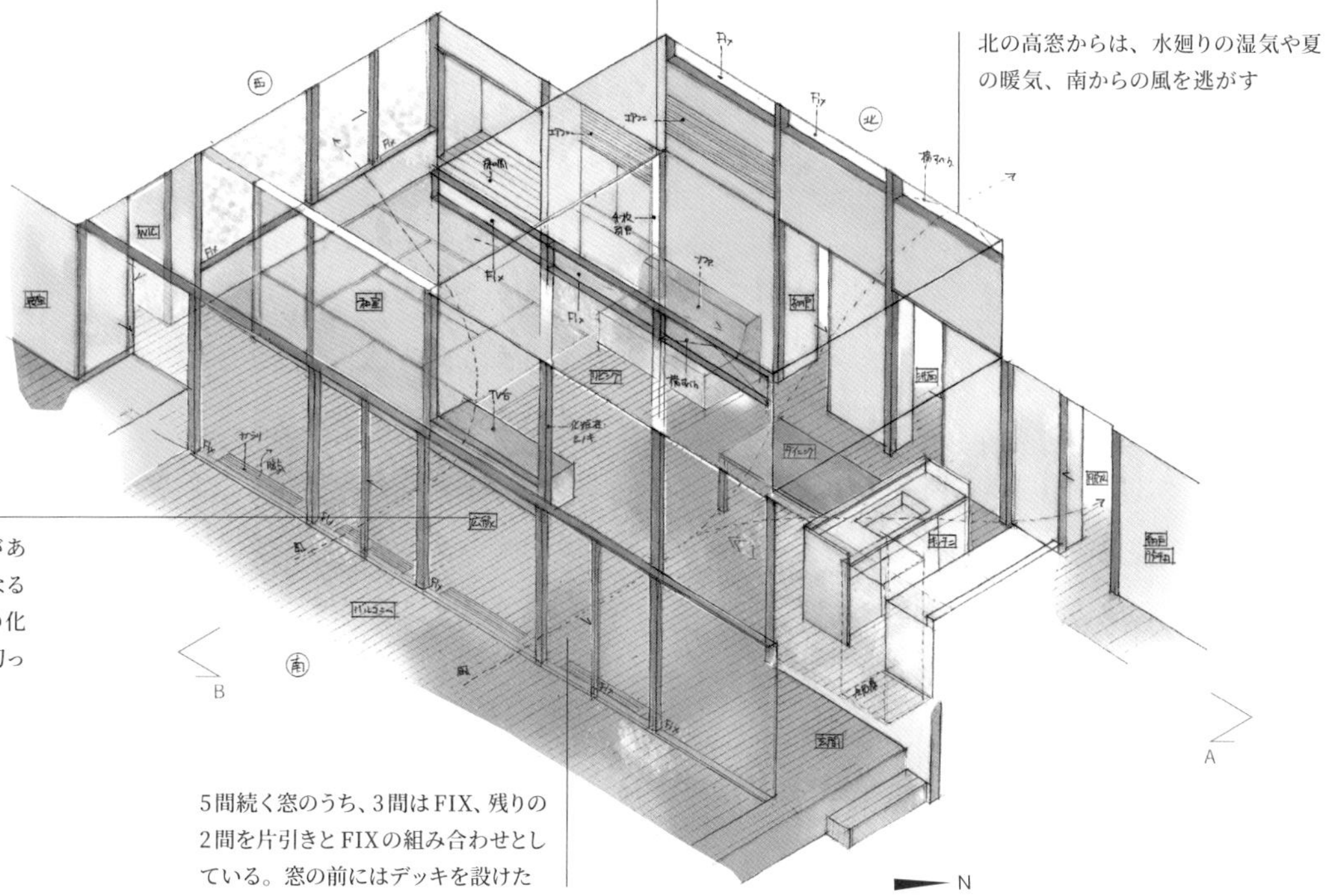
B
A
N

広縁には各室をつなげる役割がある。多くの動線が交差する場となるため、リビングとの間にヒノキの化粧柱を並べ、緩やかに空間を区切っている

5間続く窓のうち、3間はFIX、残りの2間を片引きとFIXの組み合わせとしている。窓の前にはデッキを設けた

1階アイソメ図

リビングの廻りの部屋（広縁、キッチン、和室、水廻り）は天井高をそろえている。それらの部屋の引戸の枠や窓枠の高さもそろえてラインを通すことで、越屋根の下のリビングとの境を明確にしている

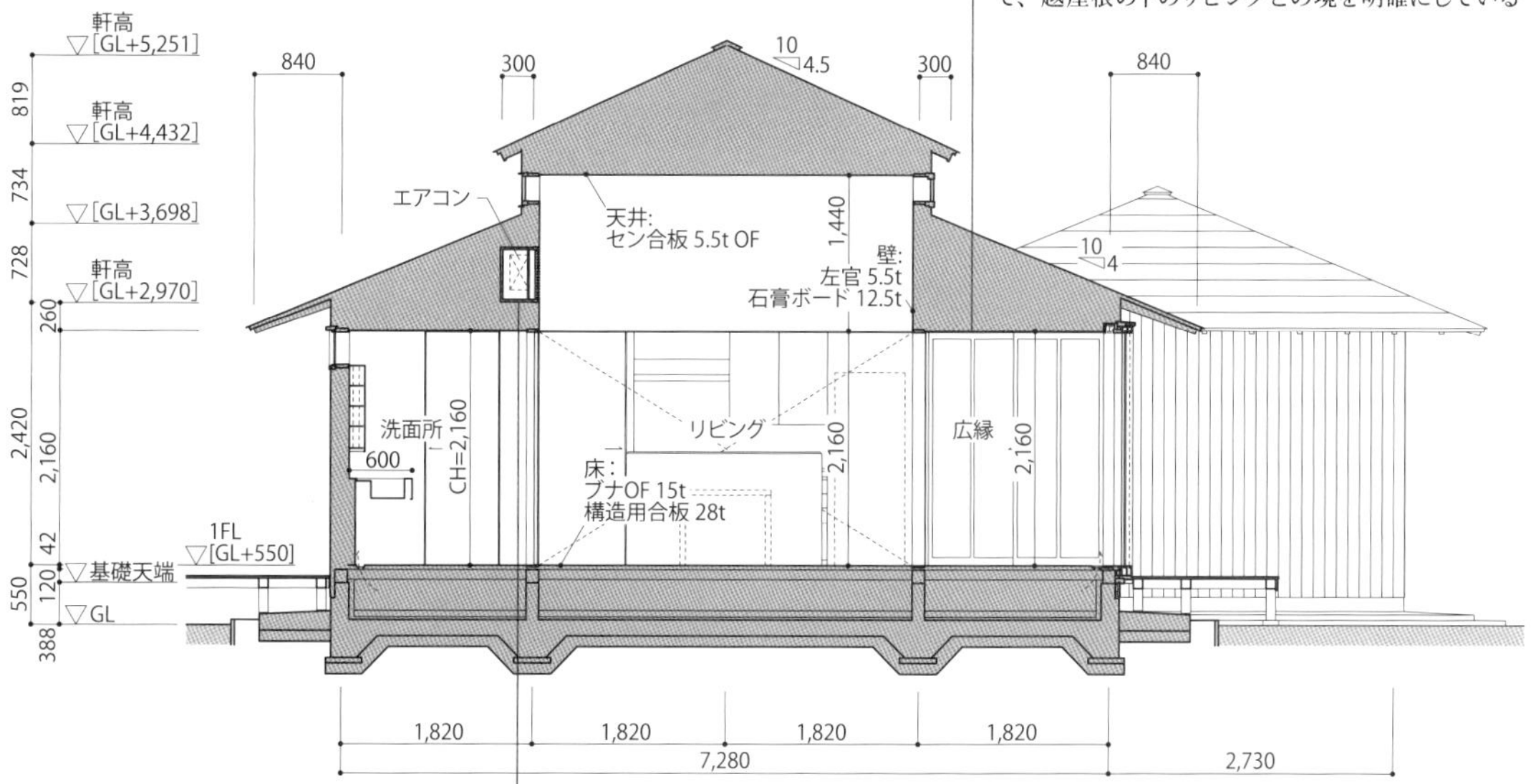
軒高
▽[GL+5,251]
軒高
▽[GL+4,432]
▽[GL+3,698]
軒高
▽[GL+2,970]
819
734
728
260
2,420
2,160
42
120
550
388
1FL
▽[GL+550]
▽基礎天端
▽GL
840
300
10
4.5
300
840
エアコン
天井:
セン合板 5.5t OF
1,440
壁:
左官 5.5t
石膏ボード 12.5t
10
4
洗面所
600
CH=2,160
リビング
床:
ブナOF 15t
構造用合板 28t
2,160
広縁
2,160
1,820
1,820
1,820
1,820
7,280
2,730

寄棟の天井懐にエアコンや神棚を納め、リビングの壁の凹凸を減らし、空間の輪郭をきれいに見せている

B断面図 S＝1：100

Case study 2 —— 暮らしに寄り添う設計　狭山の家

土に触れ、緑の下で過ごす
風通しのよい家

「土に触れ、緑の下で過ごす、庭のある暮らしを楽しみたい。」
そんな要望からはじまった住宅街の家。
中庭を設けることで、外と距離をおきつつ
自然を感じられる住まいができました。

腰かけられる出窓があるダイニング
からは庭を少し見下ろす。
左頁：一方リビングは、庭とフラット
につながる土間。

「庭のある暮らし」が、住まい手からの要望でした。それもただ眺めるだけの庭に留まらず、庭に出て、土に触れ、緑の下で過ごしたいとのこと。家全体に庭をどう取り込むか、室内と庭の距離感や庭への出入りの方法から考えはじめました。

敷地は駅からほど近く、閑静な住宅街の中にあります。東南に面する前面道路は、駅に向かう人の流れがありました。そのため道路に面して庭をつくると人の気配が気になり、出られない庭になってしまうので、南西に面する砂利道に面して庭を設けて、コの字型の建物と板塀で囲った中庭とすることで、プライベートな庭をつくりました。中庭へは各部屋から窓を開き、室内と開放的につながります。

玄関からリビングまでは土間続きとし、庭と近づけて日常的に庭に出入りできるようにしました。リビングの天井は高くとり、庭の開放的な雰囲気を取り入れつつ、開口部の高さを抑えたり、渡り廊下の下に天井の低いソファーコーナーを設けたりすることで、落ち着き感のある場所もしつらえています。

リビングからステップを2段上がるとダイニングに入ります。ダイニングの窓は庭を見る窓です。出窓にして窓台に腰かけられるようにすることで、窓辺に人の気配をつくり、キッチンやダイニングの賑わいの輪を広げました。またダイニングの廻りには水廻りを並べて、家事動線をまとめることで、共働きの忙しい日常に対応しています。

右上：吹抜のリビング。リビングからダイニングへは2段のステップを上がる。
左上：ステップは腰かけやテレビ台になる。
下：キッチンの奥にパントリー（右）。引戸を閉めれば生活感を隠せる（左）

ダイニングの脇にある階段を上ると、動線が分かれて、右手に曲がると子ども室や寝室に行き着きます。そのまままっすぐ進むと幅の広い渡り廊下があり、その先にゲストルームになる和室があります。渡り廊下には書棚やソファが置かれており、将来的には家族共有のデスクコーナーにもなります。吹き抜けを介して、リビングやダイニングに人の気配を伝えるとともに、冬はリビングの土間に蓄熱された床暖房の暖気が吹き抜けを介して、2階に広まっていきます。

寝室と子ども室は、納戸を介してつながっており、回遊できます。子ども室と階段室との間には小窓を設けて、1階からの声が届きます。庭とリビングがつながり、リビングから各居場所にもそっと空間がつながっていくことで、庭の気配や人の気配を伝えていくとともに、風が通り抜けていきます。

右頁：子ども室の小窓は、階段を介して1階や渡り廊下とつながる。小窓を介して家族の気配がわかる。
右：渡り廊下の先にある和室。床座で落ち着くように、天井は低めに。
左：渡り廊下は、ソファを置いてちょっとしたたまり場に。将来はデスクコーナーにする予定。

右上：小さな庭が見える浴室。
右下：階段ホールの奥に手洗スペースは、ダイニングと少し離して、落ち着きを（右）。手洗場（中央）。高窓から光が入る洗面脱衣室（左）。
左：漆喰の壁の1階に対して、階段と2階は木の仕上げ。上下階で雰囲気を変えている。

右：玄関とリビングの間に格子戸を入れて、程よく距離感を保つ。
左：玄関前のポーチが街と家との緩衝空間になる。

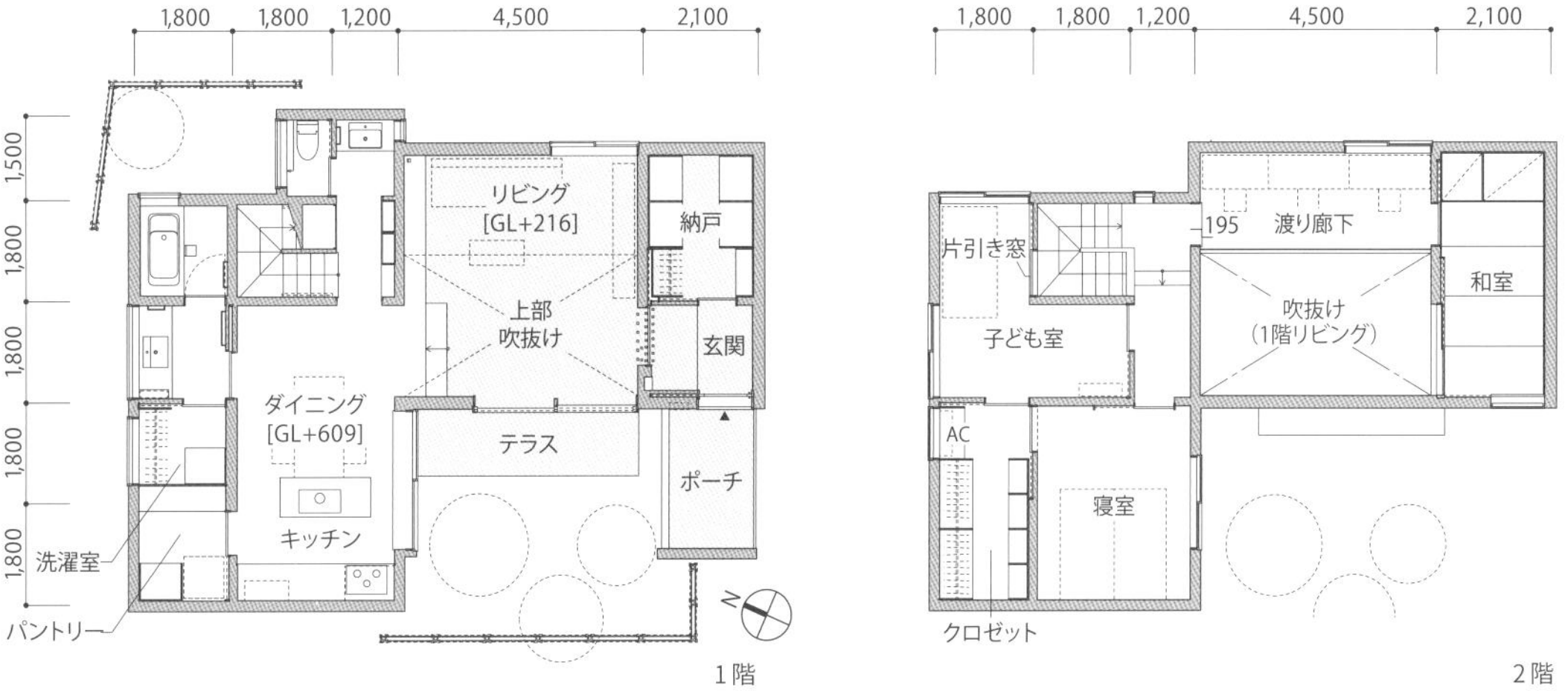

平面図S＝1：200

「流動性」と「落ち着き感」の相対する性質を備えた水廻りが、その家の基盤になるとともに、家全体に心地のよい空間のリズムをつくります。

水廻りが、とってつけたように家の端にひとくくりに配置してあると、動線が行き止まりになり、狭い廊下や水廻り内で渋滞が起こり、生活に滞りが起きてしまいます。そこで「流動性」のある動線を備えた間取りを考えます。たとえば水廻りを寝室やインナーバルコニーとつなげて、行き来できるようにしたり、主動線に対して抜け道となるサブ動線を用意したりします。またキッチンと水廻りの間も滑らかな動線でつなぐことで、複数の家事を同時に行えるようにして負担を低減します。

また浴室やトイレは、家の中でもっともプライベート性が高い場所なので、「落ち着き感」が必要です。隣接するホールや廊下あるいはリビングなどの共有空間から、引戸の幅や垂壁の高さ、造付け家具の奥行きなどを調整して、程よく間《ま》をとることで、心理的な距離感を保ちます。

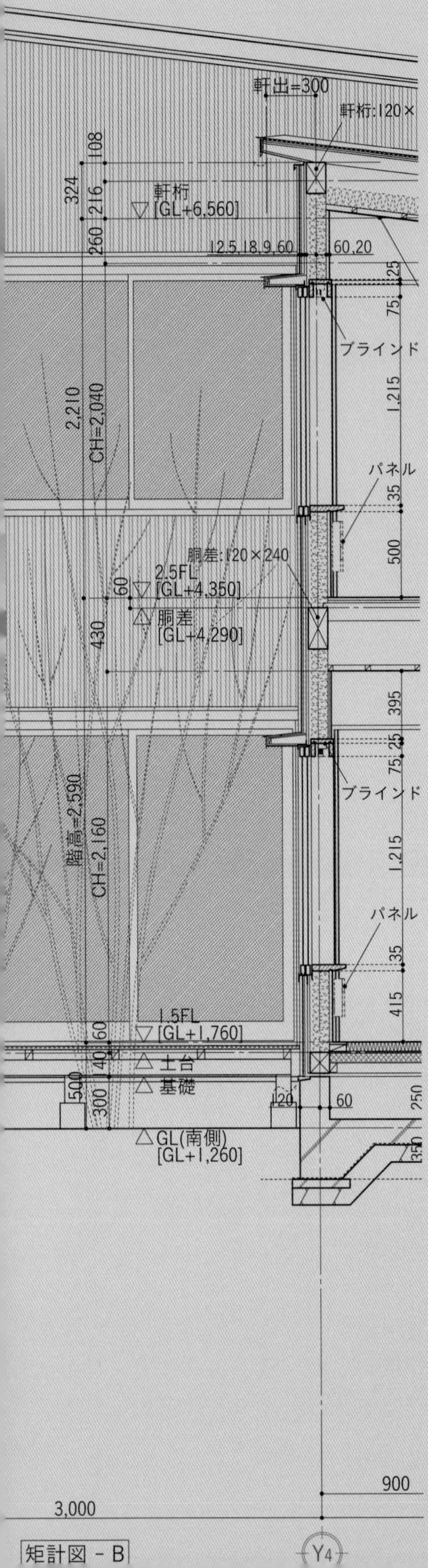

軒出=300
軒桁:120×
108
324
216
軒桁
[GL+6,560]
260
12.5,18,9,60
60,20
25
75
ブラインド
2,210
CH=2,040
1,215
パネル
35
500
胴差:120×240
2.5FL
[GL+4,350]
60
胴差
[GL+4,290]
430
395
75,25
ブラインド
階高=2,590
CH=2,160
1,215
パネル
35
415
1.5FL
[GL+1,760]
60
40
土台
基礎
500
300
120
60
250
GL(南側)
[GL+1,260]
350
900
3,000
Y4

矩計図 - B

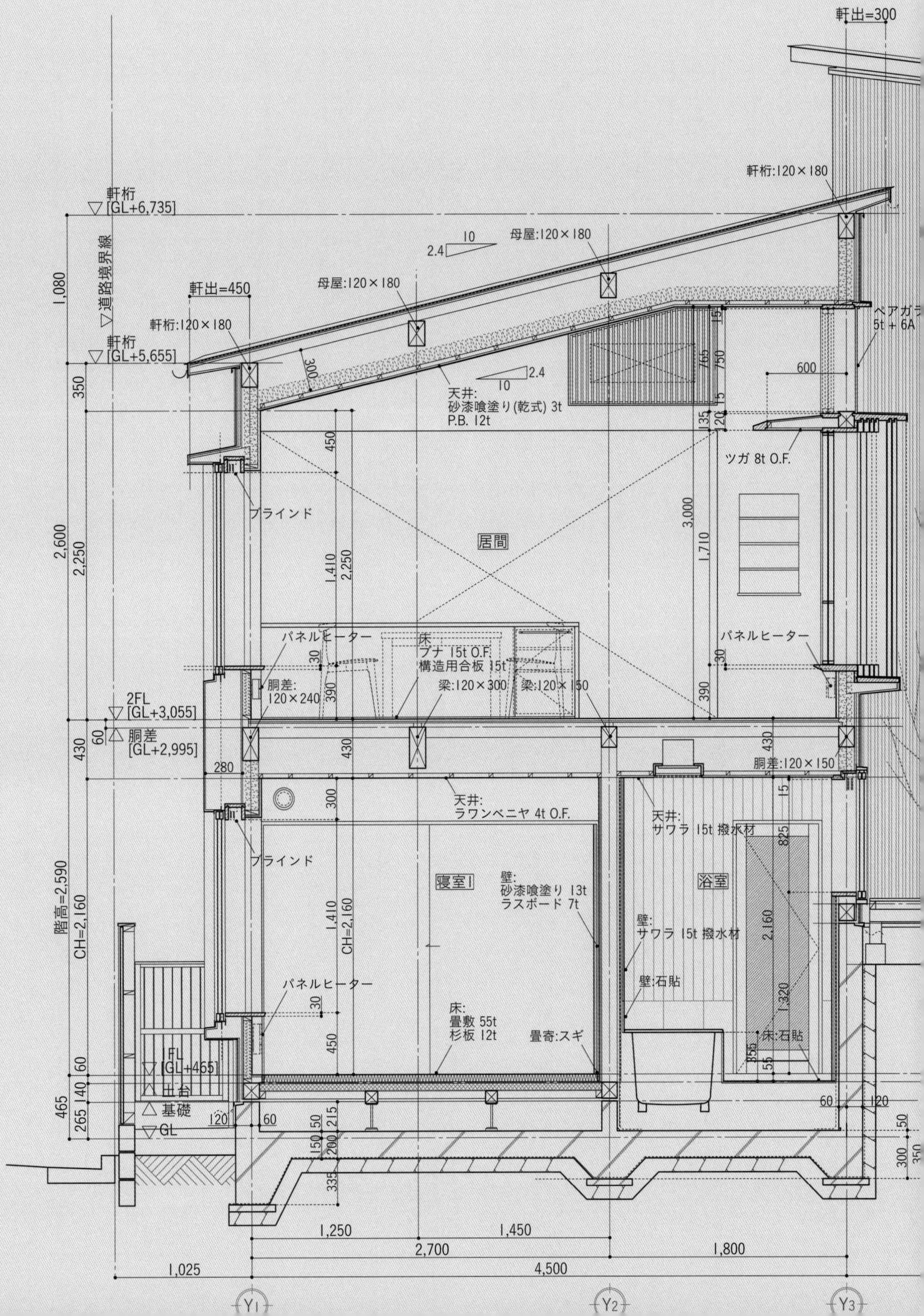
軒出=300
軒桁:120×180
軒桁
[GL+6,735]
母屋:120×180
2.4
10
1,080
▽道路境界線
軒出=450
母屋:120×180
軒桁:120×180
軒桁
[GL+5,655]
300
2.4
10
天井:
砂漆喰塗り(乾式) 3t
P.B. 12t
765
750
15
15
135
20
ペアガラ
5t + 6A
600
ツガ 8t O.F.
350
450
ブラインド
2,600
2,250
居間
1,410
2,250
3,000
1,710
パネルヒーター
床:
ブナ 15t O.F.
構造用合板 15t
パネルヒーター
30
胴差:
120×240
390
梁:120×300
梁:120×150
390
2FL
[GL+3,055]
60
胴差
[GL+2,995]
430
430
430
280
胴差:120×150
300
天井:
ラワンベニヤ 4t O.F.
天井:
サワラ 15t 撥水材
15
825
ブラインド
寝室1
壁:
砂漆喰塗り 13t
ラスボード 7t
浴室
階高=2,590
CH=2,160
1,410
CH=2,160
壁:
サワラ 15t 撥水材
2,160
壁:石貼
パネルヒーター
30
床:
畳敷 55t
杉板 12t
畳寄:スギ
1,320
床:石貼
355
55
450
60
1FL
[GL+465]
140
出台
465
265
基礎
GL
120
60
150
50
215
200
335
60
120
50
300
1,250
1,450
2,700
1,800
1,025
4,500
Y1
Y2
Y3

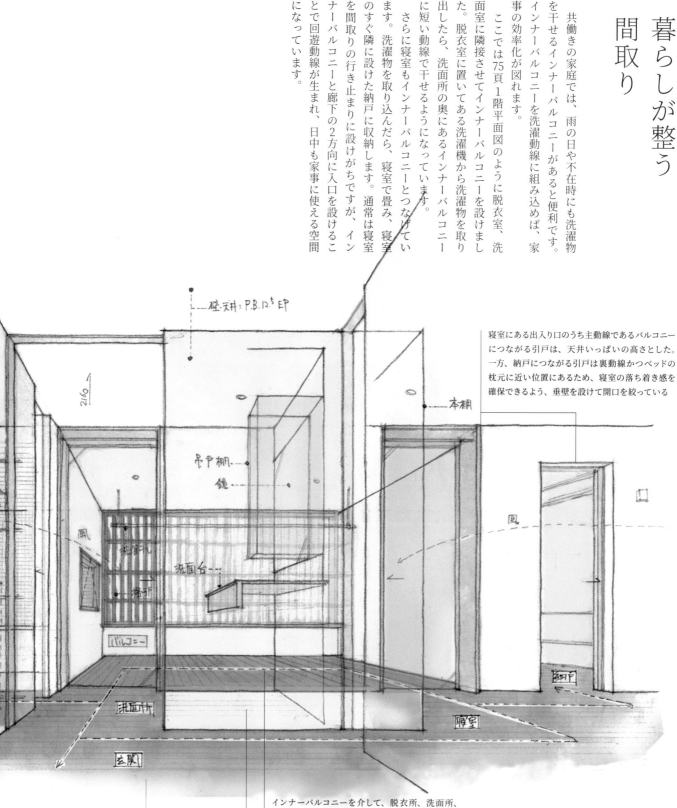

暮らしが整う間取り

共働きの家庭では、雨の日や不在時にも洗濯物を干せるインナーバルコニーがあると便利です。インナーバルコニーを洗濯動線に組み込めば、家事の効率化が図れます。

ここでは75頁1階平面図のように脱衣室、洗面室に隣接させてインナーバルコニーを設けました。脱衣室に置いてある洗濯機から洗濯物を取り出したら、洗面所の奥にあるインナーバルコニーに短い動線で干せるようになっています。

さらに寝室もインナーバルコニーとつなげています。洗濯物を取り込んだら、寝室で畳み、寝室のすぐ隣に設けた納戸に収納します。通常は寝室を間取りの行き止まりに設けがちですが、インナーバルコニーと廊下の2方向に入口を設けることで回遊動線が生まれ、日中も家事に使える空間になっています。

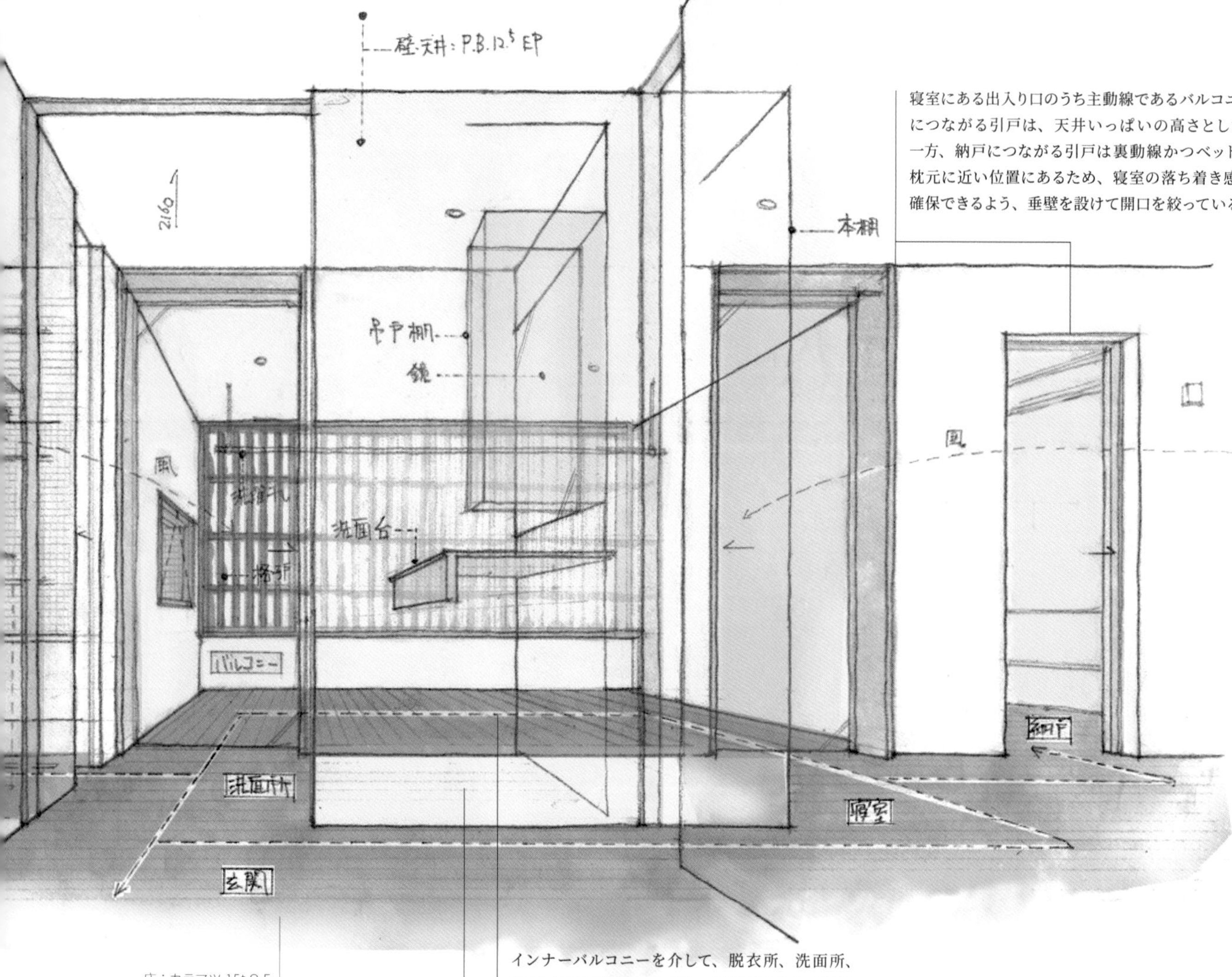

壁・天井：P.B.12.5 EP
2160
本棚
吊戸棚
鏡
風
洗面台
バルコニー
洗面所
寝室
納戸
玄関

寝室にある出入り口のうち主動線であるバルコニーにつながる引戸は、天井いっぱいの高さとした。一方、納戸につながる引戸は裏動線かつベッドの枕元に近い位置にあるため、寝室の落ち着き感を確保できるよう、垂壁を設けて開口を絞っている

床：カラマツ 15t O.F.

玄関の近くに洗面所を設ける。帰宅してすぐ、洗面所で手を洗えて便利

インナーバルコニーを介して、脱衣所、洗面所、寝室が回遊動線でつながる。屋根があるので不在時の雨を心配せず洗濯物を干せるうえ、洗濯動線もコンパクトになる

Aパース

水廻りと寝室を
インナーバルコニーでつなぐ

インナーバルコニーには、網戸の役割も兼ねた格子戸（格子に網を張っている）を設け、防犯性を高めている。夜間もインナーバルコニーに面する窓を開けられるので、隣接する寝室への通風を確保できる

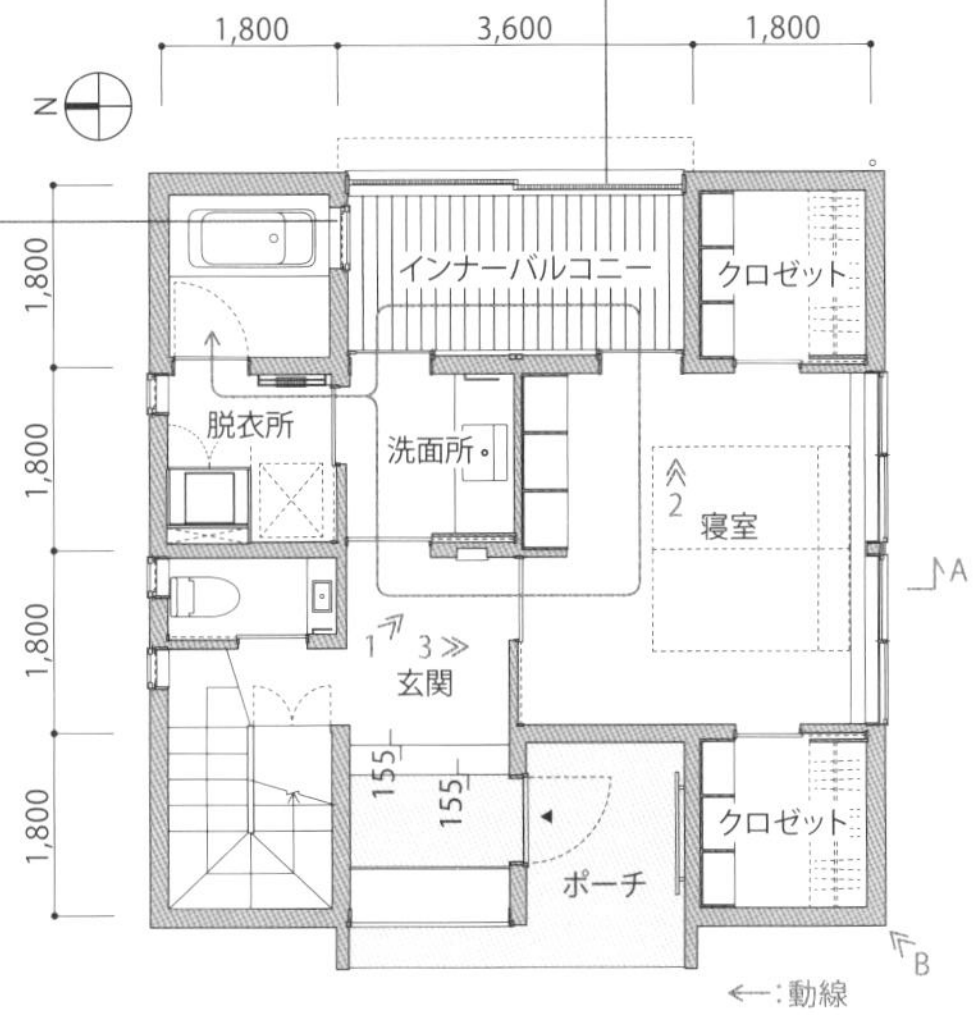

浴室の窓はインナーバルコニー側に設ける。周囲から覗かれる心配がなく、安心して窓を開けられる

1階平面図 S＝1：150

脱衣所には、通気窓を設ける。インナーバルコニーから浴室を介して、通気窓へ風が抜ける

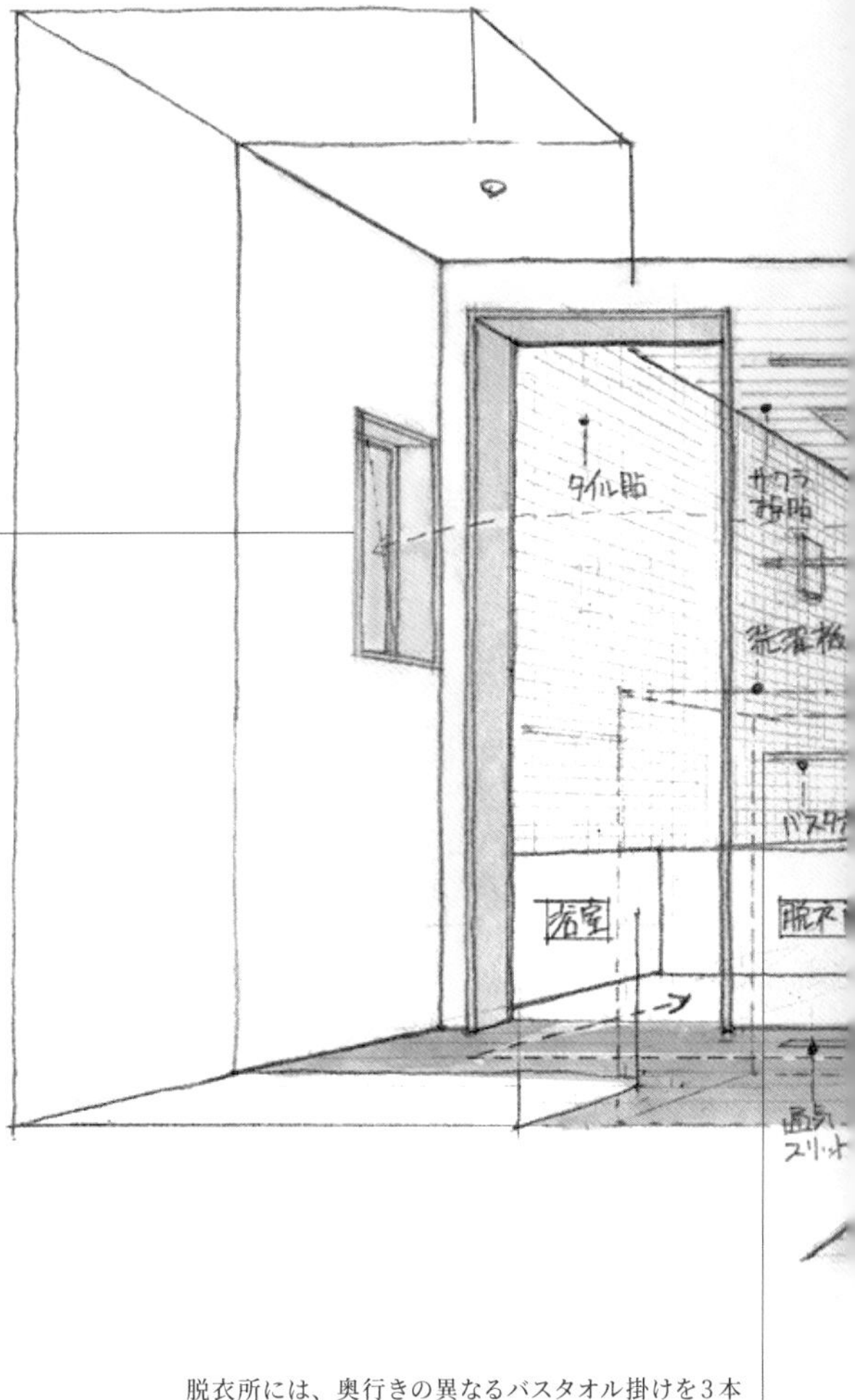

脱衣所には、奥行きの異なるバスタオル掛けを3本設置。バスタオル掛けの下には、床下エアコンの吹出し口を設けている

1 洗面室からインナーバルコニーを見る。洗面所の引戸を開けると、洗面室からインナーバルコニーを介して隣地の緑が見えて、心地よい

︽
2
寝室からインナーバルコニーを見る。インナーバルコニーの窓には格子戸をはめている。窓を開けても防犯上安心なので、夜間も寝室に風を取り込める

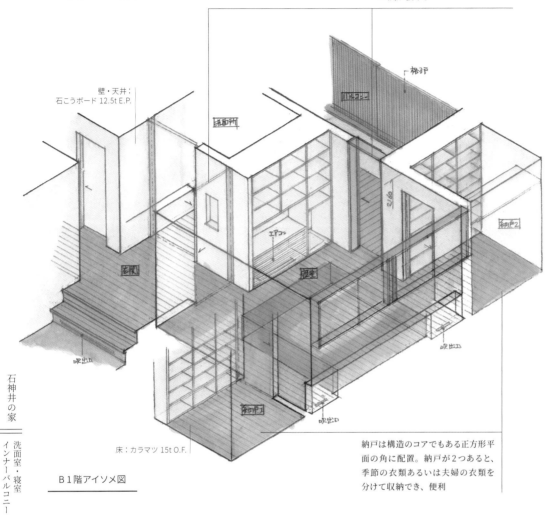

寝室を日中の家事にも使える部屋にする

寝室に2つの入口を設けることで、インナーバルコニーから玄関ホールへ風が抜ける

壁・天井：
石こうボード 12.5t E.P.

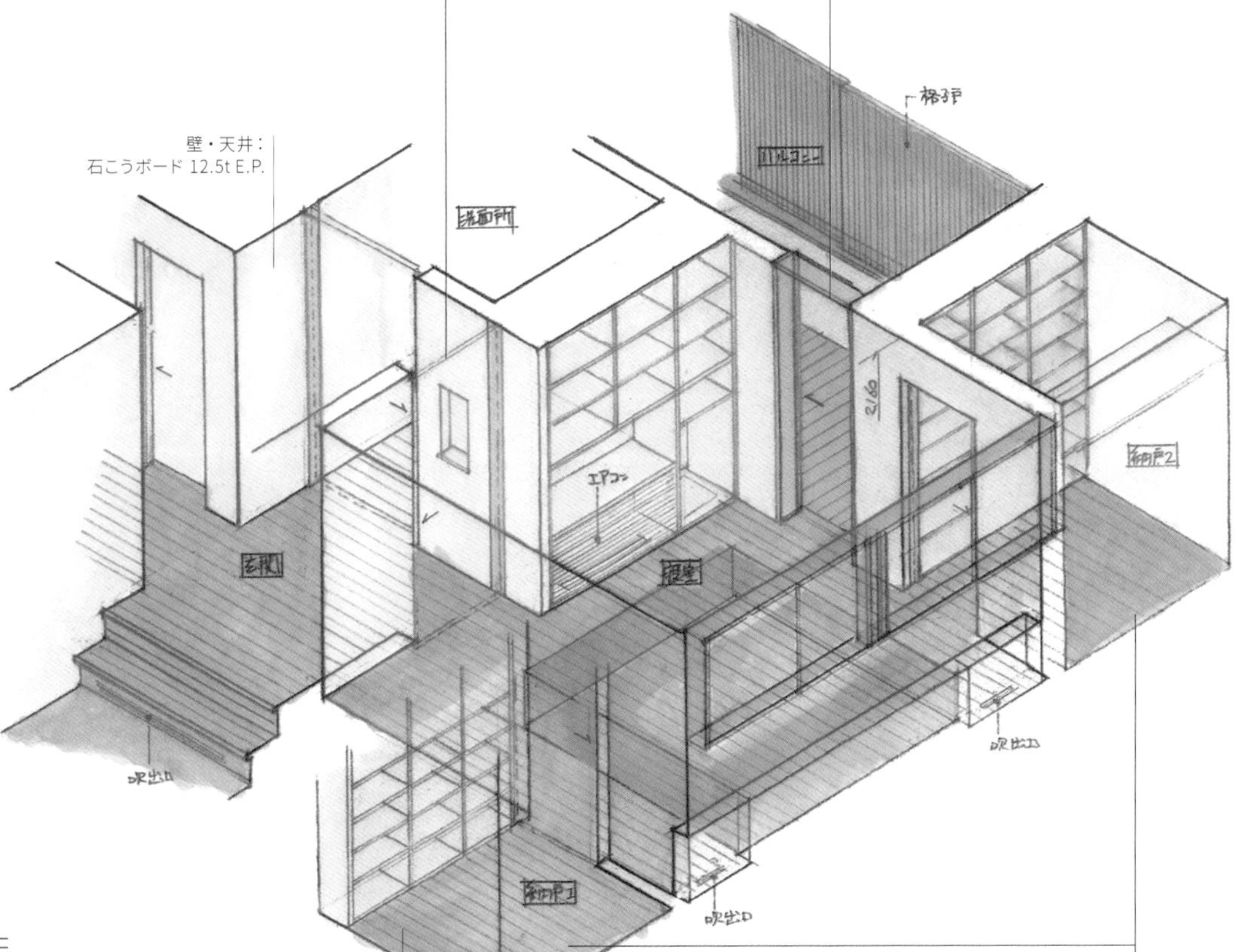
格子戸
バルコニー
洗面所
2160
エアコン
納戸2
玄関
寝室
吹出口
吹出口
吹出口
納戸1

床：カラマツ 15t O.F.

B1階アイソメ図

納戸は構造のコアでもある正方形平面の角に配置。納戸が2つあると、季節の衣類あるいは夫婦の衣類を分けて収納でき、便利

3≫
玄関ホールから寝室を見る。引戸を開ければ、玄関と寝室がつながる

鉢合わせしない水廻りの配置

水廻りでは天井高を抑えたほうがプライバシー感が高まり、落ち着ける空間になる。リビング・寝室の天井高2,400㎜に対し、水廻りは1,950㎜に抑え、浴室乾燥機、各室のエアコン、上階の水廻りの配管を天井裏に納めている

天井・壁：ラワンベニヤ 5.5t O.F.

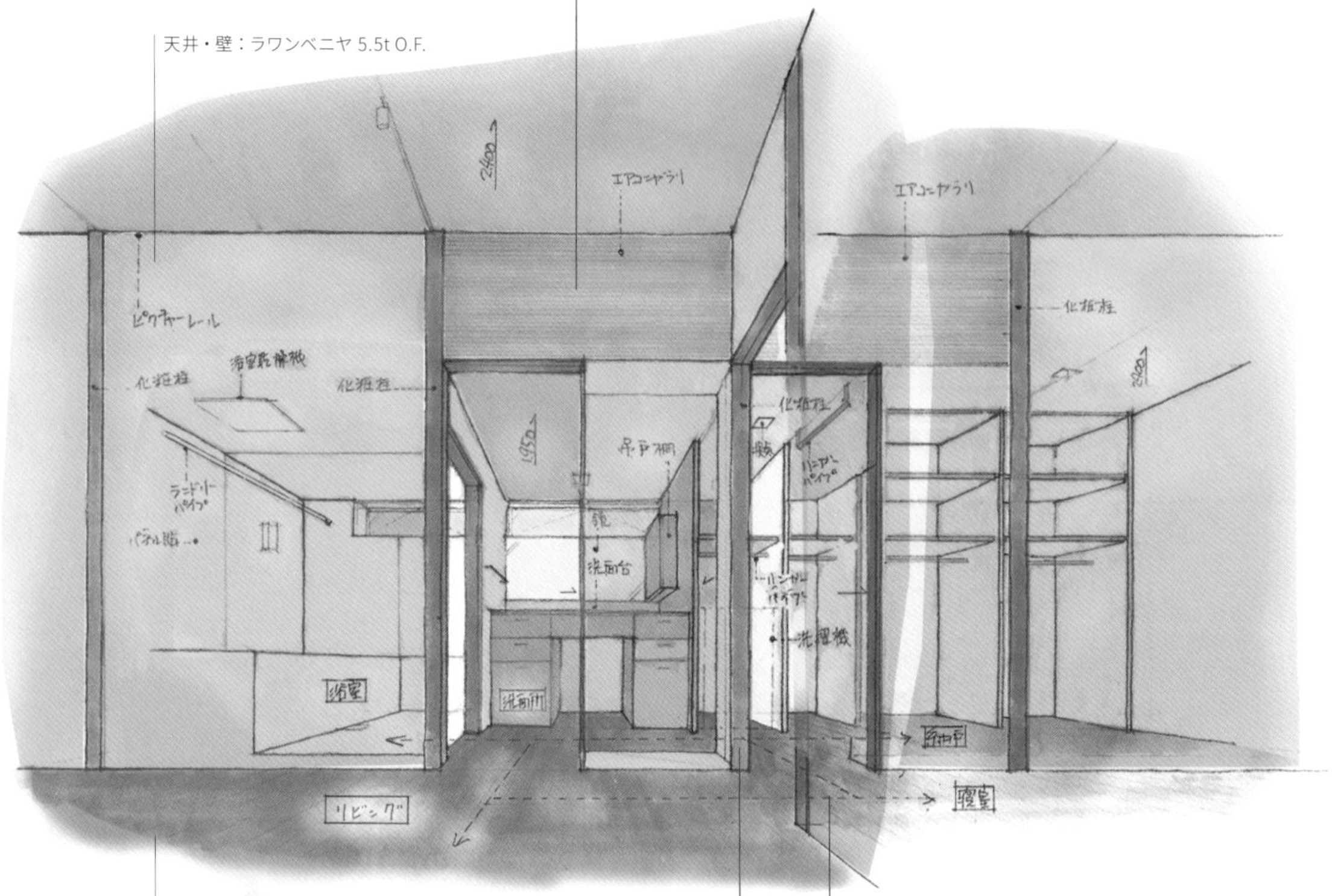

2400
エアコンガラリ
エアコンガラリ
ピクチャーレール
浴室乾燥機
化粧柱
化粧柱
化粧柱
化粧柱
1950
吊戸棚
鏡
洗面台
洗濯機
浴室
洗面所
納戸
リビング
寝室

床：カラマツ 15t O.F.

洗面所から寝室に直接つながる動線があるので、入浴後は直接、寝室に行ける

真壁の仕様。リビングから壁面がすっきり見えるように建具枠の内法は1,940㎜に揃え、化粧柱を三方からの戸当りとしている

Aパース

1 納戸から浴室・脱衣所を見る。高窓を設ければ、周囲からの視線を気にせず、採光と通気を確保できる

来客が頻繁にある家では、トイレと浴室が近い、あるいは同じ場所にあると、家族と客が鉢合わせして、浴室を利用しにくくなってしまいます。来客が多いなら、トイレと浴室を離して配置します。

この事例では玄関の階段近くに独立したトイレ＋手洗場を設け、浴室＋脱衣室はリビングの奥に配置しています。トイレと浴室を離し、来客が脱衣室に立ち入らずに済むようにしました。脱衣室にはリビングと寝室につながる扉をそれぞれ設け、入浴後にリビングにいる来客と顔を合わすことなく寝室に向かえるようにしています。

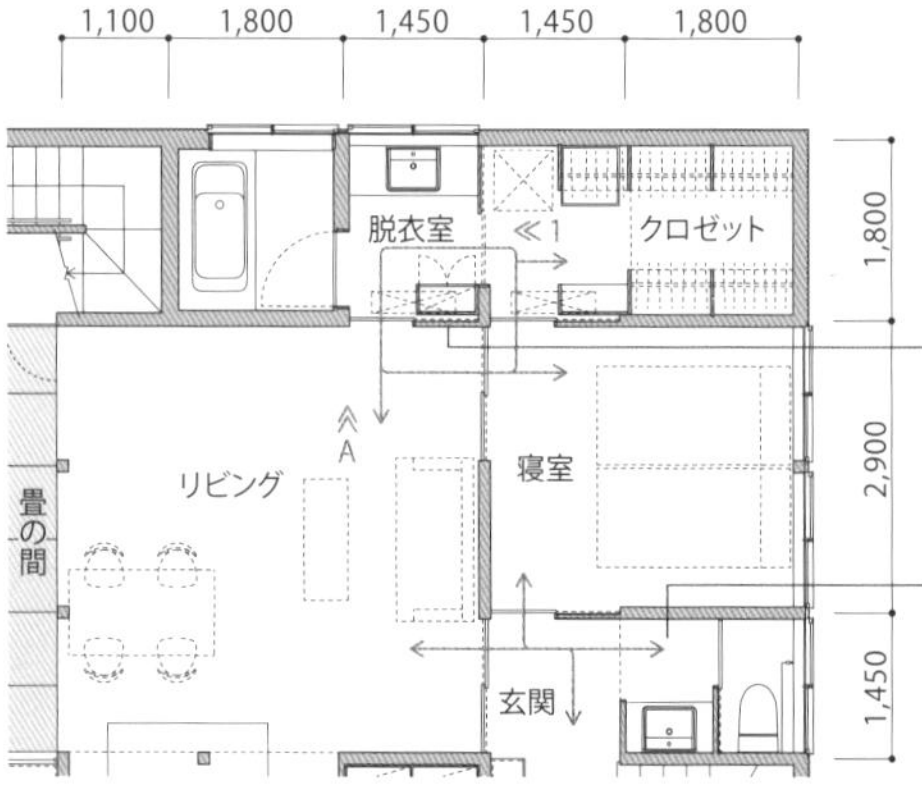

1,100
1,800
1,450
1,450
1,800
1,800
2,900
1,450
脱衣室
≪1
クロゼット
A
リビング
寝室
畳の間
玄関

手洗場を別に設けているため、脱衣所が混み合うことがない。洗面台の背面には収納スペースを十分に確保しており、洗面台廻りをすっきり納められる

玄関近くの独立した手洗場は、来客が気兼ねせず使える。また、玄関とトイレの緩衝空間にもなっている

1階平面図 S＝1：150

洗面所を廊下に組み込む

この事例では、廊下の突き当たりにオープンな洗面所を設けました。引戸がないため、広く使うことができます。また、家族が多い場合にはダイニングや寝室から洗面所の様子が少し見えるので、洗面所の利用状況がわかって便利です。

ただし、玄関からは見えすぎないように、袖壁を延ばして奥まらせ、プライバシー感を高めています。廊下に隣接しているので、各室からアクセスしやすく、使い勝手がよい洗面所となっています。

脱衣所には洗面所側に突き出すかたちで収納を設け、トイレの入口を狭め、プライバシー感を高めている

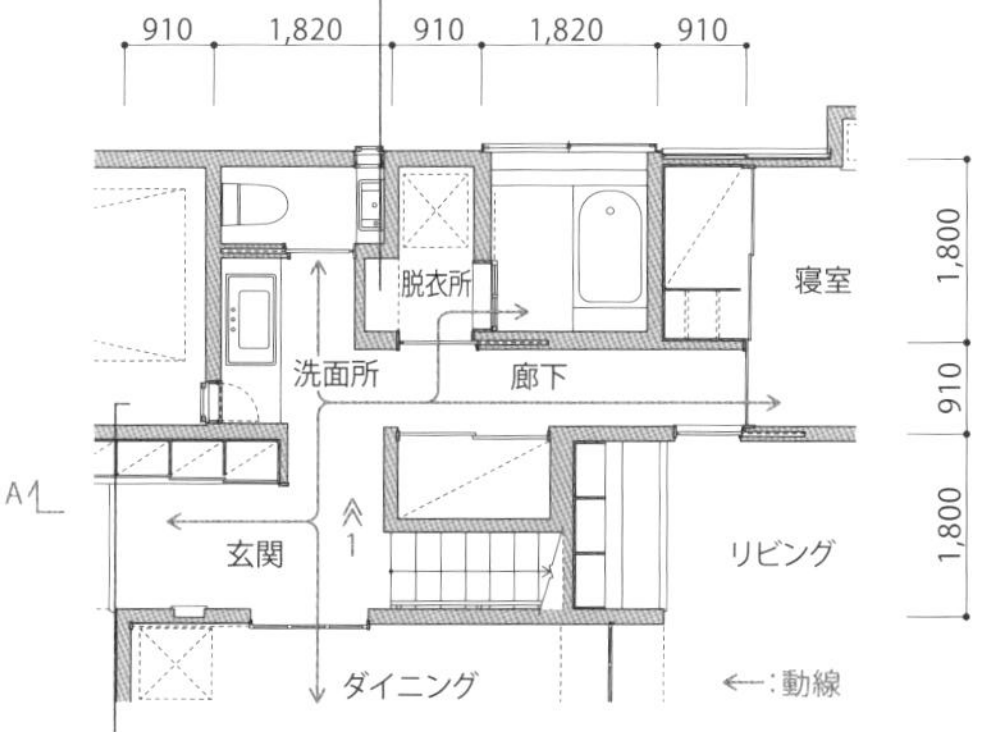

910
1,820
910
1,820
910
脱衣所
洗面所
廊下
寝室
1,800
910
1,800
A
玄関
1
リビング
ダイニング
←:動線

洗面所脇に小窓があることで視線の抜けが確保され、行き止まり感をなくす。寝室からの南風も抜ける

1階平面図S＝1：150

1 廊下から洗面所を見る。トイレ入口は垂壁で絞り、包まれ感をつくる

玄関側と廊下側に袖壁を設けて洗面所を奥まらせ、プライバシーをより強く確保している

洗面所は玄関と同じ天井高2,310㎜とし、トイレや脱衣所、浴室は落ち着く空間にすること、換気扇を天井裏に設けることを考慮し、天井高を2,010㎜に抑えている

天井：石こうボード 12.5t
+ 漆喰塗り 3t

壁：石こうボード 12.5t
+ 泥漆喰塗り 3t

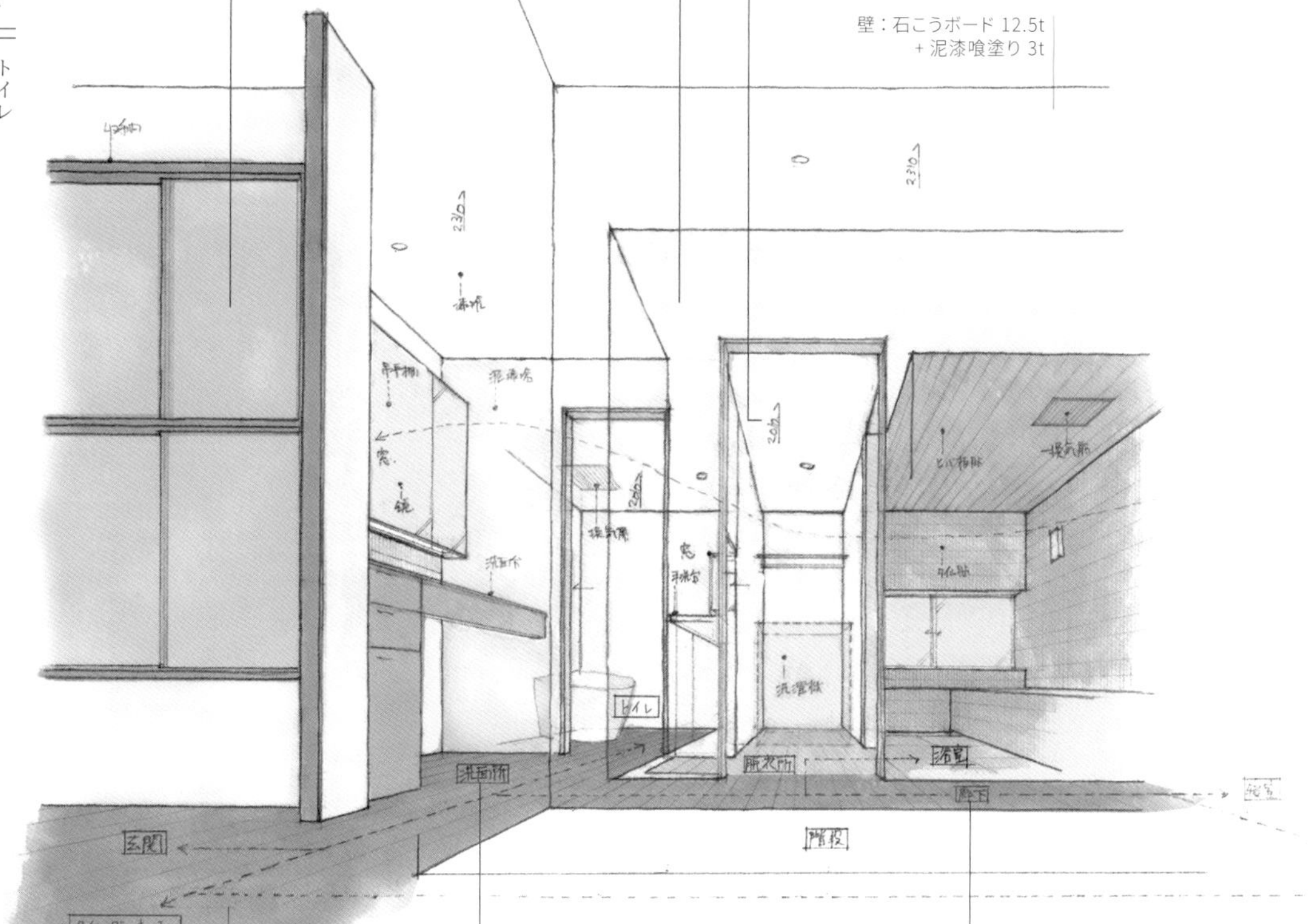

トイレ
洗面所
脱衣所
浴室
廊下
階段
玄関
ダイニング・キッチン

床：スギ 15t O.F.

洗面所の奥にはトイレを配置。洗面所は玄関、廊下とトイレの緩衝空間としても機能する

廊下に面した洗面所は、寝室からもアクセスしやすいため便利

Aパース

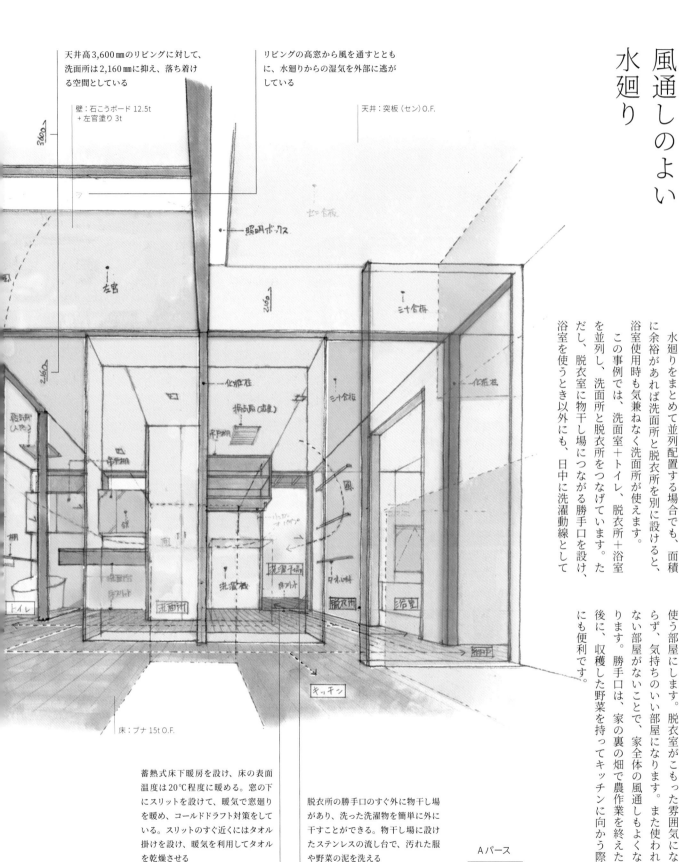

風通しのよい水廻り

水廻りをまとめて並列配置する場合でも、面積に余裕があれば洗面所と脱衣所を別に設けると、浴室使用時も気兼ねなく洗面所が使えます。

　この事例では、洗面室＋トイレ、脱衣所＋浴室を並列し、洗面所と脱衣所をつなげています。ただし、脱衣室に物干し場につながる勝手口を設け、浴室を使うとき以外にも、日中に洗濯動線として使う部屋にします。脱衣室がこもった雰囲気にならず、気持ちのいい部屋になります。また使われない部屋がないことで、家全体の風通しもよくなります。勝手口は、家の裏の畑で農作業を終えた後に、収穫した野菜を持ってキッチンに向かう際にも便利です。

天井高3,600㎜のリビングに対して、洗面所は2,160㎜に抑え、落ち着ける空間としている
リビングの高窓から風を通すとともに、水廻りからの湿気を外部に逃がしている
壁：石こうボード 12.5t
＋左官塗り 3t
天井：突板（セン）O.F.
照明ボックス
左官
化粧柱
トイレ
洗面所
脱衣所
浴室
キッチン
床：ブナ 15t O.F.
蓄熱式床下暖房を設け、床の表面温度は20℃程度に暖める。窓の下にスリットを設けて、暖気で窓廻りを暖め、コールドドラフト対策をしている。スリットのすぐ近くにはタオル掛けを設け、暖気を利用してタオルを乾燥させる
脱衣所の勝手口のすぐ外に物干し場があり、洗った洗濯物を簡単に外に干すことができる。物干し場に設けたステンレスの流し台で、汚れた服や野菜の泥を洗える

Aパース

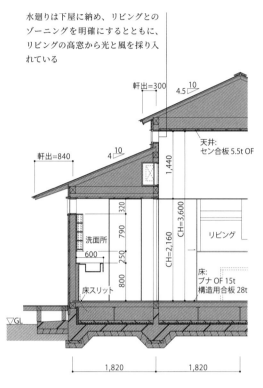

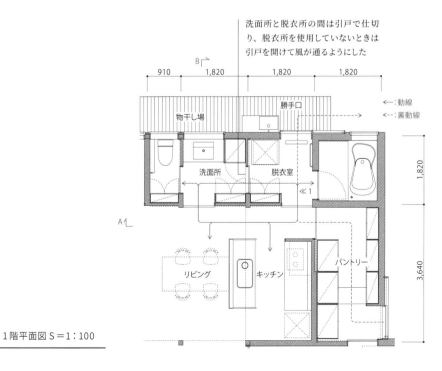

脱衣所を勝手口とつなぎ日中も家事に使う

水廻りは下屋に納め、リビングとのゾーニングを明確にするとともに、リビングの高窓から光と風を採り入れている

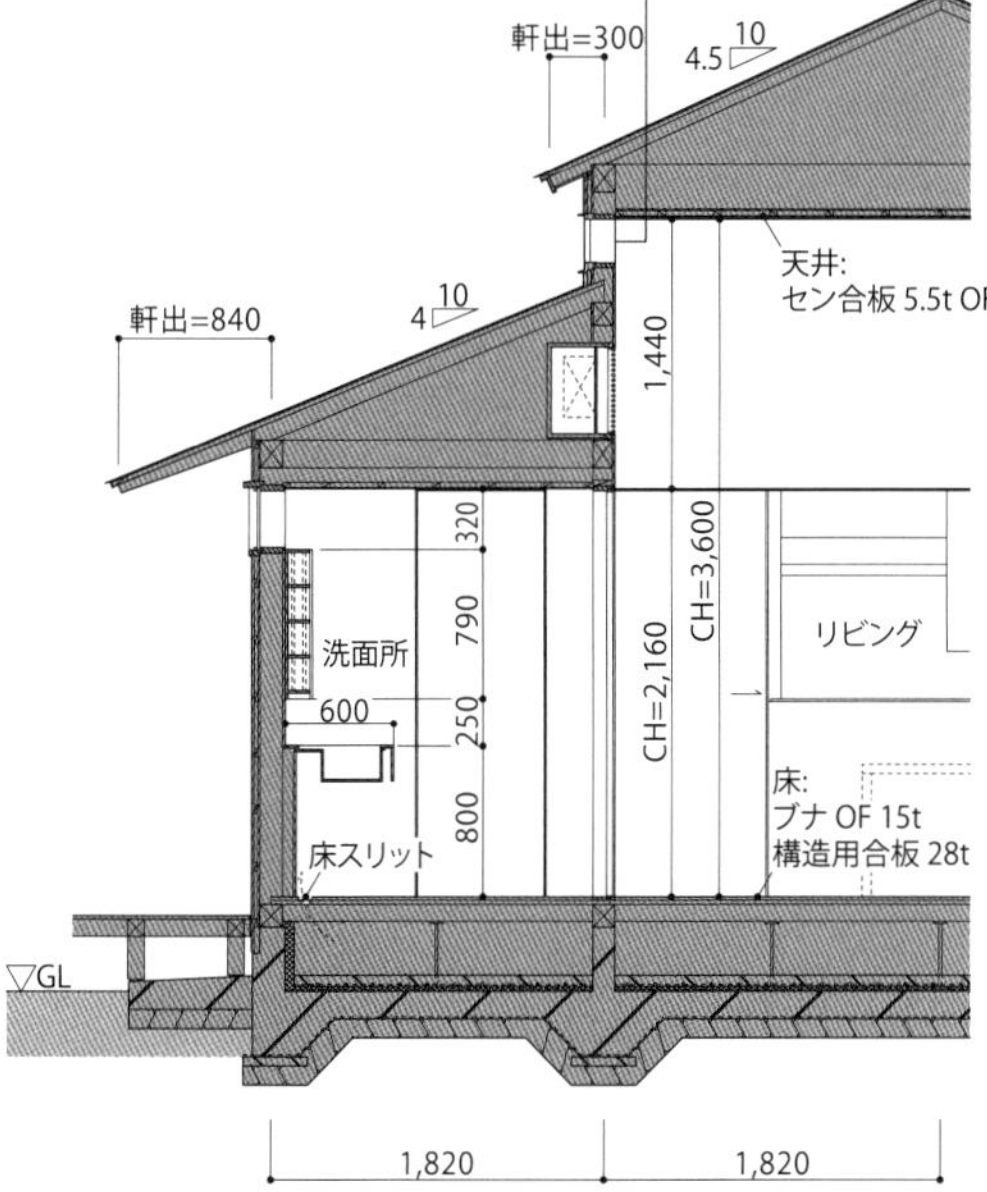

軒出=300
4.5
10
天井:
セン合板 5.5t OF
軒出=840
4
10
1,440
320
790
250
800
CH=3,600
CH=2,160
リビング
洗面所
600
床:
ブナ OF 15t
構造用合板 28t
床スリット
▽GL
1,820
1,820

B断面図 S＝1：80

≪1 脱衣室から洗面所を見る。天井高と建具の敷居をすべて高さ2,160㎜に揃えたうえ、壁と建具の素材を同じにすることで空間にまとまり感を出している

洗面所と脱衣所の間は引戸で仕切り、脱衣所を使用していないときは引戸を開けて風が通るようにした

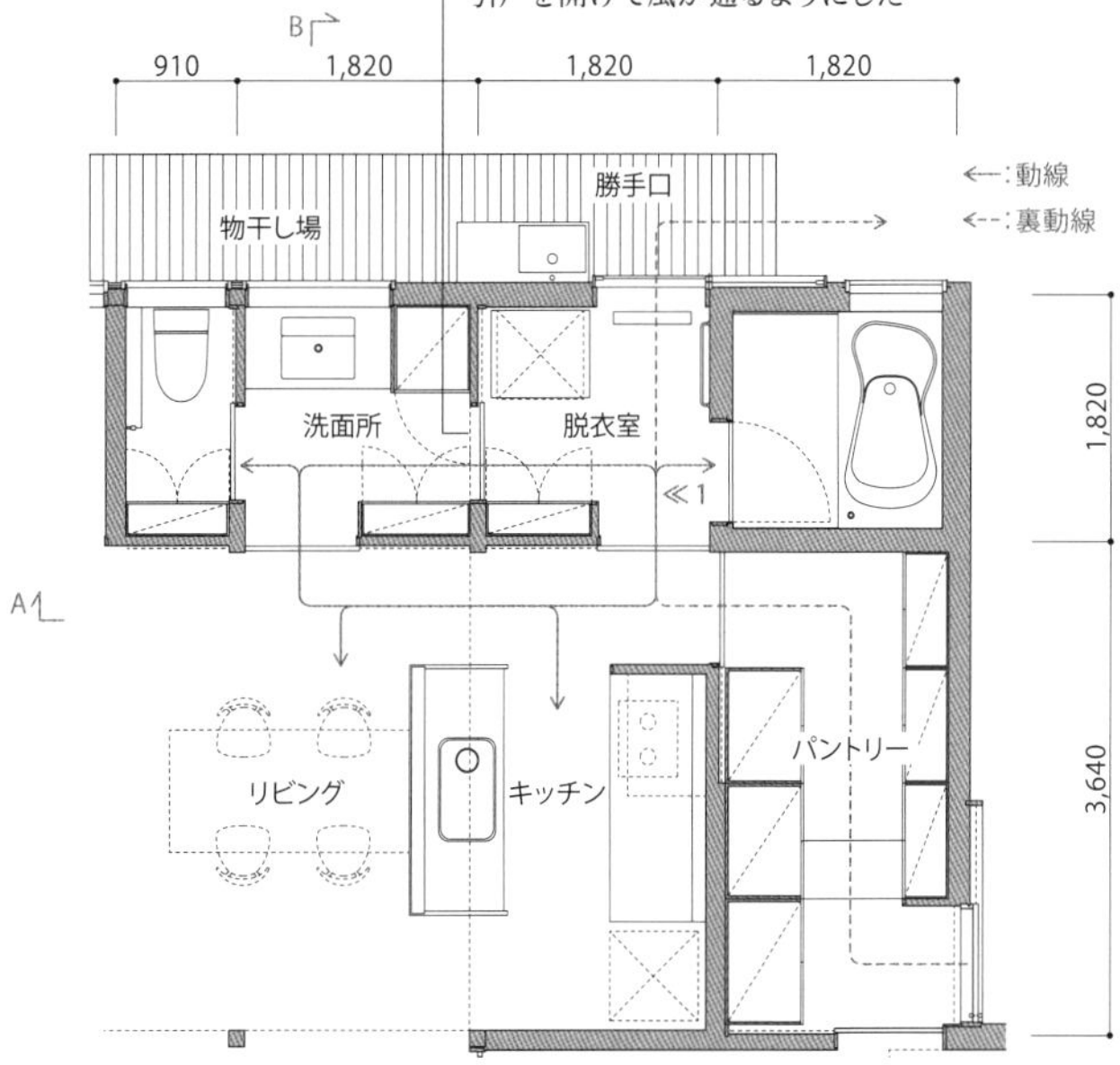

B
910
1,820
1,820
1,820
勝手口
←: 動線
←: 裏動線
物干し場
洗面所
脱衣室
≪1
1,820
A
リビング
キッチン
パントリー
3,640

1階平面図 S＝1：100

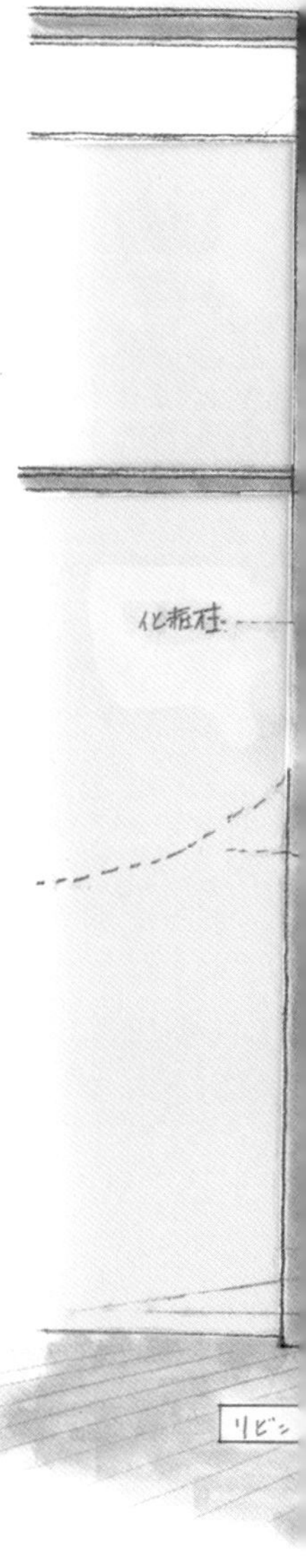

化粧柱

家族で使えるキッチン

1階をLDK、2階を寝室とした場合、階段の位置次第で家族が顔を合わせる回数が変わります。この家では、キッチンの突き当りに階段を配置することで、キッチンを廊下のような位置づけにし、家族が行き交う場所にしました。階段を下りてきた子どもと、キッチンで家事をする両親との間に自然とコミュニケーションが生まれます。また、2階から冷蔵庫の飲み物を取りに来た際にも、ダイニングの家族と顔を合わせることになります。

来客時には、キッチンのバックカウンターが2階との緩衝帯になります。「リビング・ダイニング→キッチン→2階」と、プライバシーの度合いを徐々に上げることで、1階と2階との間に心理的な距離感をつくり、来客時にも2階が落ち着ける空間になります。

建物の四隅には、大きな窓を設ける必要がないパントリー、階段、玄関、浴室を配置して構造的に安定させている

冷蔵庫はパントリーに収納。2階の個室から階段を下りてすぐに、冷蔵庫にアクセスできるので便利

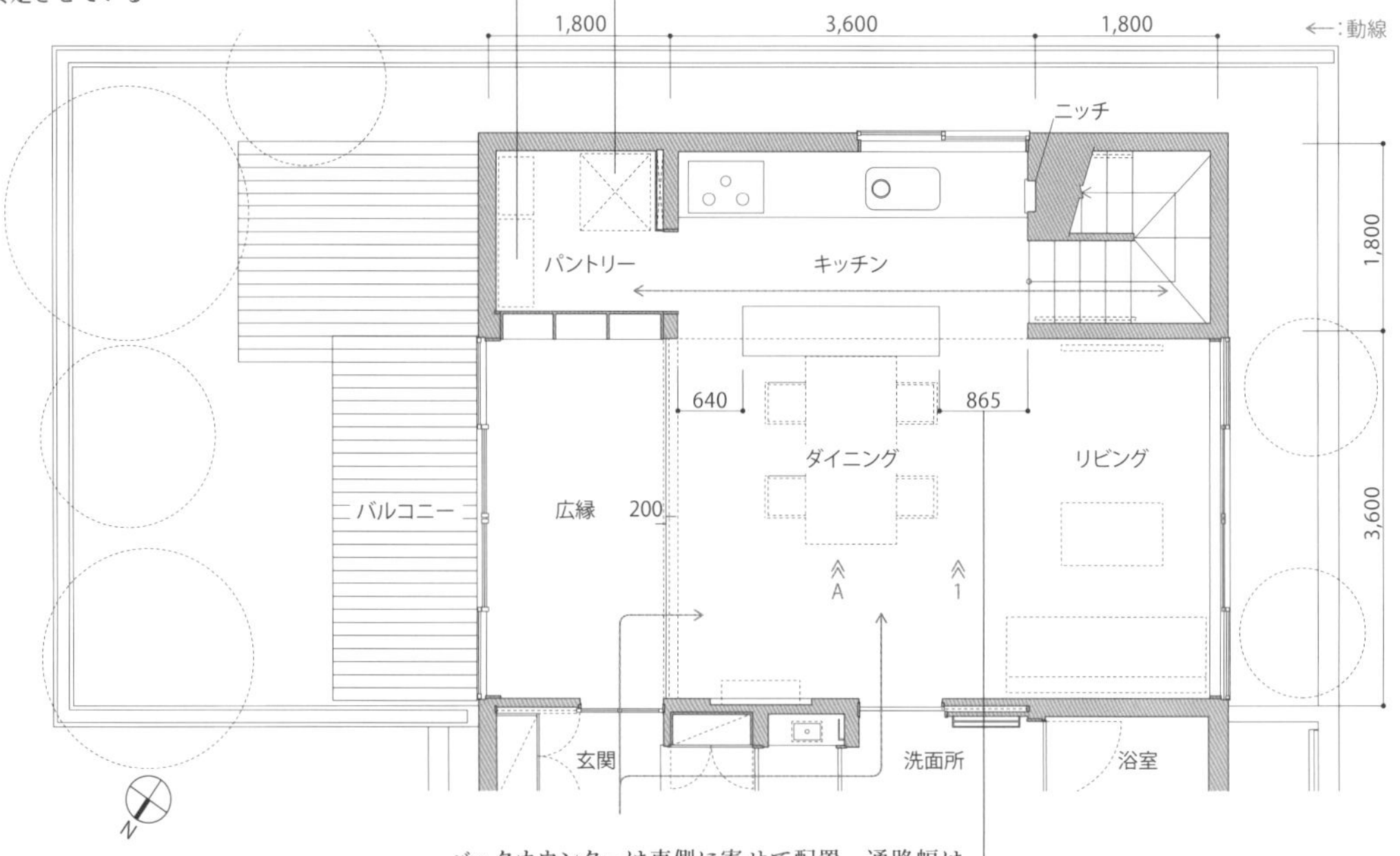

1,800
3,600
1,800
←: 動線
ニッチ
1,800
3,600
パントリー
キッチン
640
865
ダイニング
リビング
バルコニー
広縁
200
A
1
玄関
洗面所
浴室
N

バックカウンターは東側に寄せて配置。通路幅は階段側が865㎜、広縁側が640㎜とし、階段側がメイン動線であることを示した

1階平面図 S＝1：100

1
ダイニングからキッチンを見る。キッチンは天井を低く抑えつつも窓や階段への入り口は天井いっぱいの高さとし、開放的に見せている

キッチンのバックカウンターを 1・2階の境界にする

キッチンと広縁に垂壁を設けて天井を下げ、リビング・ダイニングと緩く区切る

シンクは壁側に配置。手元が暗くならないよう、正面を大きな窓とした。そのため吊り戸棚は設けず、バックカウンターやパントリーで収納を確保している

キッチンの天井高を下げることで、直上にある2階廊下の床レベルが下げられる。そのため、階段を1坪内に無理なく納められた。2階のメインフロア（ダイニングの上）は、そこから2段分（303mm）上げている［152頁参照］

天井：ベイスギ 8t O.F.

壁・天井：石こうボード 12.5t E.P.

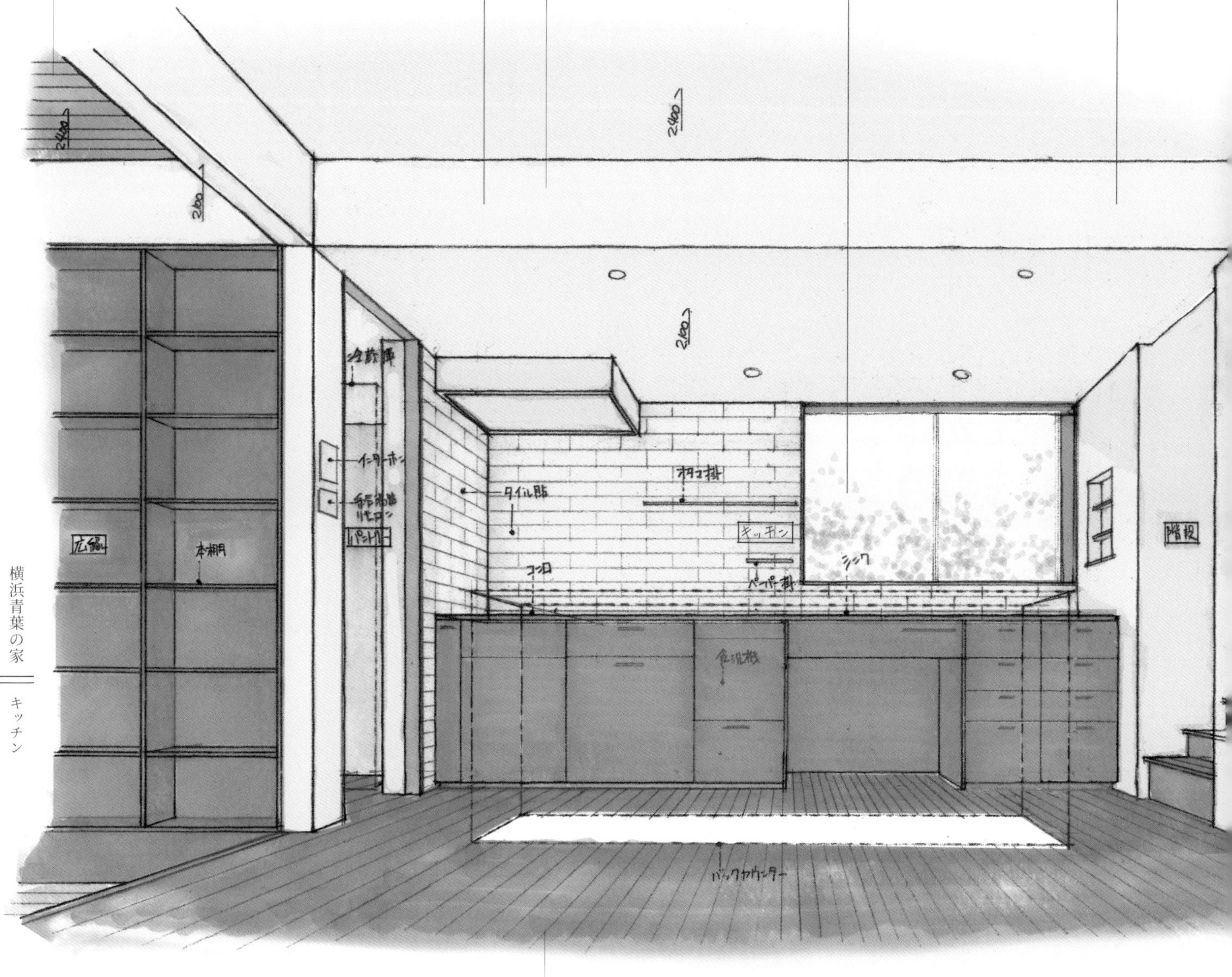
2400
2100
2400
2100
冷蔵庫
インターホン
パントリー
タイル貼
オタマ掛
キッチン
ペーパー掛
コンロ
シンク
食洗機
広縁
本棚
階段
バックカウンター

床：タモ 12t O.F.

Aパース

1≫リビングからダイニング・キッチンと書斎を見る。袖壁やバルコニーの天井によって書斎の窓に向かい徐々にフレームが小さくなり、景色がクローズアップされる

家族が集う場をしつらえる

家族が調理を手伝えるオープンなキッチン。ただし、オープンなだけでは散漫な印象になってしまいます。小さな居場所をしつらえておくことが大切です。

この事例では、調理を家族が手伝えるよう、ワンルームの中心にキッチンを設けました。ただし、キッチン＋ダイニング、リビング、書斎は袖壁と垂壁で緩く区切っています。長い袖壁でやや包まれ感のある書斎では、在宅で仕事をする住まい手が仕事に集中できます。

さらにリビングとキッチン＋ダイニングも短い袖壁で緩く区切り、リビングをダイニングの慌ただしさが伝わらず、くつろげる空間にしました。ＬＤＫをワンルームにすることで、家事や仕事をしながら小さな子どもに目を配れるようになっています。またこの袖壁と垂壁は、構造部材としても働くため、柱やタイバーを設けることなくＬＤＫを大空間にまとめられました。

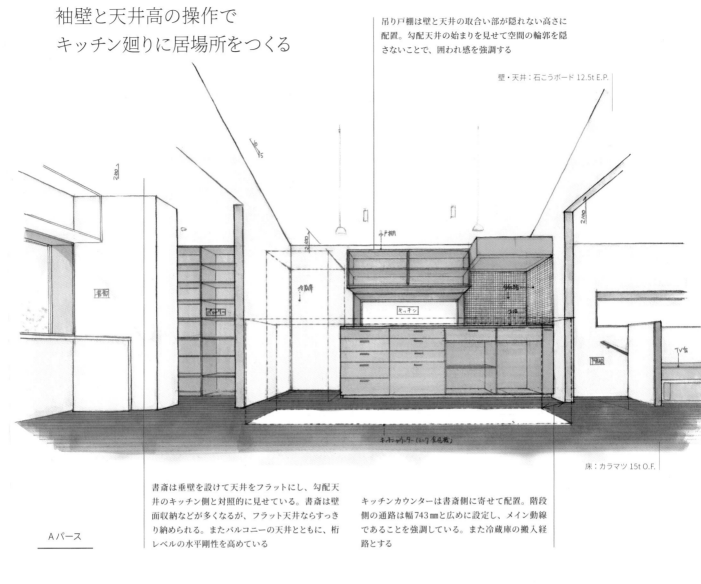

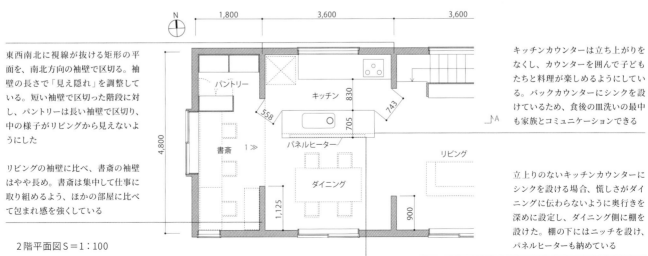

袖壁と天井高の操作で キッチン廻りに居場所をつくる

吊り戸棚は壁と天井の取合い部が隠れない高さに配置。勾配天井の始まりを見せて空間の輪郭を隠さないことで、囲われ感を強調する

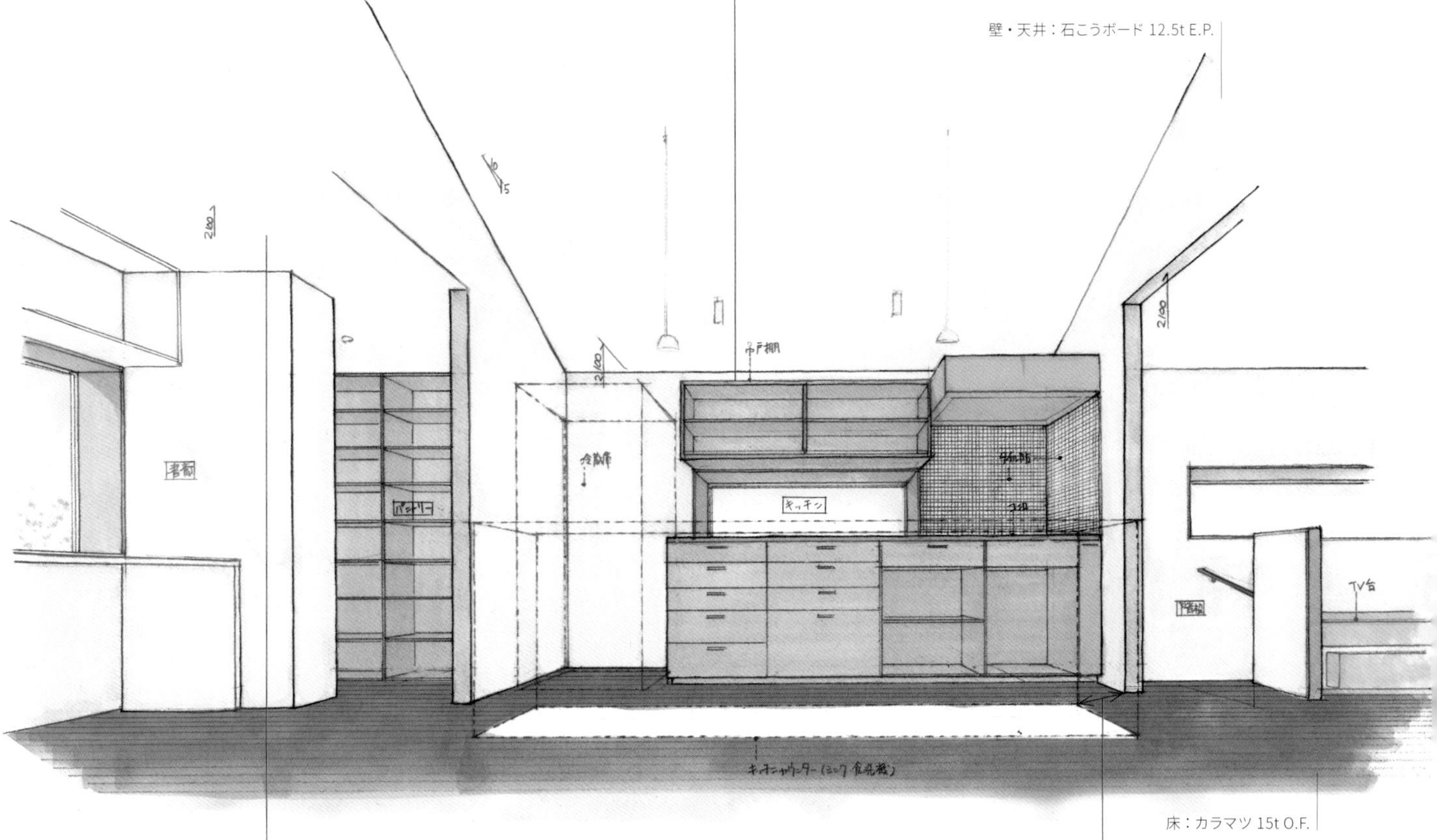
壁・天井：石こうボード 12.5t E.P.
書斎
吊戸棚
キッチン
TV台
床：カラマツ 15t O.F.

書斎は垂壁を設けて天井をフラットにし、勾配天井のキッチン側と対照的に見せている。書斎は壁面収納などが多くなるが、フラット天井ならすっきり納められる。またバルコニーの天井とともに、桁レベルの水平剛性を高めている

キッチンカウンターは書斎側に寄せて配置。階段側の通路は幅743㎜と広めに設定し、メイン動線であることを強調している。また冷蔵庫の搬入経路とする

Aパース

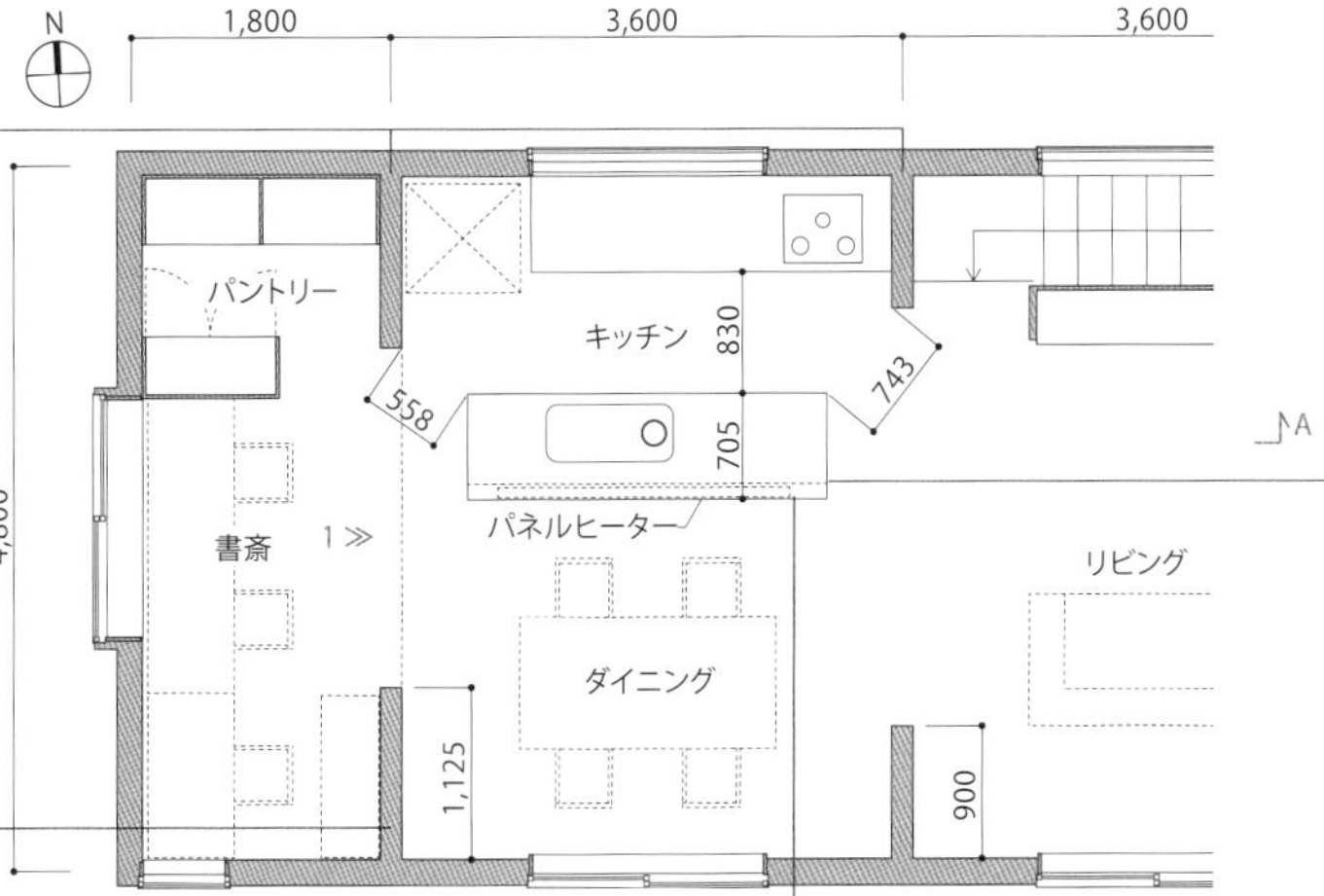
N
1,800
3,600
3,600
4,800
パントリー
キッチン
830
558
743
705
A
書斎
1≫
パネルヒーター
リビング
ダイニング
1,125
900

東西南北に視線が抜ける矩形の平面を、南北方向の袖壁で区切る。袖壁の長さで「見え隠れ」を調整している。短い袖壁で区切った階段に対し、パントリーは長い袖壁で区切り、中の様子がリビングから見えないようにした

リビングの袖壁に比べ、書斎の袖壁はやや長め。書斎は集中して仕事に取り組めるよう、ほかの部屋に比べて包まれ感を強くしている

2階平面図S＝1：100

キッチンカウンターは立ち上がりをなくし、カウンターを囲んで子どもたちと料理が楽しめるようにしている。バックカウンターにシンクを設けているため、食後の皿洗いの最中も家族とコミュニケーションできる

立上りのないキッチンカウンターにシンクを設ける場合、慌しさがダイニングに伝わらないように奥行きを深めに設定し、ダイニング側に棚を設けた。棚の下にはニッチを設け、パネルヒーターも納めている

裏動線は控えめに

各室からの動線だけでなく、買い物から帰宅した際の動線も重要です。玄関と直結するパントリーを設け、裏動線でキッチンにアクセスできるようにすると、荷物を運ぶ手間が省けて便利です。

高齢の夫婦のための平屋の事例。家事に使う裏動線は短くまとめて、効率的に家事をこなせるようにしています。ただし、裏動線は目立ってはいけません。明るいバルコニーからの光が注ぐ主動線に対し、裏動線は開口を絞り、パントリーを暗がりに見せることで存在感を薄めています。

≪2 玄関からパントリーを見る。天井、床ともに仕上げの貼方向を主動線と合わせ、方向性を強調している

1
≫
パントリーからキッチンを見る。家事で使う空間は天井高を低く抑えて、リビングやダイニングと区切っている

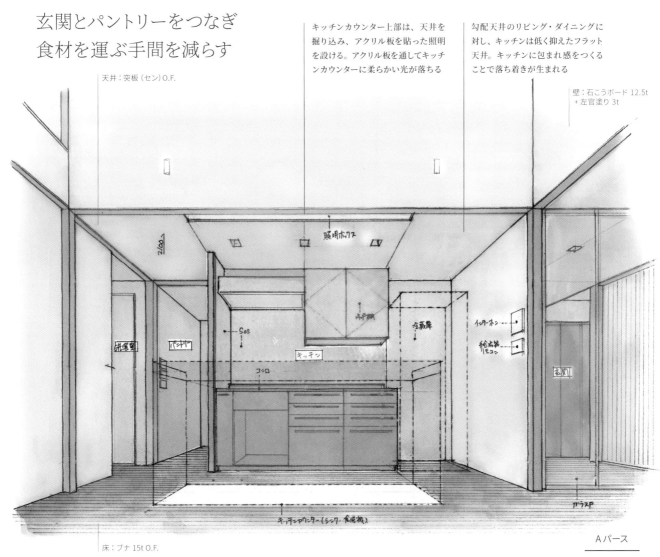

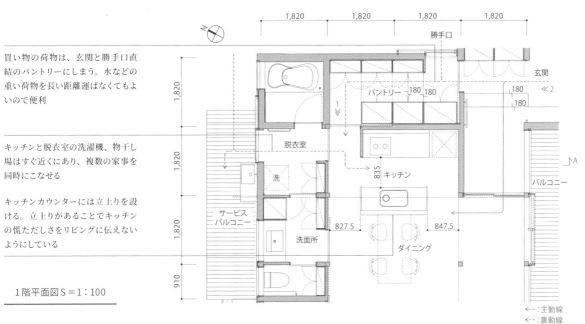

玄関とパントリーをつなぎ
食材を運ぶ手間を減らす

キッチンカウンター上部は、天井を掘り込み、アクリル板を貼った照明を設ける。アクリル板を通してキッチンカウンターに柔らかい光が落ちる

勾配天井のリビング・ダイニングに対し、キッチンは低く抑えたフラット天井。キッチンに包まれ感をつくることで落ち着きが生まれる

天井：突板（セン）O.F.

壁：石こうボード 12.5t
＋左官塗り 3t

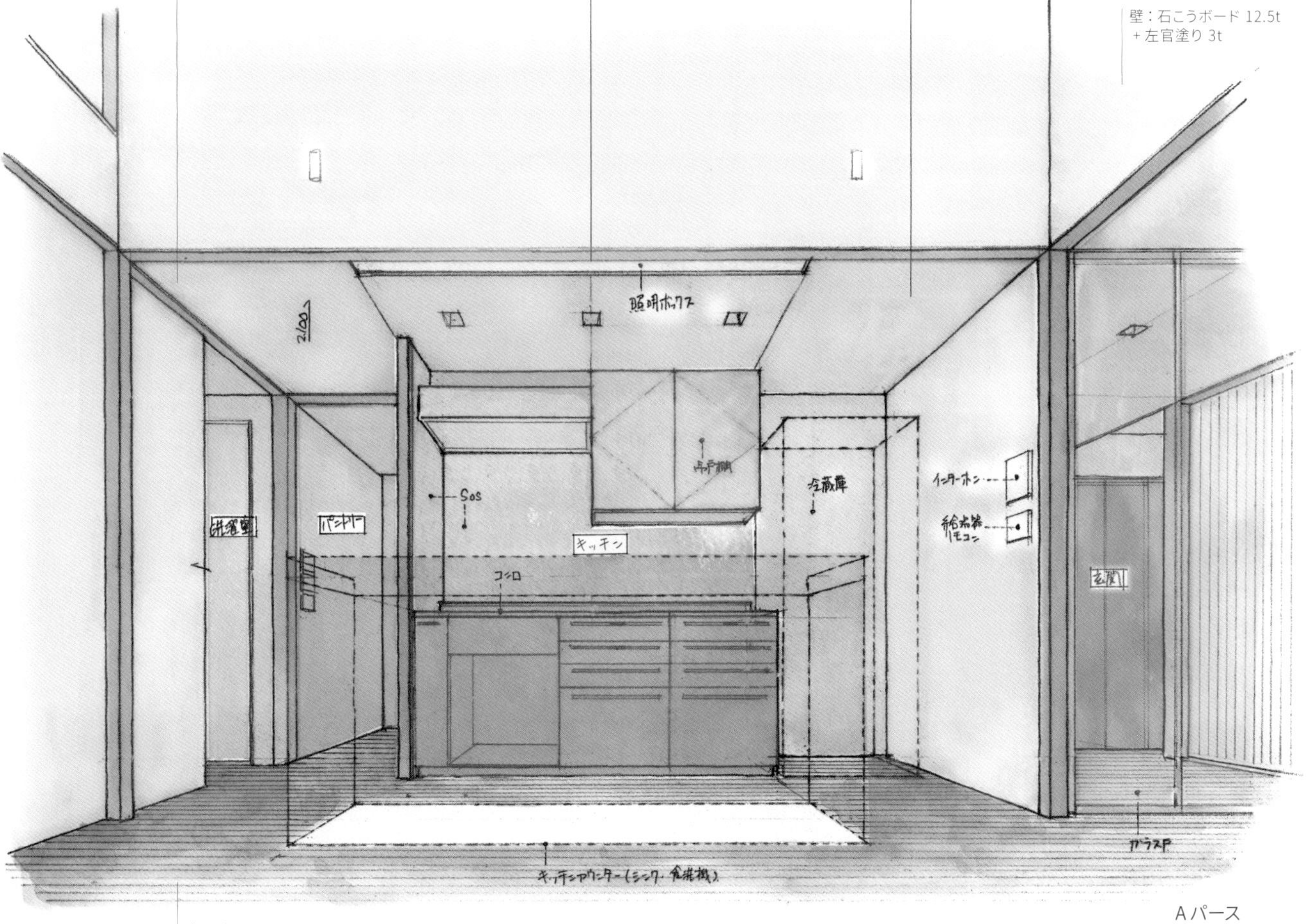
2100
照明ボックス
吊戸棚
冷蔵庫
インターホン
給湯器
リモコン
洗濯室
パントリー
キッチン
コンロ
玄関
ガラス戸
キッチンカウンター（シンク・食洗機）

床：ブナ 15t O.F.

Aパース

買い物の荷物は、玄関と勝手口直結のパントリーにしまう。水などの重い荷物を長い距離運ばなくてもよいので便利

キッチンと脱衣室の洗濯機、物干し場はすぐ近くにあり、複数の家事を同時にこなせる

キッチンカウンターには立上りを設ける。立上りがあることでキッチンの慌ただしさをリビングに伝えないようにしている

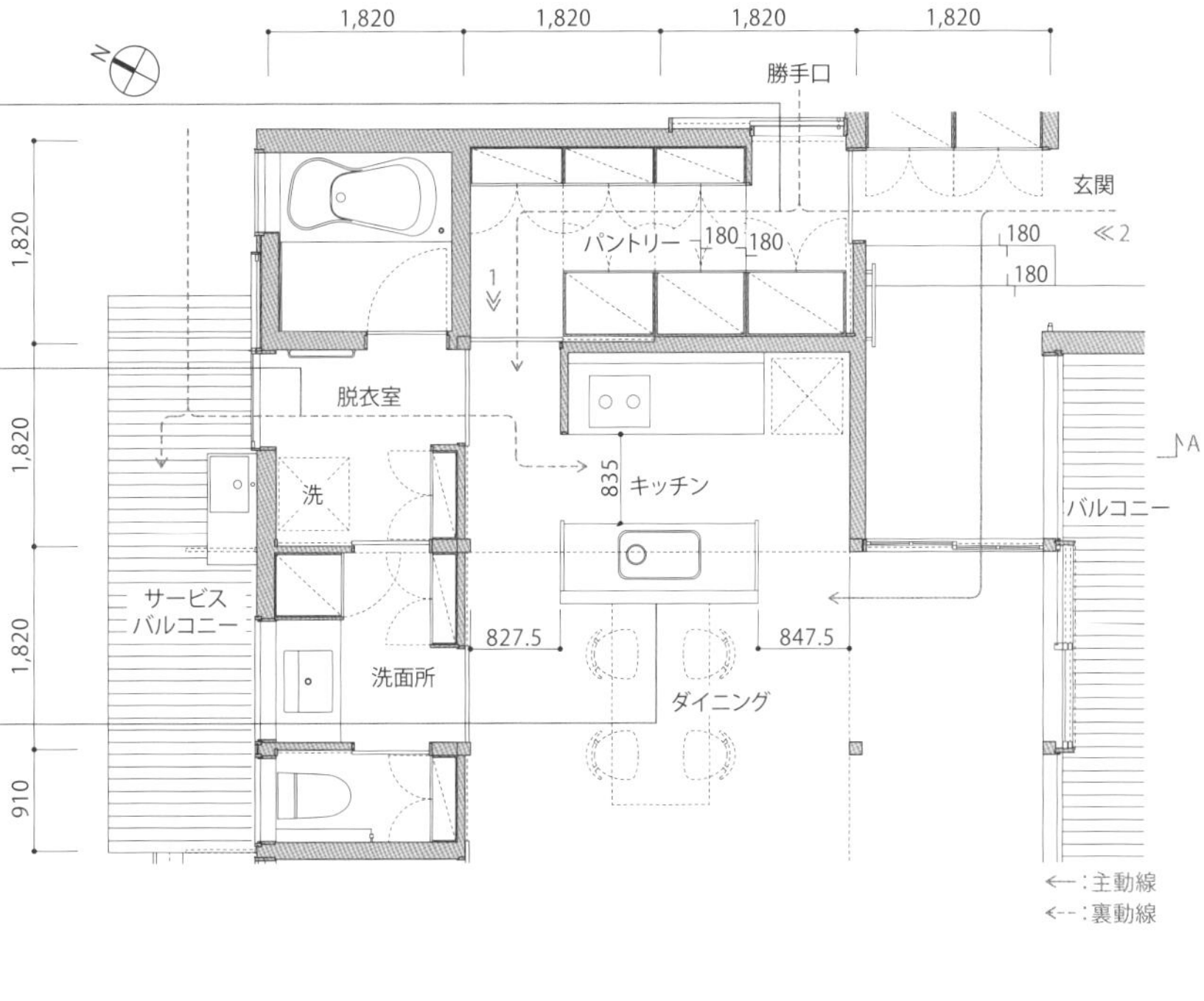
1,820
1,820
1,820
1,820
勝手口
玄関
パントリー
180
180
180
180
≪2
1,820
1,820
1,820
910
脱衣室
洗
キッチン
835
A
バルコニー
サービス
バルコニー
827.5
847.5
洗面所
ダイニング
←：主動線
←-：裏動線

1階平面図 S＝1：100

緩衝帯で存在感を消す

玄関の近くにトイレを置くこともあります。そのような場合は、緩衝帯を設け、玄関と適度に距離をとります。

この事例では、各室からのアクセスしやすさを重視して、玄関の近くに階段、トイレを設けています。しかし、トイレと玄関が近すぎると落ち着きません。そこで、トイレの手前に独立した手洗い場を設け、玄関ホールとの緩衝帯としています。

玄関ホールとトイレの間に設けた手洗場は、天井、引戸の高さを1,950㎜に抑え囲われ感をつくっている

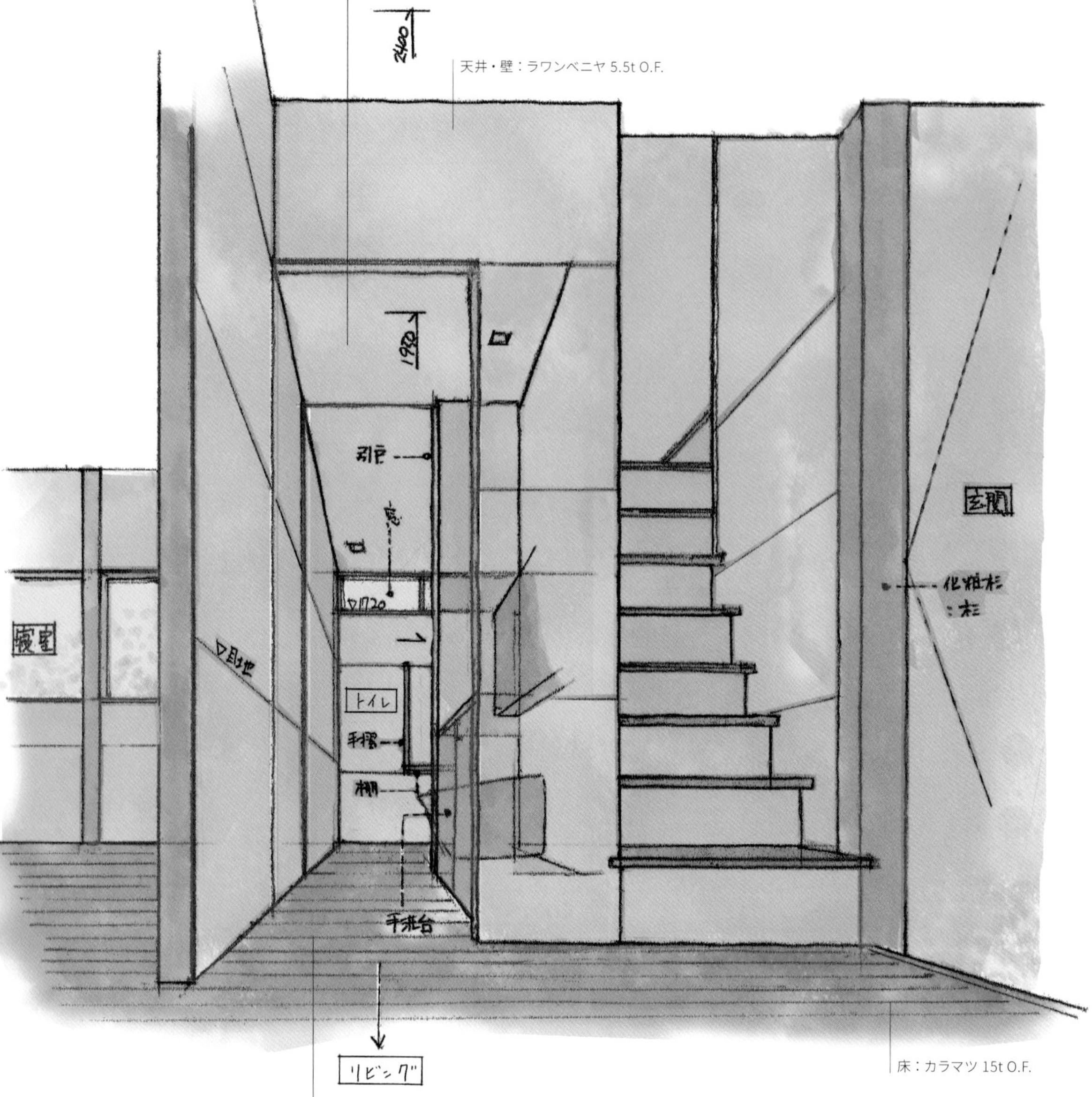

天井・壁：ラワンベニヤ 5.5t O.F.

床：カラマツ 15t O.F.

手洗い場への入口は寝室側に寄せ、玄関と距離をとる

Aパース

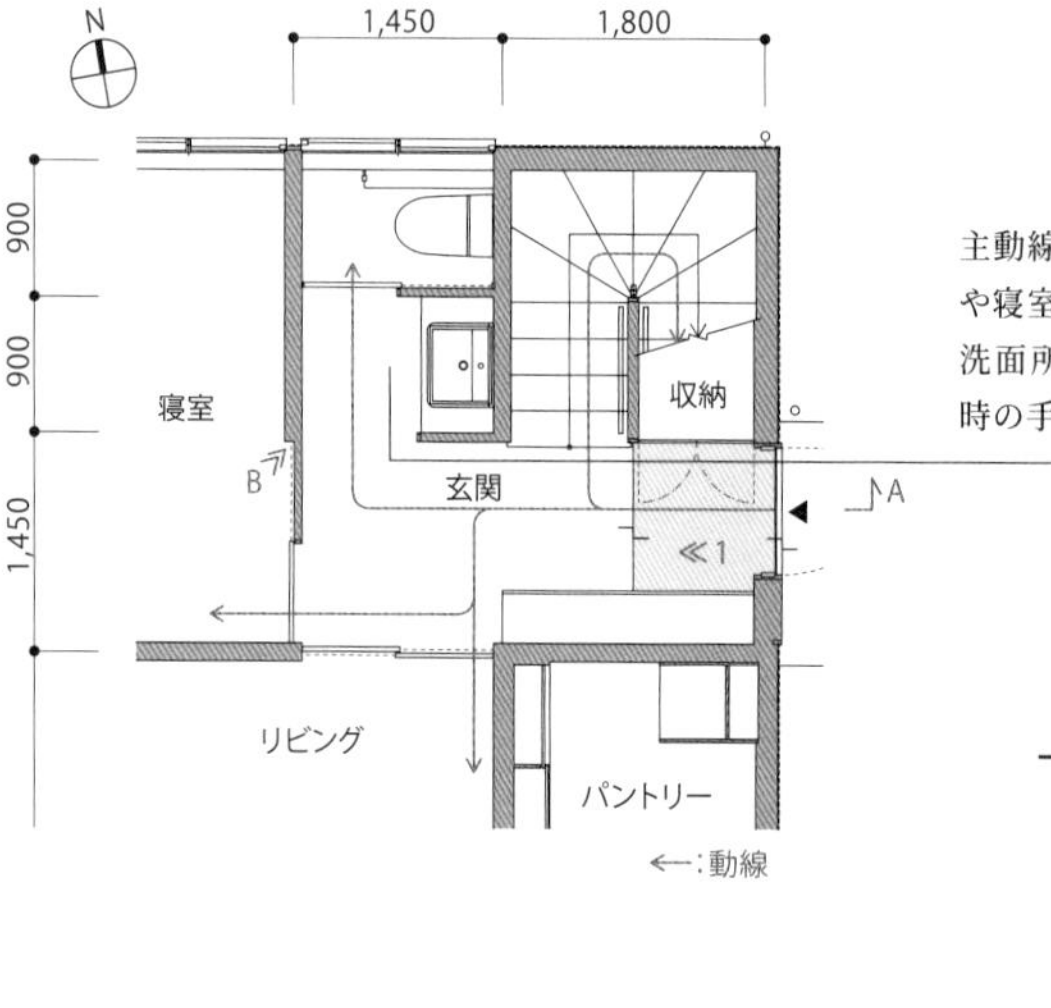

主動線に近い手洗い場は、リビングや寝室などからもアクセスしやすい。洗面所は別に設けているが、帰宅時の手洗いや、朝の洗顔にも使える

1階平面図S＝1：100

トイレの手前に手洗い場を設けて玄関と距離をおく

≪1 玄関土間から玄関ホールを見る。リビングとの間の引戸には、ガラスの小窓を設け、光で主動線に導く

横長の高窓を設けて、トイレの天井に光を廻す。天井高は1,950㎜に抑えているが、光が当たることで天井を低く感じにくい

棚を兼ねた手摺。棚下に紙巻き器を納めると、トイレ内のインテリアを省略でき、すっきり見せられる。棚には携帯電話や小物などを置けて便利

天井懐に、換気扇などの設備を納める。換気扇は天井を30㎜へこませて納め（人感センサー付きの換気扇にはガラリを設けないほうがよい）、カバーと天井面はフラットに見せる

階段の1段目の段板はほんの少し玄関側にはみ出させて、階段の存在を意識させるとともに、蹴込板と左右の壁を同面にして壁を繋げることで、玄関をまとまりのある空間にしている

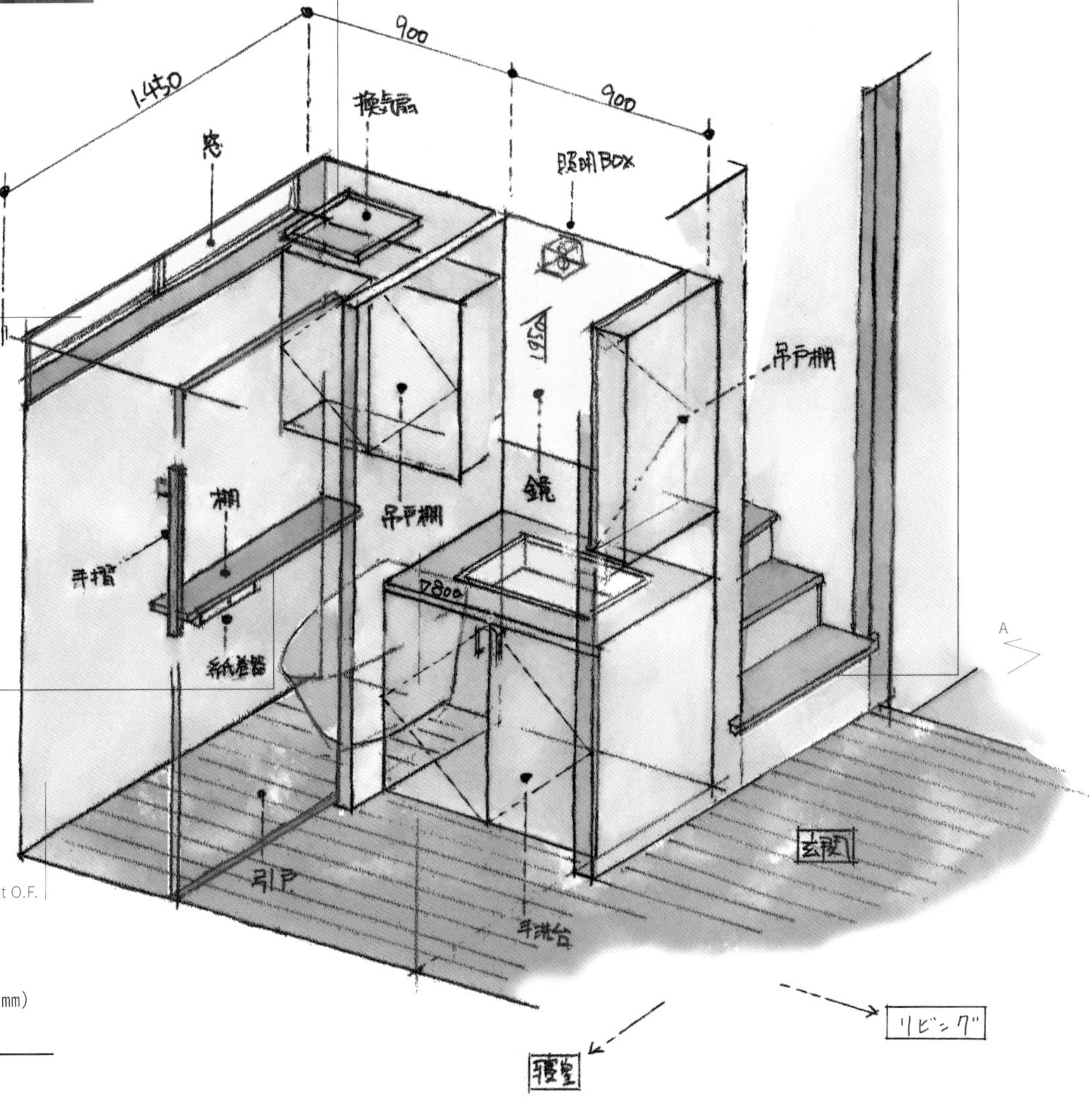

壁：ラワンベニヤ 5.5t O.F.

Bトイレ・手洗場（1,450×1,800㎜）
アイソメ図

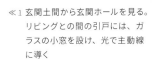

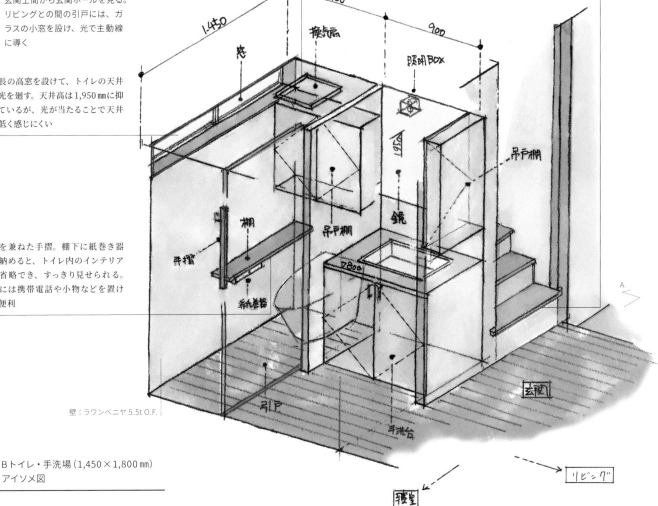

1 寝室から階段ホールを見る。写真右端にあるのがトイレの引戸。これを開けると、視線の端に中庭の緑が見える。出入りの際にもちらりと見える景色がよいと気持ちよく暮らせる

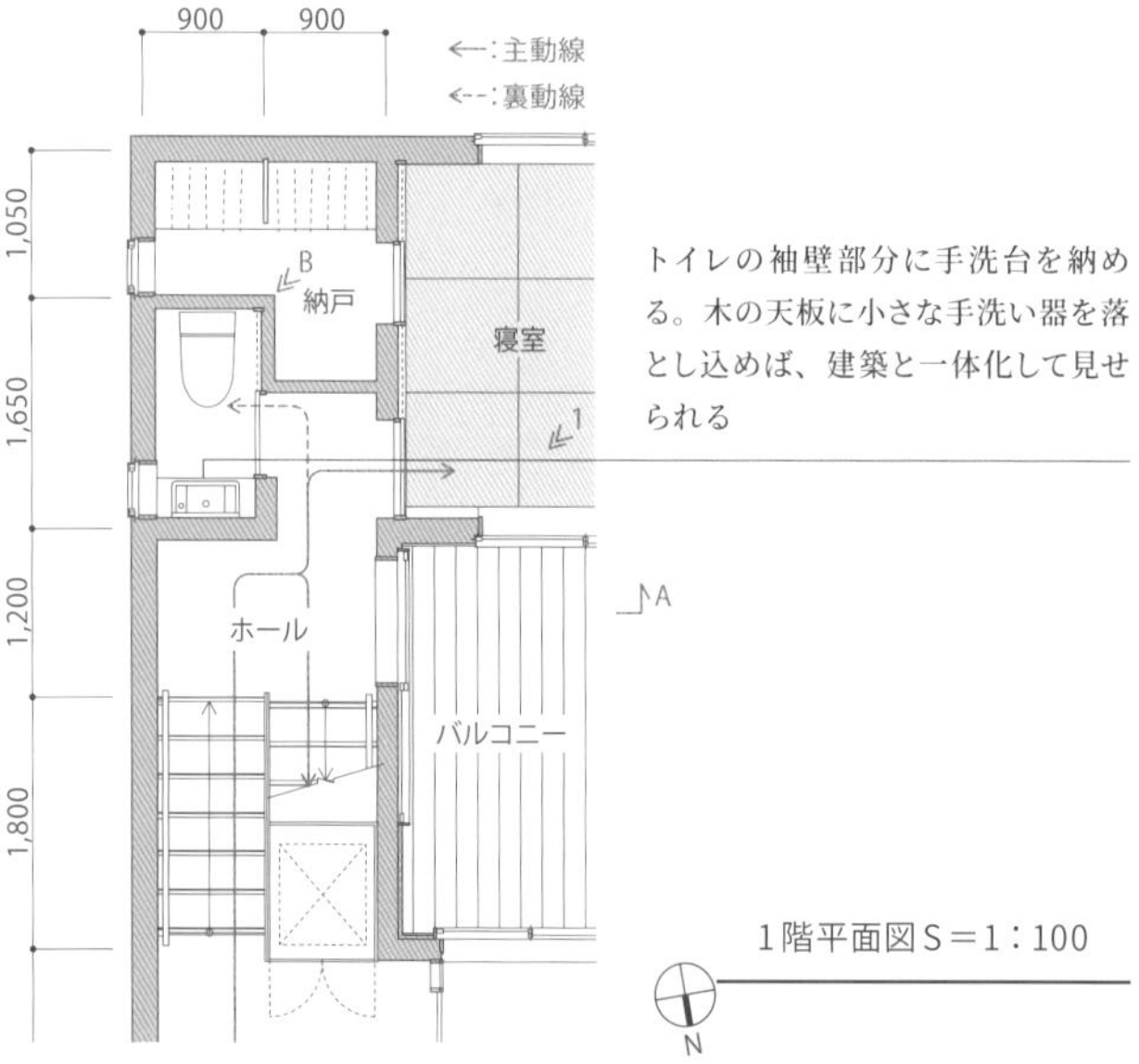
900
900
←: 主動線
←--: 裏動線
1,050
1,650
1,200
1,800
B
納戸
寝室
1
A
ホール
バルコニー
N
トイレの袖壁部分に手洗台を納める。木の天板に小さな手洗い器を落とし込めば、建築と一体化して見せられる

1階平面図S＝1：100

主動線とは間《ま》をおく

スキップフロアの住宅は、中2階にトイレを設けると、各室からアクセスしやすく使い勝手がよくなります。ただし、主動線となる階段ホールとは適度な距離が必要です。

ここでは、1階に浴室と洗面室を配置し、トイレは各室からアクセスしやすく、かつ寝室がある中2階の階段ホールの近くに配置しました。そこで、階段ホールと距離をとることを狙い、トイレの手前に袖壁を設けています。袖壁でトイレと階段ホールから距離をとると同時に、寝室入口とトイレの入口をずらし、落ち着きを得ています。

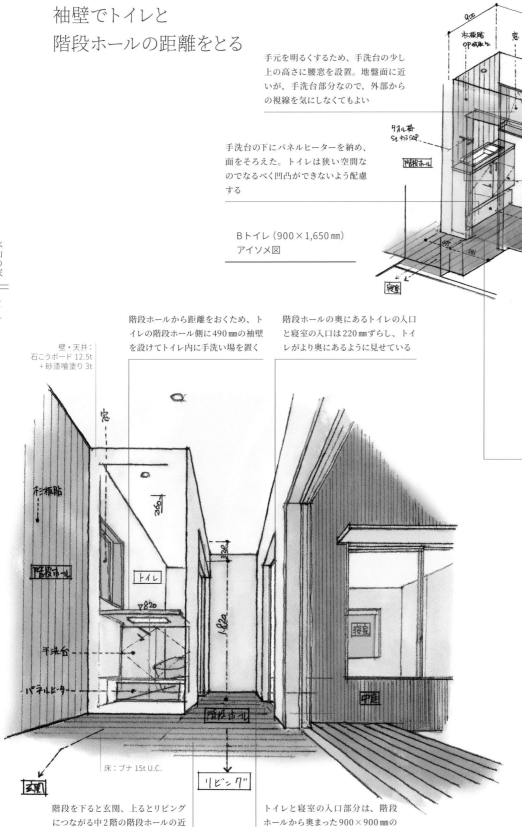

袖壁でトイレと階段ホールの距離をとる

手元を明るくするため、手洗台の少し上の高さに腰窓を設置。地盤面に近いが、手洗台部分なので、外部からの視線を気にしなくてもよい

手洗台の下にパネルヒーターを納め、面をそろえた。トイレは狭い空間なのでなるべく凹凸ができないよう配慮する

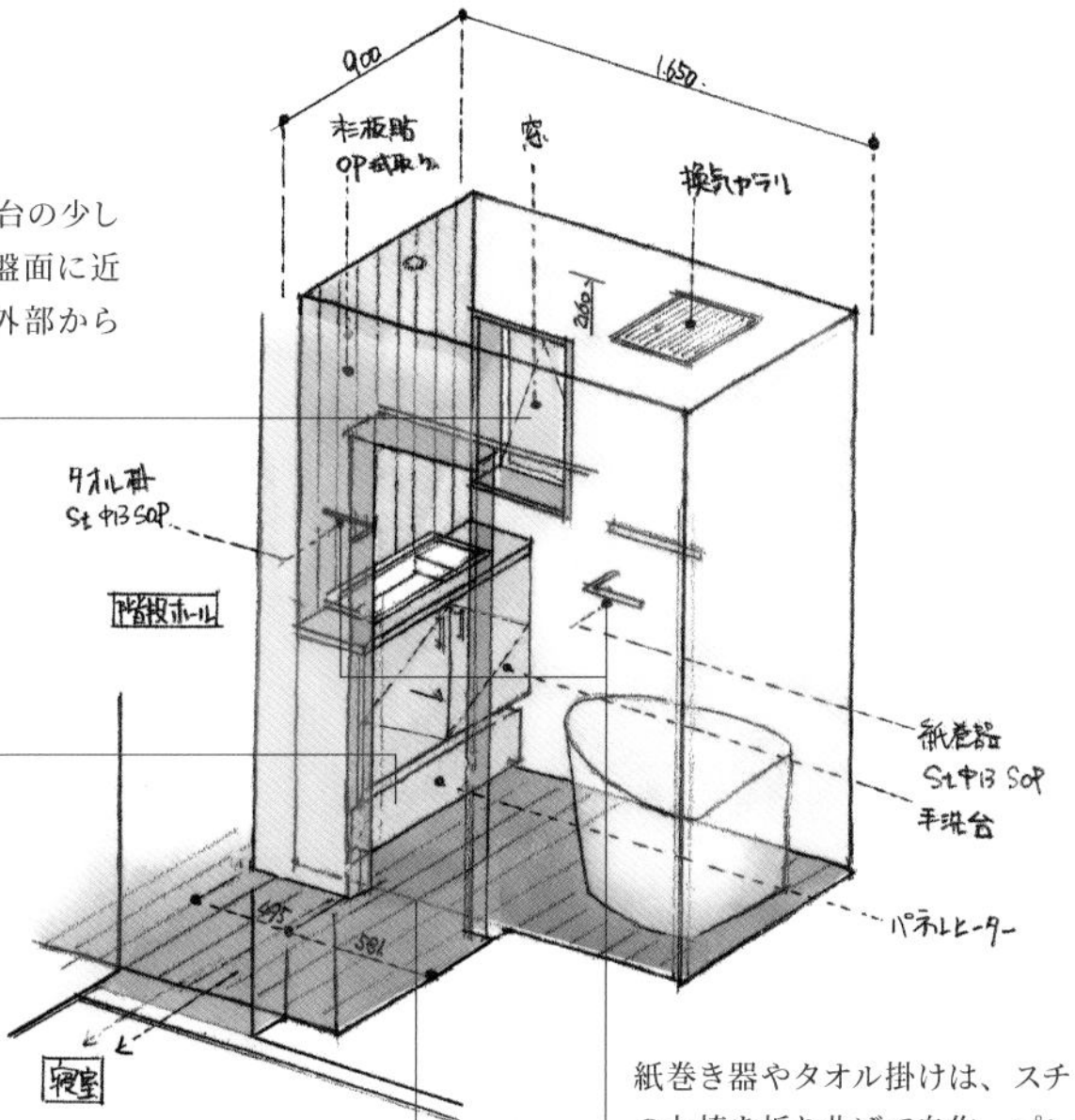
900
1,650
杉板貼
窓
換気ガラリ
260
階段ホール
紙巻器
St φ13 SOP
手洗台
パネルヒーター
581
寝室

Bトイレ（900×1,650㎜）
アイソメ図

紙巻き器やタオル掛けは、スチールの丸棒を折り曲げて自作。プレートは壁に埋め込んでいるので、壁から丸棒のみが出ているように見える

長手方向は1,650㎜。引戸の有効開口幅をぎりぎり人が通れる581㎜に抑えれば、長手方向に1間確保できなくても、手洗い台が納められる。トイレの長手方向を150㎜削った分、トイレに隣接した納戸に余裕をつくった

階段ホールから距離をおくため、トイレの階段ホール側に490㎜の袖壁を設けてトイレ内に手洗い場を置く

階段ホールの奥にあるトイレの入口と寝室の入口は220㎜ずらし、トイレがより奥にあるように見せている

壁・天井：
石こうボード 12.5t
+砂漆喰塗り 3t

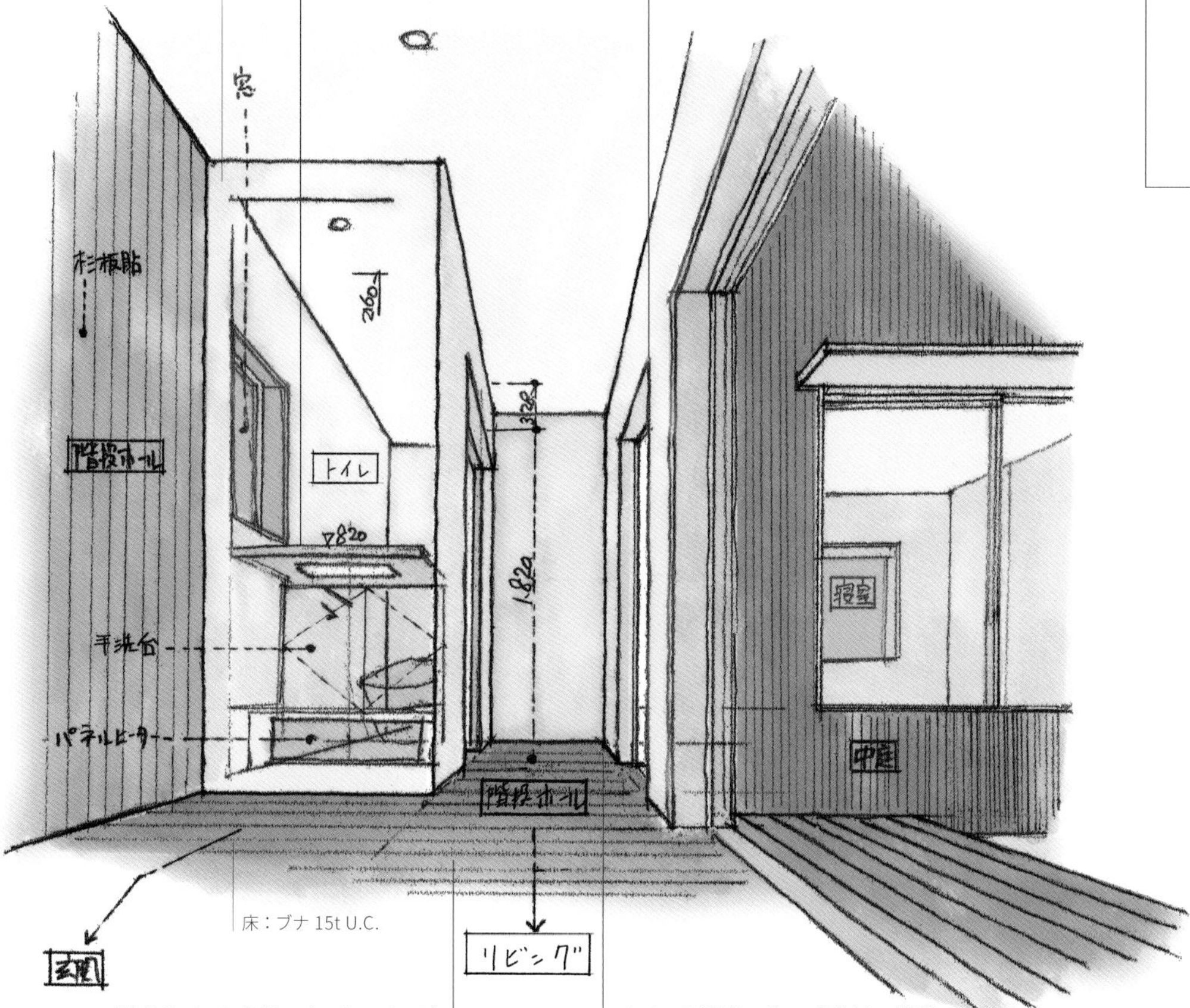
窓
杉板貼
260
階段ホール
トイレ
▽820
手洗台
パネルヒーター
寝室
中庭
階段ホール
玄関
リビング

床：ブナ 15t U.C.

階段を下ると玄関、上るとリビングにつながる中2階の階段ホールの近くにトイレを配置。各室からアクセスしやすく、使い勝手がよい

トイレと寝室の入口部分は、階段ホールから奥まった900×900㎜の空間。これが階段ホールとの緩衝空間としても機能する

Aパース

クランクさせて距離をとる

来客が多い家では主動線とトイレを程よく離すと、主人も客も心地よく過ごすことができます。居室からの動線を、歩く距離は短くも間《ま》を取るようにしています。

この事例は、来客が多い別荘のトイレです。来客がトイレを使いやすいよう、主動線とトイレの距離を離したいと考えました。そこで、主動線から逸れてトイレに向かう動線をクランクさせ、居室と心理的な距離をとっています。さらに、階段ホールとトイレの間に収納を設けて通路の幅を狭めることで、トイレをより奥にあるように見せています。

壁：ラスボード 7t + 漆喰塗り 13t

天井：石こうボード 9.5t A.E.P.

上階のリビングからトイレへ向かう動線をクランクさせている。トイレを中2階に設置することで、2階のリビングや1階の寝室からのアクセスしやすさに配慮すると同時に、適度な距離感を確保した

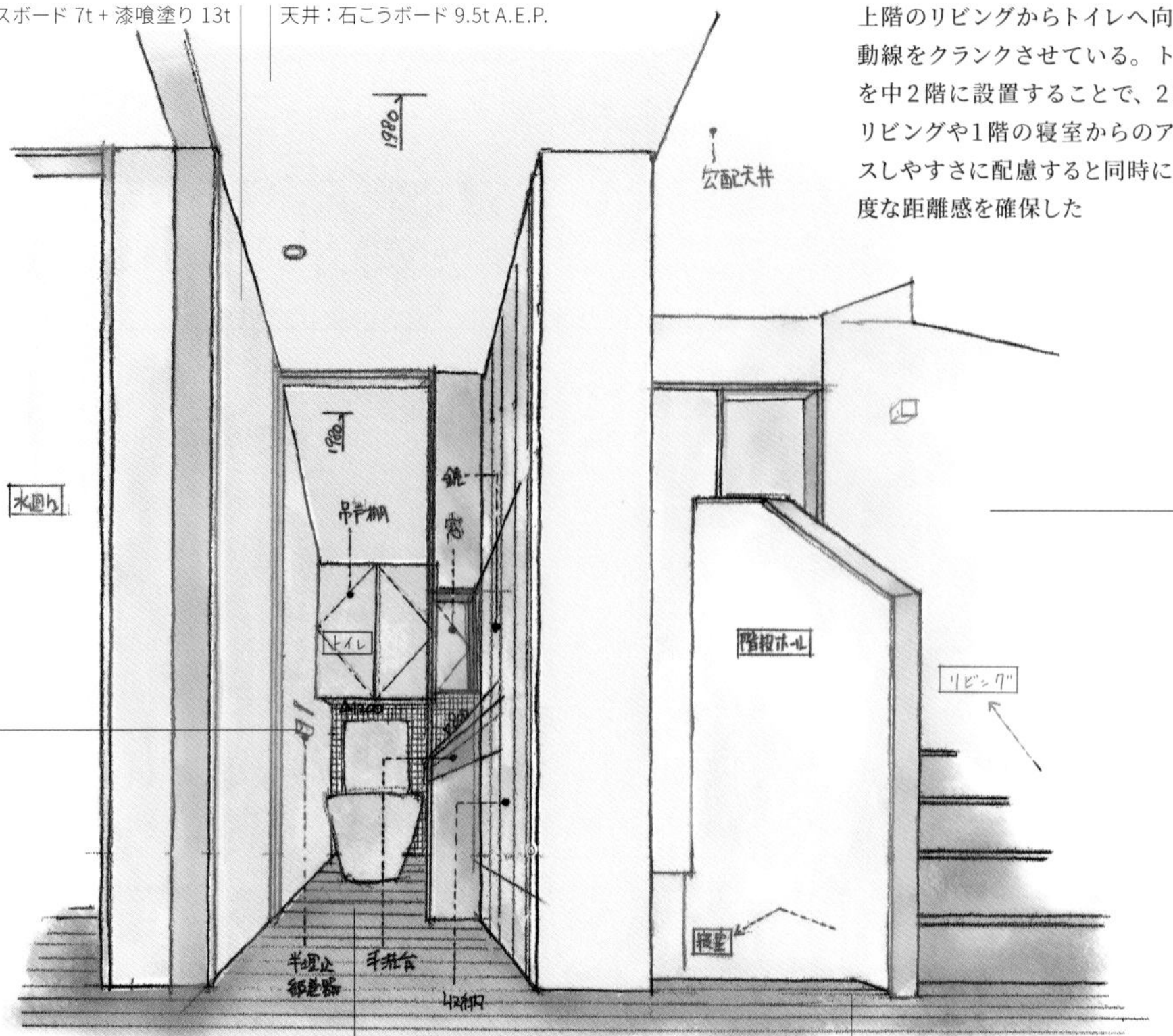

1980
勾配天井
水廻り
吊戸棚
鏡
窓
トイレ
階段ホール
リビング
寝室
手洗台
収納

床：ラーチ 18t O.F.

半埋込み式の紙巻器を使用。壁からの凸部が少なくなり、狭い空間での動作に余裕が生まれる

トイレは階段ホールから1,200㎜奥にある。階段ホールからトイレを見ると、徐々に間口が狭くなるようにしている。囲われ感があるため、落ち着く

Aパース

トイレの隅に窓を設置。窓のすぐ横に、吊戸棚を設置することで、外との距離感を保っている。さらに窓の横には鏡を取り付け、外の風景を鏡に写す

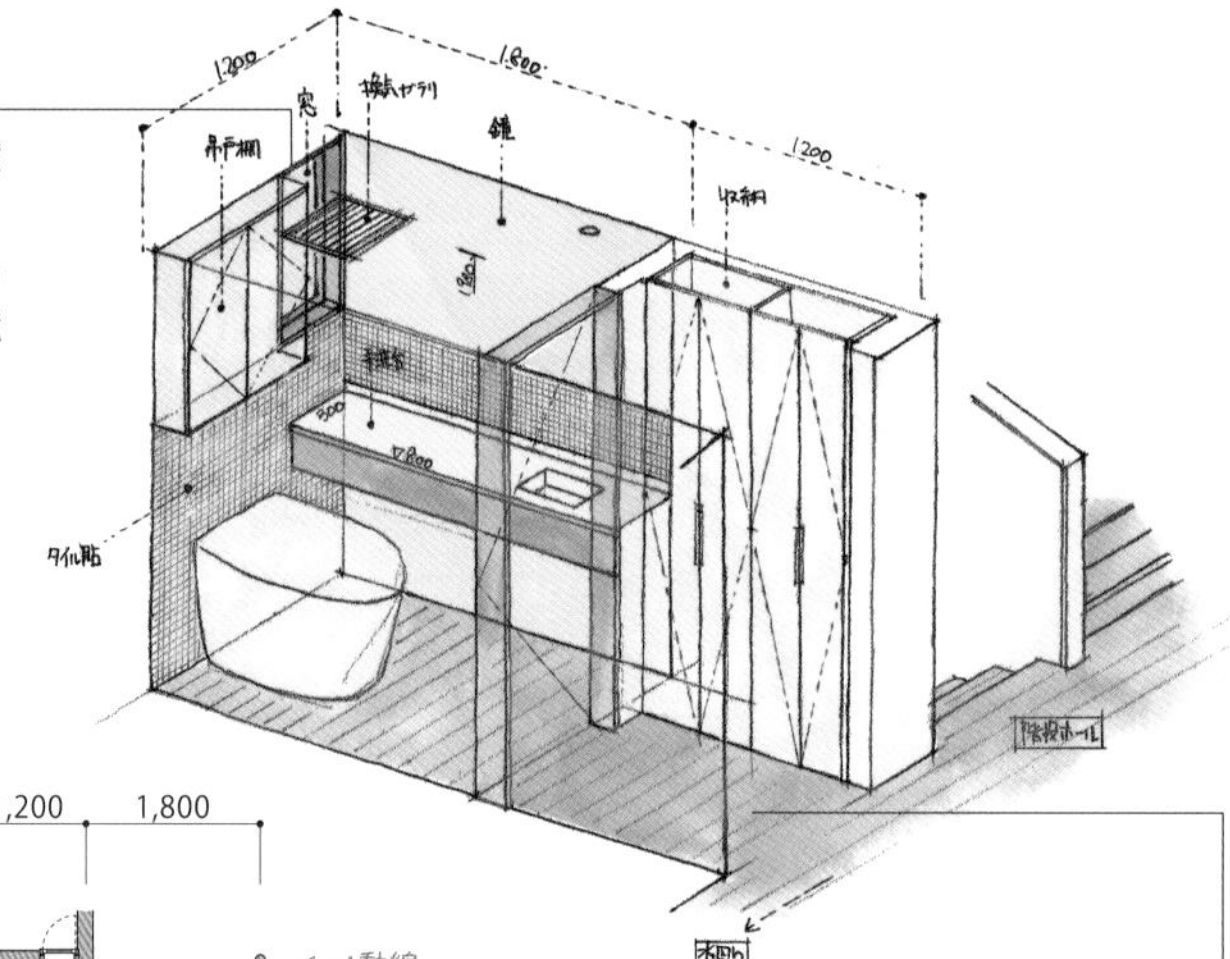

1200
1800
1200
窓
鏡
吊戸棚
収納
タイル貼
階段ホール
水廻り

1

1,200×1,800㎜とややゆとりがあるため、手洗い台を長手方向に設置できた。手洗い台は手摺も兼ねられて便利

水廻り全体は天井を1,980㎜と低く設定しているので、垂壁は設けず、袖壁や収納で奥行き感を演出した

Bトイレ（1,200×1,800㎜）
アイソメ図

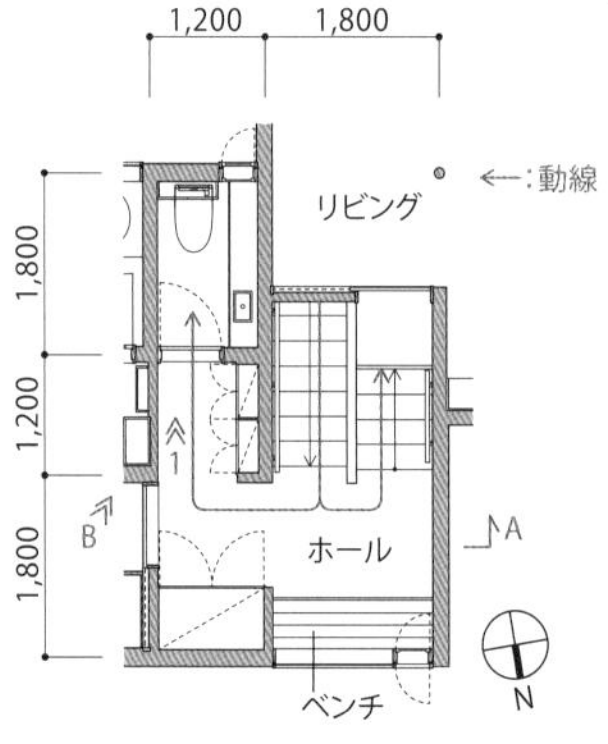

1,200
1,800
1,800
1,200
1,800
←--：動線
リビング
1
B
A
ホール
ベンチ
N

2階平面図 S＝1：150

垂壁で存在感を薄める

階段横のトイレは各室からアクセスしやすく、便利です。その便利さを生かしながら、主動線となる階段からは距離をとって落ち着ける空間にします。

ここでは、トイレの存在感を薄めることを狙い、階段の方向性、抜けを強調しています。それに対し、トイレは垂壁で囲われ感をつくり、階段から寝室へ向かう主動線と心理的な距離をとりました。また、トイレより手前にある水廻りの入口には垂壁を設けず、空間をつなげて主動線であることを強調しています。

1
玄関から階段を見る。階段突き当りの壁には、バルコニーからの光が廻る。進行方向からの光が主動線の方向性を高める

トイレ内の手洗い場。階段や引戸と干渉するため、手洗い場を短手に設置できなかった。長手に設置した手洗台の壁は半壁とし、洗面台を埋め込み、建築と一体化して見せている

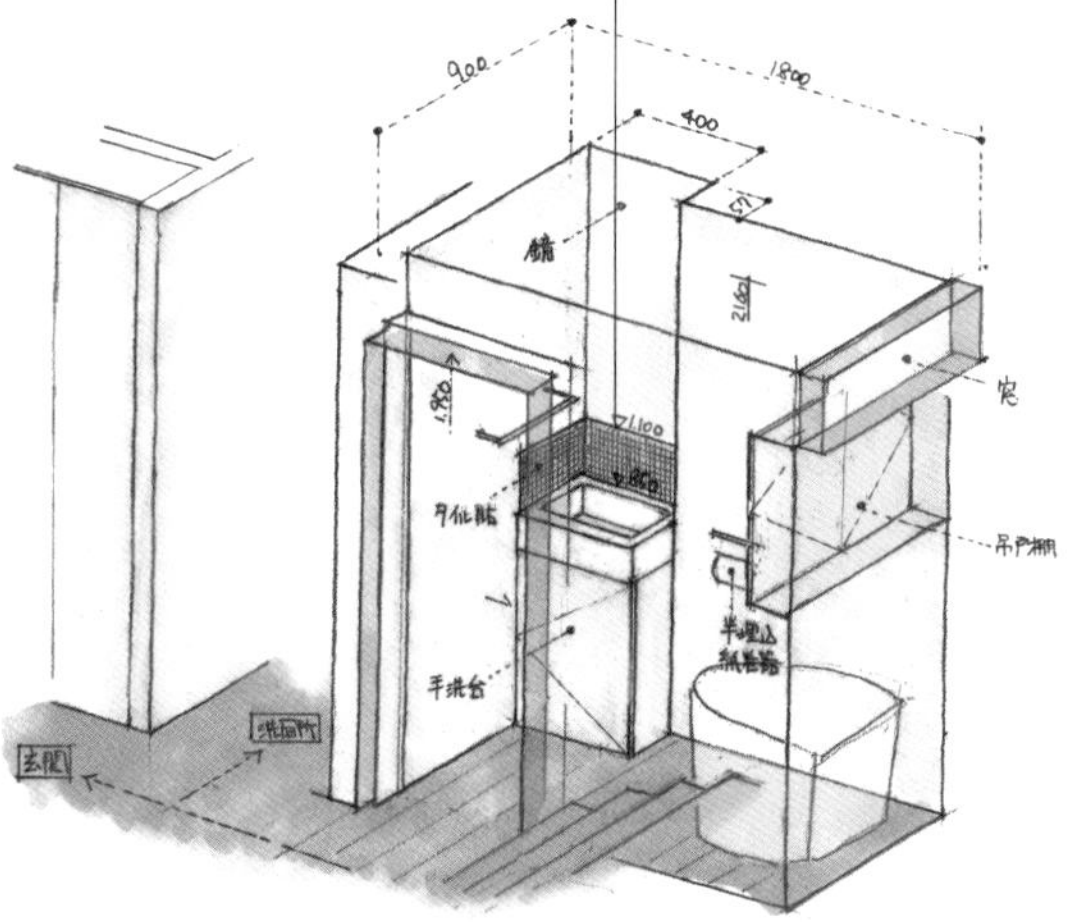

Bトイレ（900×1,800㎜）
アイソメ図

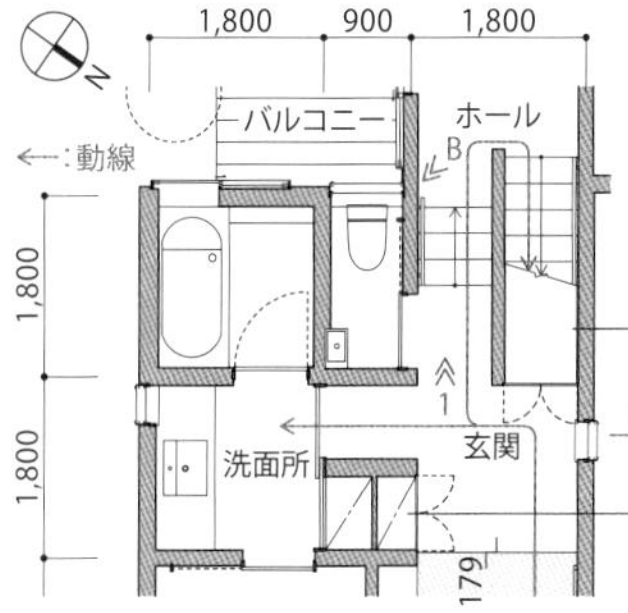

玄関の左右に収納を設けてプランに凹凸をつくる。玄関から奥を見通せないようにすれば、玄関と水廻りとの心理的な距離感ができる

1階平面図 S＝1：150

階段部分には垂壁を設けず、天井に沿って奥に視線を抜く。さらに階段の先に設けた小物などを飾るニッチをアイストップにして、手前にあるトイレの存在感を薄めている

壁・天井：石こうボード 12.5t
＋漆喰塗り 3t

トイレの引戸の上には垂壁を設ける。階段に向かう方向性と比較して囲われた感じをつくり、主動線と距離をおく

トイレ奥に高窓を設ければ、外からの視線を気にせず採光を確保できる。またトイレの天井際から光が廻り、広がりを感じる

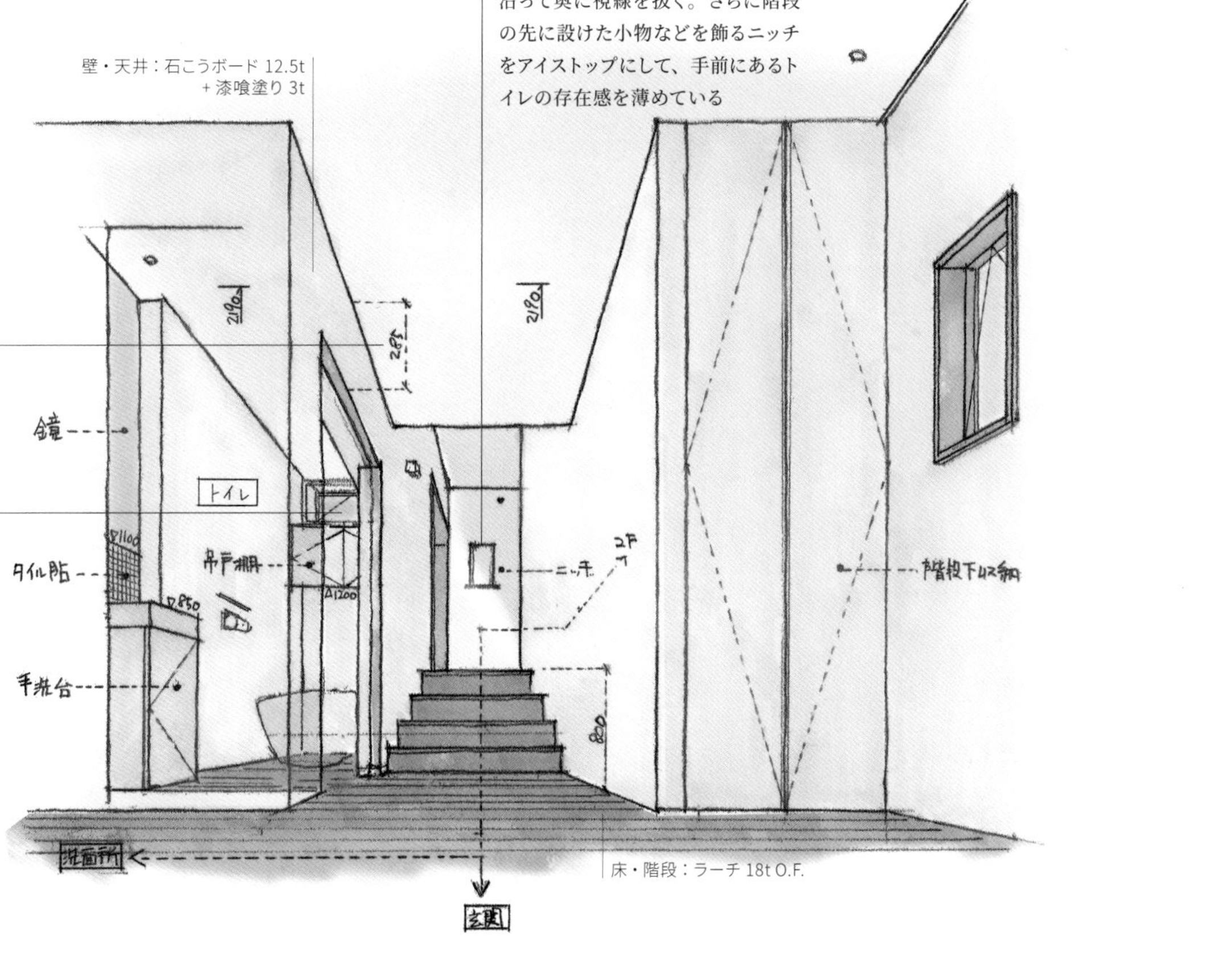

床・階段：ラーチ 18t O.F.

Aパース

中庭の緑を もっと身近に

この住宅では、各室から異なるレベルで中庭を見せることで、ひとつの中庭をさまざまな表情に見せています。

　敷地に段差があったため中庭に対して浴室が800㎜程度低い位置にある事例。段差を利用して洗面所や浴室からは、地面より下のレベルから低木の葉が見えるようにしました。中庭に向けて、洗面所や浴室の窓を設けることで隣家からの視線が気になりません。さらにほかの部屋ともレベルが異なるので、家族の視線も気にすることなく中庭を楽しめます。

1 玄関から洗面室を見る。写真左の擦りガラス越しに、玄関でも高窓からの光が感じられる

2 洗面室の鏡には、中庭の緑が写り込む。小さい中庭ながらも、緑に囲まれているように感じる

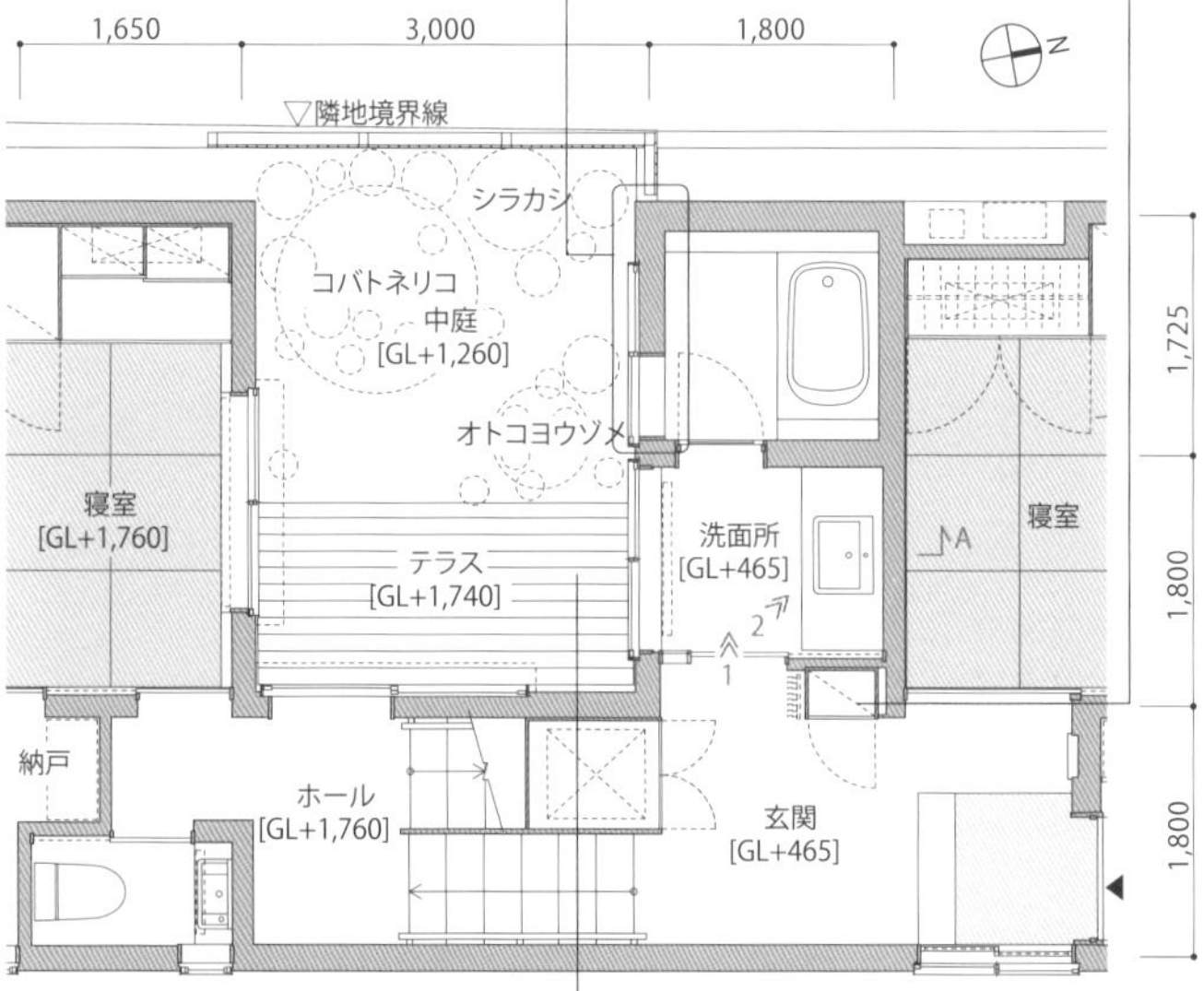
西側の隣家と距離をおくため、中庭に面した浴室の窓は東側に寄せて配置した。西側の壁は耐力壁
洗面所の手前には収納を設け、洗面所の出入り口を玄関から見えにくくする。また出入口を少し奥まらせることで、玄関と距離をおく
テラスは浴室の窓とかぶらない位置に配置する

1階平面図S＝1：100

中庭を見上げる窓なら
浴室のプライバシーも保たれる

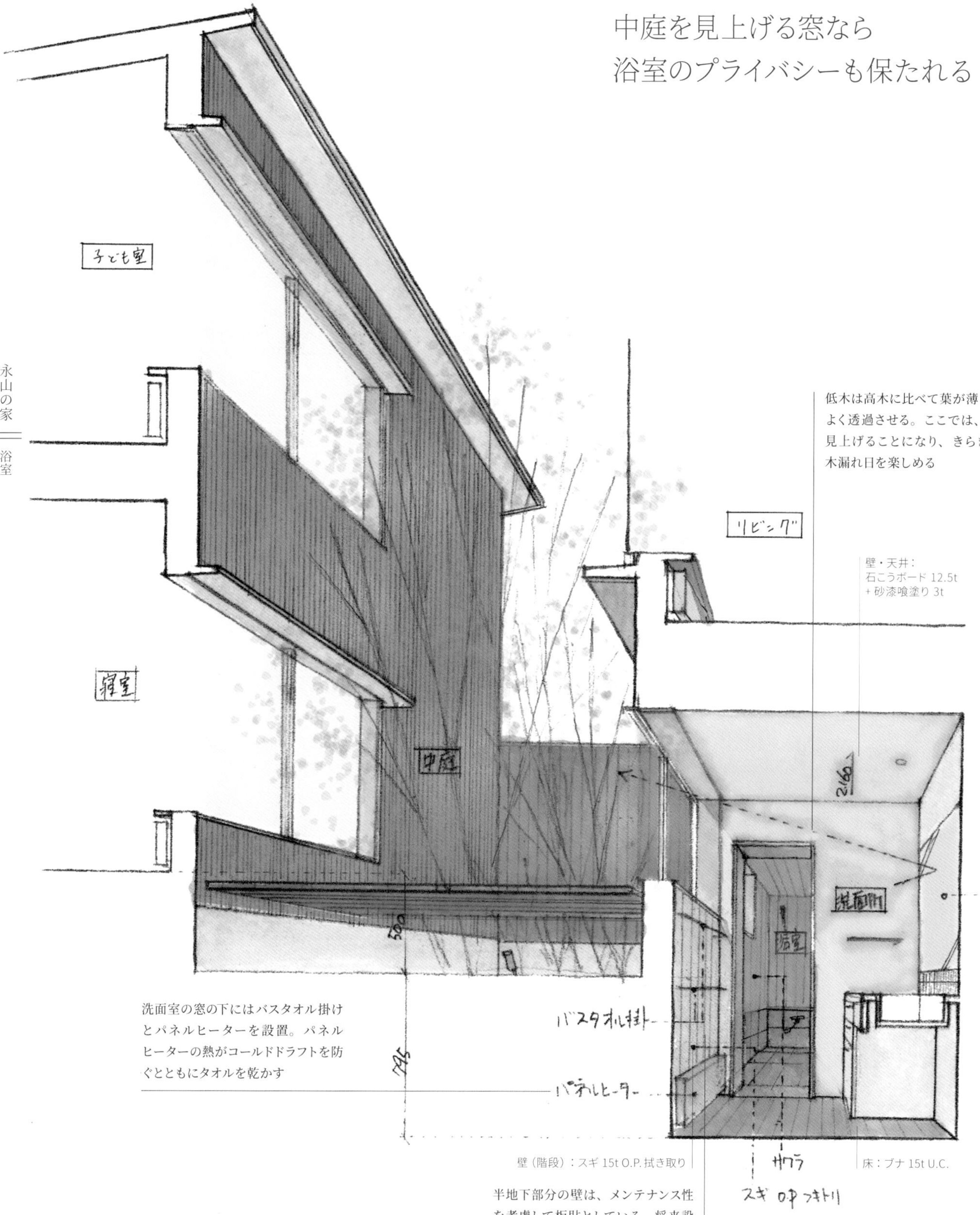

低木は高木に比べて葉が薄く、光をよく透過させる。ここでは、低木を見上げることになり、きらきらした木漏れ日を楽しめる

壁・天井：
石こうボード 12.5t
+砂漆喰塗り 3t

洗面室の窓の下にはバスタオル掛けとパネルヒーターを設置。パネルヒーターの熱がコールドドラフトを防ぐとともにタオルを乾かす

壁（階段）：スギ 15t O.P.拭き取り

床：ブナ 15t U.C.

半地下部分の壁は、メンテナンス性を考慮して板貼としている。将来設備を交換する際には、壁を一部だけ剥がしてやり替えできる

Aパース

街中でも浴室に窓を

隣家が近接している住宅街の1階でも、インナーバルコニーに面して窓を設ければ浴室に通風と採光を得ることができます。

共働き夫婦の家であるこの事例では、室内物干し場が求められました。インナーバルコニーを1階南面に設け、それに付随して水廻り全体をその近くに設けることにしました。洗濯にかかわる、脱衣室、インナーバルコニー、クロゼットを近くにまとめることで、使い勝手も向上します。

脱衣所にも小窓を設け、風が抜けるようにする

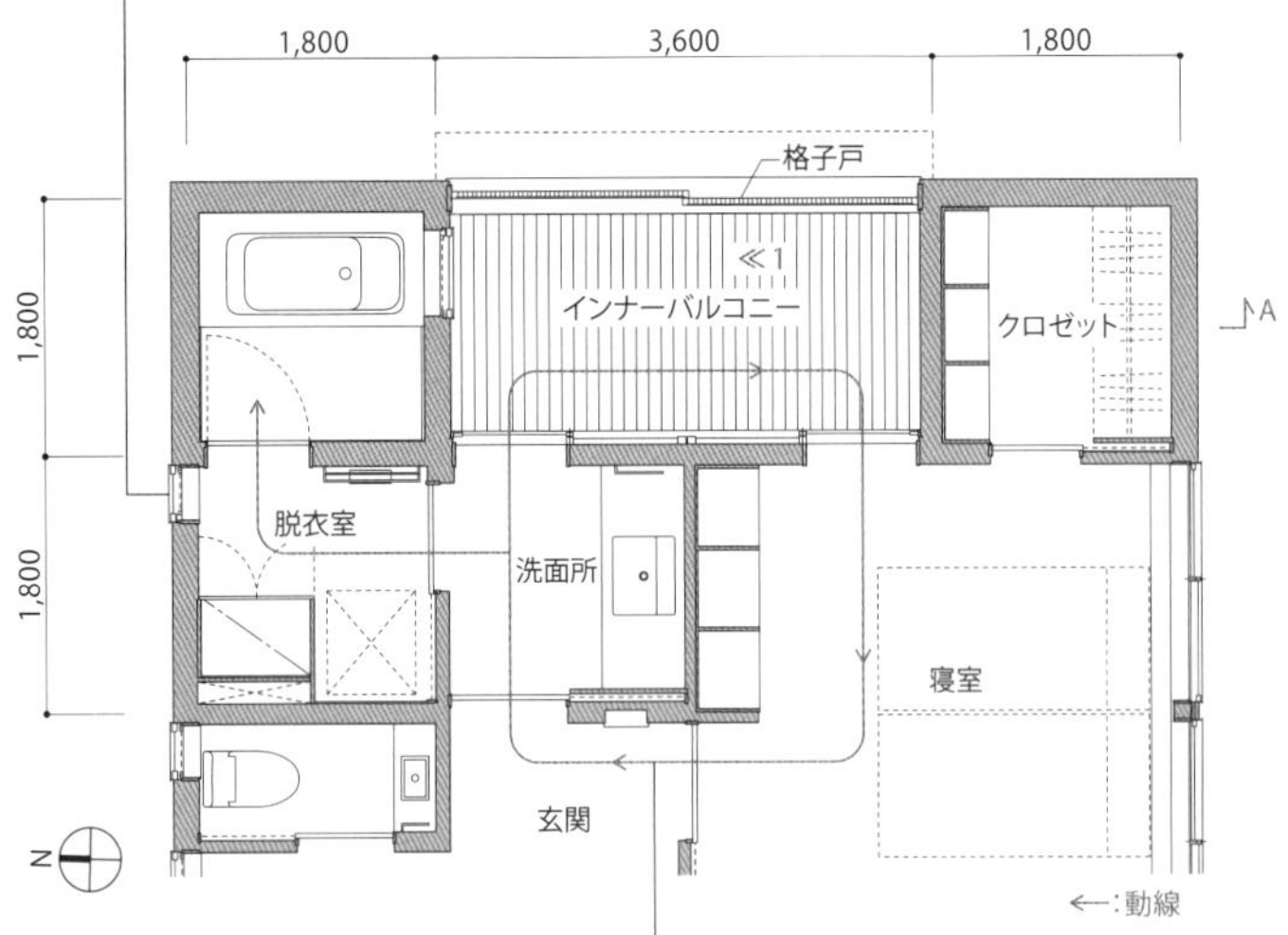

1,800
3,600
1,800
格子戸
≪1
インナーバルコニー
クロゼット
A
1,800
1,800
脱衣室
洗面所
寝室
玄関
N
←:動線

脱衣室、インナーバルコニー、寝室のクロゼットが回遊動線上に配置される。洗濯物を洗う→干す→収納するまでの洗濯動線がコンパクトにまとまるため、家事効率が上がる

1階平面図S＝1：100

≪1 インナーバルコニーから浴室の方向を見る。格子戸には網を貼っており、網戸の役割を果たす。格子戸に施錠すれば、セキュリティも確保しながら、隣接する洗面室、寝室の通気窓になる

浴室の天井面は湿気に強いサワラで仕上げた。換気扇は天井面に埋込み、サワラの格子で隠している

インナーバルコニーに面して窓を設けており、外部から見られる心配がない。インナーバルコニーの格子戸越しに、通風と採光が得られる

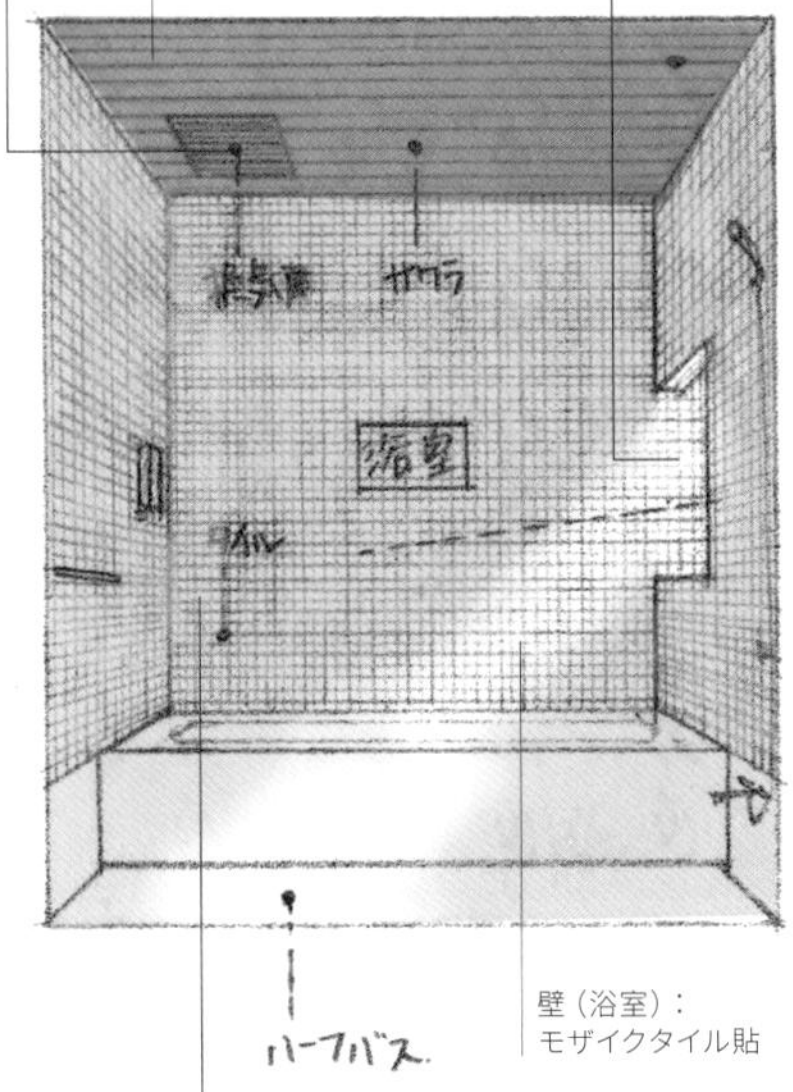

天井（浴室）：
サワラ 15t 撥水塗料
換気扇
サワラ
浴室
タイル
ハーフバス
壁（浴室）：
モザイクタイル貼

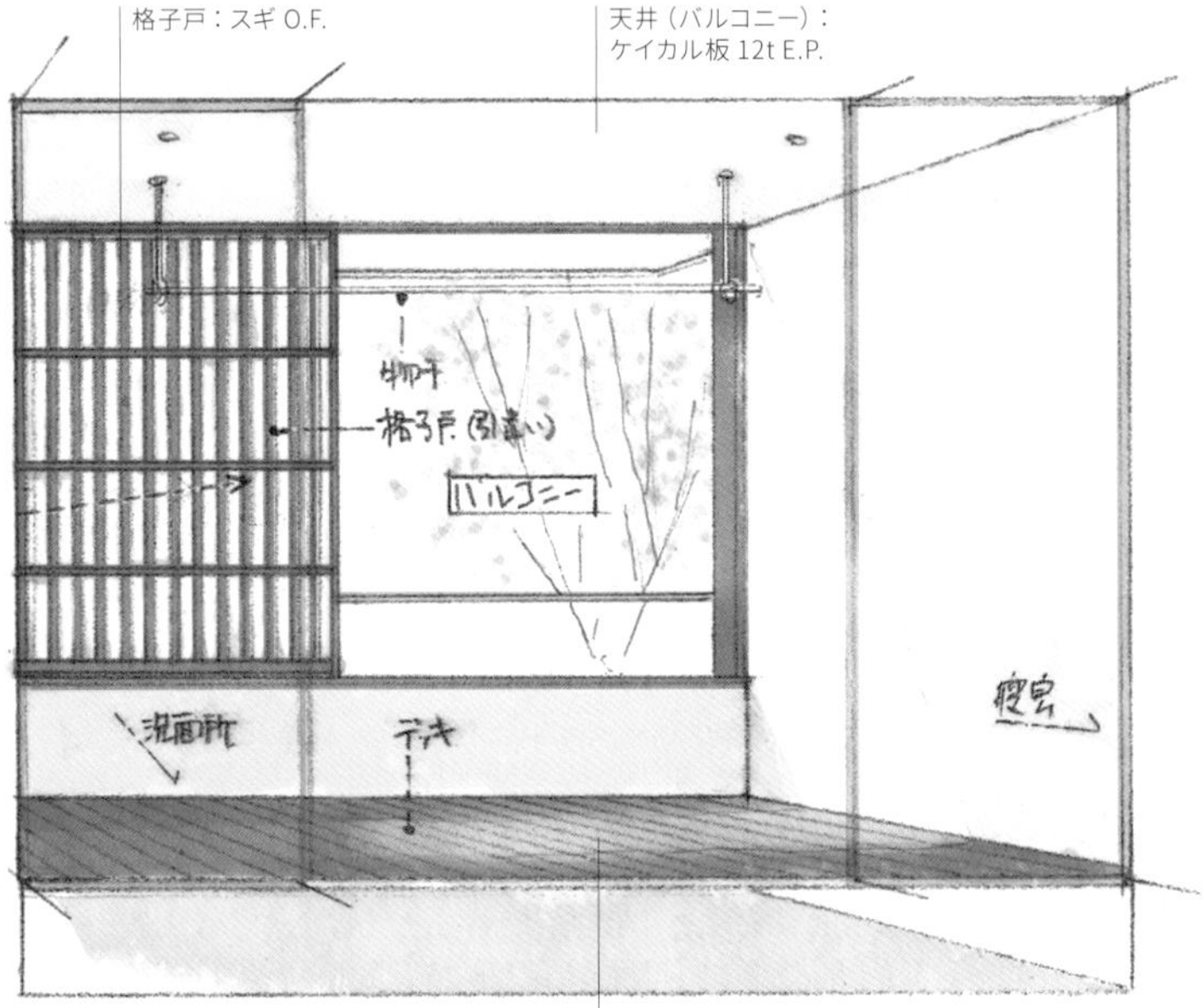

格子戸：スギ O.F.
天井（バルコニー）：
ケイカル板 12t E.P.
物干
格子戸(引違い)
バルコニー
洗面所
デッキ
寝室
床（バルコニー）：
セランガンバツ 20t

ハーフユニットバスとし、腰上をタイルで仕上げた。窓廻りも同じタイルを巻き上げて、境界をつくらずに、仕上げている

Aパース

浴室の窓は常緑樹で目隠し

街中では外からの視線が気になるので、浴室に大きな窓は設けられません。しかし、窓の外に樹木を重ねることで、視線を遮ると同時に緑緑しい枝葉を臨めます。

小さな南庭を囲むようにL字形の平面とし、寝室と浴室を雁行配置した事例。浴室の窓の前に植栽を施すことで、窓を介して人と目が合うこともなく、浴室から見上げた際の景色も楽しめます。

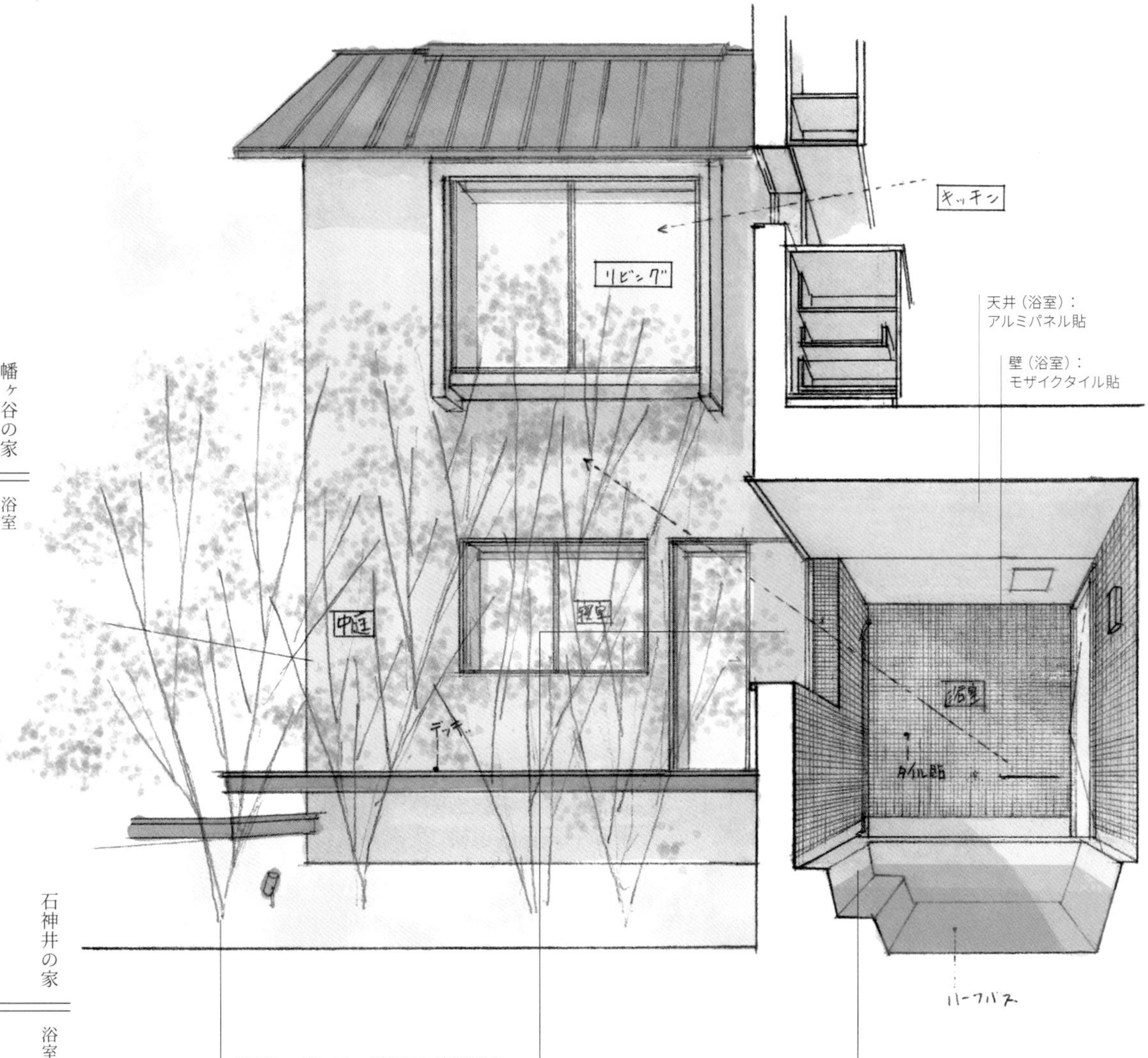
キッチン
リビング
天井（浴室）：
アルミパネル貼
壁（浴室）：
モザイクタイル貼
中庭
寝室
デッキ
浴室
タイル貼
ハーフバス

Aパース

隣家との間には、常緑樹と落葉樹を混植し、1年を通して目隠しとなるようにしている

夕方には高窓から西日が差し込み、浴室が暖まる

浴槽に入ると正面に庭が見えるよう、浴槽の短辺方向に窓を設けた

≪1
浴室から庭を見る。ここでは、常緑樹の緑を1年を通して楽しめる

バルコニーは浴室の窓とかぶらない位置に留めて、バルコニーに出た際に浴室が見えないようにしている

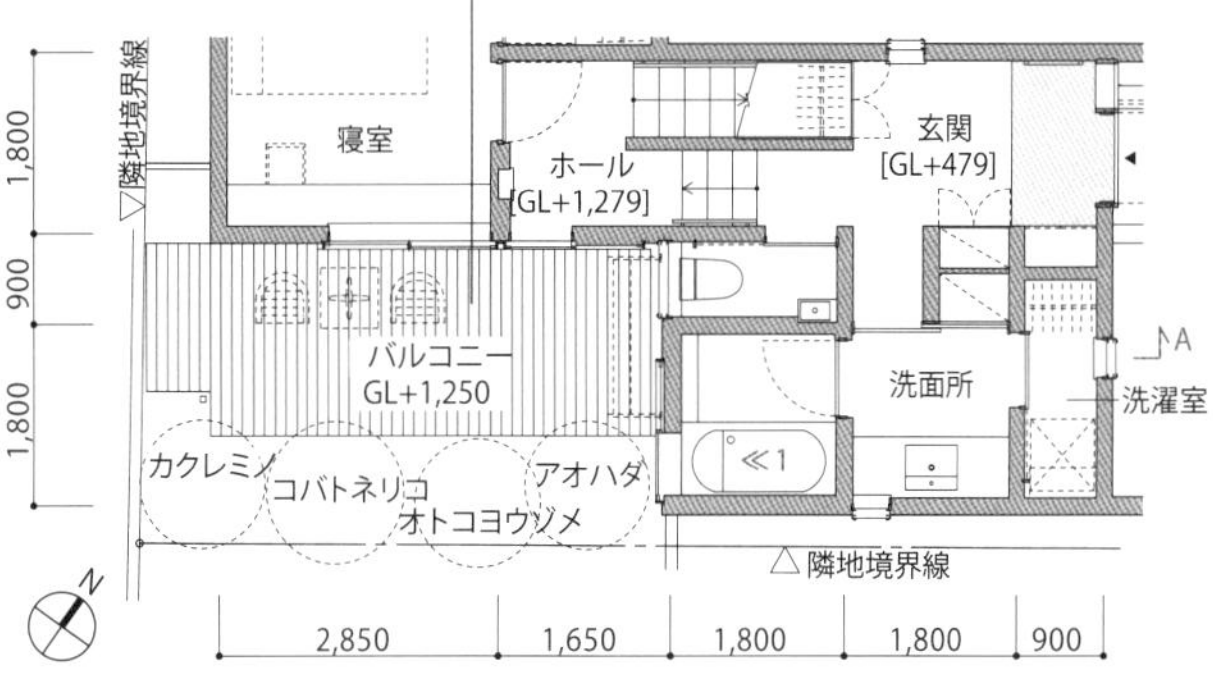
隣地境界線
寝室
ホール
[GL+1,279]
玄関
[GL+479]
バルコニー
GL+1,250
洗面所
洗濯室
≪1
A
カクレミノ
コバトネリコ
オトコヨウゾメ
アオハダ
隣地境界線
N
1,800
900
1,800
2,850
1,650
1,800
1,800
900

1階平面図S＝1：150

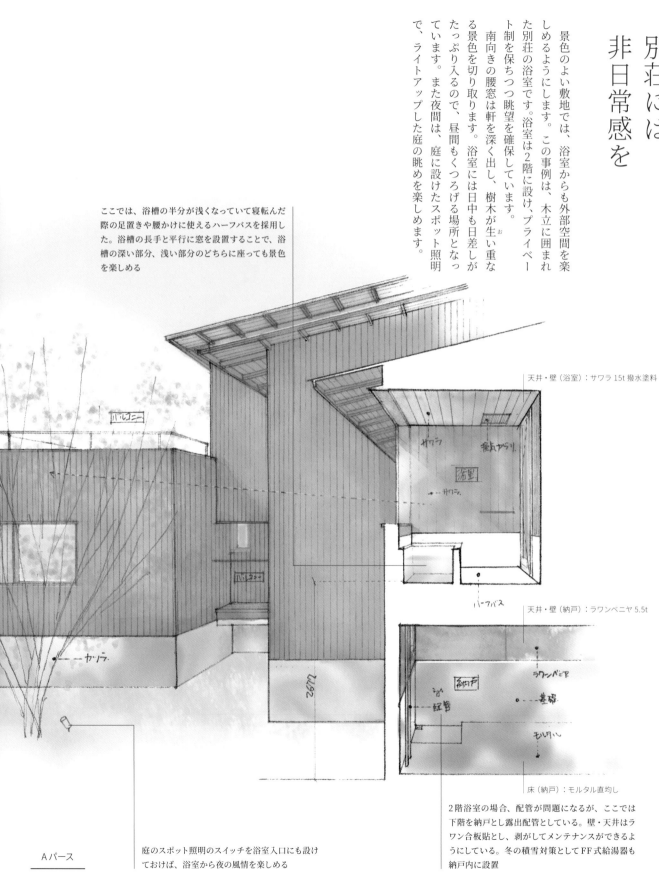

別荘には非日常感を

景色のよい敷地では、浴室からも外部空間を楽しめるようにします。この事例は、木立に囲まれた別荘の浴室です。浴室は2階に設け、プライベート制を保ちつつ眺望を確保しています。

南向きの腰窓は軒を深く出し、樹木が生《お》い重なる景色を切り取ります。浴室には日中も日差しがたっぷり入るので、昼間もくつろげる場所となっています。また夜間は、庭に設けたスポット照明で、ライトアップした庭の眺めを楽しめます。

ここでは、浴槽の半分が浅くなっていて寝転んだ際の足置きや腰かけに使えるハーフバスを採用した。浴槽の長手と平行に窓を設置することで、浴槽の深い部分、浅い部分のどちらに座っても景色を楽しめる

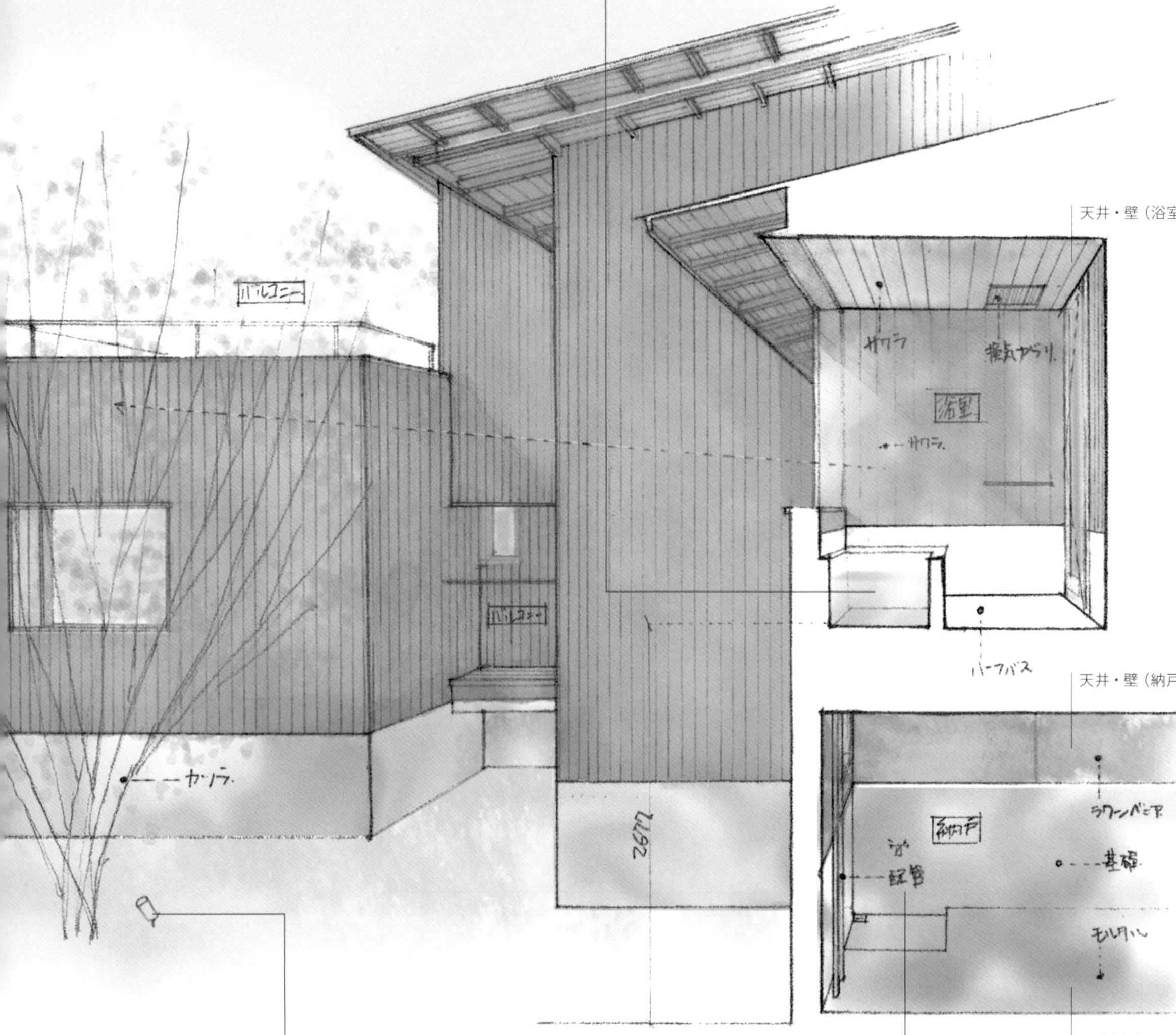

天井・壁（浴室）：サワラ 15t 撥水塗料
天井・壁（納戸）：ラワンベニヤ 5.5t
床（納戸）：モルタル直均し
バルコニー
サワラ
浴室
ハーフバス
納戸
基礎
配管
モルタル

2階浴室の場合、配管が問題になるが、ここでは下階を納戸とし露出配管としている。壁・天井はラワン合板貼とし、剥がしてメンテナンスができるようにしている。冬の積雪対策としてFF式給湯器も納戸内に設置

庭のスポット照明のスイッチを浴室入口にも設けておけば、浴室から夜の風情を楽しめる

Aパース

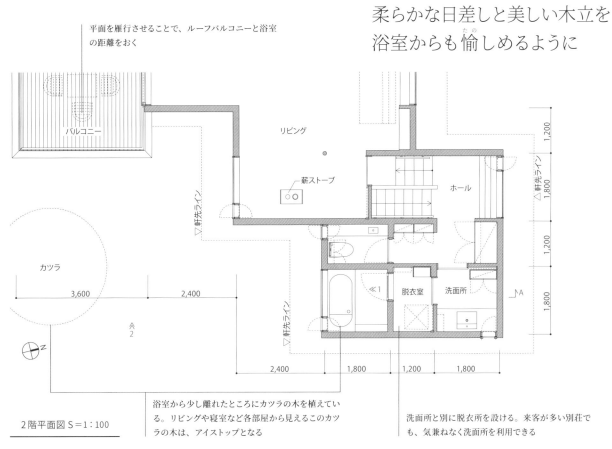

柔らかな日差しと美しい木立を浴室からも愉《たの》しめるように

平面を雁行させせることで、ルーフバルコニーと浴室の距離をおく

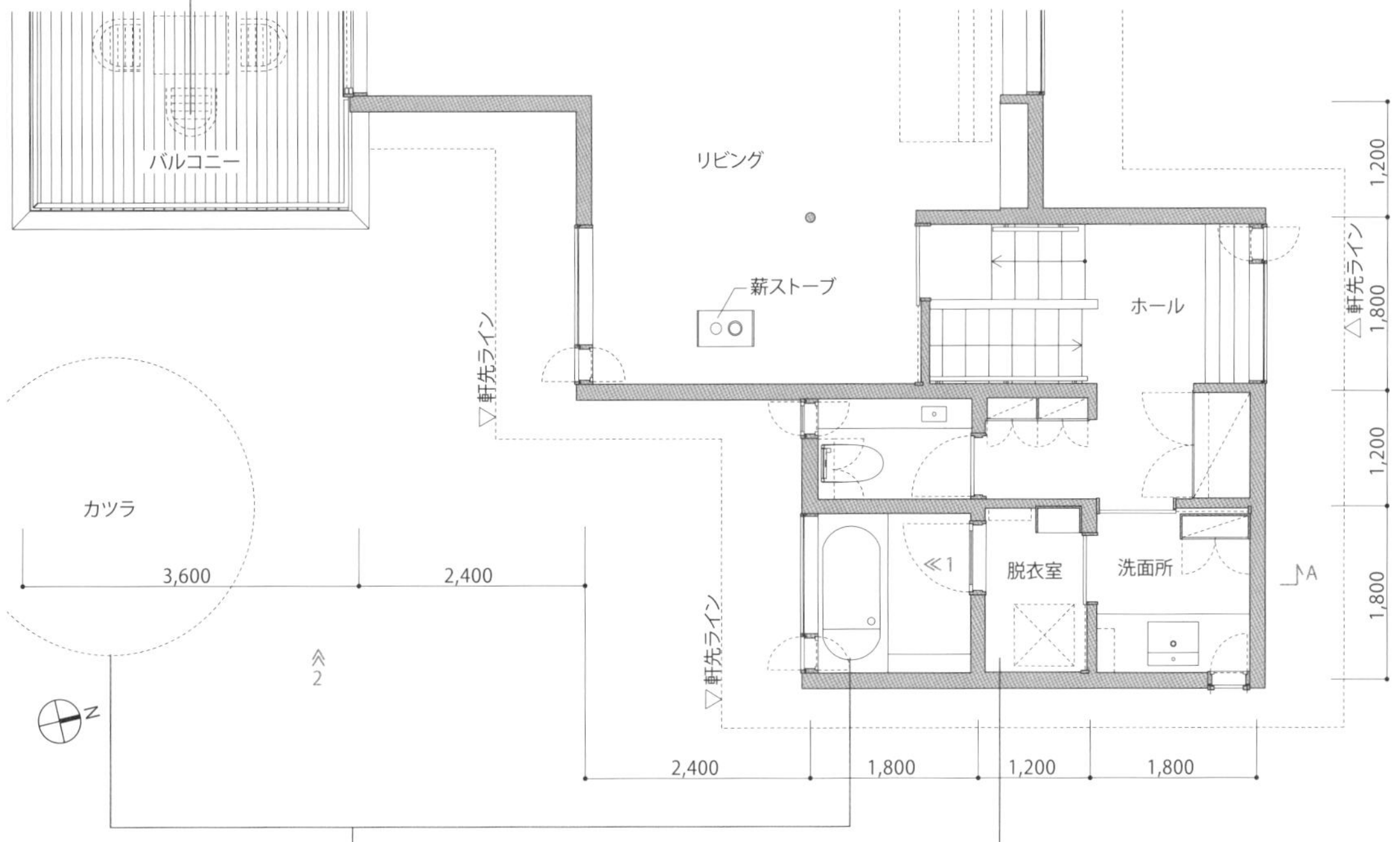
バルコニー
リビング
薪ストーブ
ホール
カツラ
脱衣室
洗面所
▽軒先ライン
△軒先ライン
≪1
2
A
3,600
2,400
1,800
1,200

2階平面図 S＝1：100

浴室から少し離れたところにカツラの木を植えている。リビングや寝室など各部屋から見えるこのカツラの木は、アイストップとなる

洗面所と別に脱衣所を設ける。来客が多い別荘でも、気兼ねなく洗面所を利用できる

2
ライトアップしたカツラの木は、浴室の窓だけでなくほかの窓からのアイストップになる

≪1
浴室から外を見る。深い軒先が視線を外へと導く

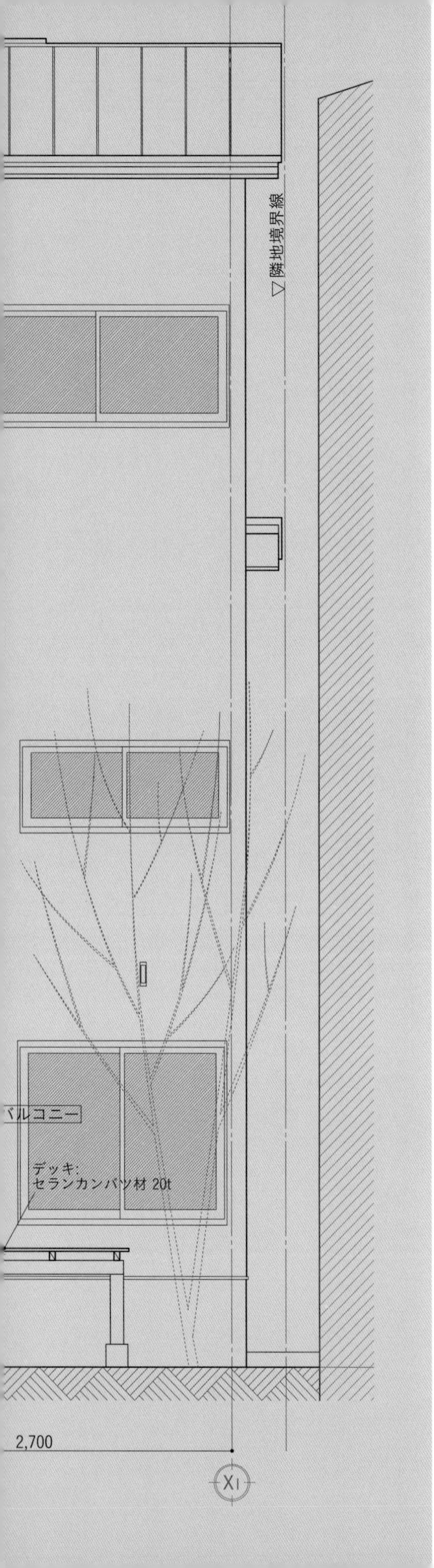
▽隣地境界線
バルコニー
デッキ:
セランカンバツ材 20t
2,700
X1

人間が生きていて、もっとも無防備になるのは寝るときであり、夜、寝室で過ごす時間です。

そのため、寝室はある程度、外の世界から距離を取り、「安心感」のある空間にしなければなりません。安心感をつくるには、洞窟のような包まれ感が必要です。しかし木造住宅では、洞窟のような厚い壁をつくることはできません。そのため窓の大きさや位置を調整したり、あるいは出窓にするなど窓辺のつくりを工夫することで、外の世界との距離感を保ちます。また室内側のつながりにおいても、扉の位置や造付家具の配置で、距離感を保つことで包まれ感が増します。

とはいえ閉じこもりすぎて、寝室を夜に寝るだけの部屋にしておくのは好ましくありません。デスクコーナーを設けたり、畳の間とすることで昼間の利用を増やしたり、隣接する部屋との間仕切りを工夫して隣室と一体の空間に変化させることで、寝室が個の居場所、あるいは夜しか使わない空間から解放され、生活に幅が生まれます。

第4章

個室のしつらえ方

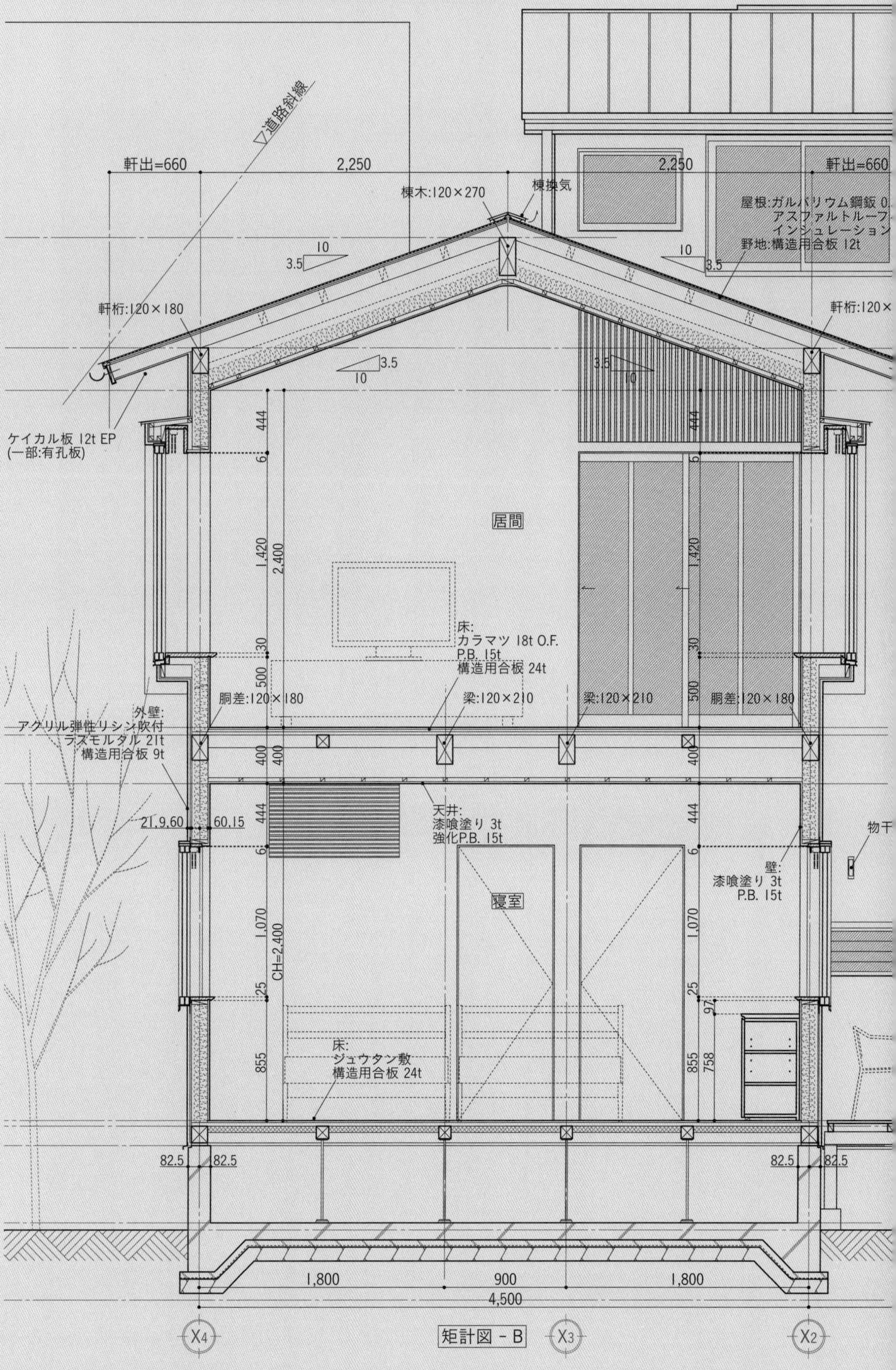
▽道路斜線
軒出=660
2,250
2,250
軒出=660
棟木:120×270
棟換気
屋根:ガルバリウム鋼鈑 0.
アスファルトルーフ
インシュレーション
野地:構造用合板 12t
10
3.5
10
3.5
軒桁:120×180
軒桁:120×
3.5
10
3.5
10
ケイカル板 12t EP
(一部:有孔板)
444
6
1,420
2,400
30
500
居間
床:
カラマツ 18t O.F.
P.B. 15t
構造用合板 24t
胴差:120×180
梁:120×210
梁:120×210
胴差:120×180
外壁:
アクリル弾性リシン吹付
ラスモルタル 21t
構造用合板 9t
400
400
400
21,9,60
60,15
444
6
天井:
漆喰塗り 3t
強化P.B. 15t
物干
壁:
漆喰塗り 3t
P.B. 15t
寝室
1,070
CH=2,400
25
97
855
758
床:
ジュウタン敷
構造用合板 24t
82.5
82.5
82.5
82.5
1,800
900
1,800
4,500
X4
矩計図 - B
X3
X2

日常と分かつ多目的空間

生活の場とは離れた和室があると、多目的に使えて便利です。ここでは玄関のそばに、土間から３５０㎜上がった離れのような趣の和室を設けました。和室は客間や書斎（仕事場）、集中して読書したいときの読書室として使います。

和室の入り口を玄関の近くに設けることで、生活の場を見せずに来客を招き入れることが可能です。また和室の入り口はやや奥まった位置に設け、玄関とほどよく距離をおき、くつろげる空間にしています。

1 玄関から和室を見る。洗出しの土間、入口の板の間、和室のサイザル麻と素材を切り替えて穏やかに空間を変化させている

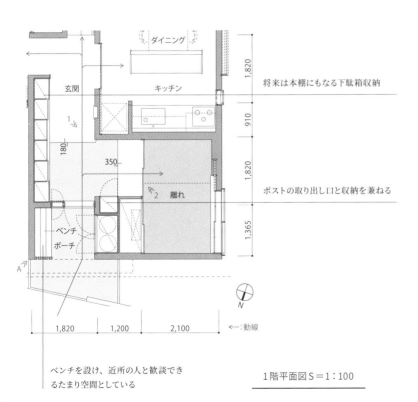

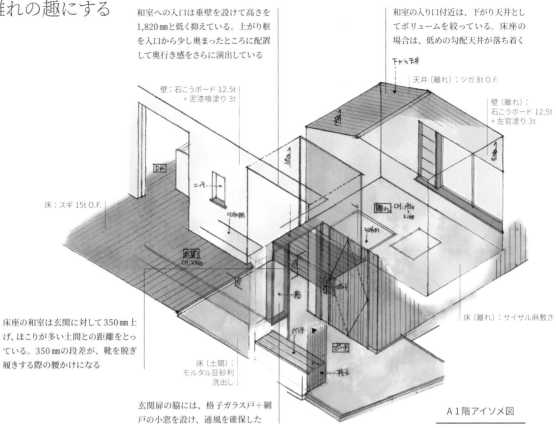

玄関との段差が和室を離れの趣にする

和室への入口は垂壁を設けて高さを1,820㎜と低く抑えている。上がり框を入口から少し奥まったところに配置して奥行き感をさらに演出している

和室の入り口付近は、下がり天井としてボリュームを絞っている。床座の場合は、低めの勾配天井が落ち着く

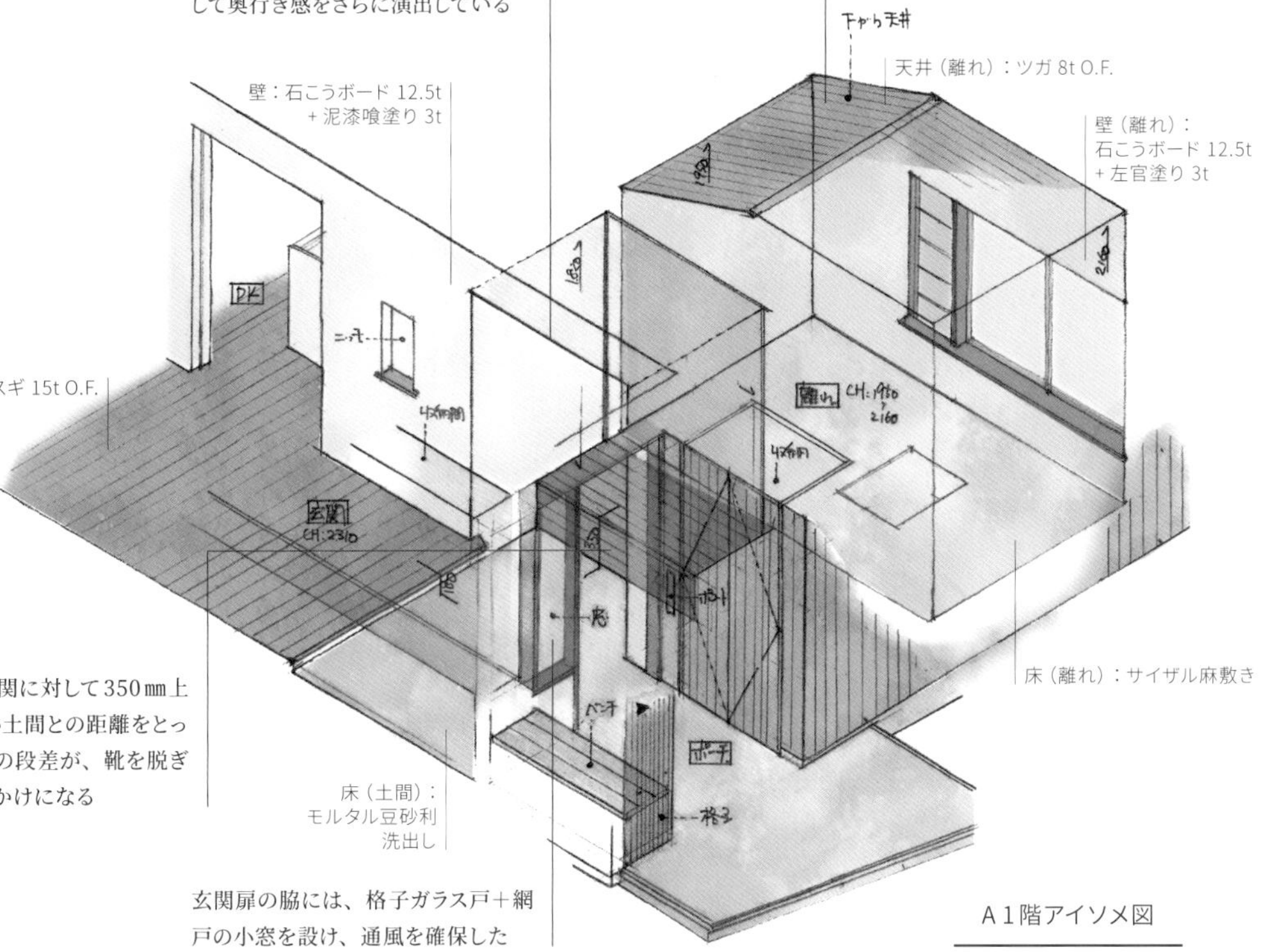
下がり天井
天井（離れ）：ツガ 8t O.F.
壁（離れ）：
石こうボード 12.5t
+左官塗り 3t
壁：石こうボード 12.5t
+泥漆喰塗り 3t
DK
床：スギ 15t O.F.
玄関
CH:2310
離れ
床（離れ）：サイザル麻敷き
ベンチ
ポーチ
床（土間）：
モルタル豆砂利
洗出し

床座の和室は玄関に対して350㎜上げ、ほこりが多い土間との距離をとっている。350㎜の段差が、靴を脱ぎ履きする際の腰かけになる

玄関扉の脇には、格子ガラス戸＋網戸の小窓を設け、通風を確保した

A 1階アイソメ図

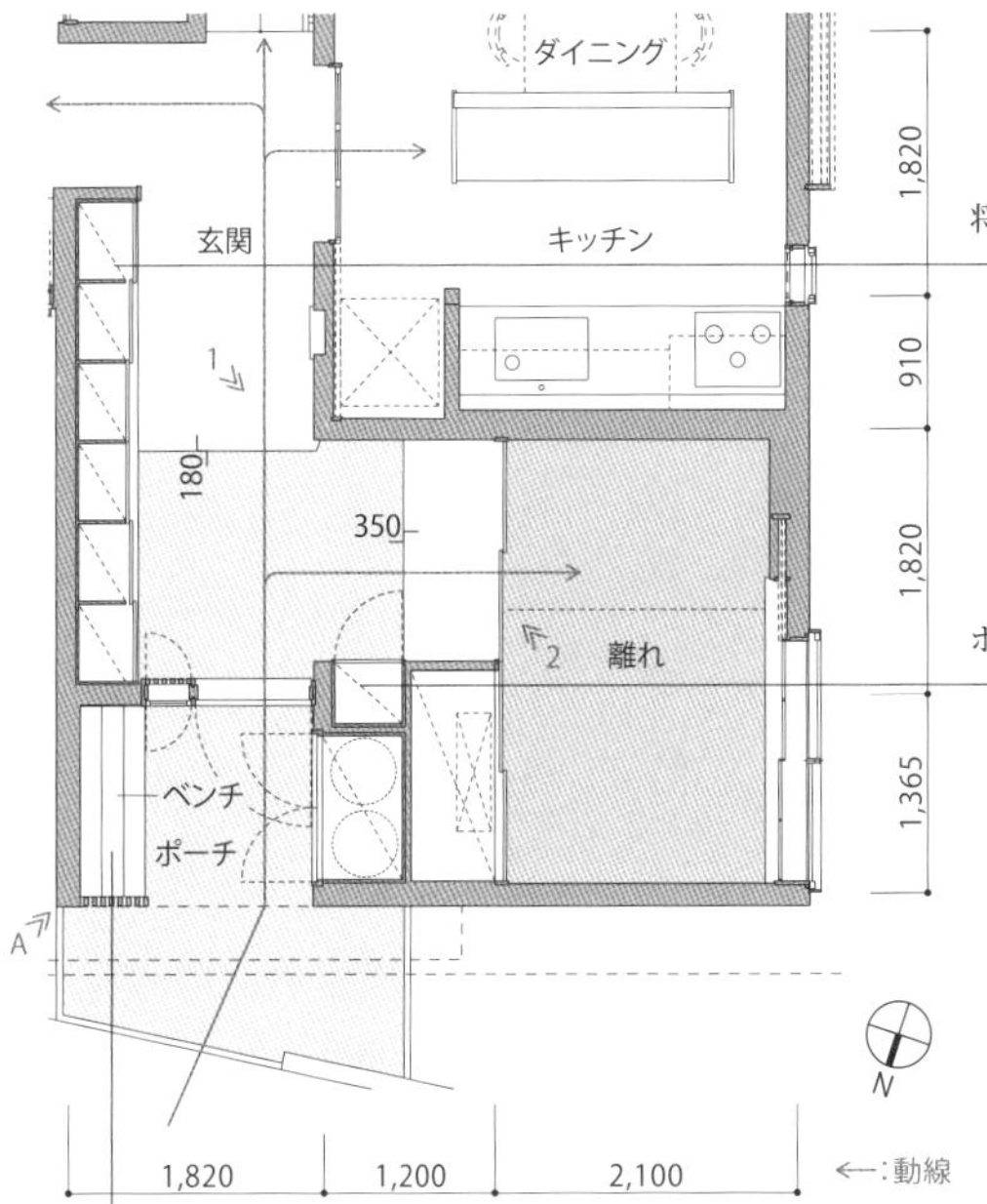
ダイニング
玄関
キッチン
1
180
350
2
離れ
ベンチ
ポーチ
A
N
1,820
910
1,820
1,365
1,820
1,200
2,100
←:動線

将来は本棚にもなる下駄箱収納

ポストの取り出し口と収納を兼ねる

ベンチを設け、近所の人と歓談できるたまり空間としている

1階平面図S＝1：100

⇖2 和室から玄関を見る。リビングやダイニングにつながる廊下（主動線）とは、飛び石でつなぐ

1≫玄関から土間（右）と書斎（左）を見る。書斎は出入り口の幅を絞ると同時に、脇に収納棚を設けて土間と距離をおく

たまりと抜け明暗を操作する

家で仕事をする人ならば、土間に打ち合わせスペースを設けると、仕事と生活の空間を分けやすくなります。この事例では、打ち合わせのできる土間と、それにつながる書斎（仕事場）を玄関の脇に設けています。

　天井高を抑えた玄関に対し、土間は天井高を上げて開放感を得るとともに4周に垂壁を廻し、たまり感を得ています。また、角に腰窓を設け、薄暗い玄関と対照的に明るい空間としています。

≪2 土間から玄関を見る。玄関の奥からは広縁の光が見える。陰影を見せることで、空間の広がりを予見させ、家に奥行きを感じさせている

開放的な窓と垂壁で土間を打ち合わせ場所にしつらえる

玄関の天井高を抑える一方、玄関の奥にある広縁やLDKに入ると天井が高くなり、より開放的に感じられるようしつらえた

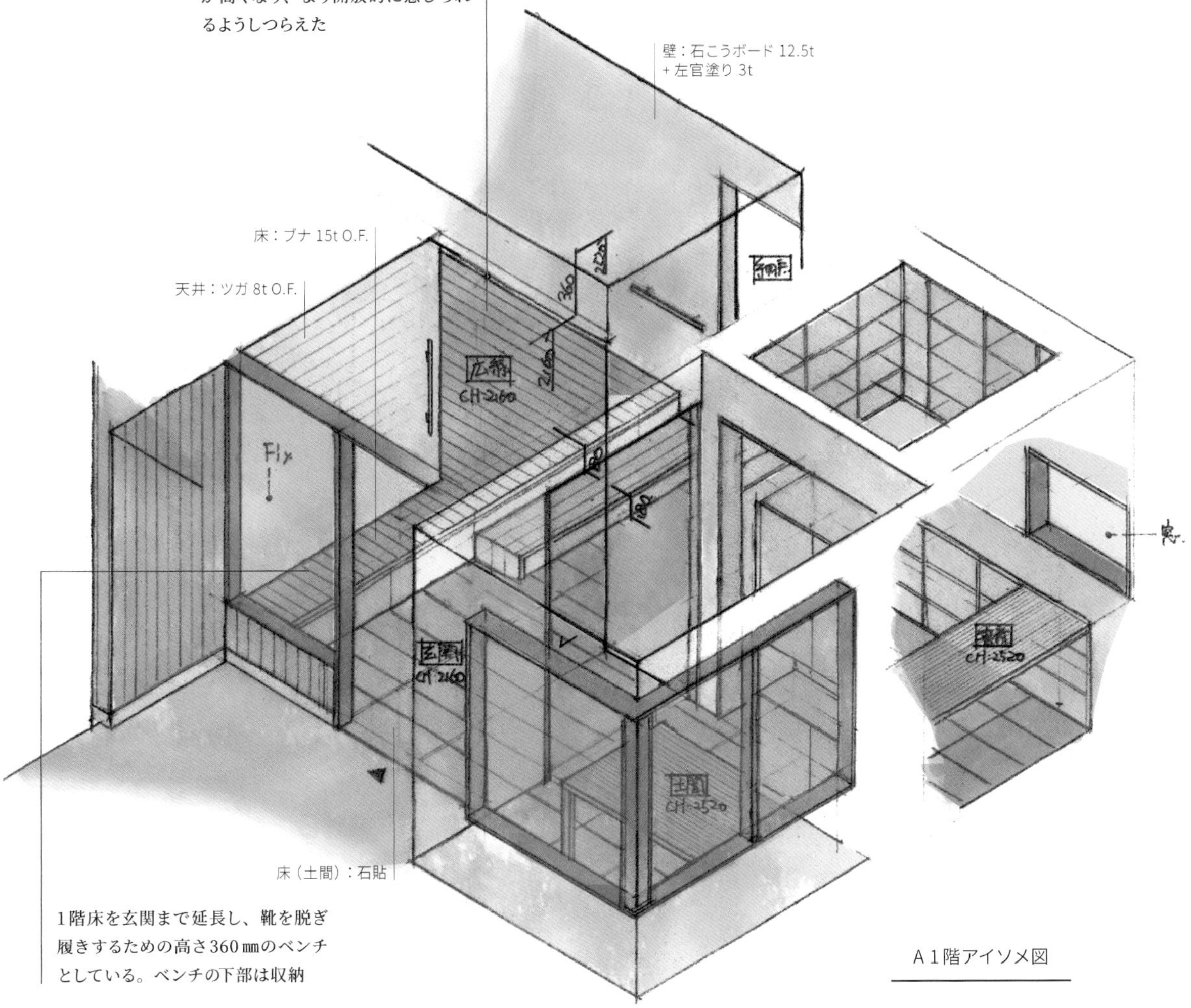
壁：石こうボード 12.5t
+ 左官塗り 3t
床：ブナ 15t O.F.
天井：ツガ 8t O.F.
床（土間）：石貼
広縁
CH-2160
360
玄関
CH 2160
土間
CH-2520
書斎
CH-2520
Fix

1階床を玄関まで延長し、靴を脱ぎ履きするための高さ360㎜のベンチとしている。ベンチの下部は収納

A 1階アイソメ図

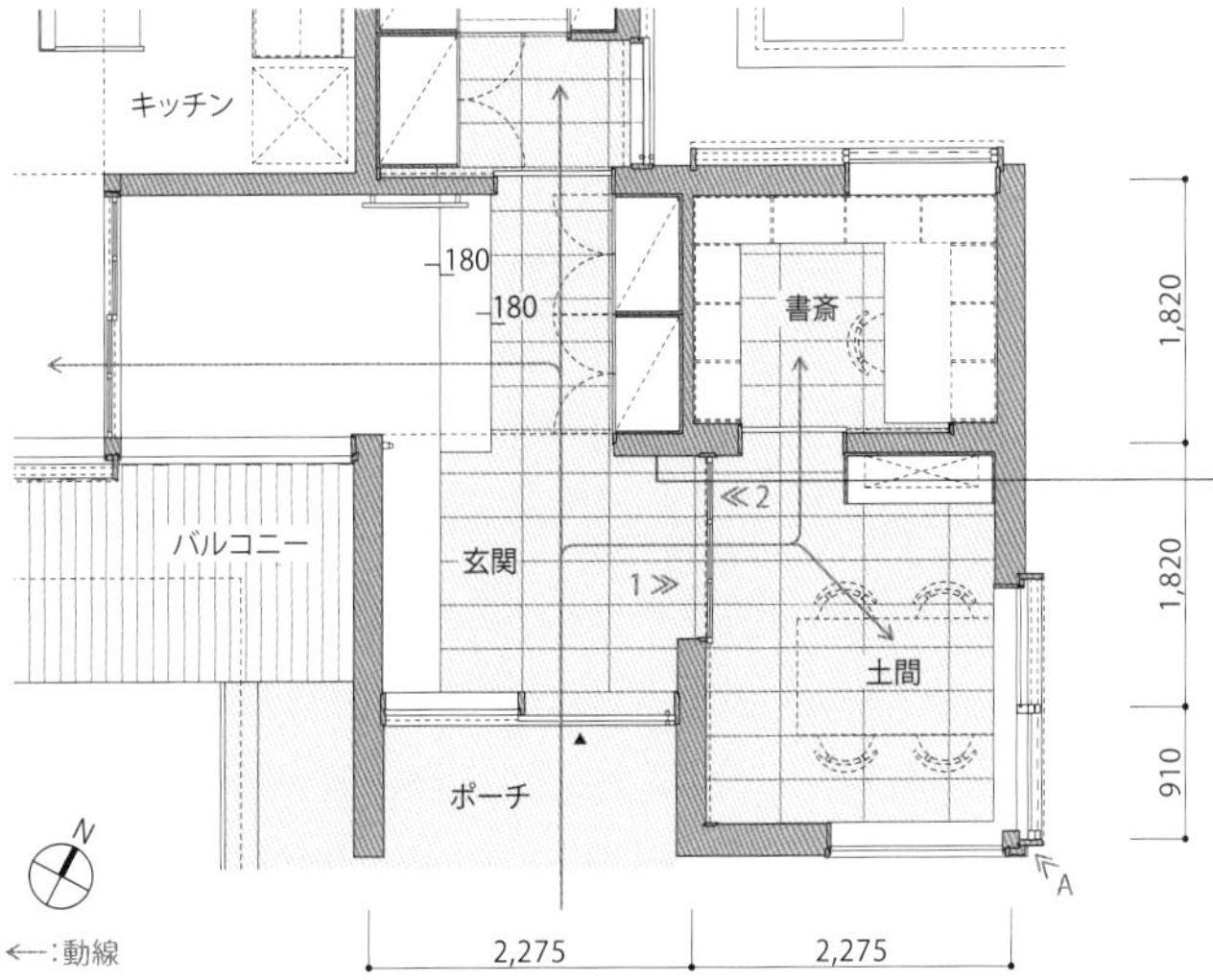
キッチン
180
180
書斎
バルコニー
玄関
≪2
1≫
土間
ポーチ
N
A
2,275
2,275
1,820
1,820
910
←：動線

収納棚の奥行き分、袖壁を設けることで、玄関からの視線を土間へ誘う。玄関から土間への入り口は、ゆったりとした幅を持たせたのに対し、土間から書斎に向かう入口は幅を絞ることで、書斎に包まれ感が生まれる

1階平面図 S＝1：100

家で働く人の書斎とキッチン

家で仕事をする人のためのキッチン。リビングと書斎の間にキッチンを挟むことで、仕事場である書斎とリビングの距離をとっています。

さらにキッチン、パントリー、書斎を並列。書斎での仕事と家事を同時に行える計画です。また、キッチンの天井高を抑えて空間の性質を変えることで、くつろぎ空間であるリビングとは別の空間であることを示しています。

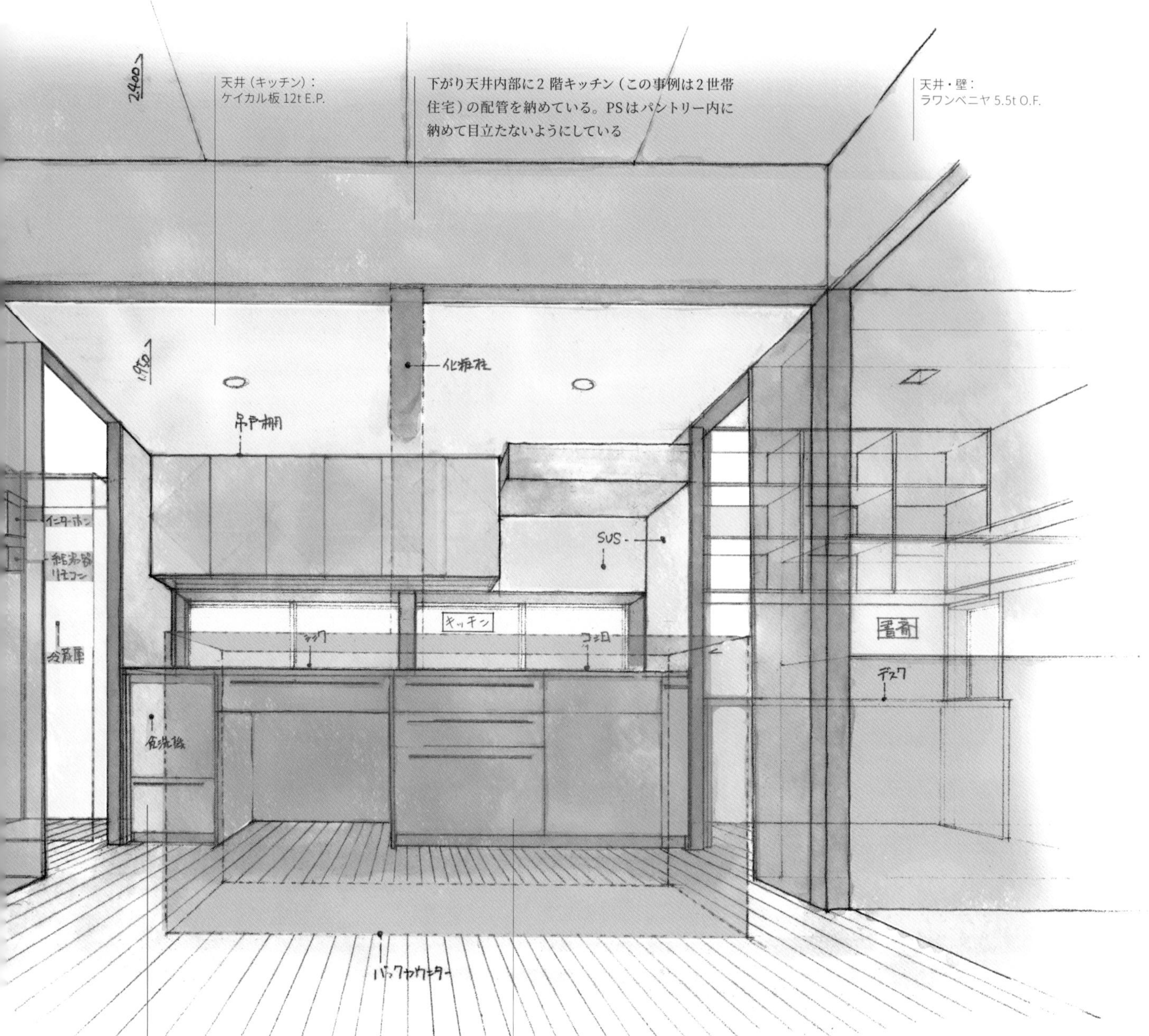

天井（キッチン）：
ケイカル板 12t E.P.
下がり天井内部に2階キッチン（この事例は2世帯住宅）の配管を納めている。PSはパントリー内に納めて目立たないようにしている
天井・壁：
ラワンベニヤ 5.5t O.F.
2400
1950
化粧柱
吊戸棚
SUS
インターホン
給湯器リモコン
冷蔵庫
キッチン
シンク
コンロ
書斎
デスク
食洗機
バックカウンター

床：カラマツ 15t O.F.

調理台：
ラワンベニヤ 撥水塗料

キッチン家具は壁や天井の仕上げに合わせて、ラワン合板で製作した。ラワン合板の場合は、縦目にするか横目にするかだけでなく、色味の合わせ方にまで注意を払う。目地の通し方、見切や枠の形状や見せ方をシンプルにまとめて、空間の特徴が際立つようにしている

Aパース

キッチン、書斎を並列して仕事と家事を同時にこなす

1≫キッチンから書斎を見る。キッチンと書斎の間には引戸を設け、調理をしないときには書斎にこもって仕事ができるようにしている

空間の質（素材感）を守るために冷蔵庫はパントリーに納める。パントリーの入口、バックカウンター横の通路は冷蔵庫が搬入できる幅を確保しておく。パントリーはリビングに隣接させて、家族が使いやすくした

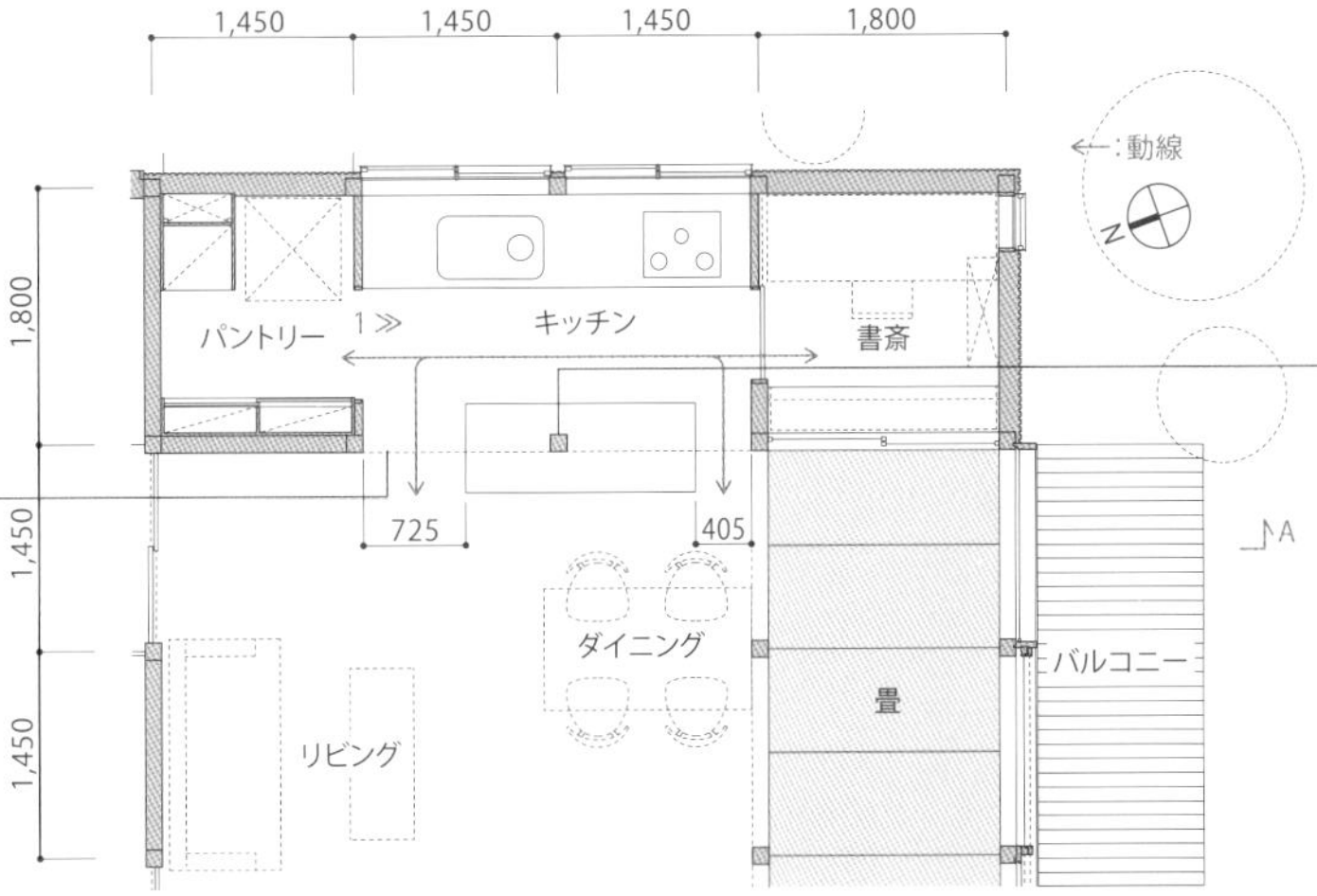

等間隔で配置した柱を、バックカウンターにも貫入させる。柱がダイニングとキッチンを緩く区切る

1階平面図S＝1：100

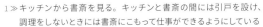

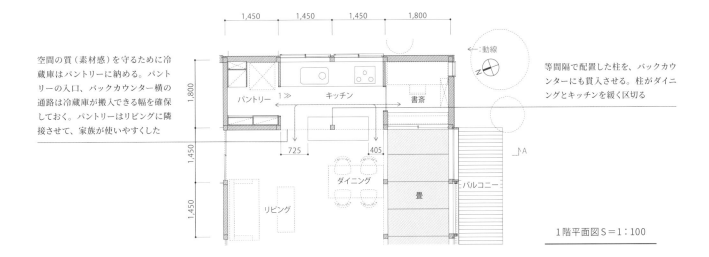

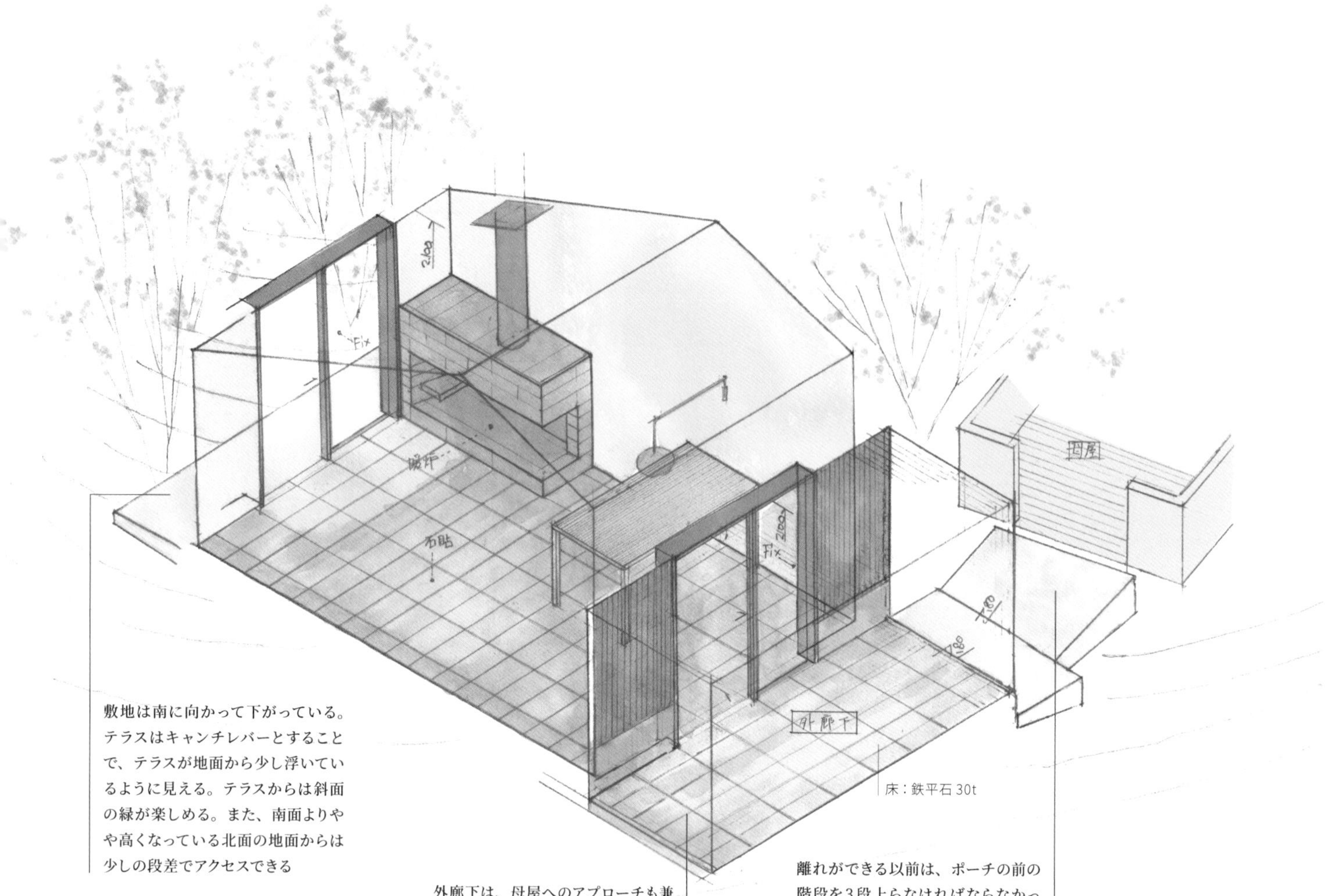

敷地は南に向かって下がっている。テラスはキャンチレバーとすることで、テラスが地面から少し浮いているように見える。テラスからは斜面の緑が楽しめる。また、南面よりやや高くなっている北面の地面からは少しの段差でアクセスできる

外廊下は、母屋へのアプローチも兼ねる。母屋へ向かうたびに離れの中を通ることになるので、母屋と離れの心理的な距離が縮まる

床：鉄平石 30t

離れができる以前は、ポーチの前の階段を3段上らなければならなかった。廊下を設けることで、余計な上り下りが少なくなり、離れの手前にある駐車場と母屋の距離も近くなった

Aアイソメ図

外と母屋《おもや》をつなぐ離れ

「木立に囲われた場で暖炉を楽しみたい」との要望からはじまった、別荘の離れの計画です。当初は母屋から距離をおいた場で計画をしていましたが、雨や雪の場合は移動が億劫になり、使われなくなることが懸念されました。

そこで111頁平面図のように母屋に程近い場所に離れを配置し、離れの中に母屋へのアプローチを兼ねた外廊下を設けました。離れの入口も外廊下の中に設けることで、母屋と離れの距離が近づきました。また離れの手前にある駐車場から母屋へアクセスする際もこの外廊下を通るので、雨や雪の際に助かるだけでなく、母屋に帰る家族が離れの様子を伺えます。

1 ≫
北東から離れを見る。母屋と離れを正対させず、やや角度をつけることで周囲の木立と調和している

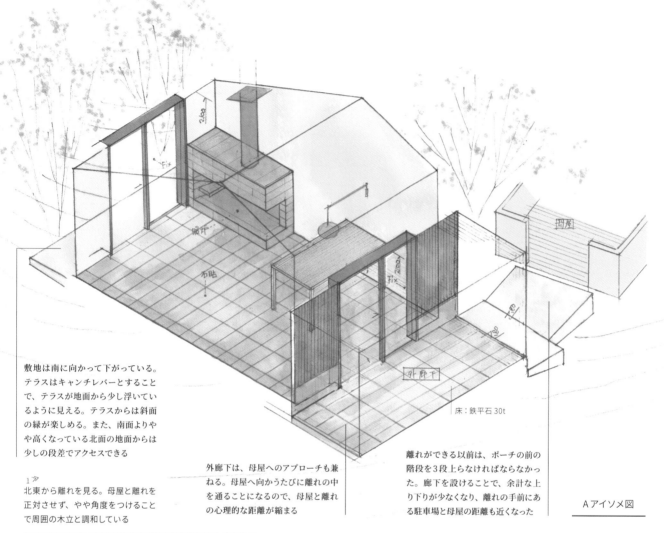

外廊下が母屋と離れを
一体の空間に読み替える

外観は左右対称のシンプルな切妻形だが、西側の一部を外廊下とすることで室内は左右非対称の断面となる。単純な形態ながらも変化に富む室内空間が生まれた

一番の居場所となる机と椅子のスペースは、切妻屋根の頂部の真下にあたる。長時間、留まる場所のボリュームが最も大きくなるようにし、くつろげる場とした。机に向かうとテラス側に向けて天井が緩く下がり、視線が景色にフォーカスされる

天井・壁：石こうボード 12.5t
＋泥漆喰塗り 3t

外廊下は天井高を抑えることで、たとえばクモの巣が張った場合にすぐ取れるなど、掃除やメンテナンスがしやすい

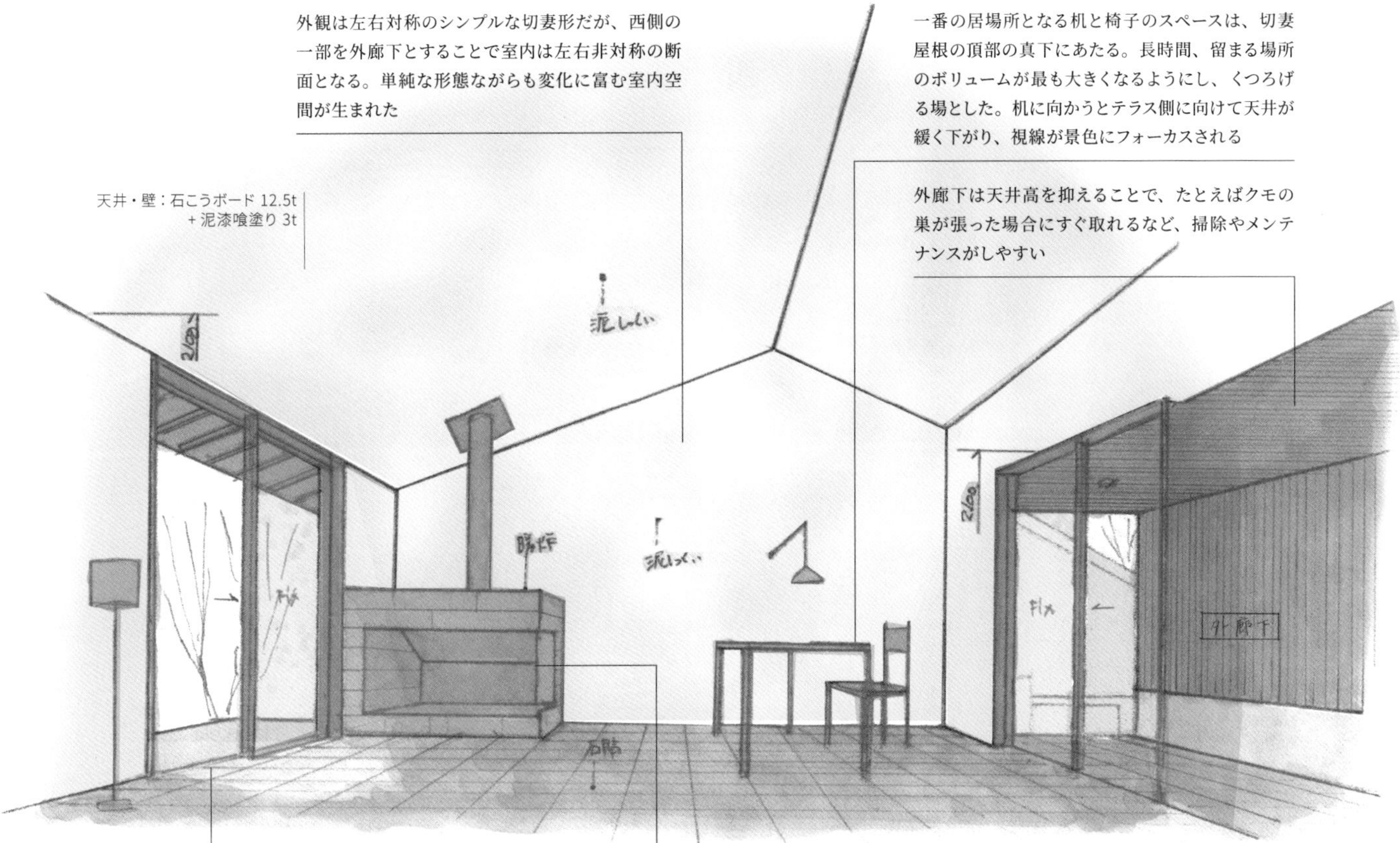

床の仕上げは鉄平石とし、靴を履いたまま外廊下から室内、テラスに行き来できるようにした。テラスの下に設けた薪置場へもそのままアクセスできる

暖炉は机側の側面に壁を設けず、机に向かった際に炎が楽しめるようにした

Bパース

外壁：カラマツ 15t + O.F.

屋根なりの天井とした室内に対し、外廊下は天井高を抑えた。外から帰った際に一度小さな空間を通すことで対比により、室内を広く見せている

Cパース

2
南西から離れを見る。2 つの段差と外廊下で母屋と駐車場をつなぐ

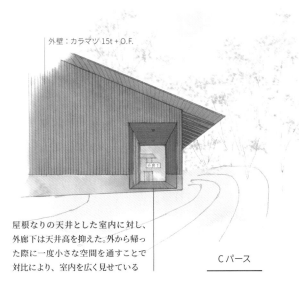

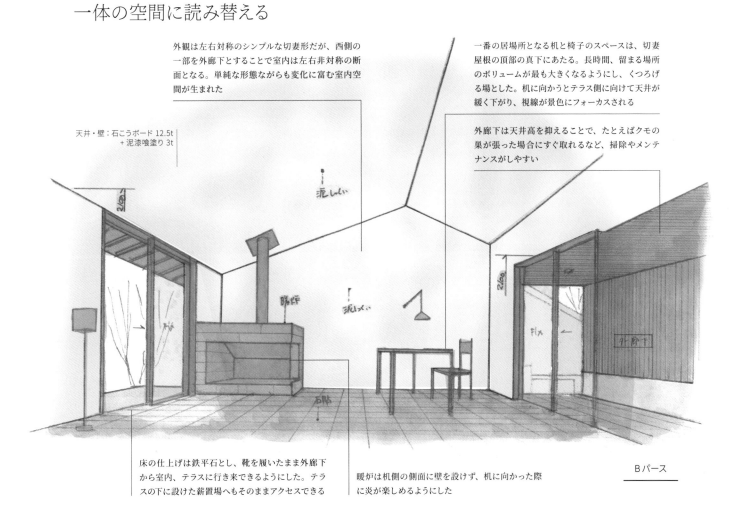

≪3 小さな離れは窓を小さくして室内の明るさを抑えることで、外の木立の美しさを引き立たせる

外観は離れと母屋が一体に見えるように整える

母屋と離れの軒の高さをそろえる。高さを合わせると、外観に少しの一体感を演出できる

屋根からの落雪を考慮し、妻入りとしている

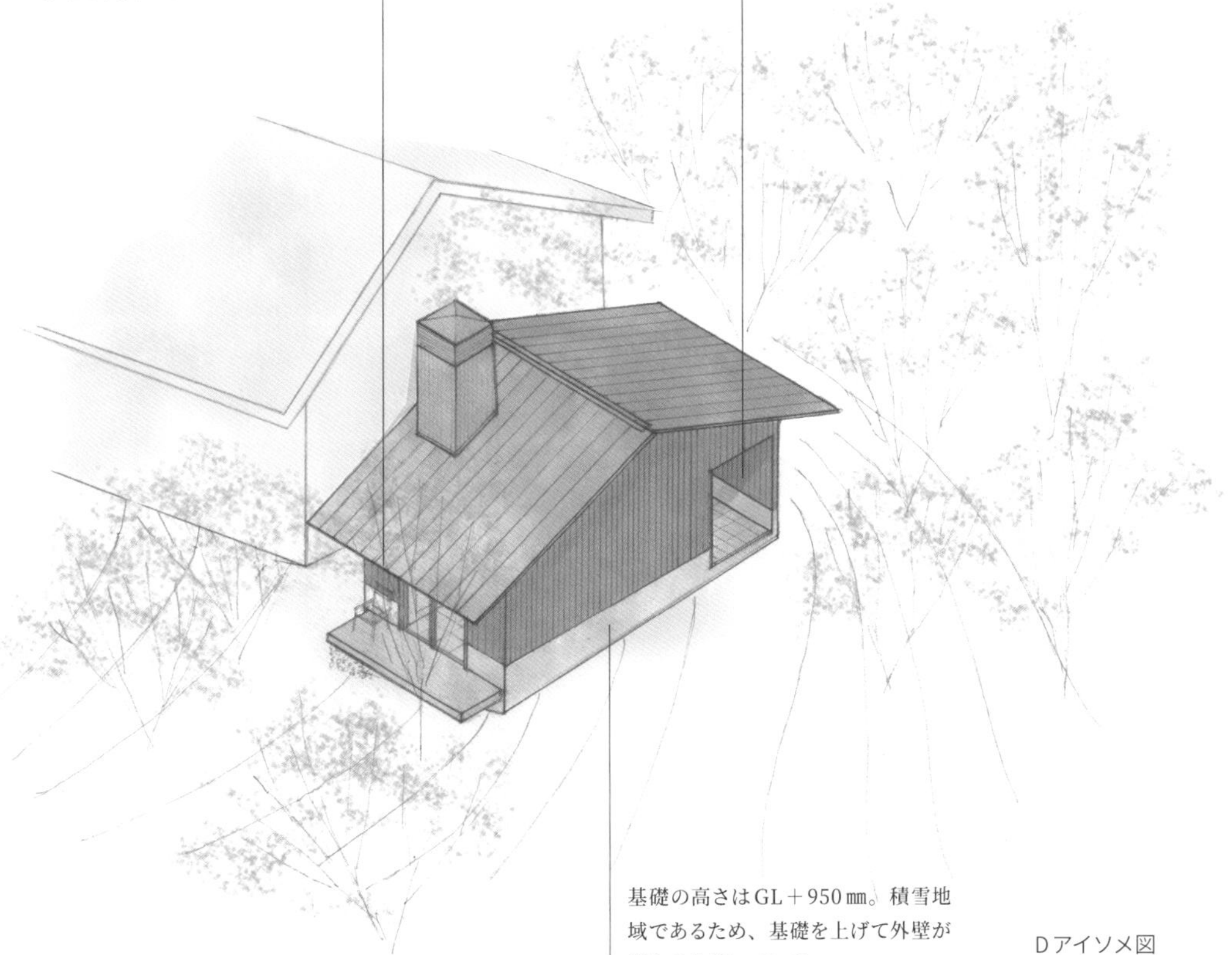

基礎の高さはGL＋950㎜。積雪地域であるため、基礎を上げて外壁が傷むのを防いでいる

Dアイソメ図

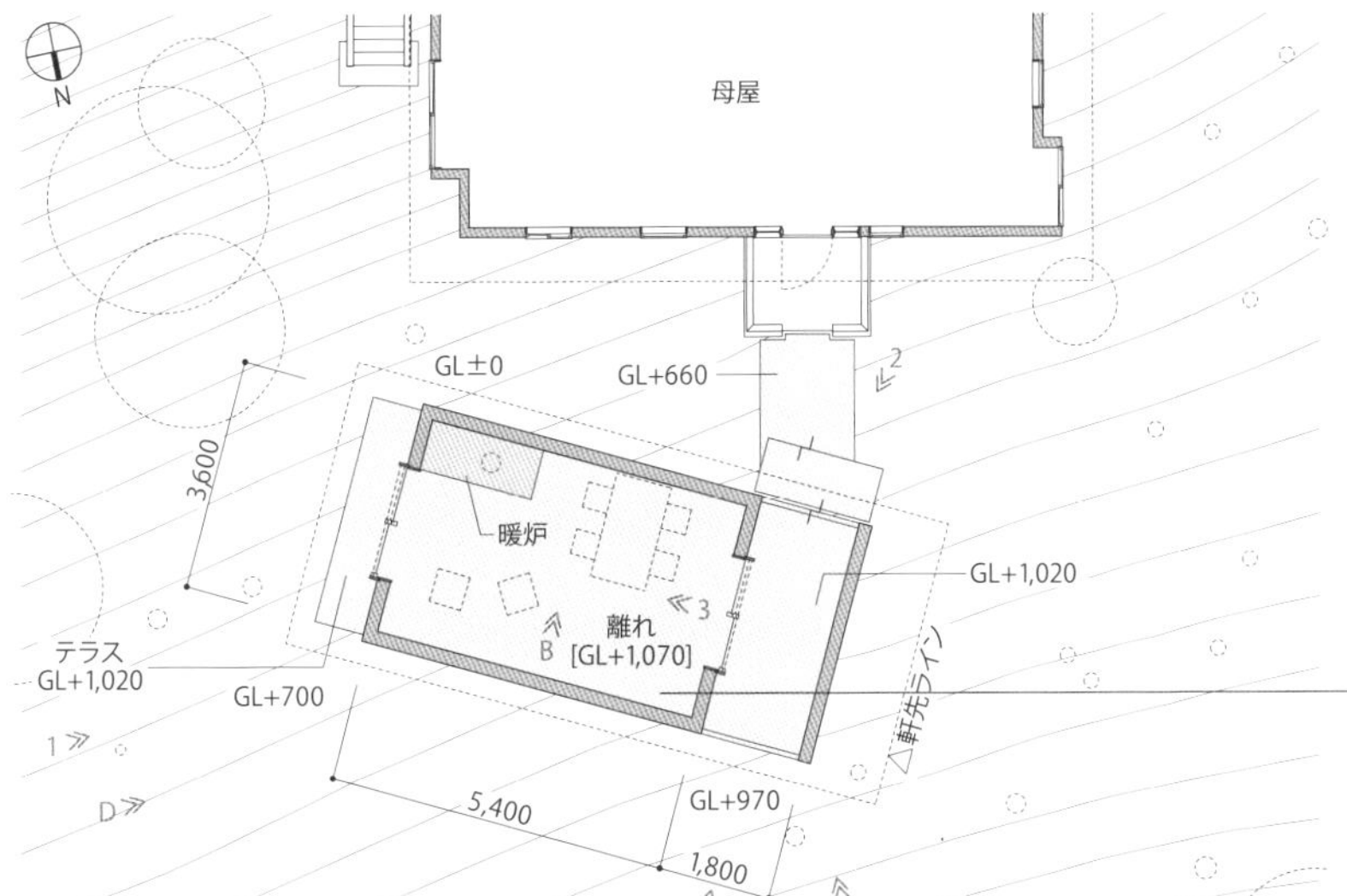

N
母屋
GL±0
GL+660
2
3600
暖炉
GL+1,020
3
離れ
[GL+1,070]
B
テラス
GL+1,020
GL+700
軒先ライン
1
D
5,400
GL+970
1,800
C
A

離れは母屋とは正対させず、少し斜めに配置している。やや角度をつけることで、南東側の一番よい風景が切り取れる。また、外廊下を通るときも視線の変化が生まれる

平面図S＝1：200

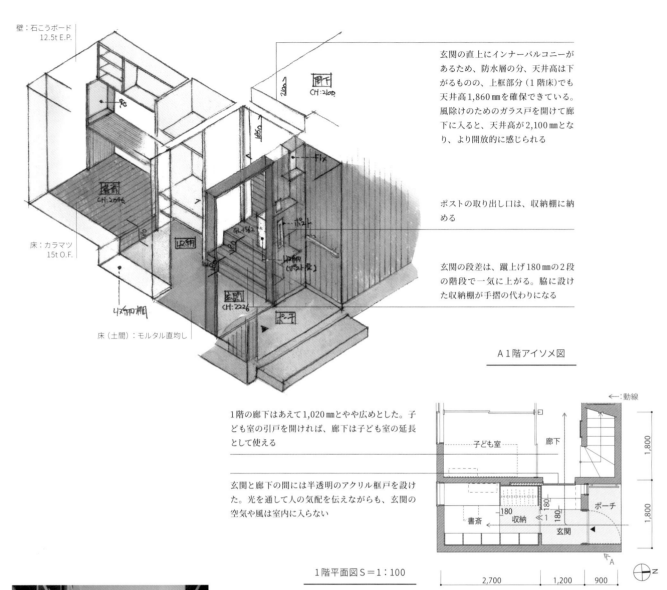

壁：石こうボード
12.5t E.P.

床：カラマツ
15t O.F.

床（土間）：モルタル直均し

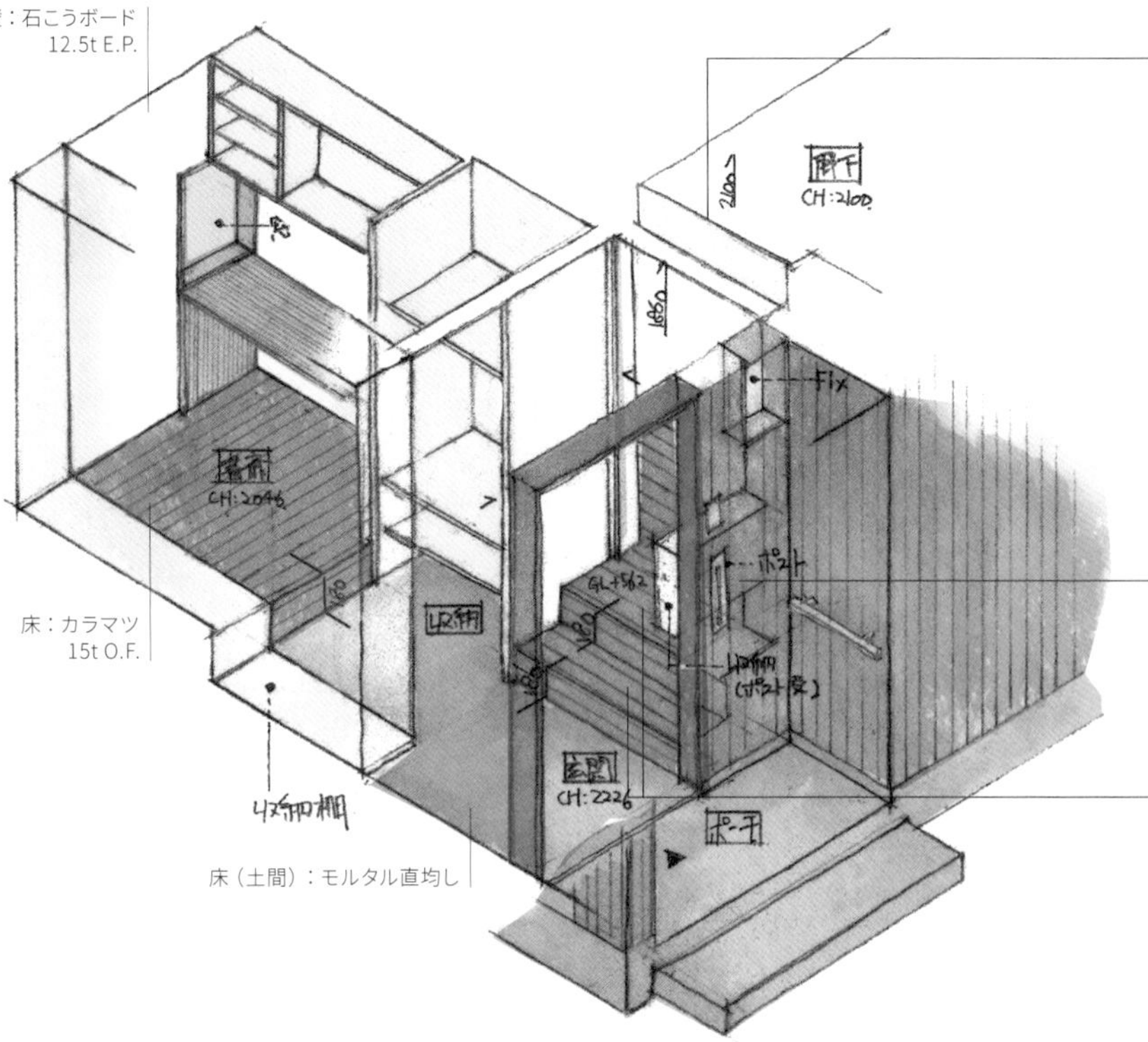
書斎
CH:2046
廊下
CH:2100
玄関
CH:2226
ポーチ
収納
ポスト
Fix

玄関の直上にインナーバルコニーがあるため、防水層の分、天井高は下がるものの、上框部分（1階床）でも天井高1,860㎜を確保できている。風除けのためのガラス戸を開けて廊下に入ると、天井高が2,100㎜となり、より開放的に感じられる

ポストの取り出し口は、収納棚に納める

玄関の段差は、蹴上げ180㎜の2段の階段で一気に上がる。脇に設けた収納棚が手摺の代わりになる

A 1階アイソメ図

1階の廊下はあえて1,020㎜とやや広めとした。子ども室の引戸を開ければ、廊下は子ども室の延長として使える

玄関と廊下の間には半透明のアクリル框戸を設けた。光を通して人の気配を伝えながらも、玄関の空気や風は室内に入らない

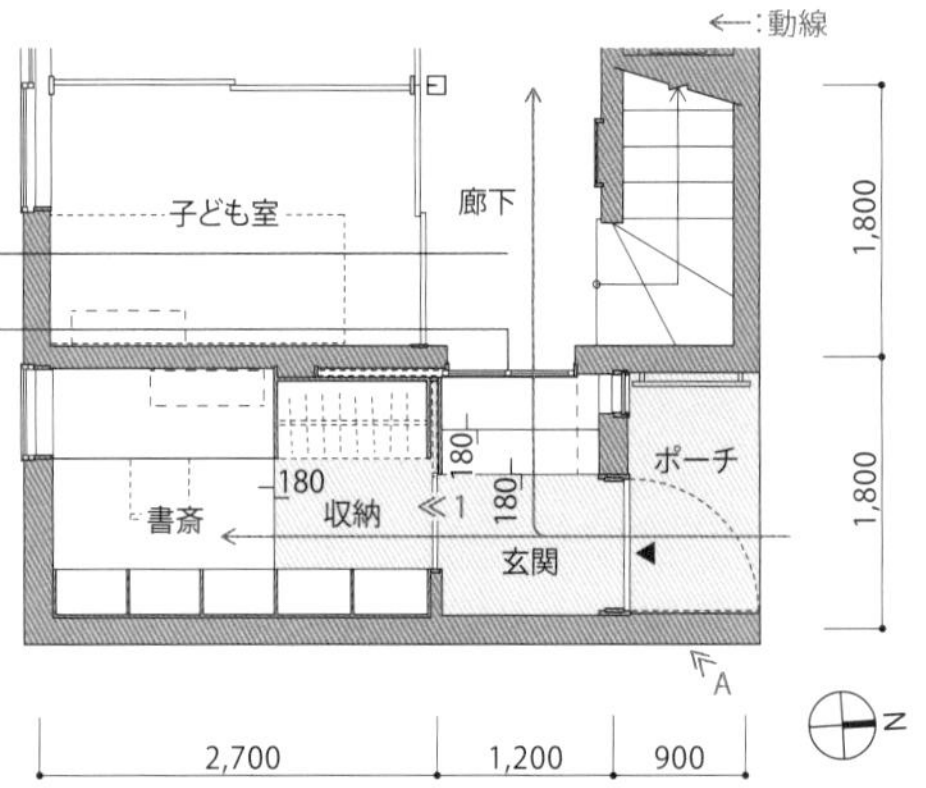
←：動線
子ども室
廊下
書斎
収納
玄関
ポーチ
180
180
180
≪1
A
1,800
1,800
2,700
1,200
900
N

1階平面図 S＝1：100

≪1
玄関から書斎を見る。書斎の窓から少しの光が見えることで、玄関に奥行き感を出している

「離れ」のような書斎

家族仲よく暮らしていても、1人になってこもれる居場所は必要です。居室を通らずに玄関土間からアクセスする部屋を設ければ、同じ家に居ながらも離れの趣を楽しめます。

平日の夜や休日に集中してパソコン作業などを行いたい住まい手のために、玄関脇に書斎を設けました。ほかの居室から距離をおいた空間で、作業に打ち込めます。また玄関と書斎の間には収納を設け、少し歩く空間をつくることで「離れ」感を強調しています。

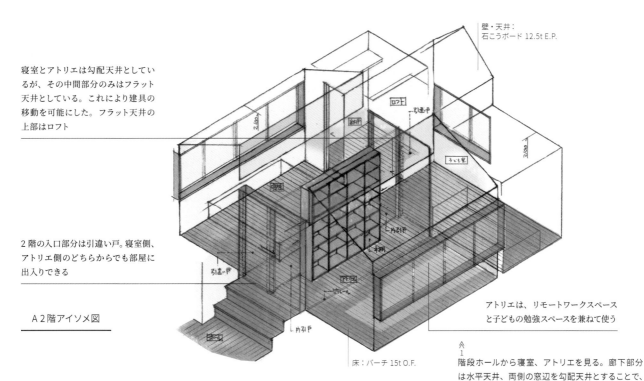

将来を見据えて家具と引戸で区切る

将来のことを考えると、子ども室を完全な個室にしないのも手です。寝室と子ども室をワンルームとして家具や引戸で仕切れば、将来、簡単に間取り変更できます。

1階をリビング・ダイニング、2階を子ども室と寝室、アトリエとしたこの事例。寝室とアトリエの間仕切りには本棚と引戸を利用しています。兄弟が増えて子ども室が2つ必要になった場合は、アトリエ床のレールに引戸を設置し、アトリエを子ども室に間取り変更する予定です。

寝室とアトリエは勾配天井としているが、その中間部分のみはフラット天井としている。これにより建具の移動を可能にした。フラット天井の上部はロフト

2階の入口部分は引違い戸。寝室側、アトリエ側のどちらからでも部屋に出入りできる

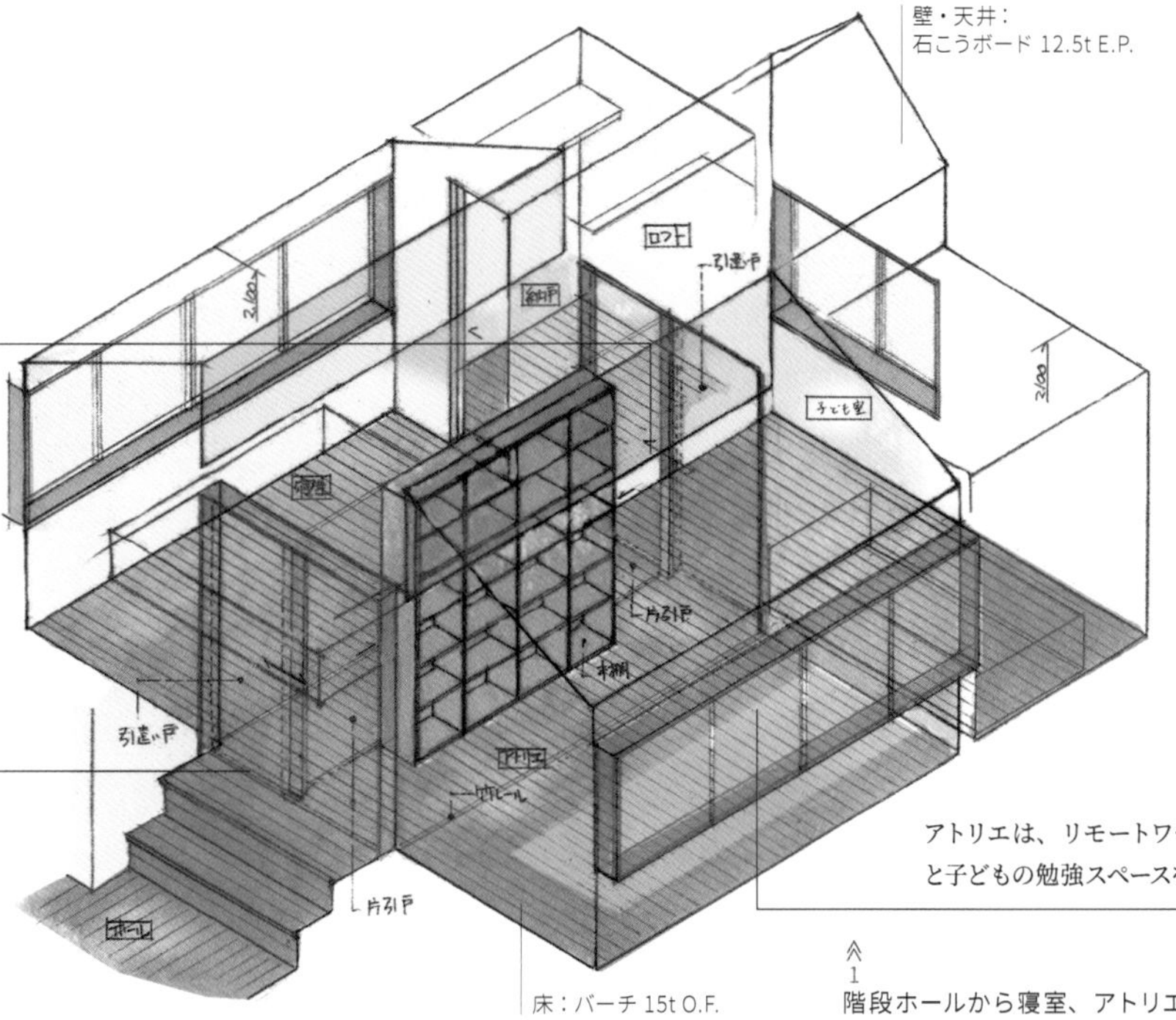

壁・天井：
石こうボード 12.5t E.P.
ロフト
引違い戸
納戸
2,100
2,100
子ども室
寝室
片引戸
本棚
引違い戸
アトリエ
片引戸
ホール
床：バーチ 15t O.F.

A 2階アイソメ図

アトリエは、リモートワークスペースと子どもの勉強スペースを兼ねて使う

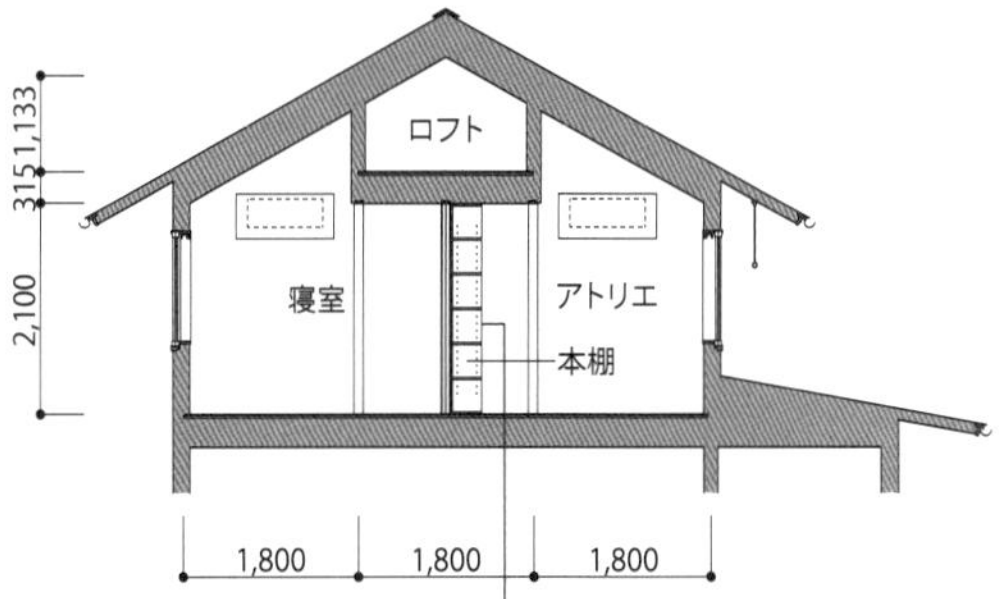

1,133
315
2,100
ロフト
寝室
アトリエ
本棚
1,800
1,800
1,800

本棚は高さ2,100㎜として天井高とそろえ、どこの壁面に移動させてもぴったり納まるようにしている

B 2階断面図S＝1：150

1 階段ホールから寝室、アトリエを見る。廊下部分は水平天井、両側の窓辺を勾配天井とすることで、窓辺に囲われ感をつくり小さな居場所としている

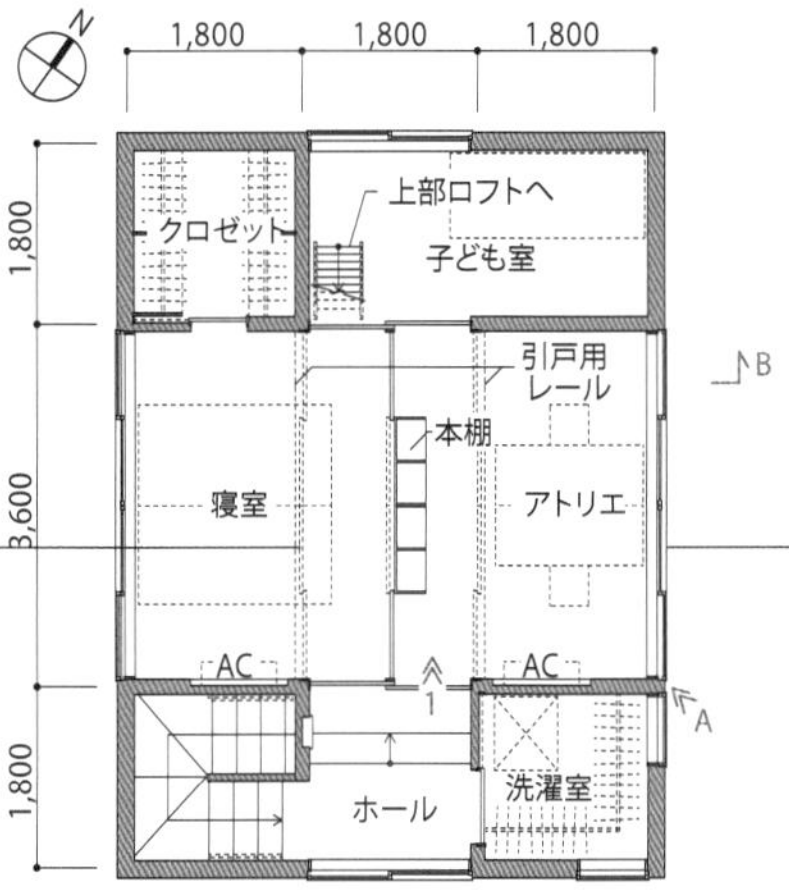

N
1,800
1,800
1,800
1,800
3,600
1,800
クロゼット
上部ロフトへ
子ども室
引戸用
レール
B
本棚
寝室
アトリエ
AC
AC
1
A
ホール
洗濯室

アトリエ側だけでなく寝室側にも引戸用のレールを設置。仕切り方のバリエーションを増やしている。レールに竹製のものを採用すれば、無垢材の床とよくなじむ

東側には庭、畑が広がる。庭や畑に視線が抜けるよう、アトリエには連窓を設けた

2階平面図S＝1：150

つかず離れずの子ども室

子ども室と両親の寝室はお互いの気配が伝わるようにしておくと、つかず離れずのよい関係が育まれます。

ここでは子ども室に収納を設けず、親子共有の納戸を設けています。納戸は矩形プランの角に配置し、子ども室と寝室の両方からアクセスできるようにしました。子どもが幼いうちは、納戸との間の引戸を開放して両方の個室を緩やかにつなぐことができます。また将来こどもが成長してからも納戸が外にあるので、子どもが部屋にこもりきりになる心配がありません。また子ども室には、階段室側に室内窓を設けて、階段室を介して1階キッチンにも気配が伝わるようにしています［154頁参照］。

≪1 寝室から納戸を見る。納戸を介して寝室から子ども室に風が抜ける。納戸に設けたエアコンは2部屋で共有する

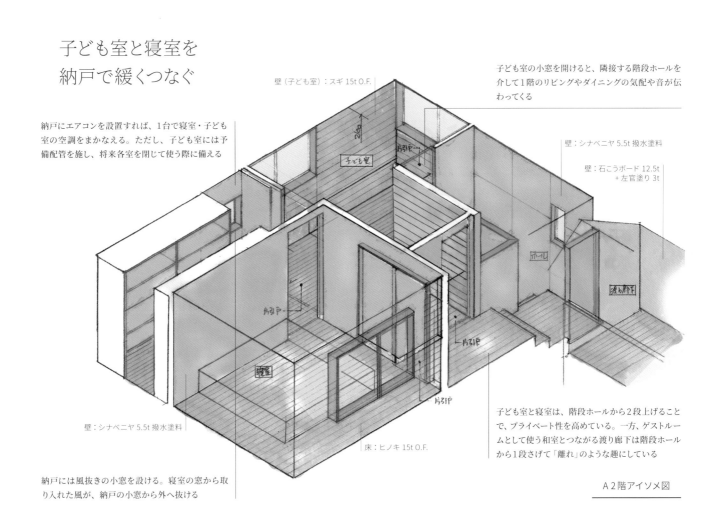

子ども室と寝室を納戸で緩くつなぐ

納戸にエアコンを設置すれば、1台で寝室・子ども室の空調をまかなえる。ただし、子ども室には予備配管を施し、将来各室を閉じて使う際に備える

子ども室の小窓を開けると、隣接する階段ホールを介して1階のリビングやダイニングの気配や音が伝わってくる

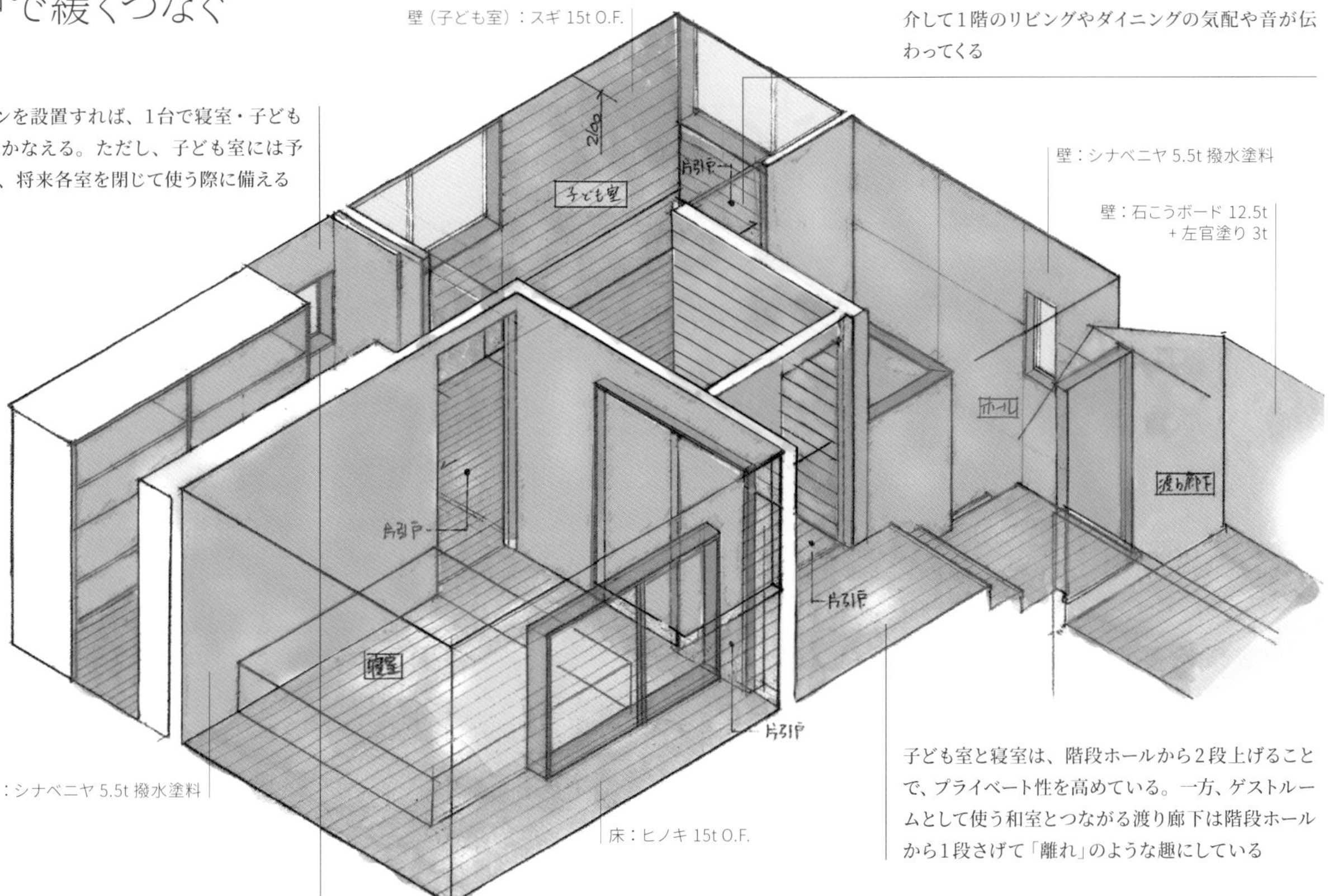

壁（子ども室）：スギ 15t O.F.
2100
子ども室
片引戸
壁：シナベニヤ 5.5t 撥水塗料
壁：石こうボード 12.5t + 左官塗り 3t
ホール
渡り廊下
片引戸
片引戸
寝室
片引戸
壁：シナベニヤ 5.5t 撥水塗料
床：ヒノキ 15t O.F.

子ども室と寝室は、階段ホールから2段上げることで、プライベート性を高めている。一方、ゲストルームとして使う和室とつながる渡り廊下は階段ホールから1段さげて「離れ」のような趣にしている

納戸には風抜きの小窓を設ける。寝室の窓から取り入れた風が、納戸の小窓から外へ抜ける

A 2階アイソメ図

2↘ 子ども室から納戸を見る。個室だが、納戸（右奥の開口部）に視線が抜けるので、閉鎖的に感じることはない

リビング吹抜けに面した渡り廊下を介して、離れの和室につながる。渡り廊下は家族共有のデスクコーナーとして使えるようにし、子どもが個室にこもらないようにしている

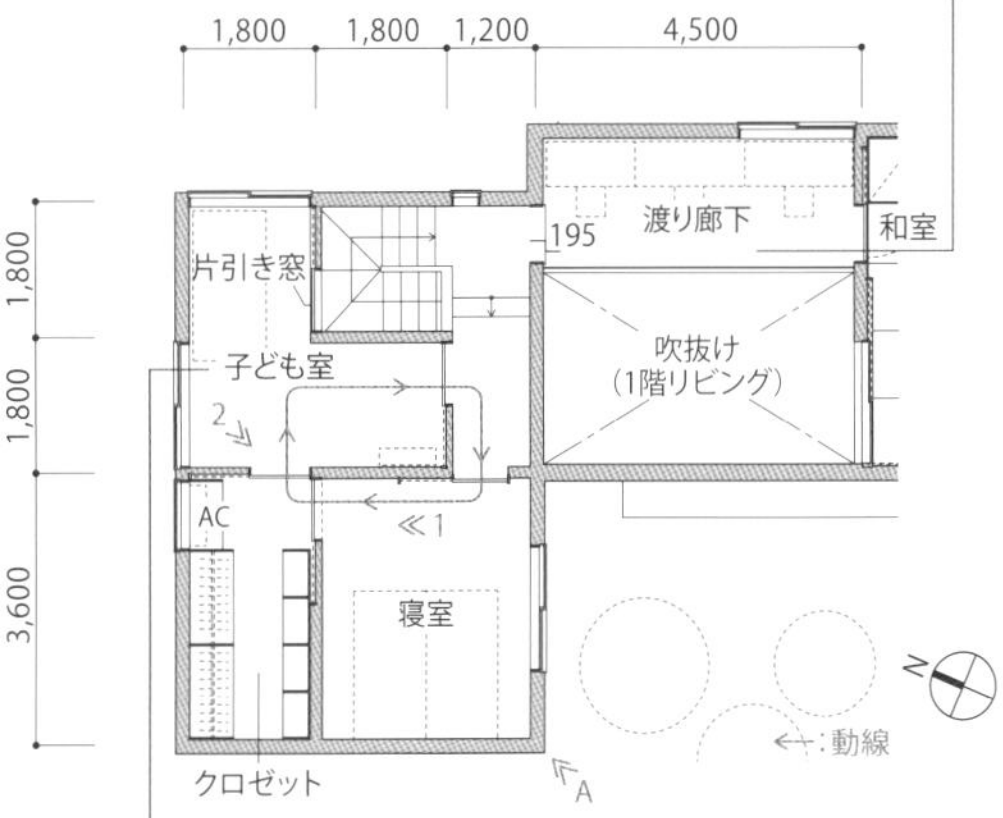

1,800
1,800
1,200
4,500
1,800
1,800
3,600
片引き窓
子ども室
195
渡り廊下
和室
吹抜け
（1階リビング）
AC
≪1
2↘
寝室
クロゼット
A
←: 動線
N

子ども室はL字形の平面。学習スペースと就寝スペースに緩く分けて使える

2階平面図 S＝1：150

ベッド周辺の照明は壁付けのブラケットライトとして、横になった際、光源が目に入らないようにする。枕元には調光スイッチを設置する

寝室に入ってすぐの所に、緩衝帯のような化粧柱を配置。この柱を挟んで、ベッド側と、クロゼットに近い着替えスペース側とに寝室が緩く仕切られる。この化粧柱を設けたことで、天井の梁成をおさえられ、天井懐が小さくなり、階段の段数を減らすことができた

天井：石こうボード 12.5t
＋Uトップ塗り 3t

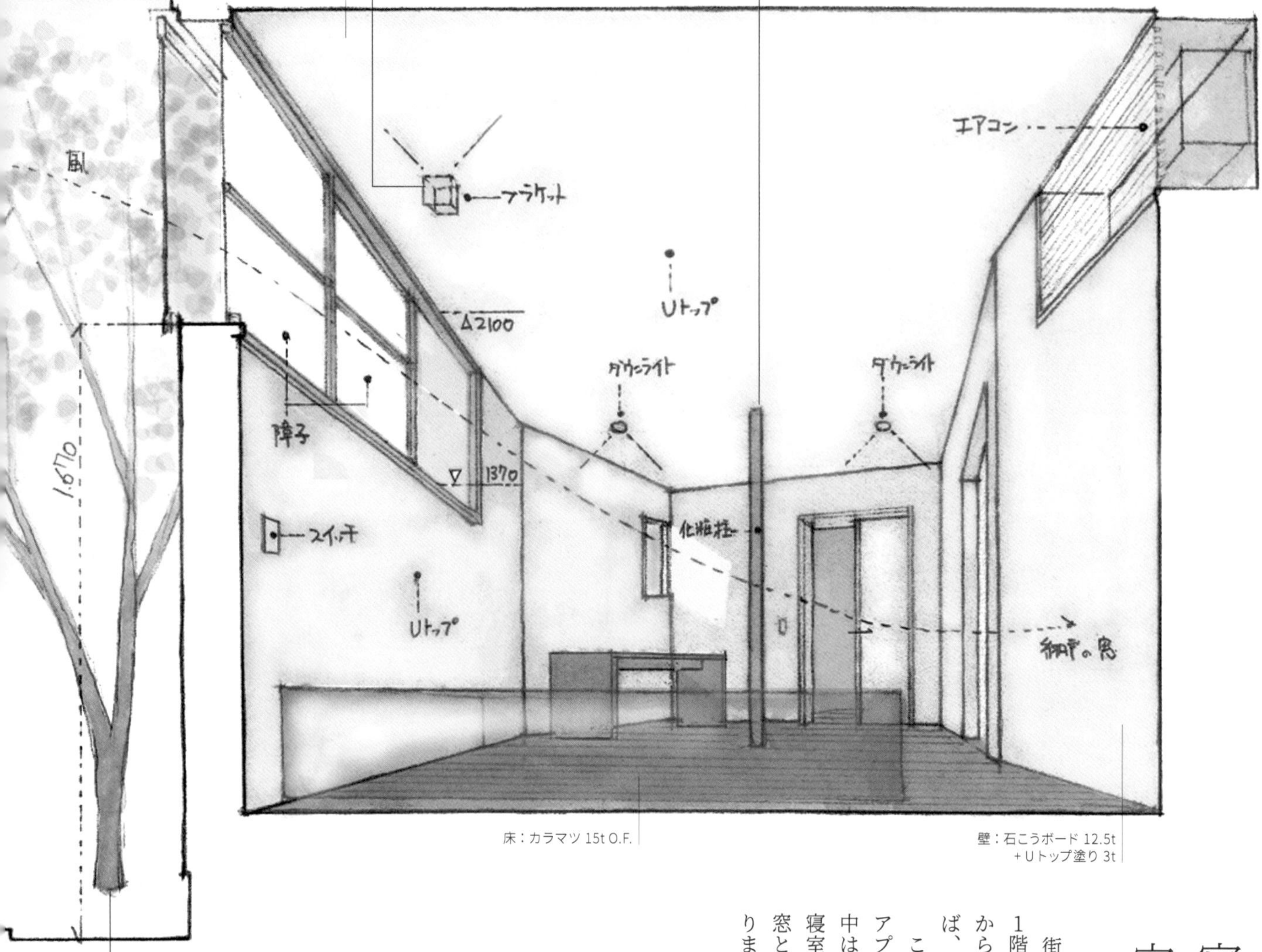

床：カラマツ 15t O.F.

壁：石こうボード 12.5t
＋Uトップ塗り 3t

外壁沿いに植栽を施し、アプローチと高窓に距離感をつくる

寝室に安心感を

街中では採光を確保するため2階をＬＤＫ、1階を寝室にすることが多く、寝室に居ると道路からの視線が気になります。しかし、高窓にすれば、採光を確保し、同時に安心感も得られます。

ここでは、前面道路がある東側には窓を設けず、アプローチを設けた南側に高窓を設けました。日中は、アプローチに施した植栽を介し木漏れ日が寝室に注ぎます。夜間は、高窓にはめた障子が、窓と壁を同化させることで、落ち着いた空間になります。

寝室は高窓にして
道路と距離をおく

1 玄関側から寝室を見る。左官の壁や天井に光が廻る

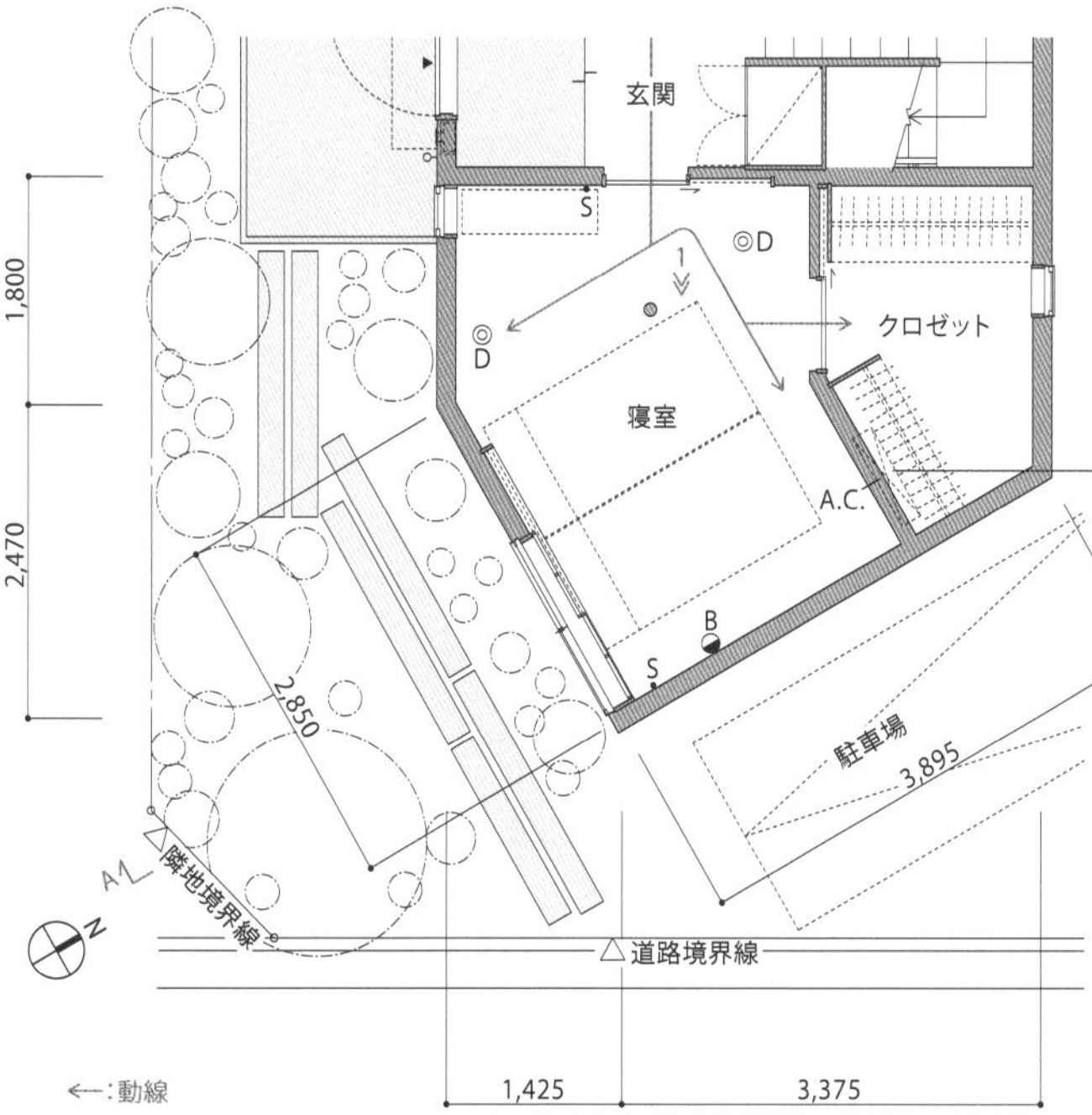
玄関
S
◎D
1
クロゼット
◎D
寝室
A.C.
B
S
駐車場
3,895
2,850
1,800
2,470
隣地境界線
道路境界線
A
N
1,425
3,375

エアコンは隣接するクロゼット側に入れ込む。壁面に凹凸がないため、小さな部屋でも狭くならない

←:動線

1階平面図S＝1：100

枕木

Aパース

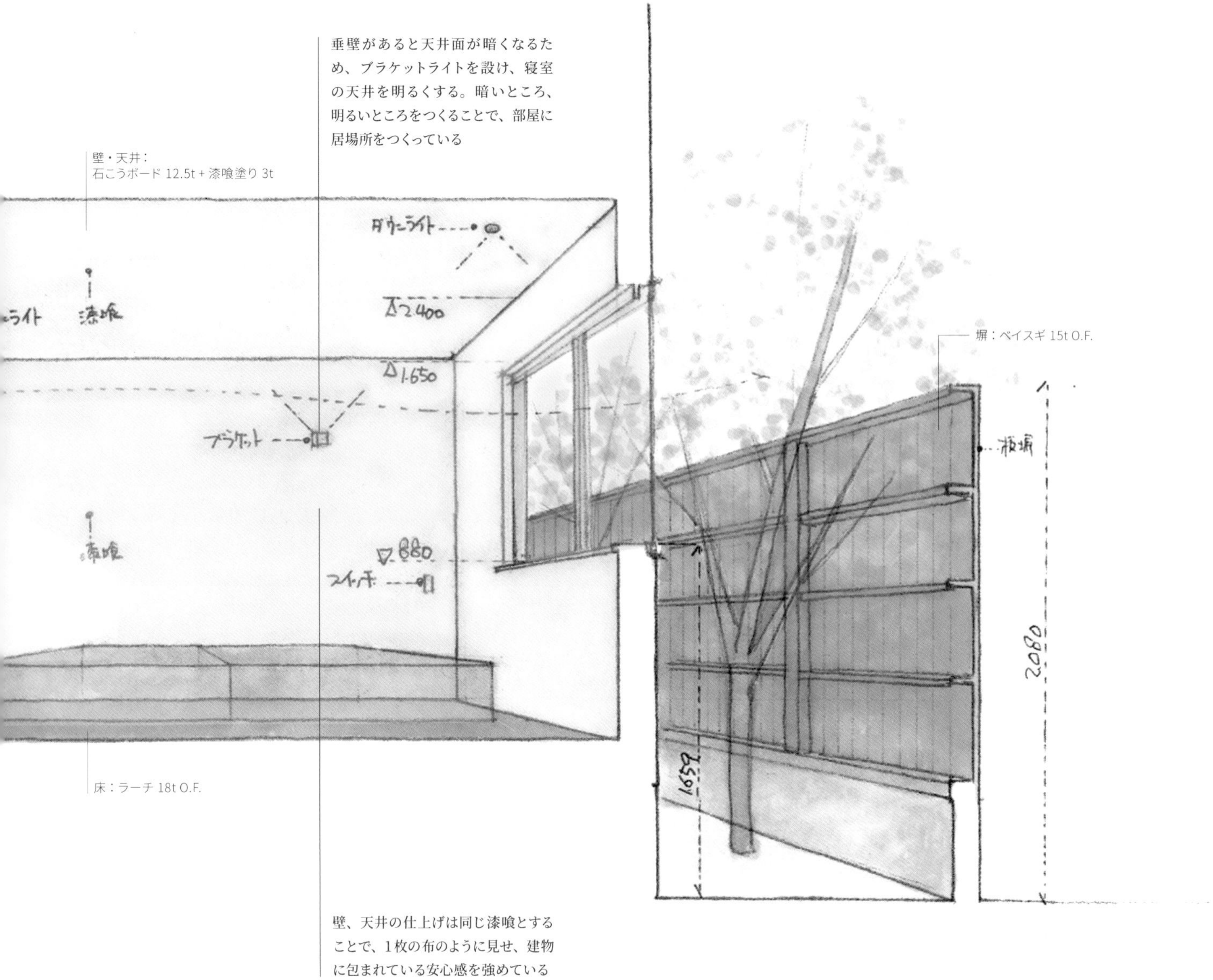
垂壁があると天井面が暗くなるため、ブラケットライトを設け、寝室の天井を明るくする。暗いところ、明るいところをつくることで、部屋に居場所をつくっている
壁・天井：
石こうボード 12.5t + 漆喰塗り 3t
ダウンライト
漆喰
△2400
△1650
ブラケット
漆喰
▽880
スイッチ
塀：ベイスギ 15t O.F.
板塀
2080
床：ラーチ 18t O.F.
壁、天井の仕上げは同じ漆喰とすることで、1枚の布のように見せ、建物に包まれている安心感を強めている

植栽で隣家と間《ま》をとる

都市部でも窓の前に植栽を施せるよう計画しておけば、緑を楽しむ窓がつくれます。植栽は、隣家とのほどよい間にもなります。

この事例では、寝室の南側に光庭を、北側の路地との間にも奥行き1.5mほどの小さな庭を設けました。寝室の両側の植栽が隣家との緩衝帯となるため、南北両側に大きな開口部を設けることができます。窓の近くに落葉樹を植えれば、夏は光を遮蔽し、冬は採光できるので、年中快適に過ごせます。

≪1 東側の窓を見る。窓側の収納の一部をデスクとし、本を読んだり書き物をしたりできるようにしている。収納（デスク）は、内外の緩衝帯にもなる

窓と植栽は
対で考える

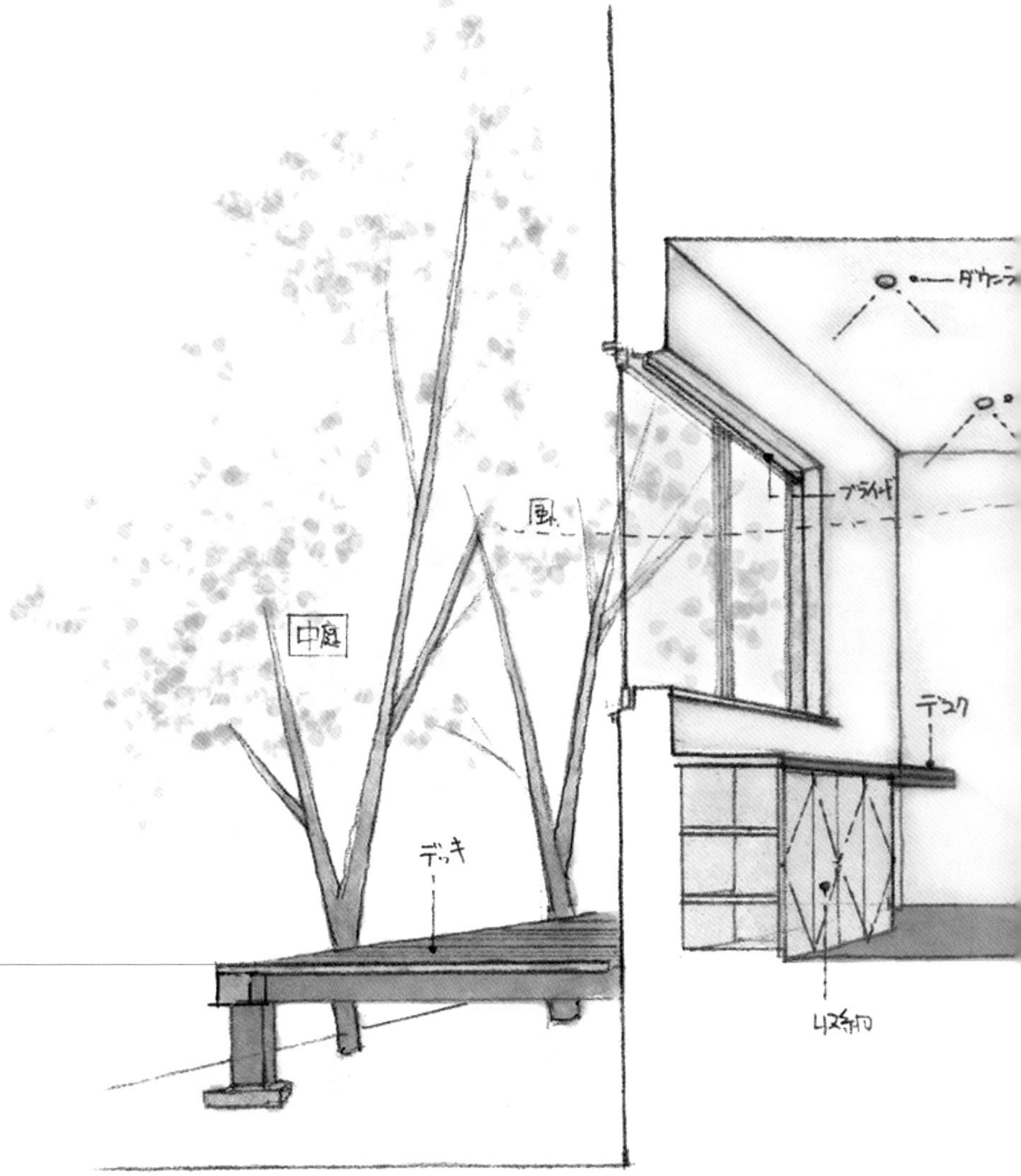

前面道路から寝室に向けて、地盤面が上がっている敷地。寝室の床を更に少し上げることで外壁との距離が生まれ、外からの視線が気にならなくなる。小さな中庭にあるデッキは地面より少し高い。デッキにでると、ちょうど視点が植栽の葉の広がり部分に合う

Aパース

物干しや休憩スペースにもなるデッキとの距離をとるため、窓側に収納とデスクを設け、緩衝帯としている

寝室の東側にはホールから出られるデッキを設けている。デッキは物干し場にもなるため、水廻りからも寝室からもアクセスしやすい位置に配置している

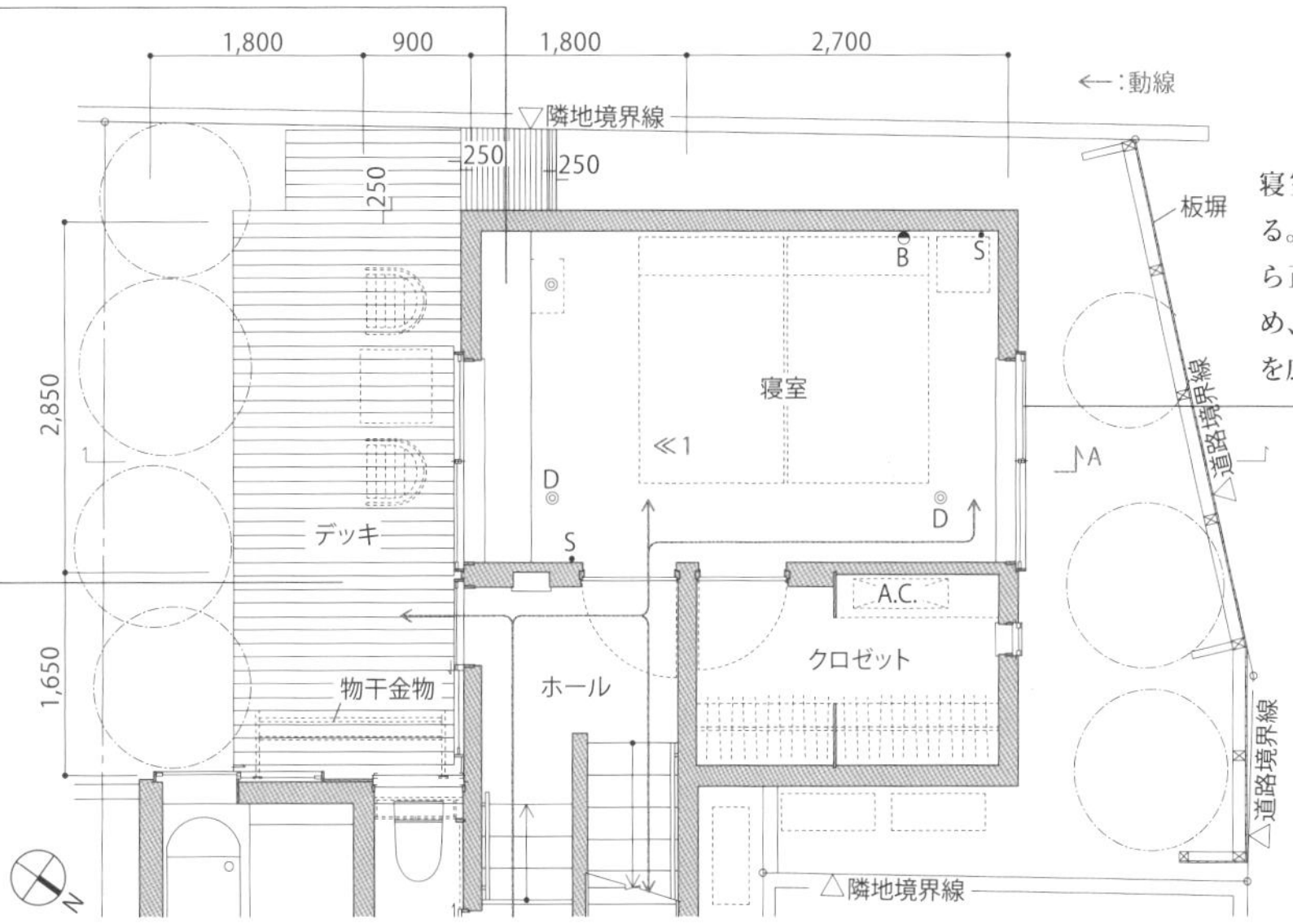

寝室の正面が壁、左右に腰窓がある。廊下から寝室を見た際に左右から正面の壁に柔らかく光が廻るため、部屋の奥行きが想像されて寝室を広く感じる

1階平面図S＝1：100

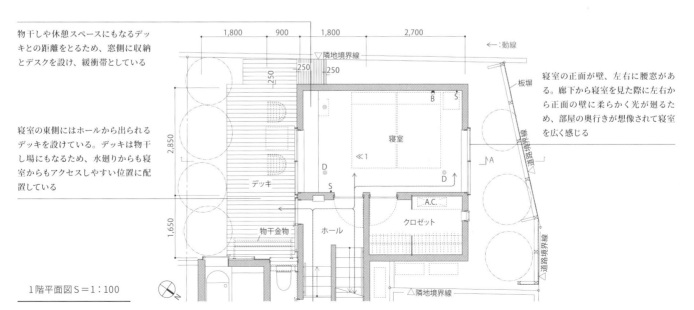

窓辺を緩衝帯にする

広い庭がある家では寝室にも大開口を設け、景色が楽しめるようにしたいものです。ただし、外との距離が近くなりすぎないよう、窓辺に緩衝空間が必要です。

ここでは広い敷地に、庭に囲まれた平屋の家をつくりました。庭を美しく切り取るため、軒を深く出しています。さらに冬に南からの光を得るため、開口部は大きめに設けました。ただし、古い民家のように縁側は設けていないので、外部との距離が近くなりすぎないよう、窓辺に450㎜の低めのベンチを兼ねた収納棚を設け、窓からの緩衝帯としています。

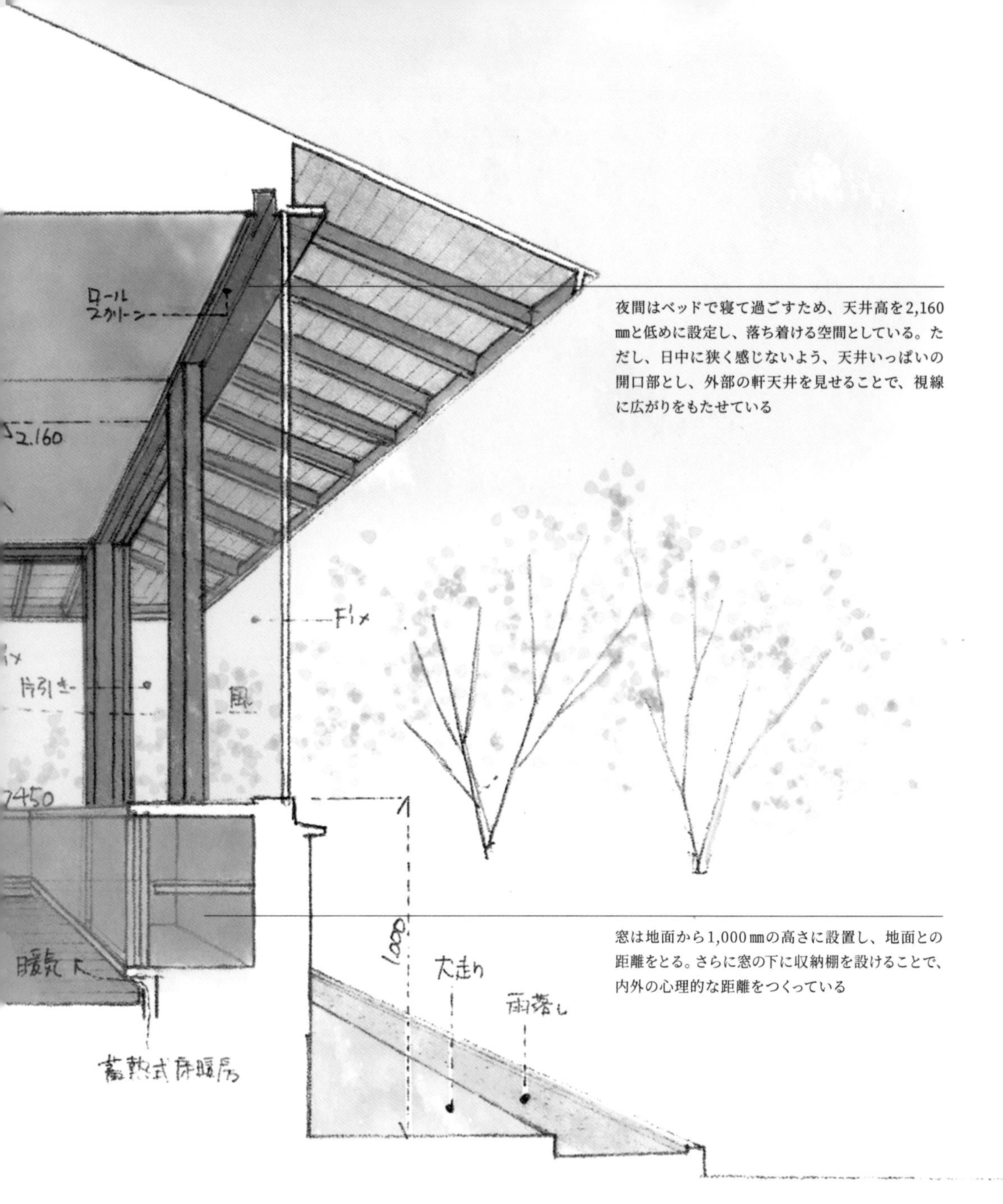
ロールスクリーン
2.160
Fix
片引き
2450
暖気
1000
大走り
雨落し
蓄熱式床暖房

夜間はベッドで寝て過ごすため、天井高を2,160㎜と低めに設定し、落ち着ける空間としている。ただし、日中に狭く感じないよう、天井いっぱいの開口部とし、外部の軒天井を見せることで、視線に広がりをもたせている

窓は地面から1,000㎜の高さに設置し、地面との距離をとる。さらに窓の下に収納棚を設けることで、内外の心理的な距離をつくっている

1≫
天井はセン合板、壁は左官仕上げとしている。ただし、左手前のデスクが取り付く部分は、デスクで作業する際にモノが壁にぶつかることもあるので、傷がつきにくいシナ合板で仕上げている

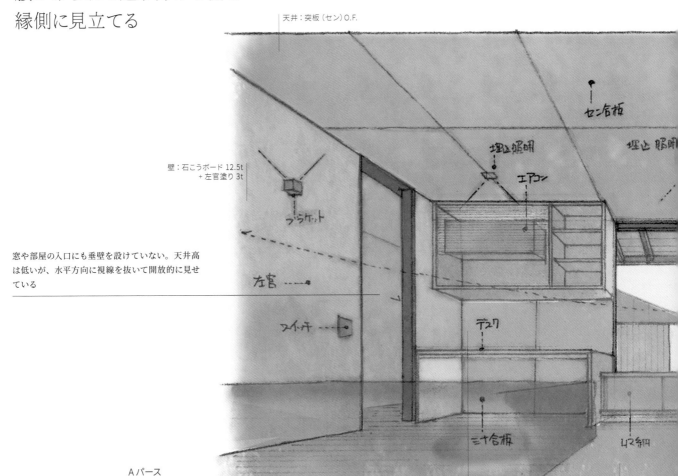

腰かけられる造り付けの棚を縁側に見立てる

天井：突板（セン）O.F.

壁：石こうボード 12.5t
＋左官塗り 3t

窓や部屋の入口にも垂壁を設けていない。天井高は低いが、水平方向に視線を抜いて開放的に見せている

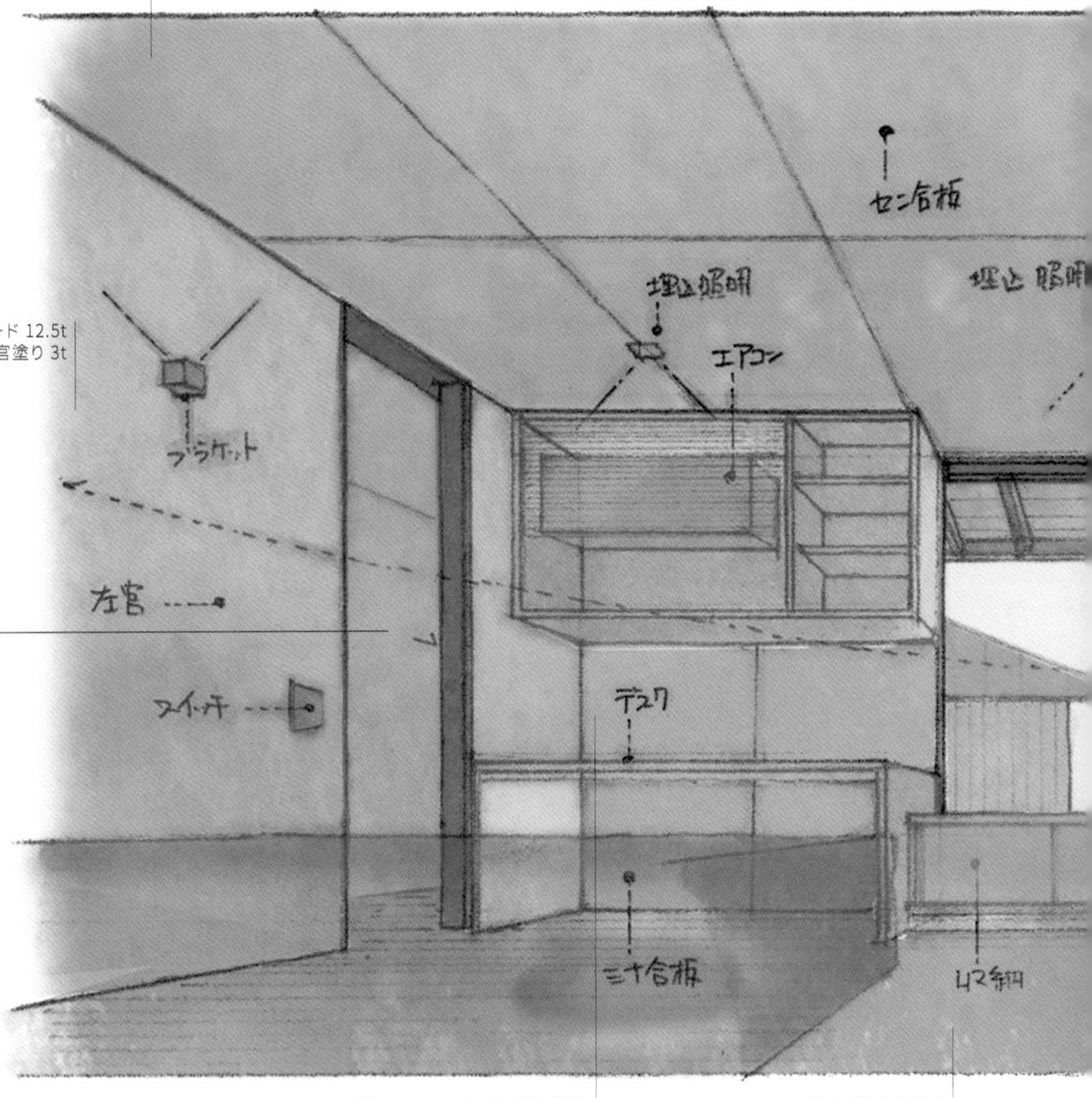
セン合板
埋込照明
埋込照明
エアコン
ブラケット
左官
スイッチ
デスク
シナ合板
ムク材

Aパース

壁：シナベニヤ 5.5t 撥水塗料

床：ブナ 15t O.F.

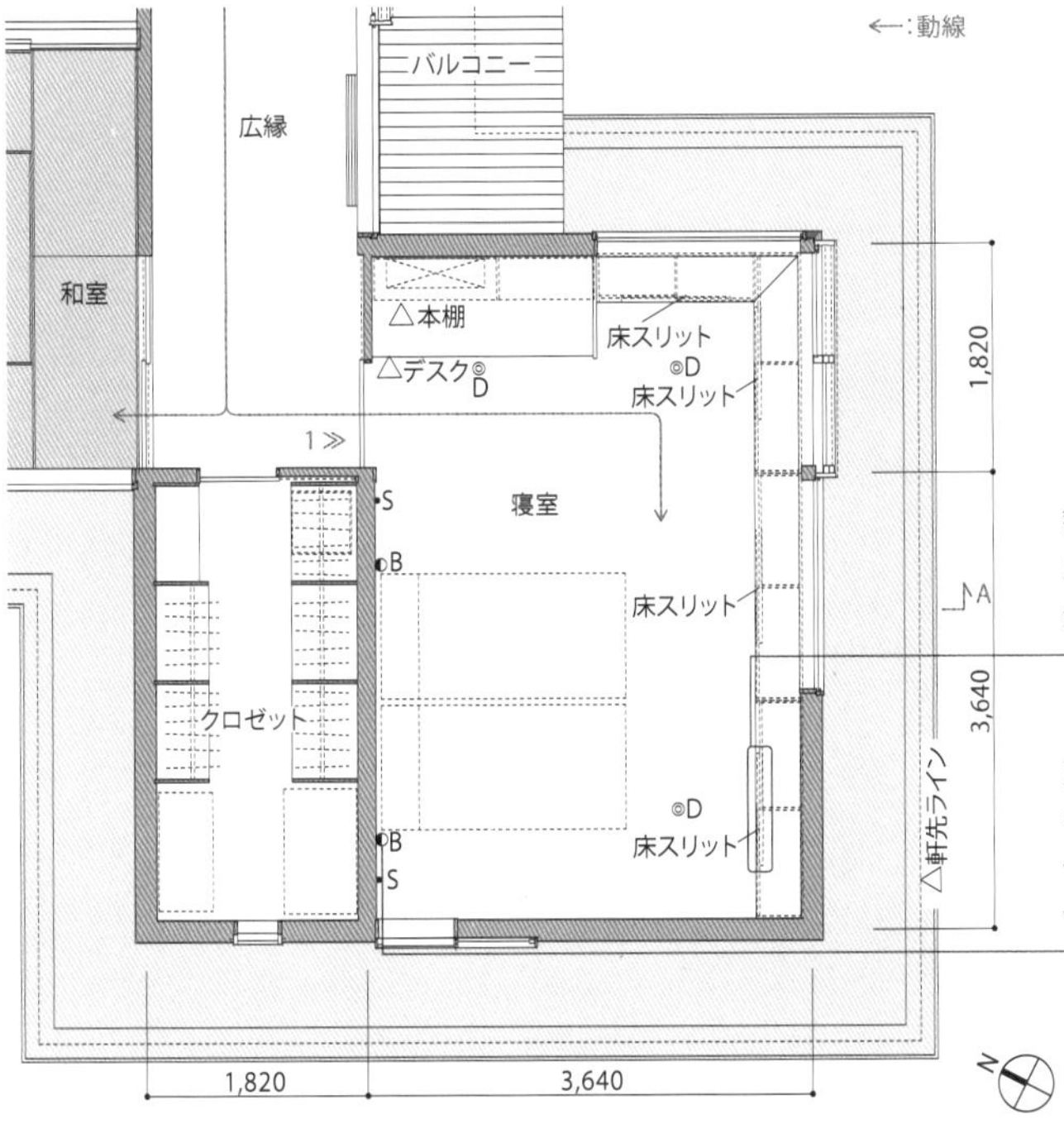
←:動線
バルコニー
広縁
和室
△本棚
△デスク
床スリット
©D
床スリット
1≫
S
寝室
B
床スリット
クロゼット
©D
床スリット
B
S
A
△軒先ライン
1,820
3,640
1,820
3,640
N

蓄熱式床下暖房を採用。暖気を部屋に廻すためのスリットを、収納棚の下に設けている。窓廻りの下から暖気を上げ、コールドドラフトを防ぐ

天井を明るくするために、枕元には壁付けのブラケットライトを設ける。ダウンライトは目地に合わせて木製ボックスを設置すれば、天井面となじませられる

1階平面図 S＝1：100

自然との ほどよい距離

自然に囲まれた住宅では、自然との距離感が重要です。外との距離を適度にとりつつも、美しい景色を楽しめるようにします。

この事例は、木立に囲まれた別荘の寝室です。日中は美しい木立ですが、夜間は暗く、外との距離をとらなければ、不安を感じる空間になってしまいます。ここでは、湿気対策と防犯対策を兼ねて基礎を1017㎜と高めに立ち上げ、外と距離をおいています。外との距離をとったことで、安心感が生まれ、木立の景色を楽しめる大きな窓を設けることができ、別荘ならではの心地よい寝室が実現しました。

1 外壁はカラマツ。はじめは赤褐色だったが、経年により自然の色となじんできた

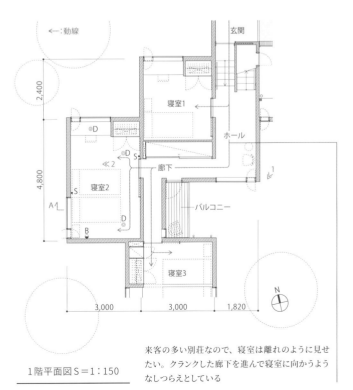

基礎を立ち上げて寝室の窓と木立を離す

窓には、木製ブラインドを取り付け、日差しの入り方を調整できるようにしている。木製ブラインドは窓廻りに納まるようなディテールとし、窓廻りをすっきり見せている

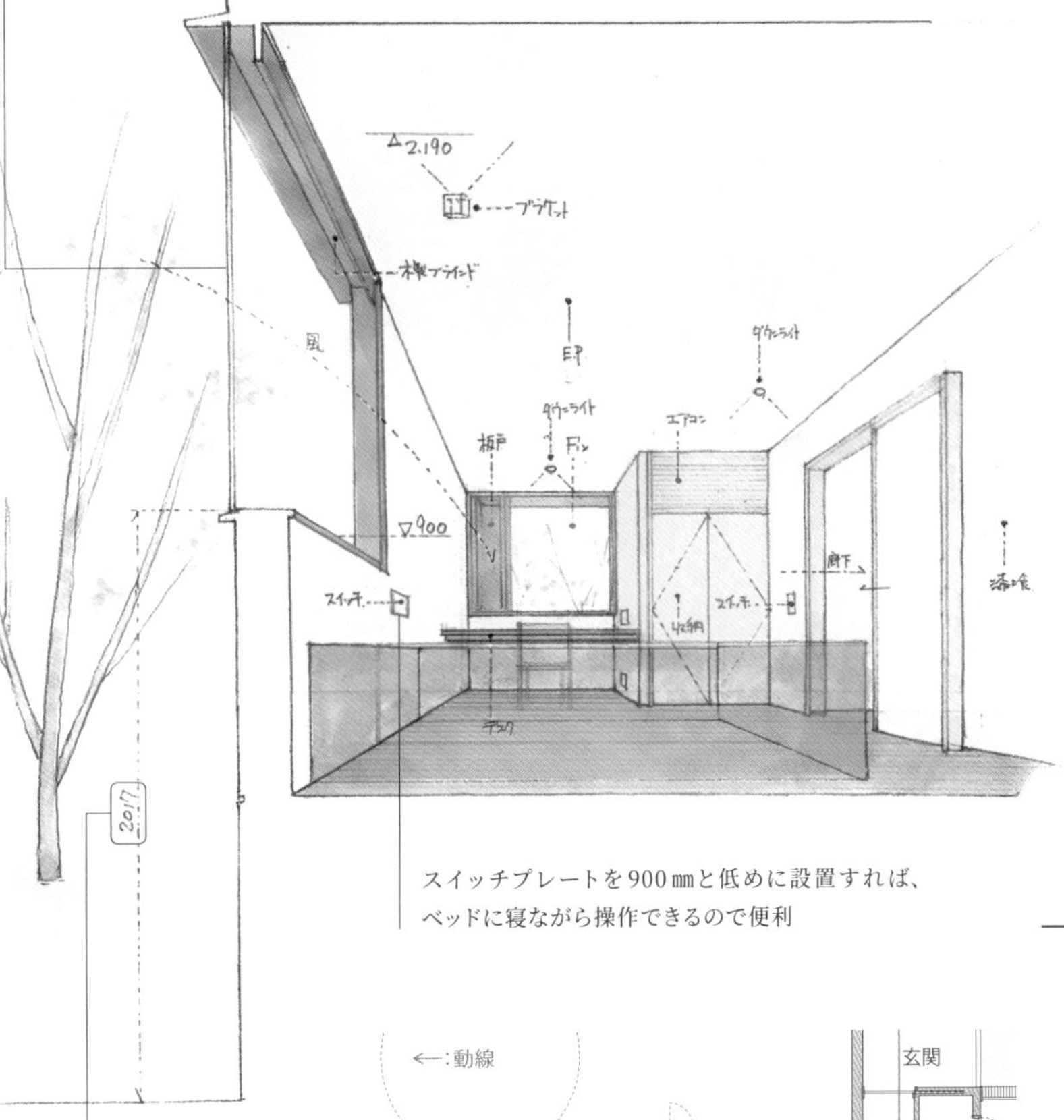
2,190
ブラケット
木製ブラインド
EP
ダウンライト
エアコン
板戸
FIX
900
スイッチ
収納
廊下
漆喰
デスク
2017

スイッチプレートを900㎜と低めに設置すれば、ベッドに寝ながら操作できるので便利

Aパース

基礎を1,017㎜と高めに設定したことで、地盤面から窓までの高さが2,017㎜になる。外と距離をとって安心感を確保するとともに、昼間は開放的な自然の景色を楽しむことができる

≪2 平面図の寝室2（右の1階平面図参照）の窓。2方向の窓から、木立の広がりを楽しめる

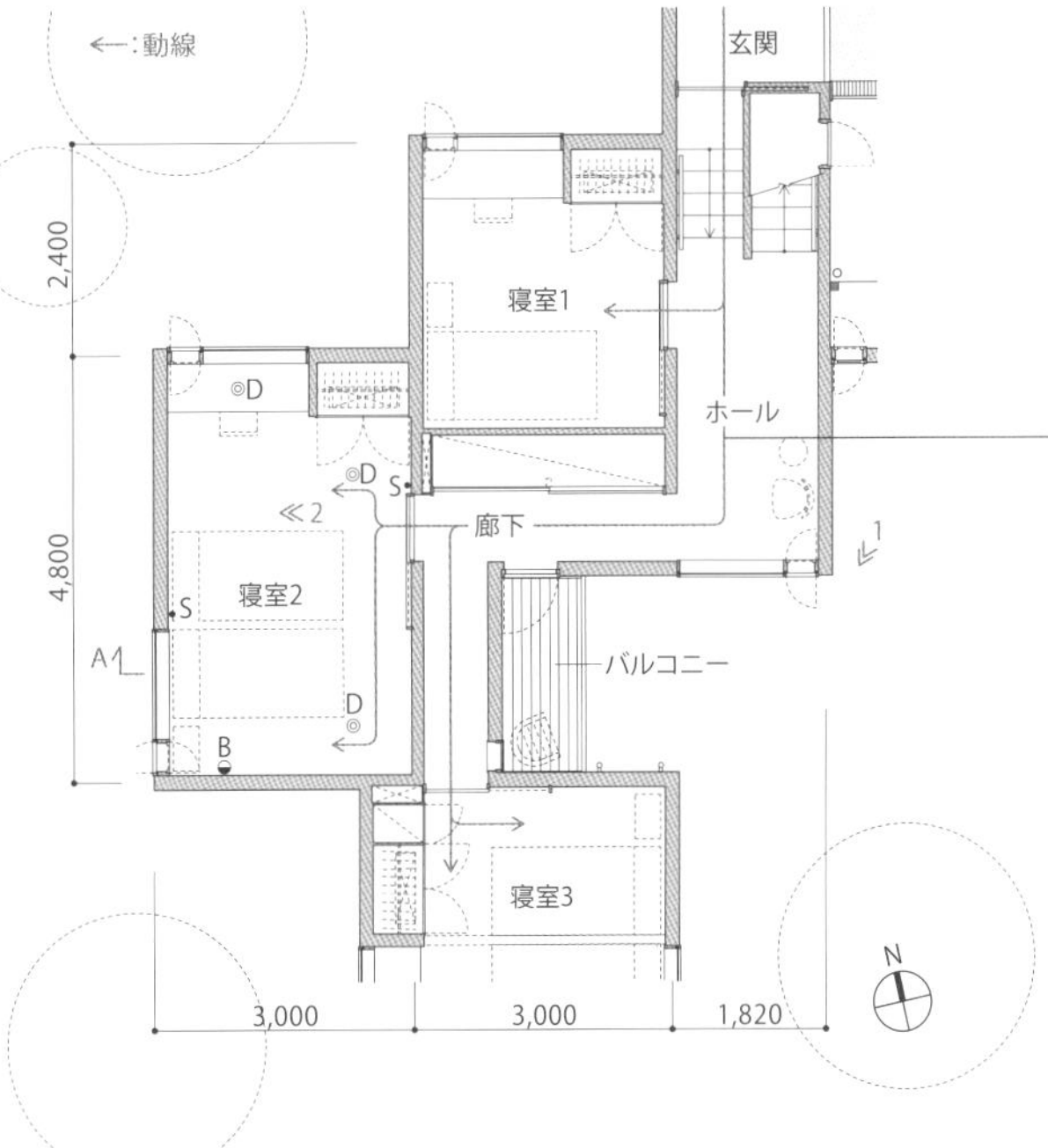
←:動線
玄関
2,400
寝室1
ホール
◎D
S
≪2
廊下
4,800
寝室2
A
バルコニー
D
B
寝室3
3,000
3,000
1,820
N
1

1階平面図S＝1：150

来客の多い別荘なので、寝室は離れのように見せたい。クランクした廊下を進んで寝室に向かうようなしつらえとしている

ゲストルームは離れの趣に

ゲストルームは、多目的に使える畳の間にするのも手です。離れのようにして玄関脇に設ければ、泊まりのお客だけでなく、近所の人がちょっと立ち寄れる憩いのスペースとしても使えます。

ゲスト用の寝室が要望された事例。里帰りで遊びに来た家族が使うこともあれば、来客を泊めるケースもあるとのこと。そこで、畳の寝室兼ゲストルームとして、用途に幅を持たせました。玄関の脇に配置したこのおもてなし空間は、帰省した家族が気軽に使えるのはもちろん、ほかの居室との距離があるので来客も気兼ねなくくつろげます。

和室の窓は道路に面している。300㎜程度の奥行きの深い窓台を設け、外部と距離をおいた。窓台は高さ450㎜とやや低めに配置していて、床座の際の肘置きとしてもちょうどよい。また、窓台の下の壁はセットバックさせて、パネルヒーターを納めている

窓台：スギ 30t O.F.

壁：石こうボード 12.5t
+砂漆喰塗り 3t

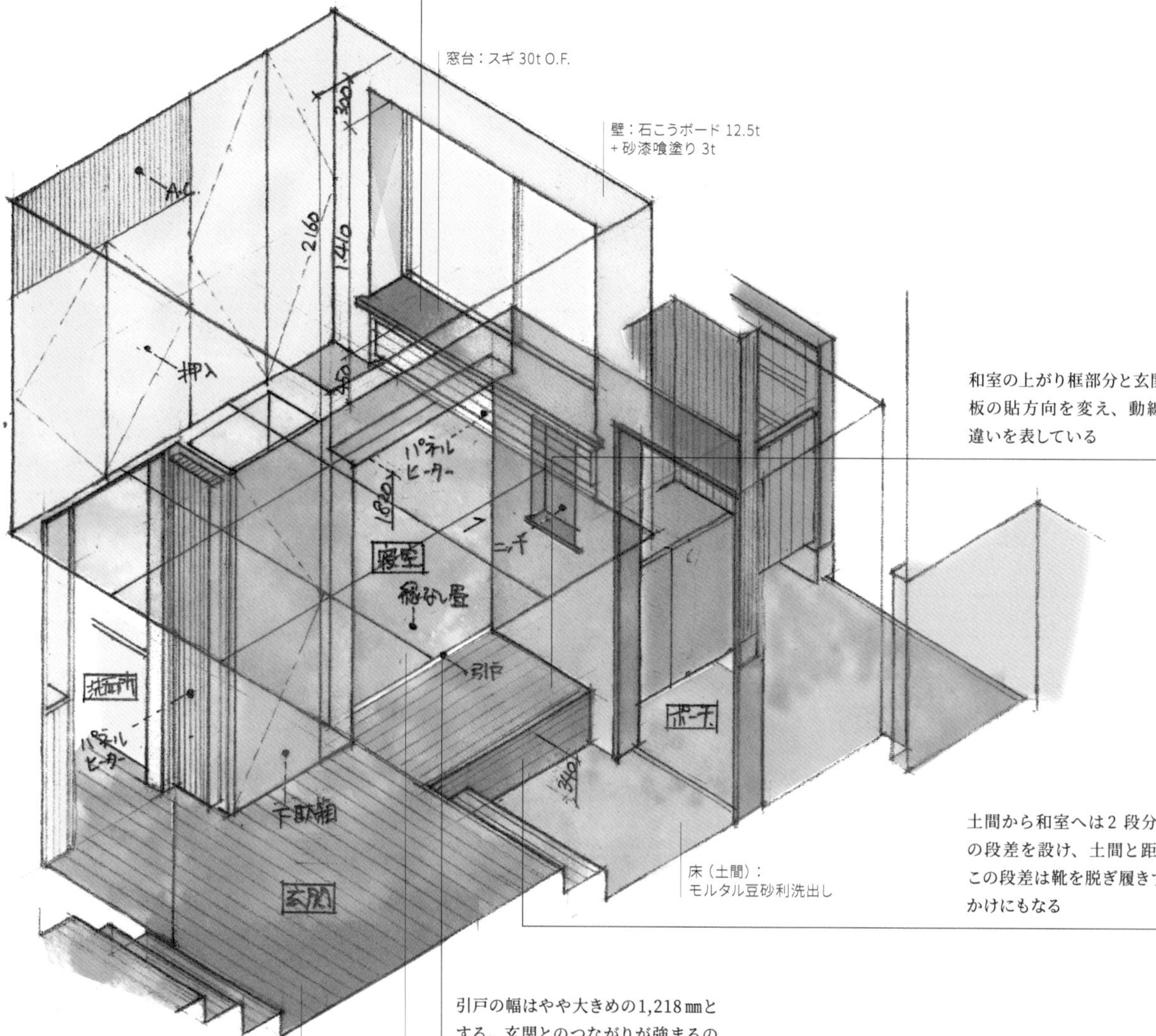

和室の上がり框部分と玄関部分で床板の貼方向を変え、動線の方向の違いを表している

土間から和室へは2段分（340㎜）の段差を設け、土間と距離をおく。この段差は靴を脱ぎ履きする際の腰かけにもなる

床（土間）：
モルタル豆砂利洗出し

引戸の幅はやや大きめの1,218㎜とする。玄関とのつながりが強まるので、畳の間は来客が気軽に立ち寄れるスペースにもなる

A 1階アイソメ図

床：ブナ
15t U.C.

床（寝室）：
畳敷き 55t

玄関脇に畳の おもてなし空間をつくる

1 玄関から寝室兼ゲストルームを見る。引戸の幅は広いが、垂壁を設けて落着きを与えている

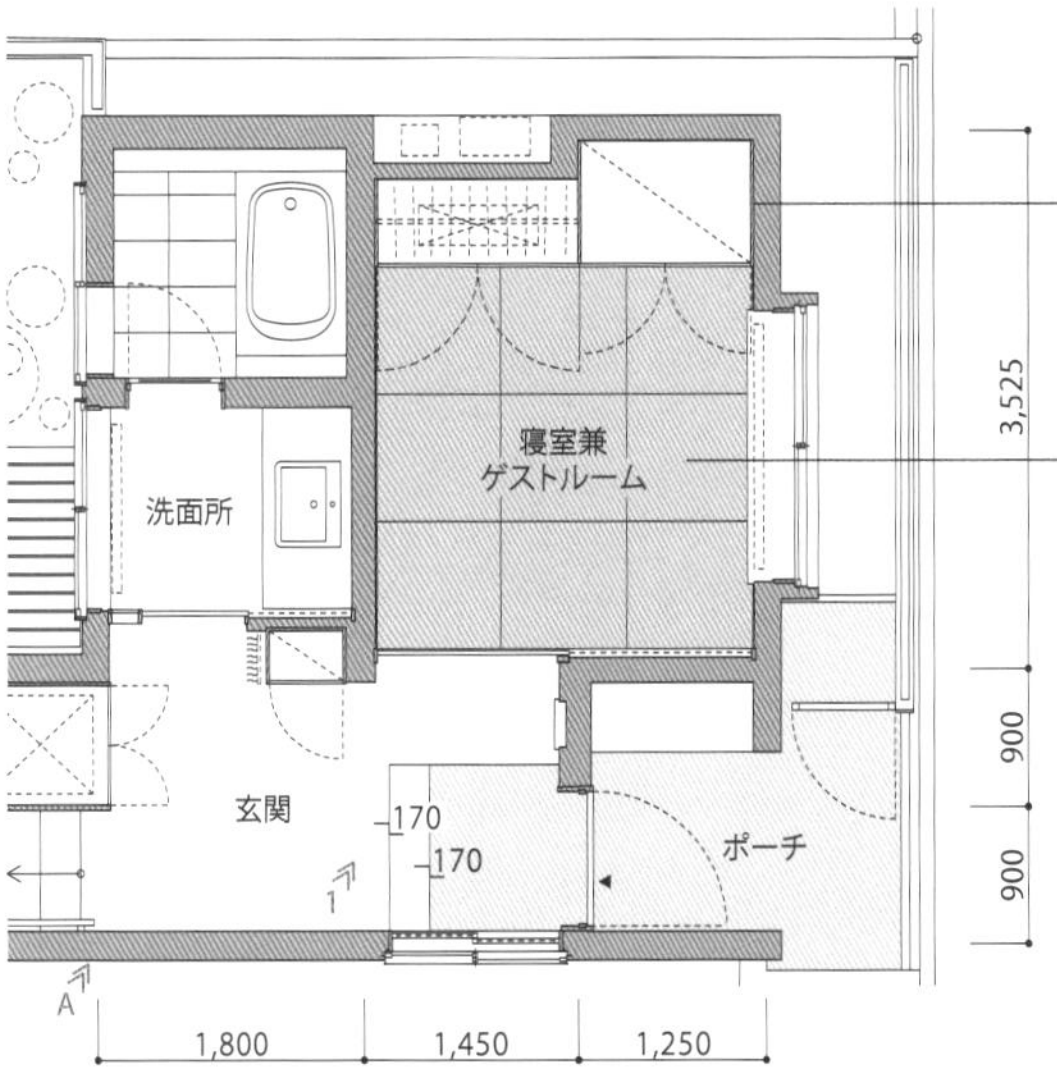
寝室兼
ゲストルーム
洗面所
玄関
ポーチ
170
170
1
A
3,525
900
900
1,800
1,450
1,250

向かって右側は布団を納める奥行きの深い収納、左側は奥行きの浅い衣類の収納とした。浅い収納の裏側は、外壁を凹ませて給湯器や暖房器などの設置スペースとしている

寝室兼ゲストルームに上がると、右手に窓があり、視線がそちらの方向に向きやすい。そのため縁なしの畳とし、別の方向性が生まれないように配慮した

1階平面図S＝1：100

心地よい畳の窓辺

窓辺に畳の小上りがあるだけで、その部屋の使い方はがらりと変わります。小上りは、日中は腰かけてくつろぐ場になり、夜は寝床にもなります。

母親＋子世帯の二世帯住宅。母親の部屋に、1畳弱の小上りを設けました。畳があればベッドが不要になるので、部屋の用途が寝室に限定されません。また畳が高い位置にあるため、布団の上げ下ろしの際に腰を曲げずに済み、体の負担を軽減できます。

1 小上りから仏壇やテレビを置く棚を見る。小上りは天井高 1,920 ㎜と低めにし、床座で落ち着ける空間としている

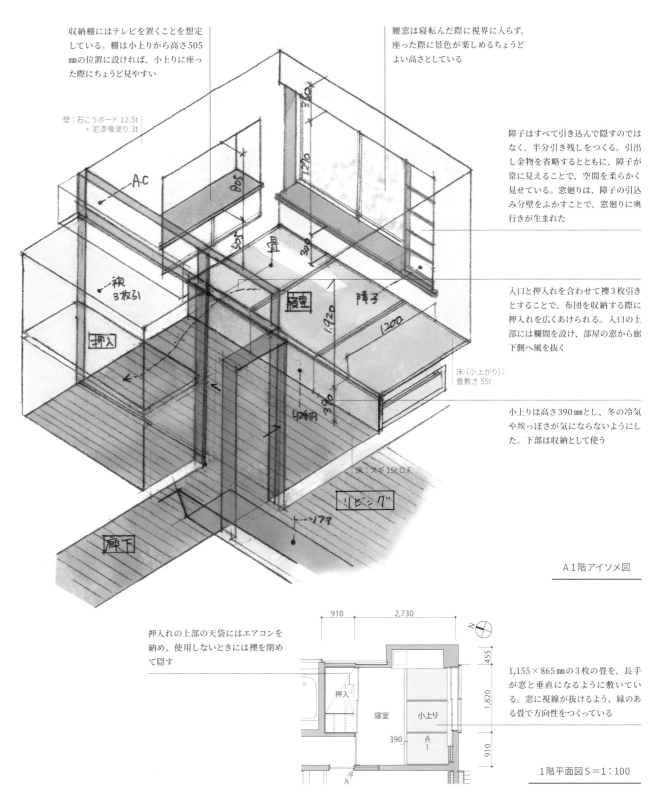

小さな畳の小上りを
ベッドやベンチのように使う

収納棚にはテレビを置くことを想定している。棚は小上りから高さ505㎜の位置に設ければ、小上りに座った際にちょうど見やすい

腰窓は寝転んだ際に視界に入らず、座った際に景色が楽しめるちょうどよい高さとしている

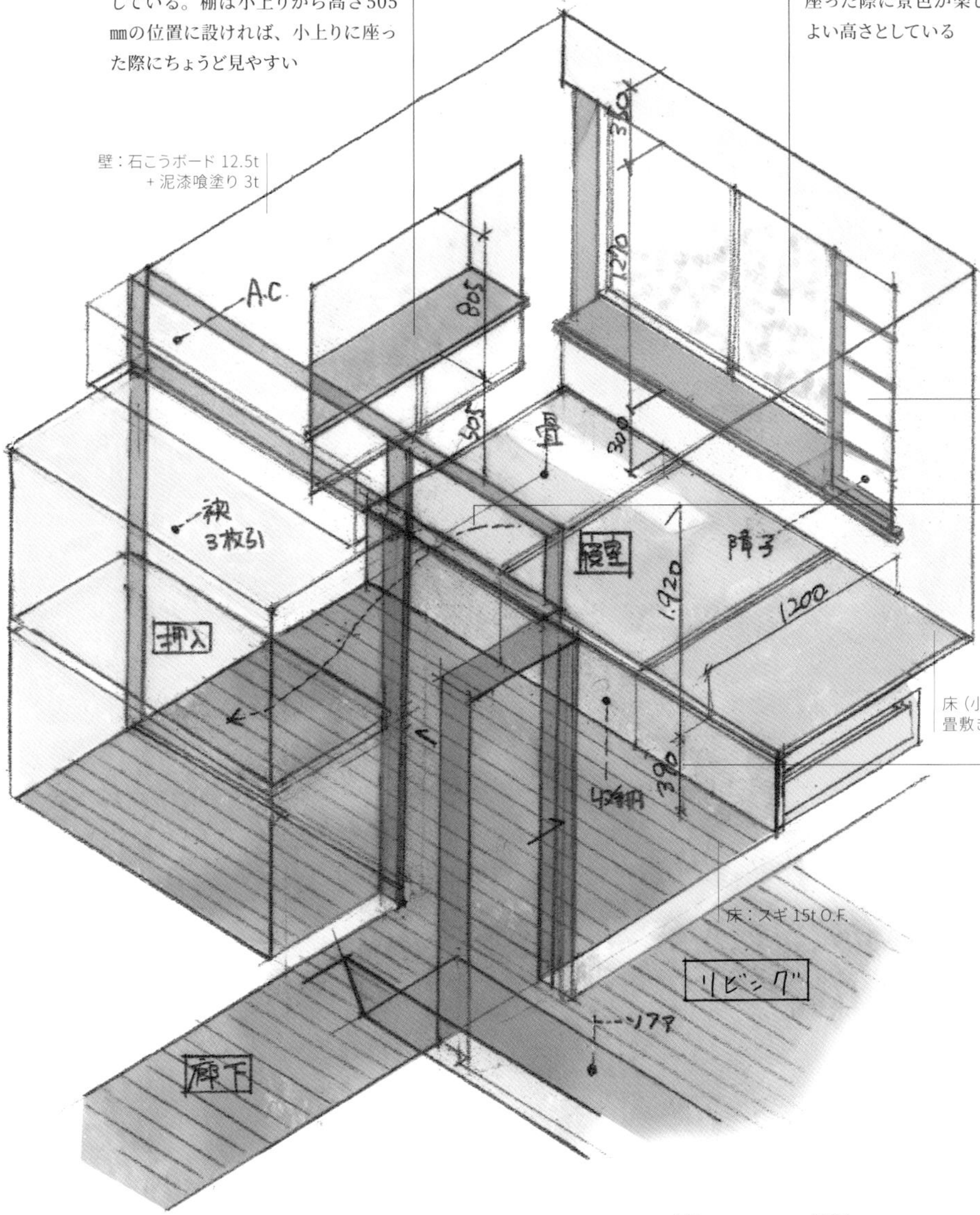
壁：石こうボード 12.5t
+ 泥漆喰塗り 3t
A.C
805
505
350
1270
300
畳
襖
3枚引
寝室
障子
1920
1200
押入
収納
390
床（小上がり）：
畳敷き 55t
床：スギ 15t O.F.
リビング
廊下

障子はすべて引き込んで隠すのではなく、半分引き残しをつくる。引出し金物を省略するとともに、障子が常に見えることで、空間を柔らかく見せている。窓廻りは、障子の引込み分壁をふかすことで、窓廻りに奥行きが生まれた

入口と押入れを合わせて襖3枚引きとすることで、布団を収納する際に押入れを広くあけられる。入口の上部には欄間を設け、部屋の窓から廊下側へ風を抜く

小上りは高さ390㎜とし、冬の冷気や埃っぽさが気にならないようにした。下部は収納として使う

A 1階アイソメ図

押入れの上部の天袋にはエアコンを納め、使用しないときには襖を閉めて隠す

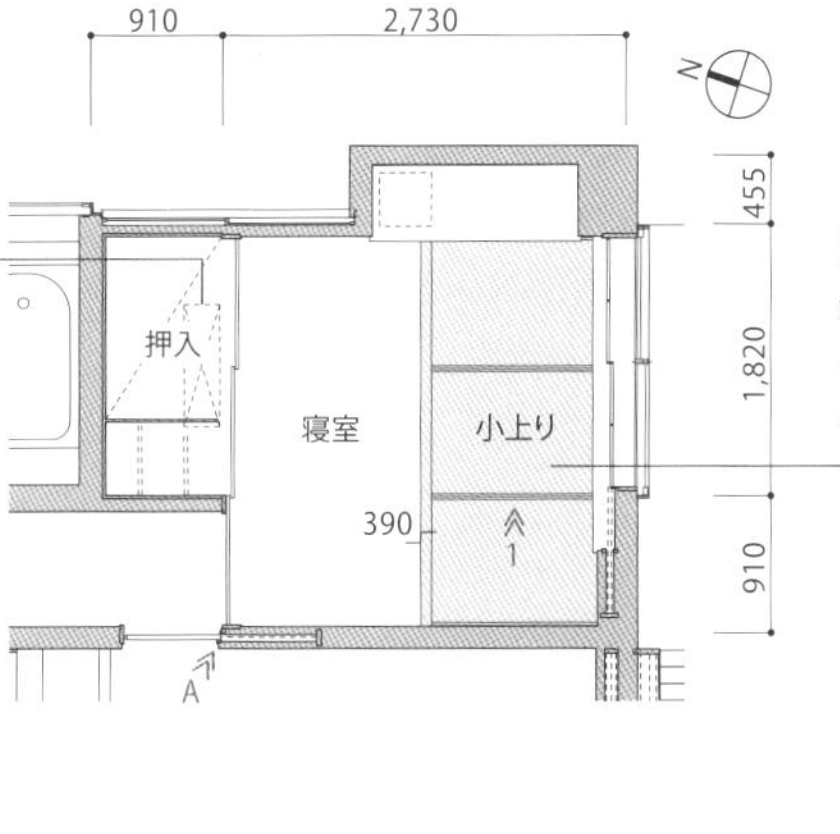
910
2,730
N
455
1,820
910
押入
寝室
小上り
390
1
A

1,155×865㎜の3枚の畳を、長手が窓と垂直になるように敷いている。窓に視線が抜けるよう、緑のある畳で方向性をつくっている

1階平面図S＝1：100

Case study 3 —— 暮らしに寄り添う設計　那須の家

木立に溶け込んだ 非日常を愉《たの》しむ別荘

那須岳の裾野に広がる雑木林。
この雑木林の繊細な雰囲気を壊さないように、
建物の計画を始めました。
光や影、風の流れなど自然そのものを感じる別荘です。

切妻が連なる外観。
左頁：木製の外壁や窓は経年により、
周囲の木々と馴染んでいく。

右：キッチンに立つと、ダイニング、バルコニー、外まで見渡せる。
左：お互いの様子が見え隠れするリビング・ダイニング。それぞれの居場所にいても声や気配が感じられる。
下：リビングの薪ストーブ。手前の化粧柱が緩やかに空間を分ける。

敷地は、クヌギやコナラ、ヤマザクラやクリの木立が立ち並ぶ場所。建物を自然に溶け込ませるには、どの様な形にしたらよいのか、まずは建物の形から考え始めました。敷地調査の際に周辺の雑木林を歩いていると別荘地の外れで、もう何年も、誰も使った形跡がない小屋に出会いました。簡素な切妻の小屋は林の中にひっそりと佇んでおり、経年変化で色が落ちた外壁の板とともに、周囲の木々に溶け込む姿に惹かれました。

自然の中になじませるには、建築として自然な形かつ、無理のない形にするのがよいのでは……と思いはじめ、切妻の小屋の形から考え始めました。しかし、住まい手が求める面積に応じた設計にすると、細い木々のなかに大きな建物ができてしまい、敷地になじみません。そこで、大きさを抑えた4つの小屋を並べて配置することにしました。雨や雪が地面へ落ちるよう、雁行させる形で並べつつ、小屋と小屋を重なりあわせることで、切妻のかたちなりに、部屋と部屋が重なる場が生まれました。その場が、空間を緩やかにつなぎ、空間に陰影を与え、居場所にたまり感をもたらしました。

建物の配置は国道に沿ってつくられた区割りの道路に従うのではなく、自然に習い、建物を南に向けることで、敷地内あるいは敷地外に向かって、伸びやかな視線を得ることができました。ダイニングテーブルやリビングのソファ、階段のベンチや寝室のデスクなどの居場所に座ると、各方面に配置した窓の先に、周囲の木立やその先に広がるアカマツ林、そして冬には那須岳の尾根が見えます。また居場所から見えない窓は、壁に当たる光や風の流れによって、その先にある空間や自然を感じさせています。

1階は寝室が並んでいます。雁行型の配置により、各部屋までに廊下ができ、寝室が離れのような趣になります。また寝室は、基礎を高く立ち上げて床を地面から少し離すことで、安心感をもたらすとともに、周囲の木立の緑が目に入ってきます。別荘全体は、各階が半階ずれてつながるスキップフロアです。1.5階にあたる部分に、水廻りを配置してどちらの階からも使いやすくすると同時に地面から離すことで、大きな窓のある開放的な空間としました。

撮影に訪れたのは、築10年あまり。外壁のカラマツの色も落ち着いて、周囲の木立の幹となじみ、風景に溶け込んできました。日常生活から離れ、光や影、風の流れなど自然そのものを感じる空間になっています。

右頁：木立の枝葉を通り抜けた光が、漆喰の壁に柔らかく廻る。
上：左右に視線が抜ける開放的な寝室。
下：光や天気の移り変わりを感じる寝室のデスクコーナー（右）。各寝室は廊下の先にある（左）

上：外の景色を楽しめる浴室。外の緑が室内に映り込む（右下）。
左下：洗面所の小窓からは朝の光が注ぐ。
左頁：中2階の階段ホール。北向きの優しい光で、読書を楽しめる（右上）。1階ホールでは外の景色が上階へ導く（右下）。1階ホールは、椅子を置いてちょっとしたたまり場として使う（左上）。

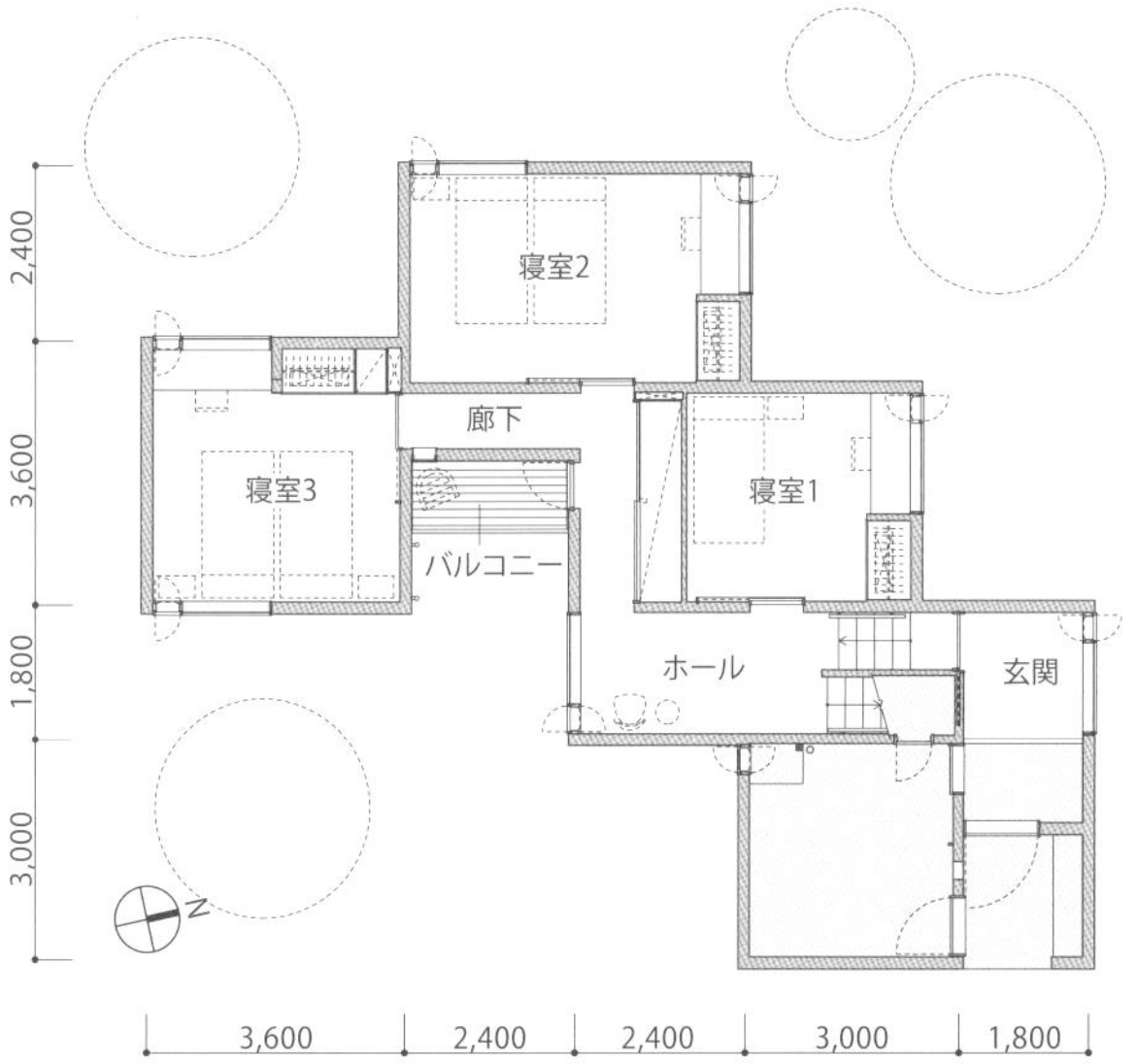
寝室2
寝室3
廊下
寝室1
バルコニー
ホール
玄関
2,400
3,600
1,800
3,000
3,600
2,400
2,400
3,000
1,800

平面図S＝1：200

1階

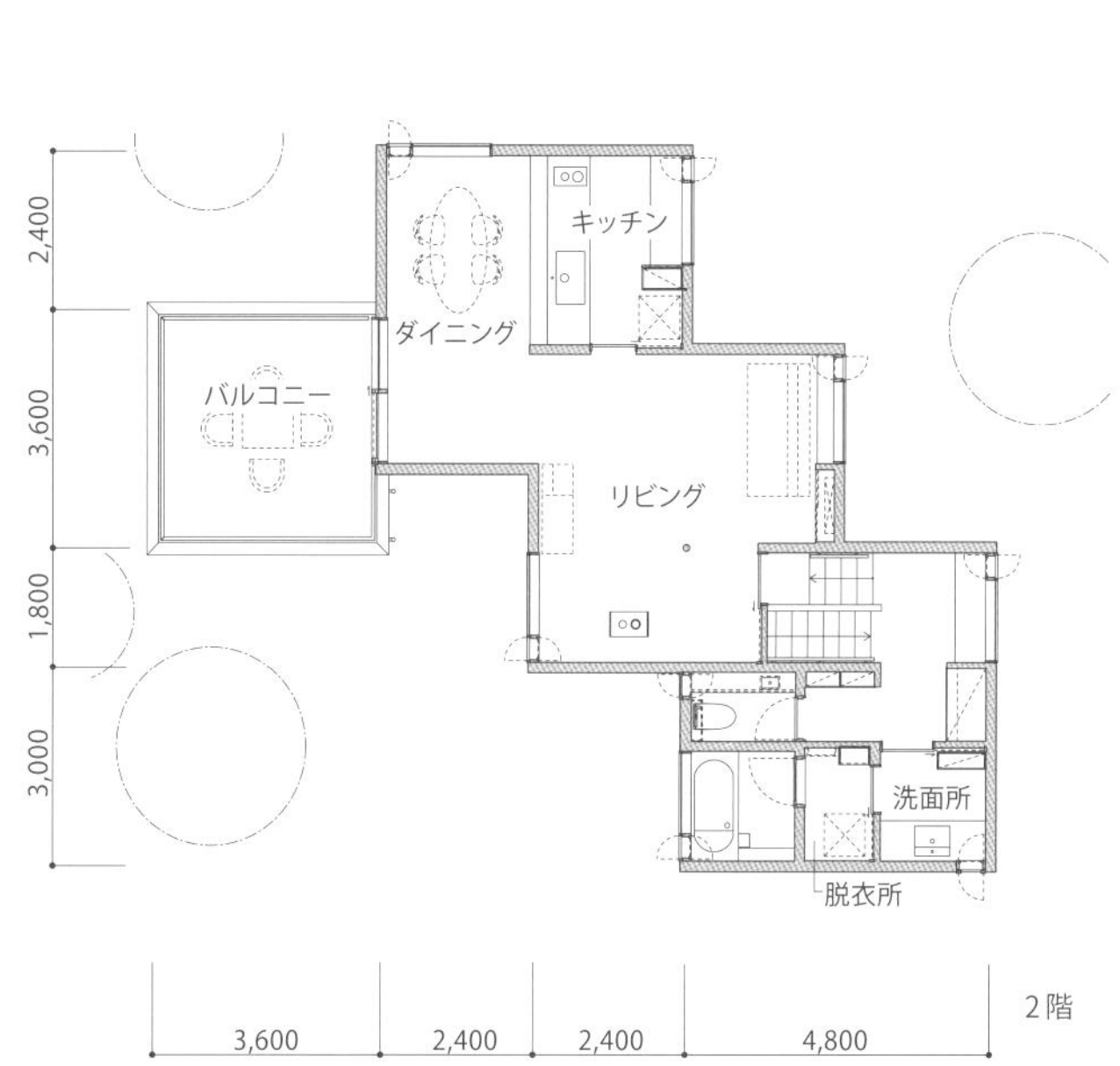
キッチン
ダイニング
バルコニー
リビング
洗面所
脱衣所
2,400
3,600
1,800
3,000
3,600
2,400
2,400
4,800

2階

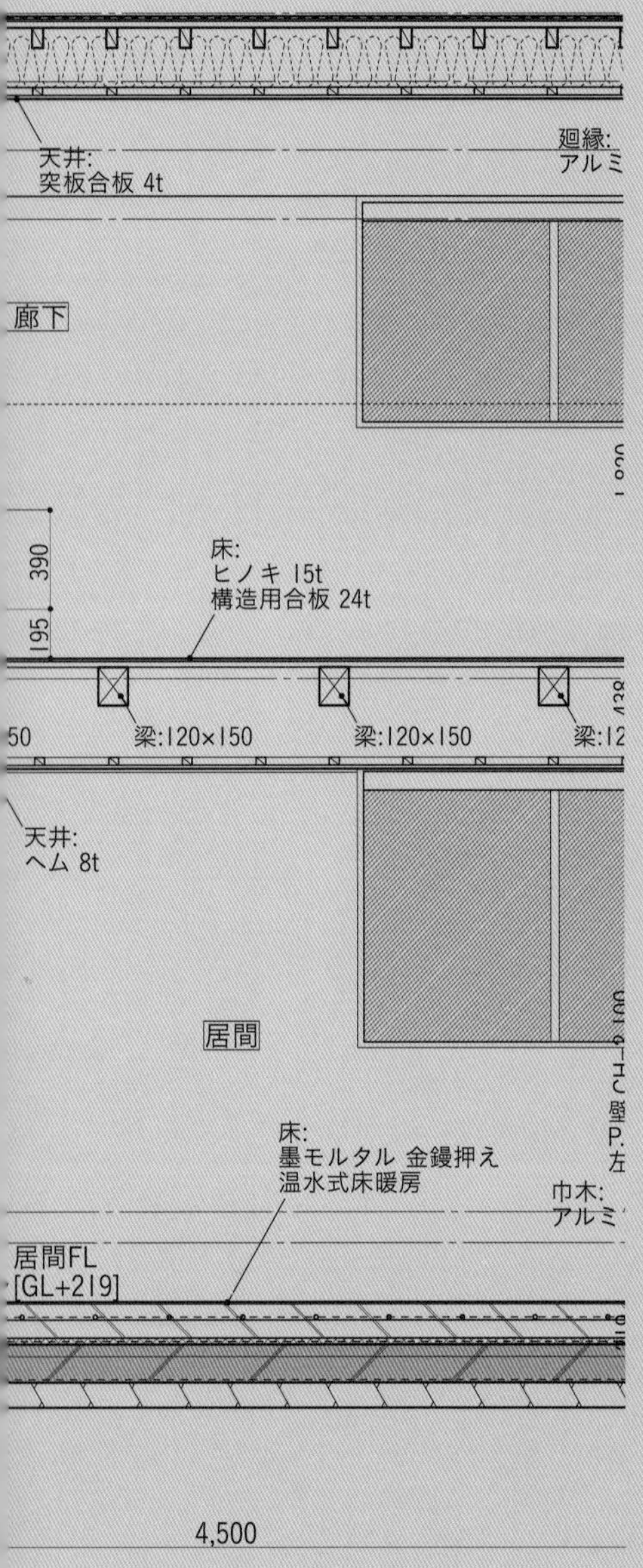
天井:
突板合板 4t
廻縁:
アルミ
廊下
床:
ヒノキ 15t
構造用合板 24t
390
195
梁:120×150
梁:120×150
天井:
ヘム 8t
居間
床:
墨モルタル 金鏝押え
温水式床暖房
巾木:
アルミ
居間FL
[GL+219]
4,500

心地よい住宅は、居場所を居心地のよい空間にしつらえるだけでは成立しません。それらをつなぐ移動の空間も大切です。

階段は、わずか1坪ほどの面積で、自分の身長の倍ほどの高さを行き来する住まいのなかでも特異な空間です。そのため、家族が高齢になっても安心して移動できるように、折れ曲がりのある独立階段をつくることが多いです。熱環境を考慮して、階段の上りきった部分には引戸を設けることがありますが、閉鎖的にならないようにガラス戸にしたり、階段と階段に面する部屋との間に小さな窓を設けたりしています。その小窓を介して、音や気配あるいは夕げの香りが上下階で伝わり、感覚的な要素がつながります。さらに階段廻りにベンチを設けて居場所をつくると、人の気配も上下階へ伝わります。

また、階段を上り下りするという行為を面倒に感じさせないように心を配ります。窓から風景や光で上階へ誘い込んだり、1階から階段へ、2階から階段へ、空間をさりげなくつなぐことで上り下りへの意識を和らげます。

第5章

階段・廊下のしつらえ方

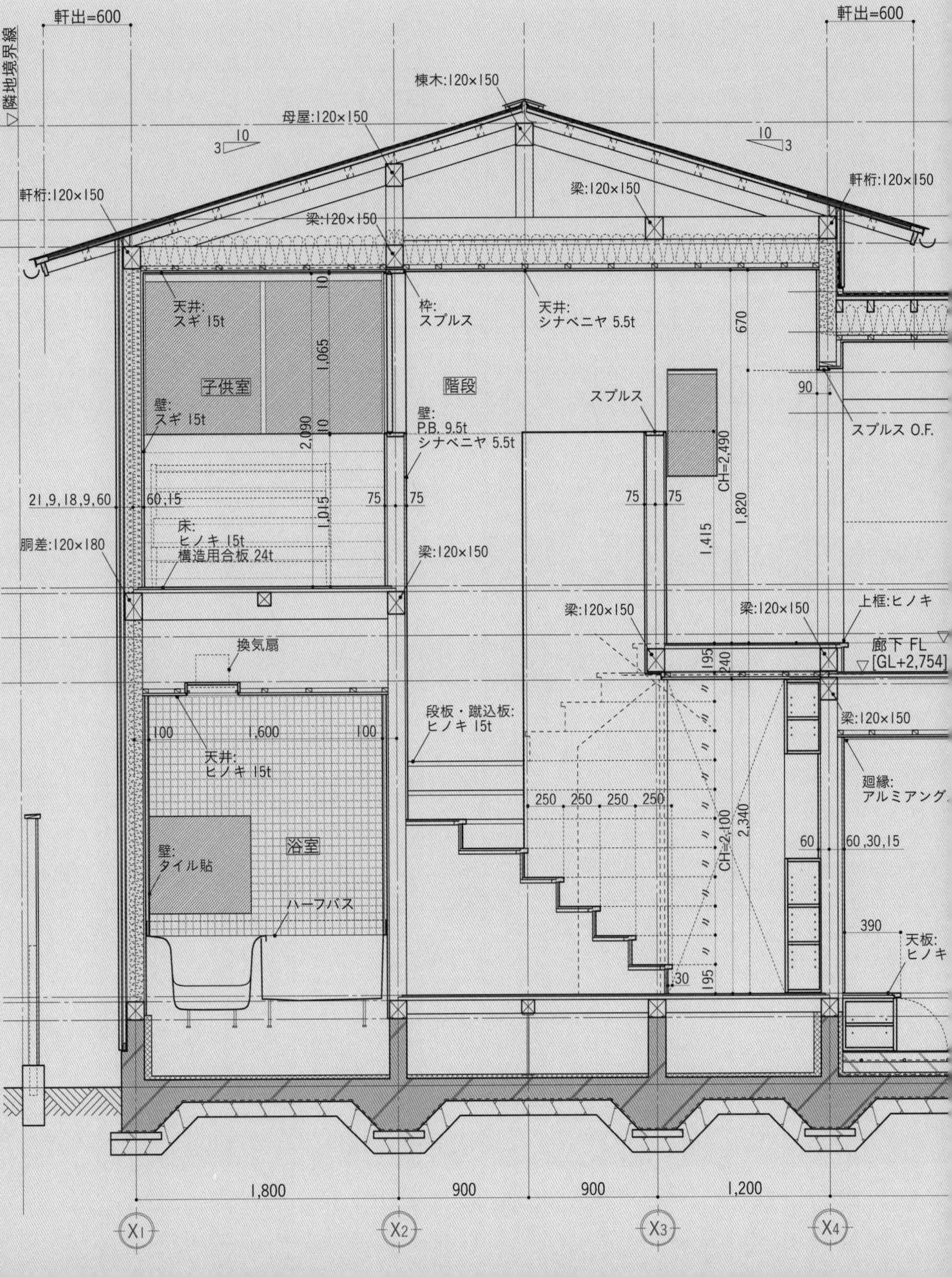

隣地境界線
軒出=600
軒出=600
棟木:120×150
母屋:120×150
3 10
10 3
軒桁:120×150
軒桁:120×150
梁:120×150
梁:120×150
天井:
スギ 15t
枠:
スプルス
天井:
シナベニヤ 5.5t
670
10
1,065
子供室
階段
90
スプルス
スプルス O.F.
壁:
スギ 15t
2,090
10
壁:
P.B. 9.5t
シナベニヤ 5.5t
CH=2,490
21,9,18,9,60
60,15
75
75
75
75
1,820
1,015
1,415
床:
ヒノキ 15t
構造用合板 24t
胴差:120×180
梁:120×150
梁:120×150
梁:120×150
上框:ヒノキ
廊下 FL
[GL+2,754]
換気扇
195
240
梁:120×150
段板・蹴込板:
ヒノキ 15t
100
1,600
100
天井:
ヒノキ 15t
廻縁:
アルミアング
250
250
250
250
浴室
CH=2,100
2,340
60
60,30,15
壁:
タイル貼
ハーフバス
390
天板:
ヒノキ
30
195
1,800
900
900
1,200
X1
X2
X3
X4

家族の気配を共有する

階段を中心に配置した回遊プランでは、階段に窓を設けられません。その代わりに、各室とつながる室内窓を階段に設けると、気配をつなぐ場として活用できます。

ここでは、階段に隣接するリビングと書斎にそれぞれ室内窓を設け、階段を介して気配を共有しています。たとえば2階にいても1階リビングの気配を感じたり、夜間は2階の書斎の明かりが階段に廻って玄関から見えたりして、家族の気配を感じられます。単なる移動空間とせず、各室をつなぐ役割があれば、階段を上ることも楽しみの1つになります。

≪１ 2階ホールから階段を見る。書斎の室内窓から間接光を、リビングの室内窓から風を取り入れている

音や光で互いの生活を感じられるしつらえ

ホールの階段側にFIX窓を設けて視覚的な抜けをつくることで、広がり感を強めている

階段とホールの間には引戸を設け、1階と2階の温熱環境を分けている

天井・壁：石こうボード 12.5t
+ 泥漆喰塗り 3t

書斎の窓（磨りガラス）から階段の踊場に光を落とす。夜間は書斎の明かりが階段をほんのりと照らす

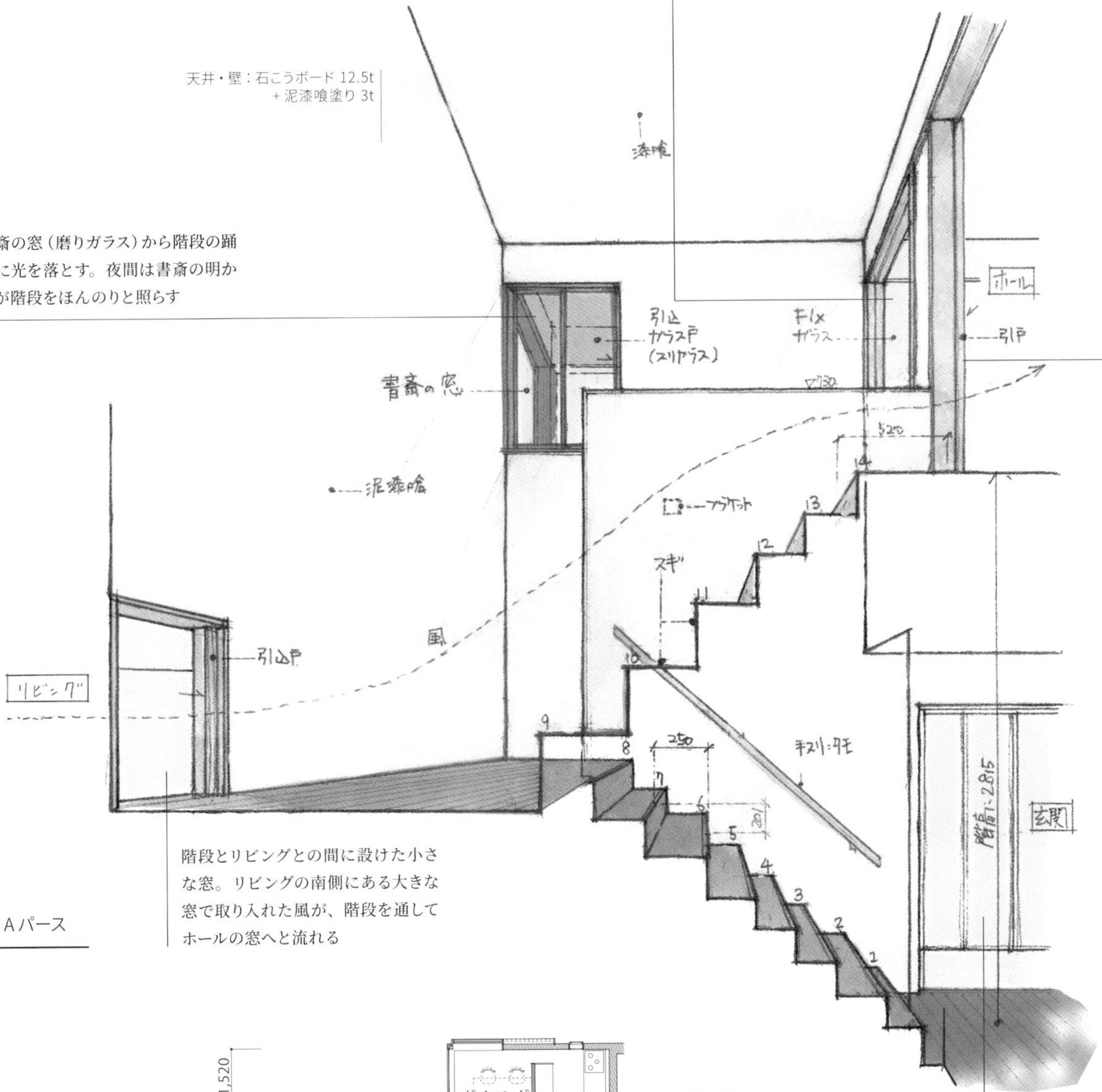
漆喰
引込
ガラス戸
(スリガラス)
書斎の窓
FIX
ガラス
ホール
引戸
泥漆喰
ブラケット
スギ
風
引込戸
リビング
手スリ：タモ
玄関
250
520
1
2
3
4
5
6
7
8
9
10
11
12
13
14

階段とリビングとの間に設けた小さな窓。リビングの南側にある大きな窓で取り入れた風が、階段を通してホールの窓へと流れる

Aパース

階段下のガラス戸の奥はキッチン。キッチンの気配や夕食の香りが書斎まで伝わる

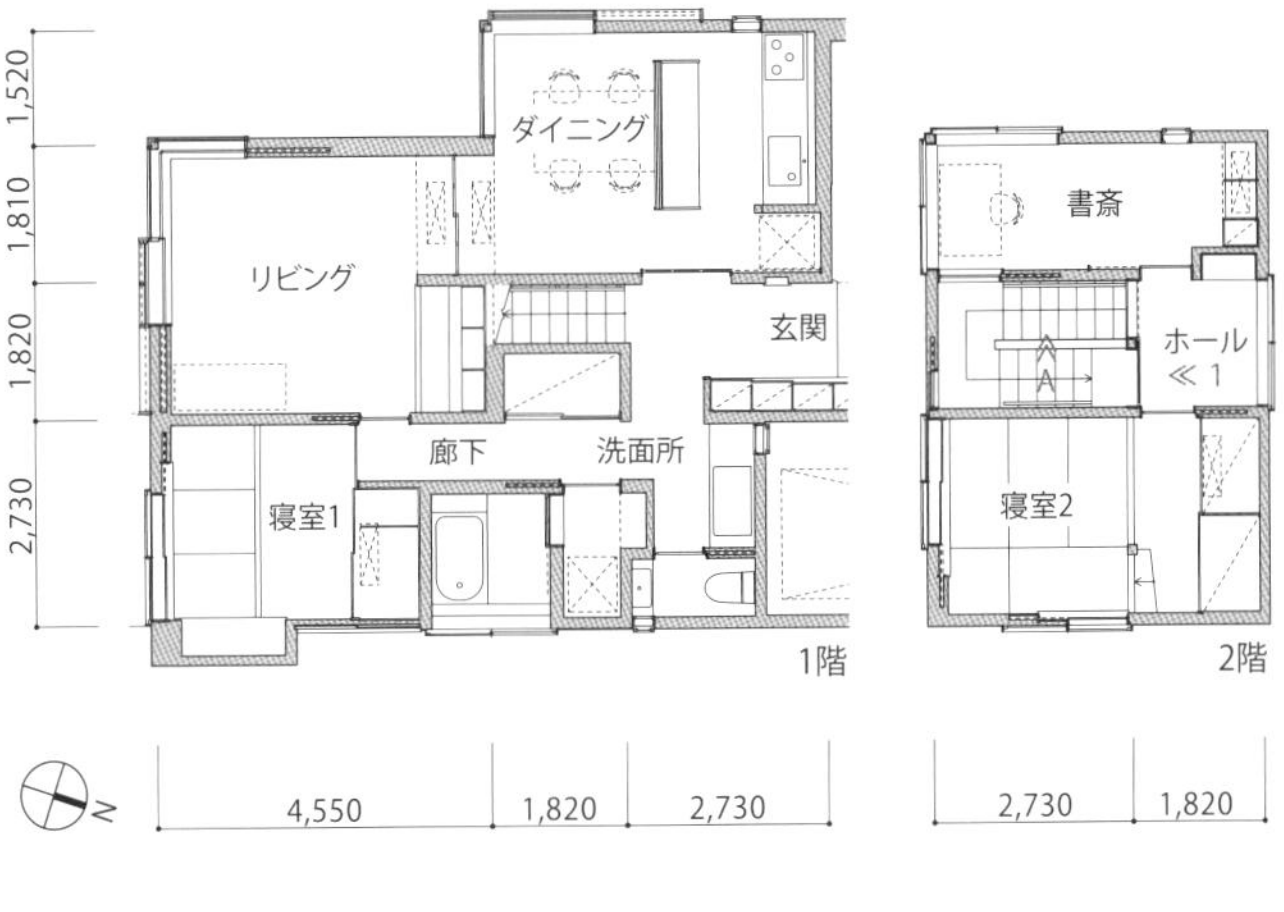
1,520
1,810
1,820
2,730
ダイニング
リビング
玄関
廊下
洗面所
寝室1
1階
4,550
1,820
2,730
書斎
ホール
≪1
A
寝室2
2階
2,730
1,820

平面図 S＝1：200

1 リビングから2階階段ホールを見る。階段ホールは天井高を抑えることで、リビングやダイニングに入ったときに広がりを感じられるようにしている

光で導く

都市部では風景を見せる窓を計画できないことが多く、階段ではなおさらです。そんなときは、明かり取りの小窓を設け、光で上階へ誘導する方法があります。

ここでは、階段の踊場の脇に小窓を設け、階段正面の壁に柔らかく光を廻しています。階段正面の壁に光を当てて奥をほのめかすことで、自然に上ってみたくなる階段にしつらえています。さらに、階段を折り返した先は、正面のバルコニーからの光が注ぎ、2階ホールへと誘います。

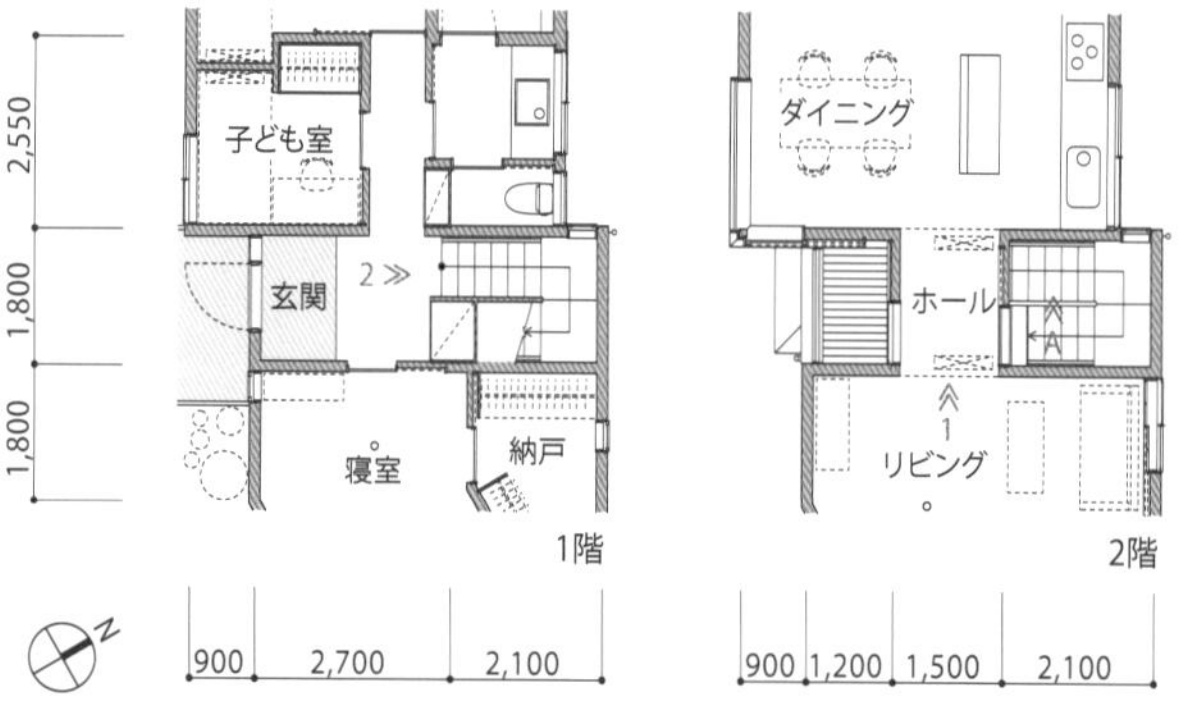

平面図S＝1：200

奥をほのめかして
階段の先への期待感を高める

壁・天井：石こうボード 12.5t
＋Uトップ塗り 3t

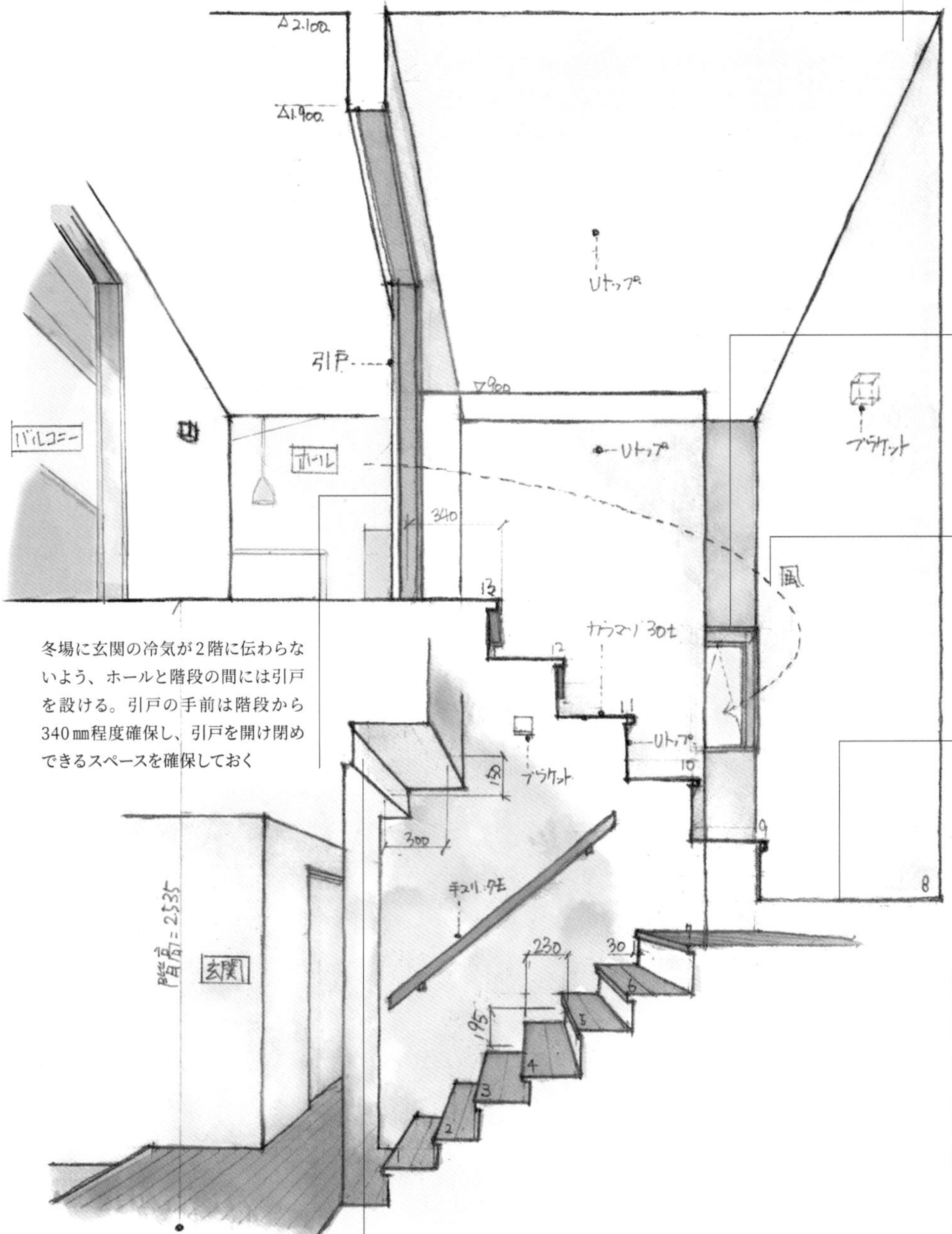

Aパース

階段の正面に窓を設けると、隣家が目に入ってしまうので、階段脇に小窓を設けた。小窓からの光が階段の正面（踊場壁面）に当たり、視線を上へと導くポイントになる

夏場は階段とホールの間の引戸を開けておけば、ホールから小窓へ風が抜ける

階段の踊場には、2階のホールを介してホールの先にあるバルコニーからの光が廻る

冬場に玄関の冷気が2階に伝わらないよう、ホールと階段の間には引戸を設ける。引戸の手前は階段から340㎜程度確保し、引戸を開け閉めできるスペースを確保しておく

寝室と水廻りを配置した1階は、階高や階段の段数を抑えている。1段目の階段を上る際に頭がぶつからないよう、天井を欠き込んでいる

2≫
階段正面の壁に光が廻ると、陰影が強調され、奥行き感が出る。奥に光があることで、階段の薄暗さが魅力に変わる

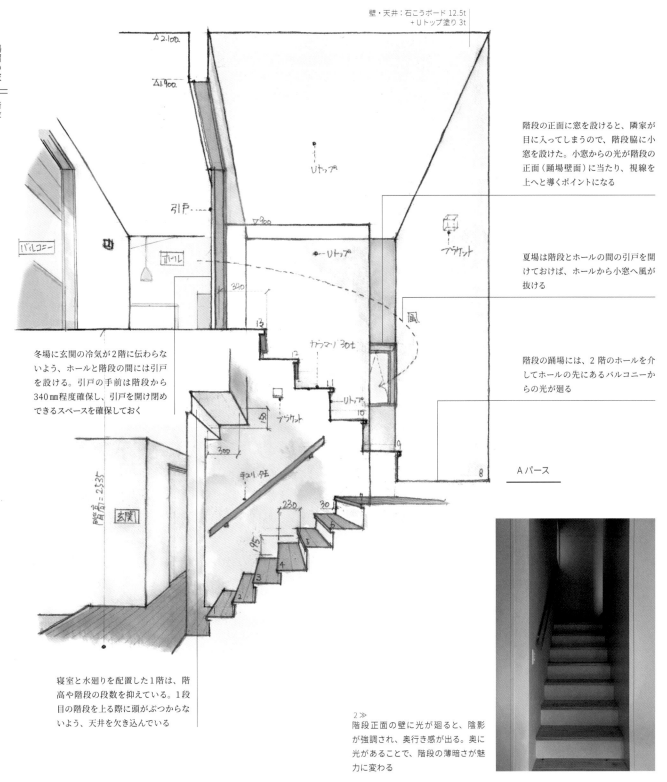

ちょっと たまれる廊下

中廊下形の平面では、個室が独立してしまいがちです。そんなときは、廊下の幅を少しだけ広くします。すると廊下が家族のたまり場に変わります。

ここでは南側に子ども室と寝室、北側に収納、これらと階段をつなぐように東西に幅広の1200㎜の廊下を設けています。廊下の幅は通常910㎜程度ですが、300㎜程度広げたことで、着替えや遊びのスペースとして活用されています。

1≫
玄関から廊下を見る。廊下には椅子やチェストなどを置いている。廊下の壁には鏡も配置しているので、廊下全体をウォークインクロゼットのようにも使える

1,200 ㎜の少し広い廊下が着替えや遊びのスペースに

子ども室の引違い戸は天井いっぱいまでの高さ。将来子どもが独立した際には、子ども室を廊下と一体のアトリエとして使える。子ども室を2室に分ける引違い戸にも垂壁は設けず、将来建具を取り払えるようにした

子ども室では、1つの窓を間仕切り（引違い戸）で分割される位置に配置し、2部屋で共有する。ロールスクリーンは2枚に分け、それぞれの部屋で採光量を調整できるようにしている

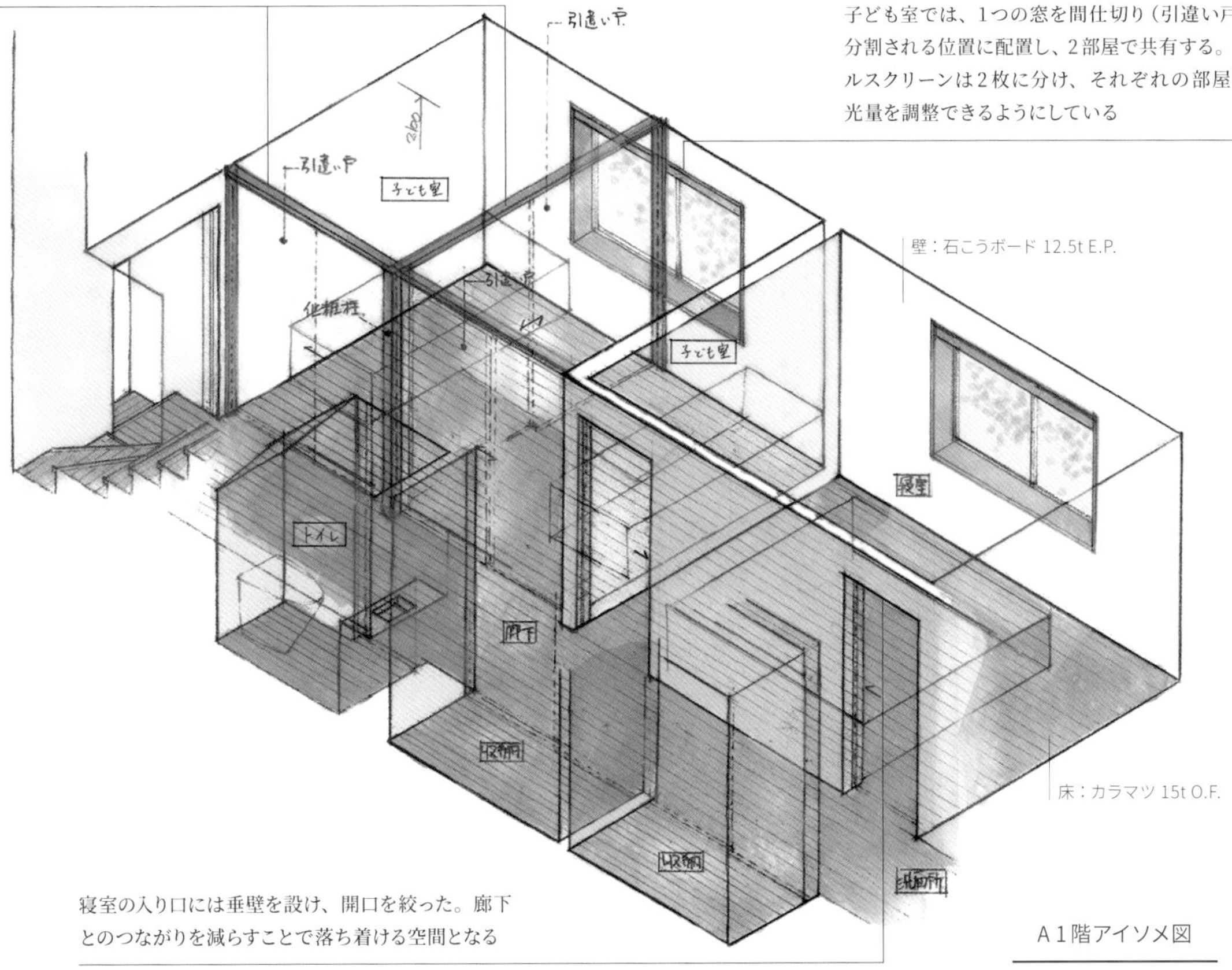

引違い戸
引違い戸
子ども室
引違い戸
子ども室
壁：石こうボード 12.5t E.P.
トイレ
寝室
廊下
収納
床：カラマツ 15t O.F.
収納
収納

寝室の入り口には垂壁を設け、開口を絞った。廊下とのつながりを減らすことで落ち着ける空間となる

A 1階アイソメ図

ベッドを部屋の中央に配置した場合にも使いやすいよう、寝室には入口を2つ設けて回遊できるようにした

廊下に面して、玄関、子ども室、寝室、水廻り、収納、トイレ、階段を配置。幅1,200㎜の廊下なら、出入りが激しい部屋が並んでも家族の移動に支障をきたさない

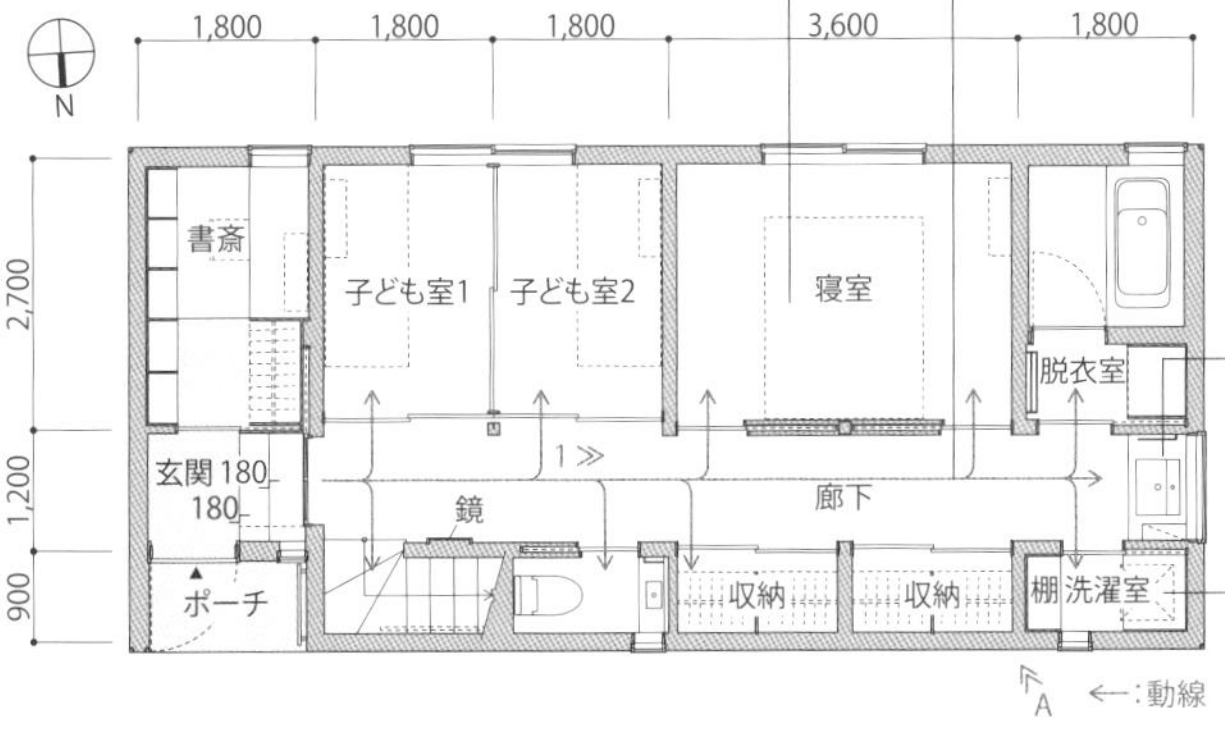

N
1,800
1,800
1,800
3,600
1,800
2,700
1,200
900
書斎
子ども室1
子ども室2
寝室
脱衣室
玄関 180
180
1≫
鏡
廊下
ポーチ
収納
収納
棚
洗濯室
A
←：動線

廊下幅を1,200㎜としたので、突き当たりに洗面台と収納を納められた。廊下を少し広げたことで、水廻りを廊下に組み込むことができた

洗濯機は1階、物干し場は2階にある。少し広めの廊下は、洗濯物を入れた籠を持って移動するのにも便利

1階平面図 S＝1：150

大きな景色には「引き」が必要

室内から敷地外の大きな風景を眺める計画では、スケールの差を埋める「引き」が必要です。内外の境界にバルコニーや軒下空間などを挟み込めば、外と適度な距離感を保つことができます。敷地の南側に道路と鉄道が走り、その先にケヤキ並木が見える敷地。ここでは2階にはインナーバルコニーを、1階には畳の縁側とバルコニー配置して外からの引きをとりました。

この家には1階と2階で別の世帯が居住します。2階の玄関は、Bパースのようにインナーバルコニーを奥に進んだ場所。毎日行き来する外廊下をインナーバルコニーと兼ねることで、掃除をしたり植木を置いたり、手入れが行き届いた空間になります。リビングとも隣接しているので、半屋外空間として日常的に利用できます。

サッシは下枠を隠すことでひとつながりに見せている。空間の広がりを演出すると同時に隙間風も防ぐ効果も

Bパース

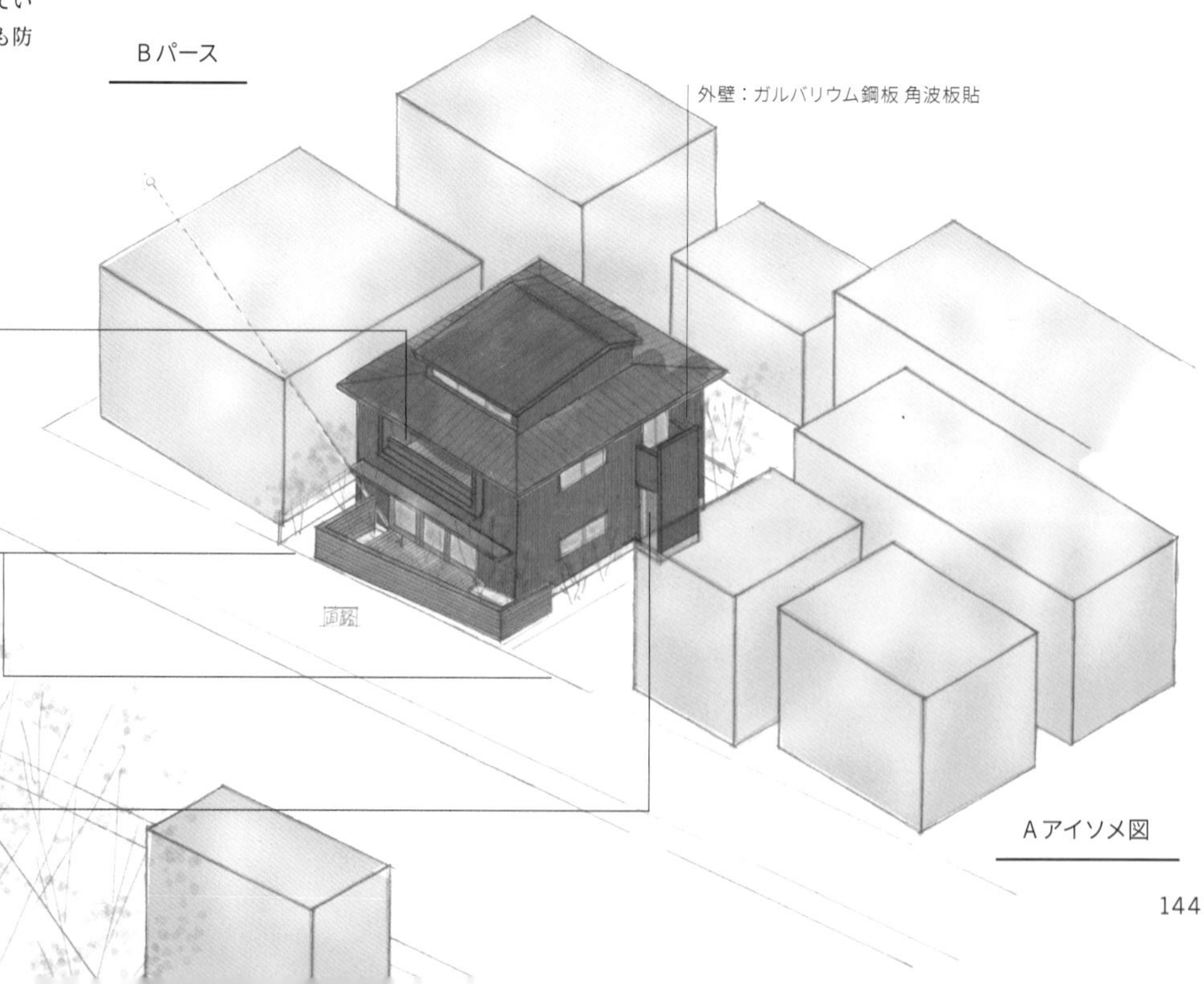

外壁：ガルバリウム鋼板 角波板貼

1階はデッキテラス、2階はインナーバルコニーで内と外の距離をおいている

上下で分けた二世帯住宅。1階は東面道路から、2階は西側から家に入る。各々のアプローチを離すことで、互いに適度な距離感をつくっている

1階の玄関前には張り出したポーチを設け、その上を2階書斎のバルコニーとしている。ちょっとした外部空間は息抜きの場所になる

Aアイソメ図

外廊下を兼ねた
バルコニーで外と距離をおく

ラワン合板の目地にライティングレールを仕込む。空間に余分な要素が入ることを極力防ぎ、インナーバルコニーに向けてパースがかかる化粧梁の方向性を際立たせている

リビングのソファに座ると、インナーバルコニーを介して掃出し窓からはケヤキ並木の緑を、その上部の高窓からは空をそれぞれ眺められる。高窓からの光は、天井に沿って部屋の奥まで廻る

袖壁を設けて延焼ラインをクリアしているので、外廊下に面した開口部を木製建具にできる

壁：ラワンベニヤ 5.5t O.F.

キッチン
玄関
バルコニー
L.D.

家全体をラワン合板と天竜杉の化粧柱で仕上げた。化粧柱と方立を兼ねて、サッシ枠を隠し、すっきりと見せている。すべての枠廻りのディテールをシンプルな形状にそろえることで、コストを抑えながら統一感のある意匠に見せている

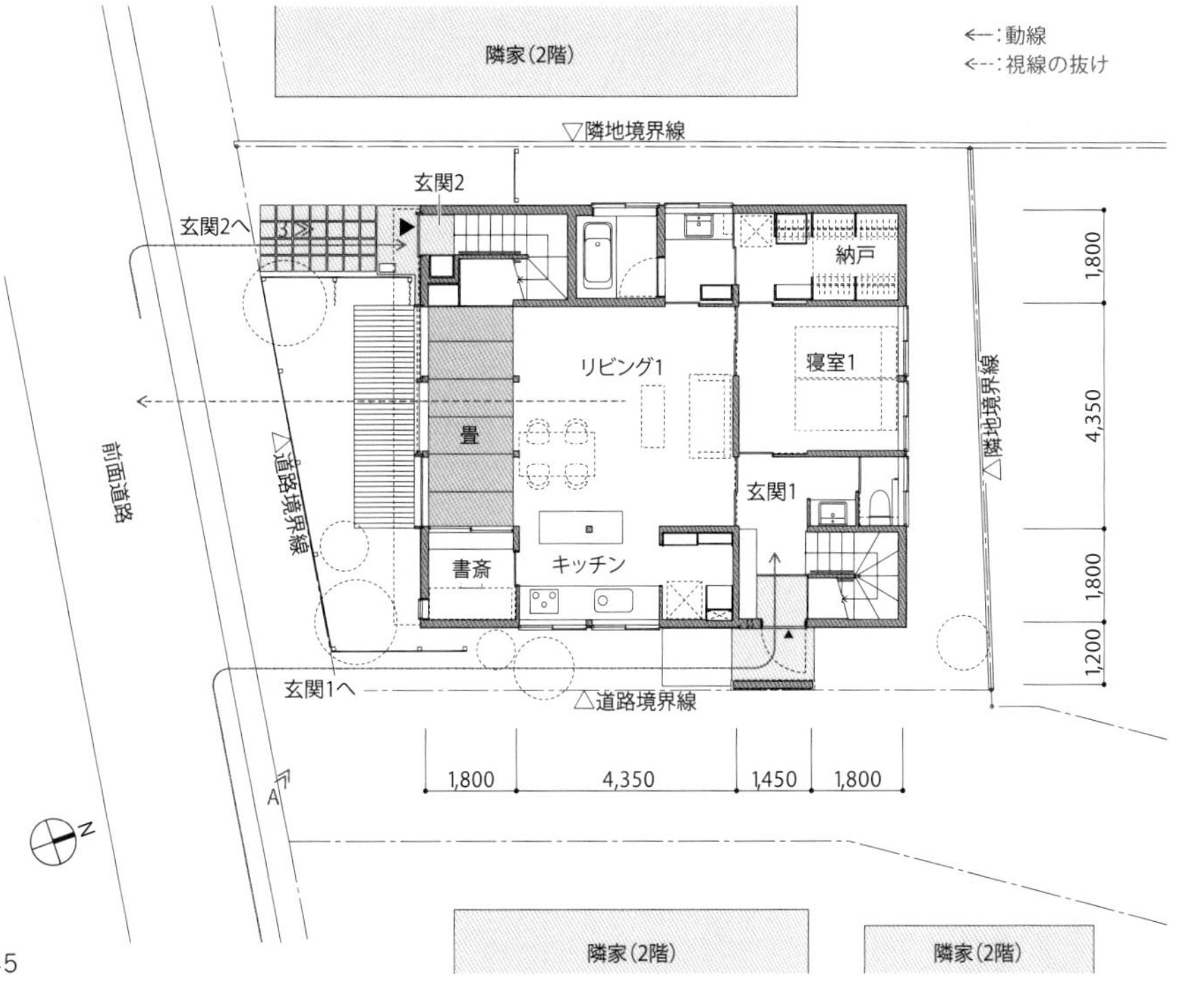

隣家(2階)
←:動線
←:視線の抜け
▽隣地境界線
玄関2
玄関2へ
納戸
リビング1
寝室1
畳
前面道路
△道路境界線
△隣地境界線
玄関1
書斎
キッチン
玄関1へ
△道路境界線
1,800
4,350
1,800
1,200
1,800
4,350
1,450
1,800
A
N
隣家(2階)
隣家(2階)

1階平面図 S＝1：200

建物の中心部は緩勾配の切妻とし、天井高を確保。切妻の廻りは、北側斜線をかわすため、緩勾配の片流れで4 方向に葺き下ろす。中心にある天井の高いリビングと対照的に、周りの部屋は天井高を抑えて空間にメリハリをつけている

バルコニーの床はリビングから240 ㎜下がった位置に配置。掃出し窓を開け放てば、段差に腰かけられる

2階バルコニーの防水層を確保するために1階の天井は下がるため、直下を床座の畳の間として低い天井高が落ち着くしつらえにした

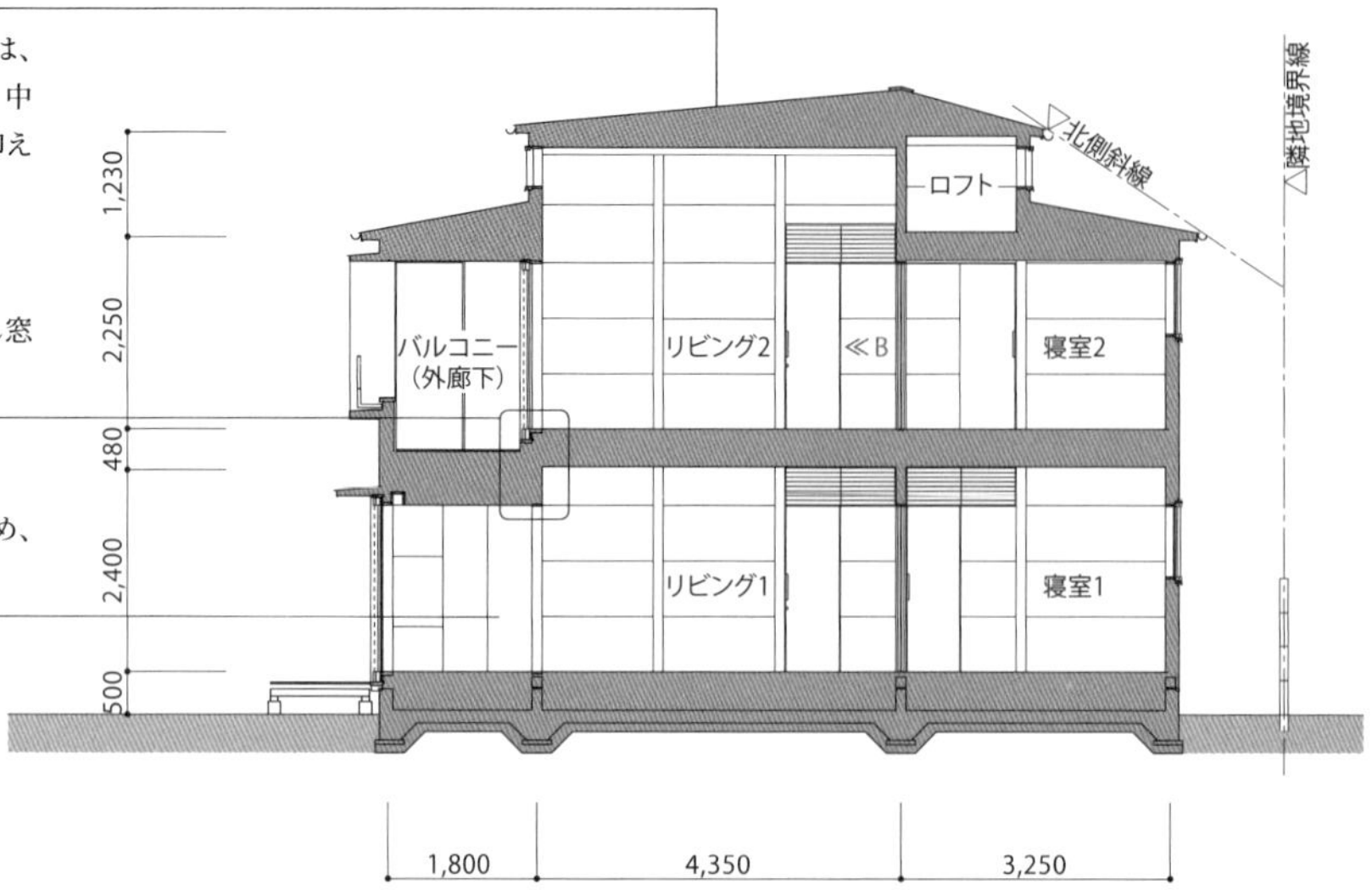

隣地境界線
北側斜線
ロフト
1,230
2,250
480
2,400
500
バルコニー
(外廊下)
リビング2
≪B
寝室2
リビング1
寝室1
1,800
4,350
3,250

断面図S=1：150

家の外周の天井高を低く抑えて囲われ感を演出する

3≫ 2階住戸の入口。一度囲われた小さな空間に入り、階段を上りきるとインナーバルコニーに出る。小さな空間を経由することで、インナーバルコニーの開放感がより強調される

壁に大きめの絵画を飾れるように、天井高は3,300㎜としている。天竜杉の柱がアクセントとなり大空間を引き締める。また、絵画を展示した際にはこの柱がフレームとして機能し、存在感を際立たせる

素材やディテールと垂壁の高さをそろえることで、大空間に秩序が生まれる

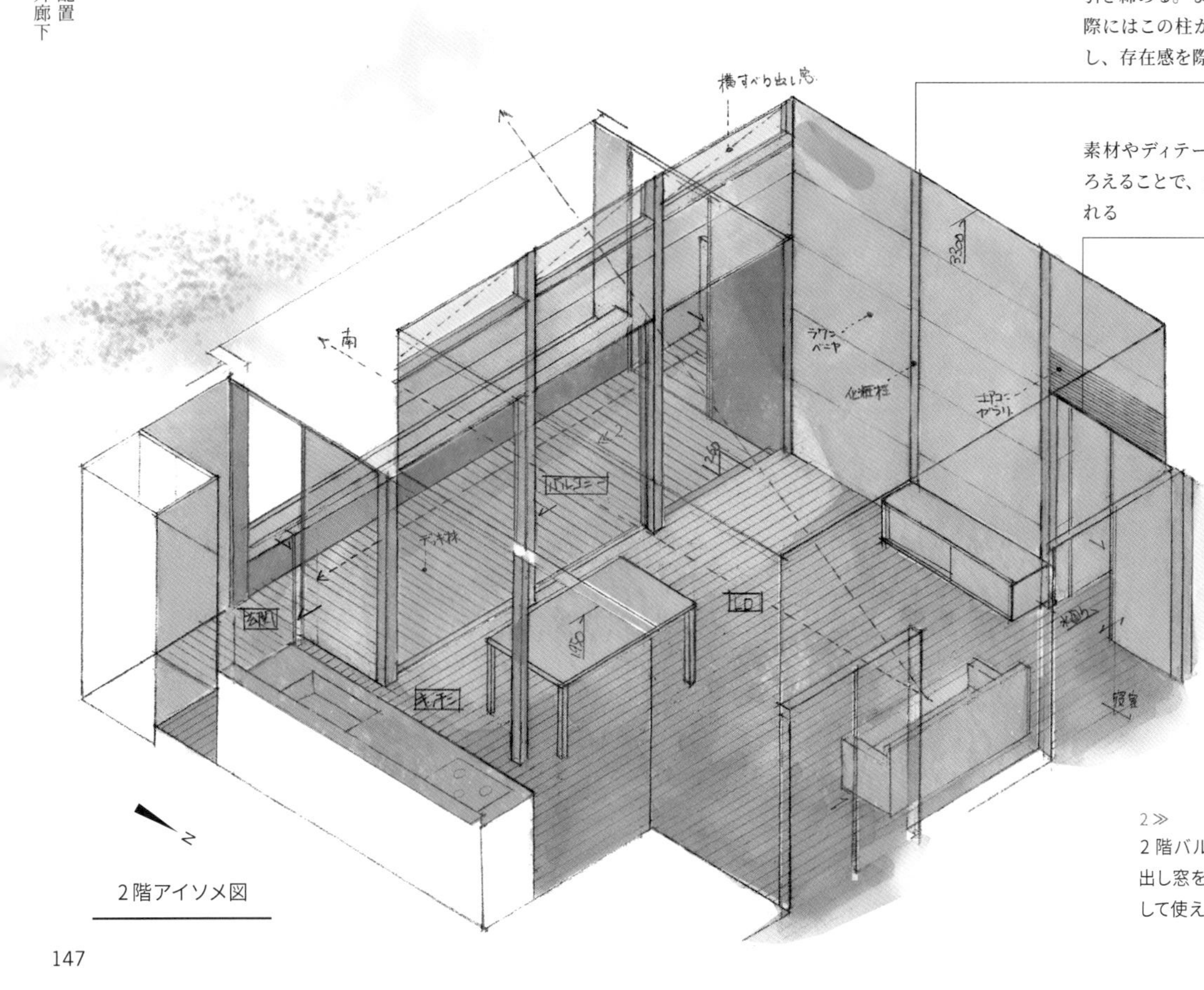

2階アイソメ図

2≫
2階バルコニーから玄関を見る。掃出し窓を開け放てば、室内の延長として使える

目線の先を想定しておく

各階が半階ずれてつながるスキップフロアにしたときは、階段を上った先々に目をひくポイントをつくることが大切です。上っているときに見える空間や景色を想定しながら、階段を設計します。

段差のある敷地形状を生かしたスキップフロアのこの住宅では、階段から少しだけ各階での活動が見えるように設計しています。1.5階では中庭、2階はガラスの引戸越しのキッチン、2.5階は子ども室やたまり場となるホール。階段を上るたびに、家族の様子を少しだけ見ることができます。

さらに、最上階の6段の踏板は、踏板と踏板の間が開いているストリップ階段にして、最上階の子ども室に離れのような趣をつくり出しています。最上階の高窓からの光は、ストリップ階段を介して1階に注ぎ、自然と上に視線を導きます。

中庭を眺める窓の下にパネルヒーターを設け、ホールをちょっとした居場所にする。階段ホールに居場所があるため、2.5階の子ども室と下の階がつかず離れずの関係になる

北からの光を落とすとともに湿気を抜く窓。輻射式《ふくしゃしき》暖房を用いているので、冬でも室内から湿気が出る時間帯は少し開けておくとよい

2階のホール2では階段正面のガラス引戸を介して奥のキッチンの気配を感じさせ、1.5階から2階に向かう際の視線を集める

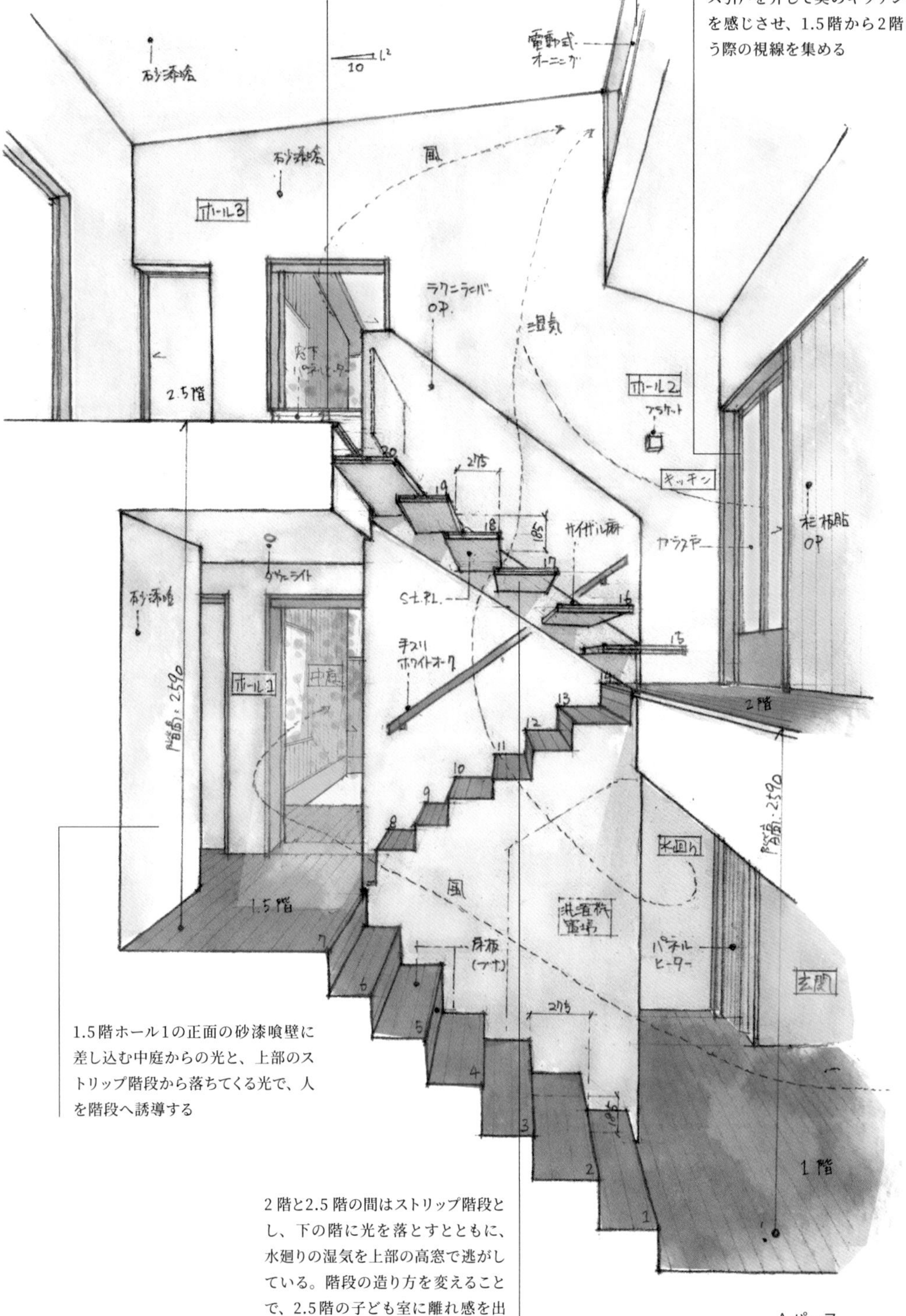

1.5階ホール1の正面の砂漆喰壁に差し込む中庭からの光と、上部のストリップ階段から落ちてくる光で、人を階段へ誘導する

2階と2.5階の間はストリップ階段とし、下の階に光を落とすとともに、水廻りの湿気を上部の高窓で逃がしている。階段の造り方を変えることで、2.5階の子ども室に離れ感を出している

Aパース

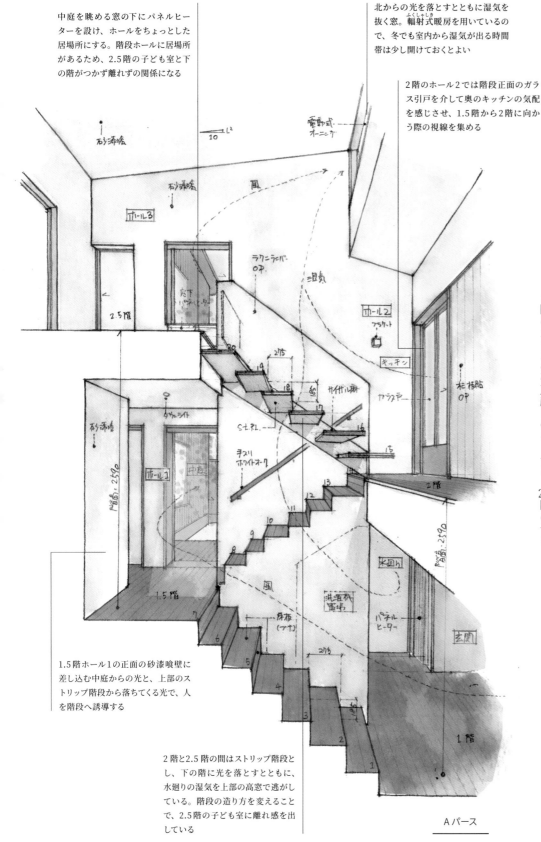

階段を移動するたび
家族の様子が少し見える

2 ≫ 1.5階から2階を見る。右下には玄関、左上にはキッチンが見える。複数の情報が同時に見えることで、変化を楽しめ、階段を軽快に上がれる

≪ 1 玄関から階段を見る。明暗の差で上階へと導く

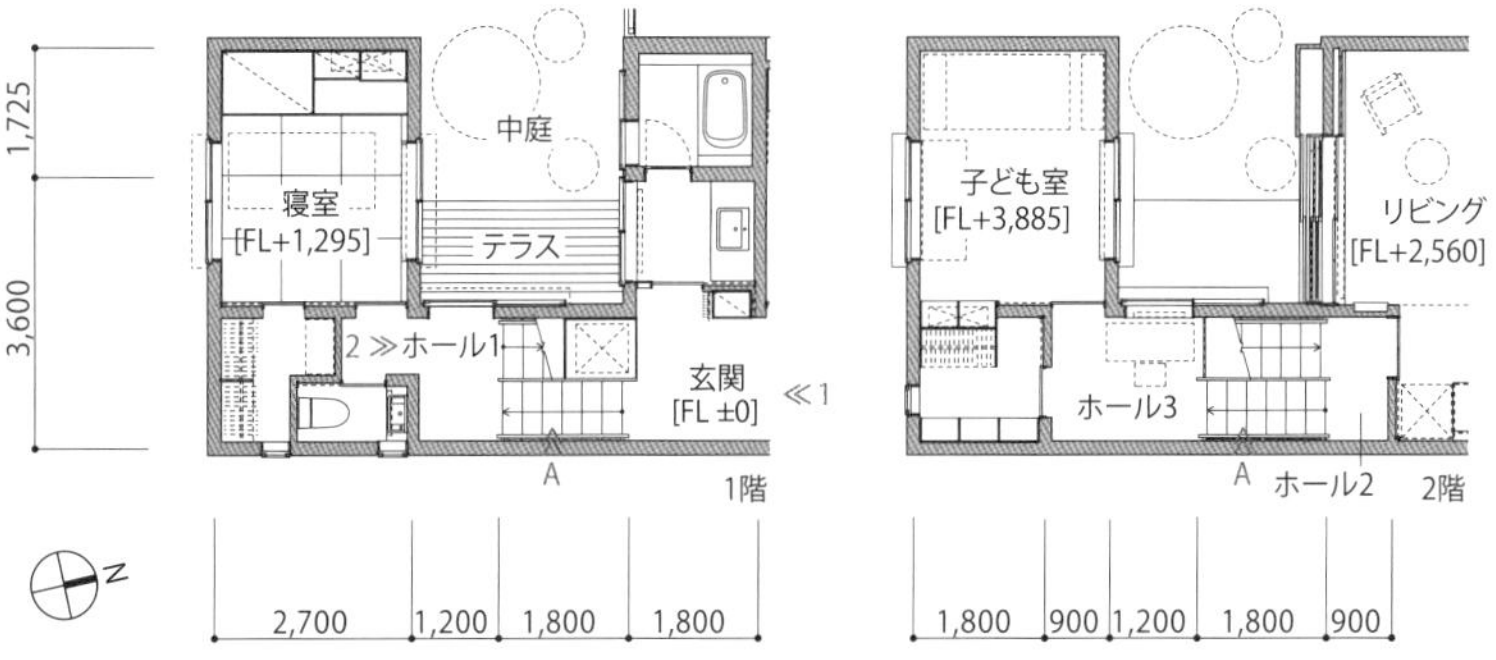
1,725
3,600
中庭
寝室
[FL+1,295]
テラス
2 ≫ ホール1
玄関
[FL ±0]
≪ 1
A
1階
2,700
1,200
1,800
1,800
N
子ども室
[FL+3,885]
リビング
[FL+2,560]
ホール3
A
ホール2
2階
1,800
900
1,200
1,800
900

平面図S＝1：200

景色で導く

自然環境に恵まれた敷地では、階段からも美しい景色を見せたいものです。この事例は、木立に囲まれた別荘の階段。各階が半階ずれてつながるスキップフロアです。各フロアの階段正面に窓を設け、階段を上る人の視線を引きつけています。1.5階は正面の窓から見えるカツラの木、2階は正面の窓から見えるクリの木と窓辺のベンチがそれぞれ目をひくポイントとなっています。

≪3 1.5階から2階ホール2の窓とベンチを見る。ベンチに座ると、窓の外にあるクリの木の下にいるような感覚になる

2≫ 2階階段ホールから1.5階のホール1を見る。窓の先には雁行させた建物の外観が見える

≪1 1階玄関から1.5階ホール1を見る。階段の正面にある窓が目をひく。漆喰の壁に窓からの光が反射して窓廻りが明るくなり、明暗の差で人を引き込む

階段の先には魅力的な景色を用意しておく

2.5階にあるリビングと階段の間の引戸は、上部にFIXの窓を設け、気配や光が感じられるようにしている

階段ホールの窓前にベンチを設けて、居場所をつくることで、階段が読書をしたり、入浴後に涼んだりする、人がたまれる場所になる

玄関と階段の間に引込み戸を設け、玄関からの冷気が上がってくるのを防ぐ。また地面に近い玄関と縁を切ることで安心感を与えている

階段正面の窓から見えるカツラの木は、屋外スポットライトで明るく照らし、夜間の視線を誘導している

玄関から階段へは、右手の窓から壁に廻る光で誘導する

壁：ラスボード 7t + 漆喰塗り 13t

Aパース

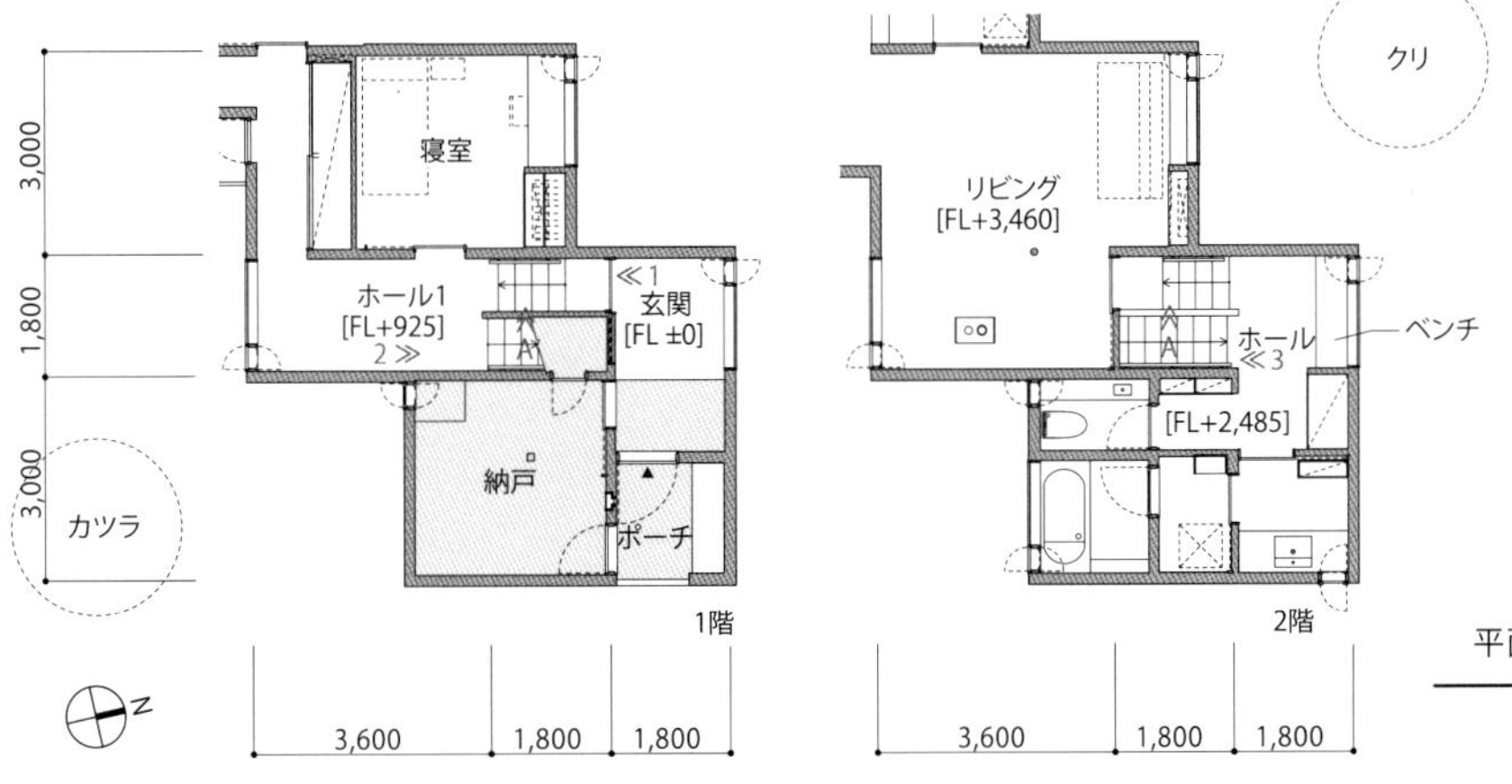

平面図S＝1：200

1坪階段にゆとりを

軸組を考慮すると、階段は1坪に納めたいものです。しかし、階高を抑えられない場合には、窮屈な階段になってしまいます。そのような場合は、無理に納めることは考えず、1坪階段＋数段に分けて考えます。

1階を天井高2400㎜（階高2727㎜）のリビングとしたこの住宅。これを1坪の階段に納めると急勾配になって危険です。そこで、リビングの端にあるキッチンは天井高を2100㎜（階高2424㎜）に抑え、その直上にある階段ホール兼洗濯室までを1坪12段の階段で上ることにしました。そこから2段上がって各室に向かう構成とすることで、階段をコンパクトに納めつつもゆとりがあるように感じさせています。

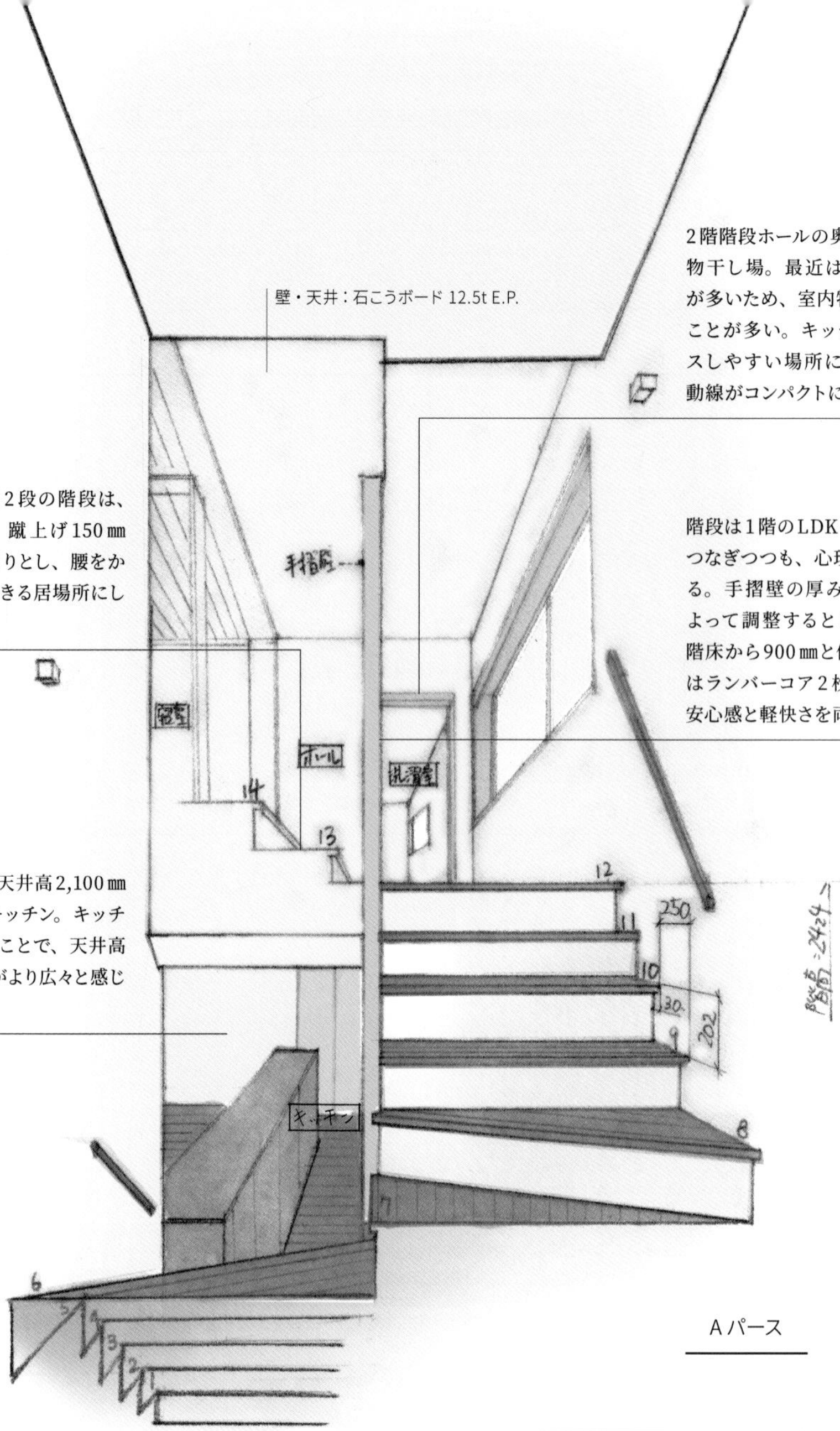
手摺壁
寝室
ホール
洗濯室
キッチン
250
30
202

壁・天井：石こうボード 12.5t E.P.

2階階段ホールの奥は洗濯室兼室内物干し場。最近は天候の急な変化が多いため、室内物干し場を設けることが多い。キッチンからもアクセスしやすい場所に設ければ、家事動線がコンパクトになる

1坪階段の先にある2段の階段は、心々1,800㎜の幅、蹴上げ150㎜のゆったりとしたつくりとし、腰をかけて本を読むなどできる居場所にしている

階段は1階のLDKと2階の個室とをつなぎつつも、心理的な境界にもなる。手摺壁の厚みや高さを場合によって調整するとよい。ここでは2階床から900㎜と低く抑える。厚みはランバーコア2枚分の60㎜とし、安心感と軽快さを両立した

階段ホールの下は、天井高2,100㎜（階高2,424㎜）のキッチン。キッチンの天井高を抑えることで、天井高2,400㎜のリビングがより広々と感じられる

Aパース

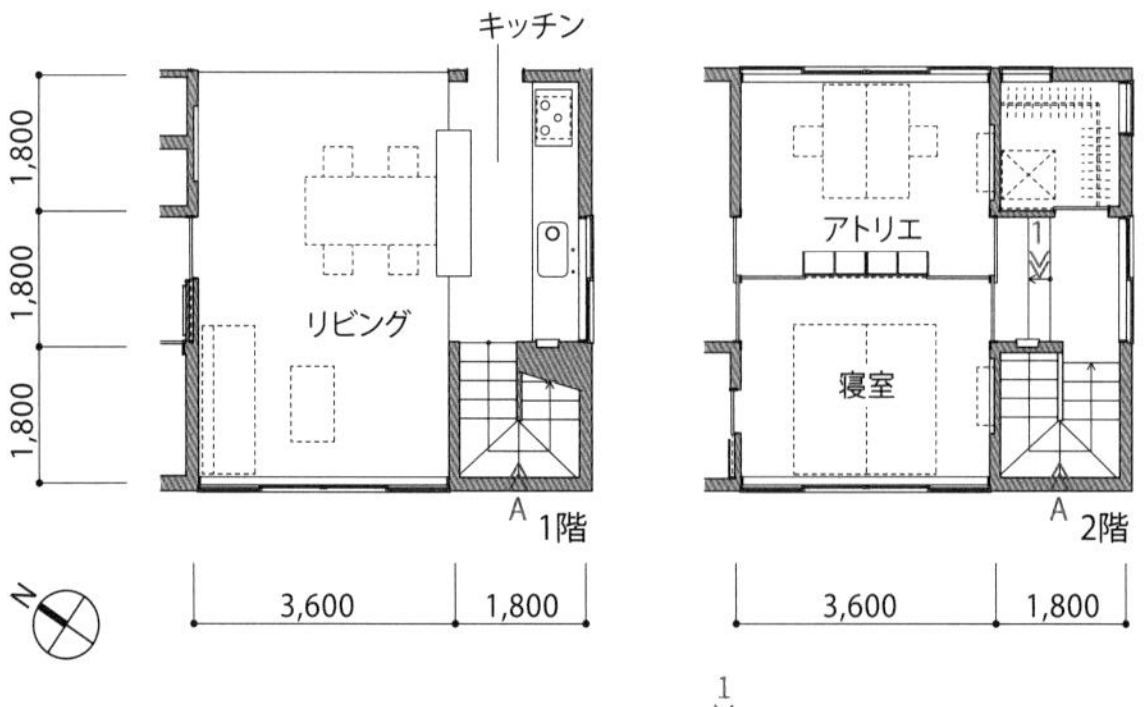
キッチン
リビング
1階
アトリエ
寝室
2階
A
1,800
1,800
1,800
3,600
1,800
3,600
1,800

平面図S＝1：200

1 ホールから階段を見る。ホールに窓やニッチ棚を設けて階段を上る人の視線を集めるポイントをつくる

階段を取り込んで広がり感を

リビング側ではテレビ台として機能する手摺壁。その下にはパネルヒーターを設けている。このパネルヒーターが、1階からの冷気を防ぐ役割も担っている

階段には横長の窓を設けて、1階2階に入ってくる南側からの風を抜く。リビングのソファに座った際に、テレビ台の上に見える窓からは、順光に照らされた北側の屋敷森が見える

最上段は踏面を大きくつくり、踊場とする。踊場がリビングから階段を眺めた際の緩衝帯となり、リビングと階段の距離がとれる

階段正面の壁を奥にあるキッチンの目隠しとする。下階からキッチンの慌ただしさを見せないことで、階段を落ち着かせている。ただし、音や人の気配は、階段を介して1階に伝える

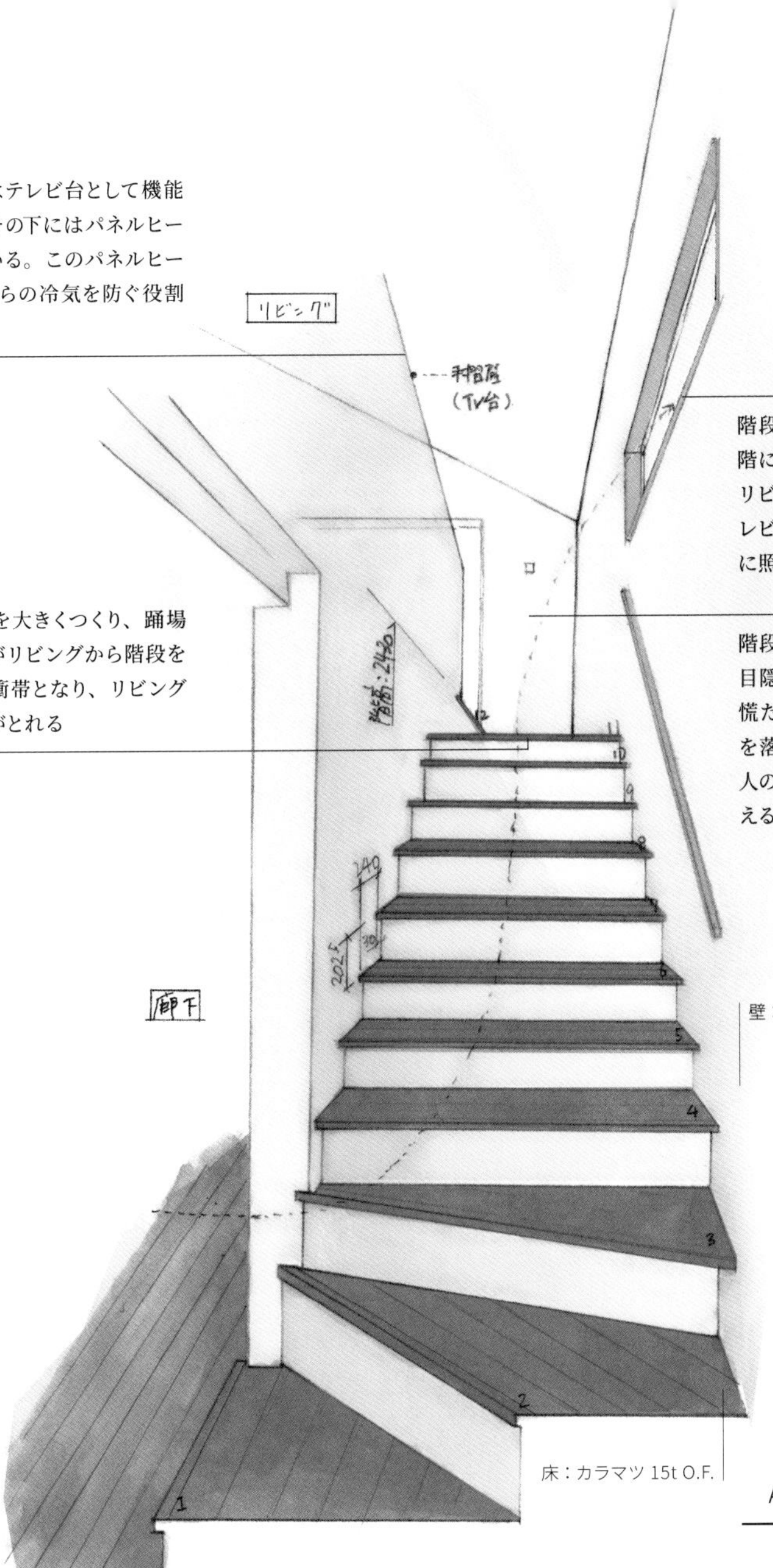

リビング
手摺壁
(TV台)
廊下
240
30
202.5
壁：石こうボード 12.5t E.P.
床：カラマツ 15t O.F.

Aパース

2階のリビングに直通階段を取り込めば、階段上部の空間がリビングとつながるため実際の面積よりも広く感じさせることができます。

1階を個室、2階をLDKとしたこの住宅。1階の個室や水廻りの天井高を抑えることで、12段の直通階段としています。2階では、階段をリビングの端に納めてリビングの天井を屋根勾配なりに設け、空間の広がりを演出しています。また直通階段で上下階がつながるため、断熱や暖房を適切に施せば全室において同じ温熱環境で快適に過ごせます。

1≫リビングから階段を見る。勾配天井の低い部分に階段を納めることで、階段を上りきった先にあるリビングを広々と感じさせている

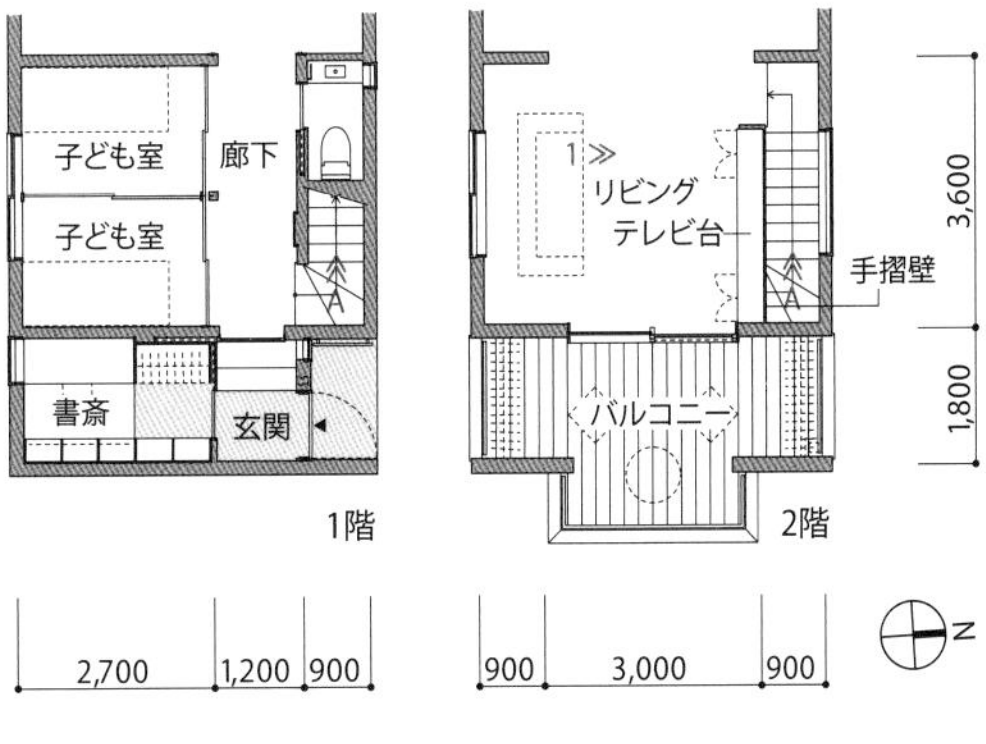

子ども室
子ども室
廊下
書斎
玄関
1階
2,700
1,200
900
1≫
リビング
テレビ台
手摺壁
バルコニー
2階
3,600
1,800
900
3,000
900
N

平面図S＝1：200

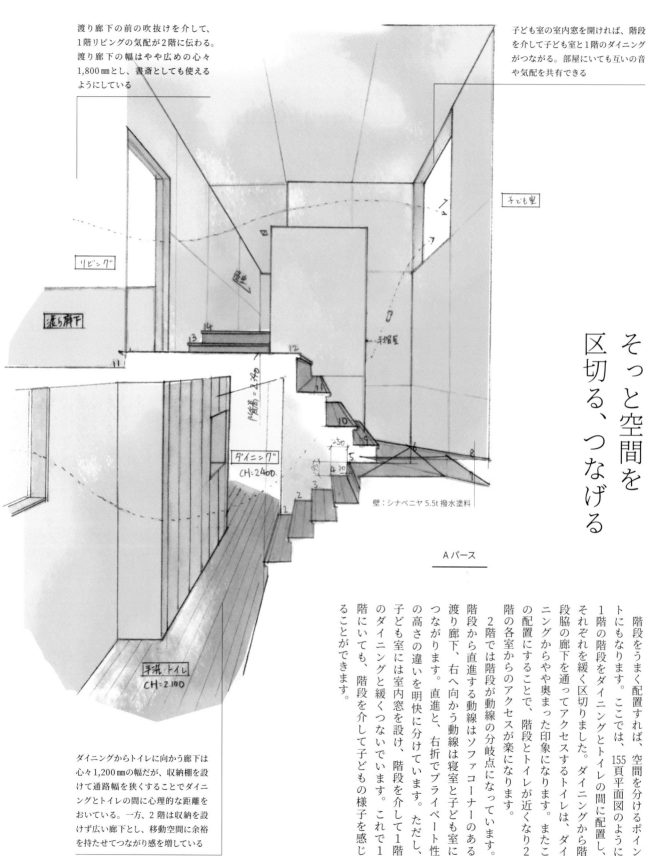

渡り廊下の前の吹抜けを介して、1階リビングの気配が2階に伝わる。渡り廊下の幅はやや広めの心々1,800㎜とし、書斎としても使えるようにしている

子ども室の室内窓を開ければ、階段を介して子ども室と1階のダイニングがつながる。部屋にいても互いの音や気配を共有できる

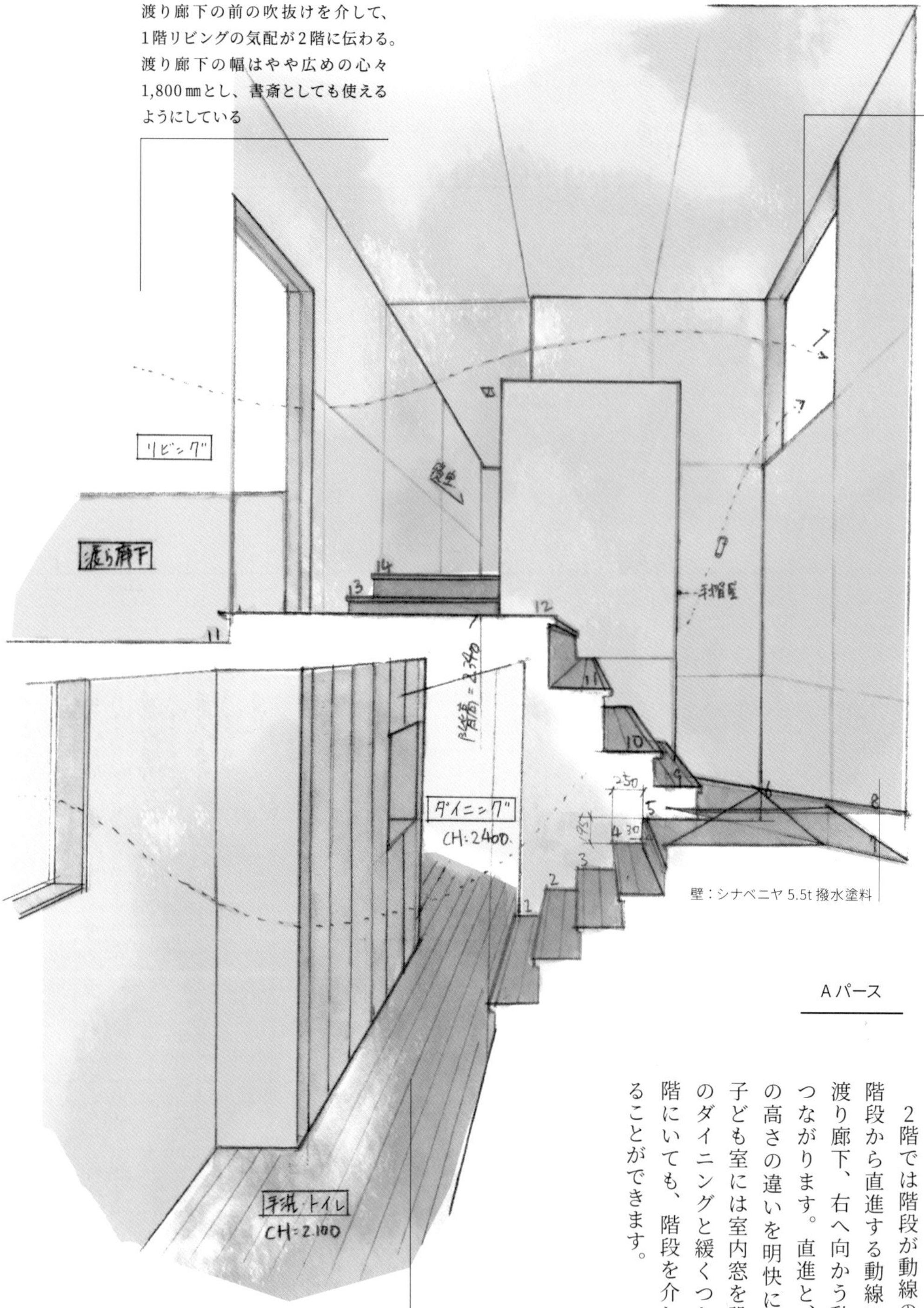

子ども室
リビング
渡り廊下
手摺壁
ダイニング
CH:2400
手洗・トイレ
CH:2100

壁：シナベニヤ 5.5t 撥水塗料

Aパース

そっと空間を区切る、つなげる

階段をうまく配置すれば、空間を分けるポイントにもなります。ここでは、155頁平面図のように1階の階段をダイニングとトイレの間に配置し、それぞれを緩く区切りました。ダイニングから階段脇の廊下を通ってアクセスするトイレは、ダイニングからやや奥まった印象になります。またこの配置にすることで、階段とトイレが近くなり2階の各室からのアクセスが楽になります。

2階では階段が動線の分岐点になっています。階段から直進する動線はソファコーナーのある渡り廊下、右へ向かう動線は寝室と子ども室につながります。直進と、右折でプライベート性の高さの違いを明快に分けています。ただし、子ども室には室内窓を設け、階段を介して1階のダイニングと緩くつないでいます。これで1階にいても、階段を介して子どもの様子を感じることができます。

ダイニングからトイレに向かう廊下は心々1,200㎜の幅だが、収納棚を設けて通路幅を狭くすることでダイニングとトイレの間に心理的な距離をおいている。一方、2階は収納を設けず広い廊下とし、移動空間に余裕を持たせてつながり感を増している

階段を介して
子ども室の様子がわかる

1≫
階段ホールから子ども室の方向を見る。正面の室内窓を開けると、階段の吹抜けと子ども室が通じる。またリビングの吹き抜け、渡り廊下から風が通り抜ける

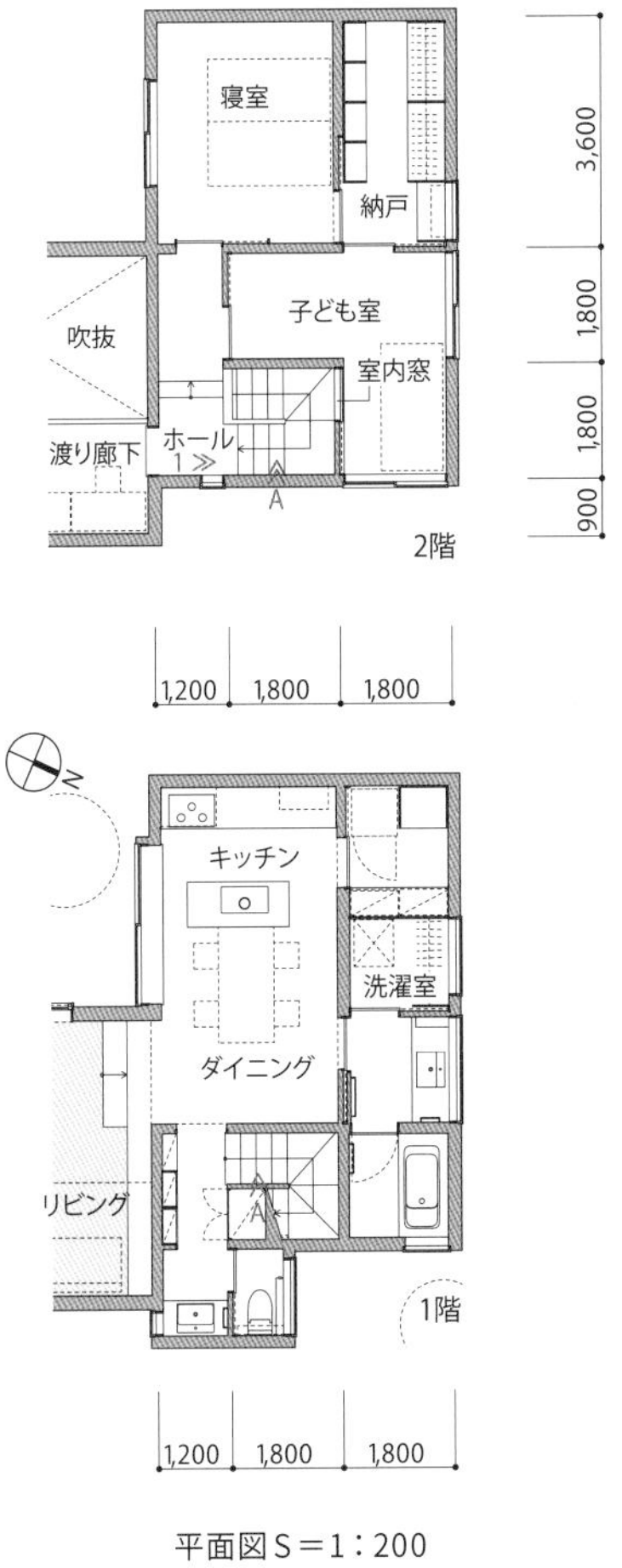

平面図S＝1：200

2 2階から階段を見る。光が注ぐ2階の窓は1間幅なので、足を伸ばして横に座れ、日向ぼっこするにも丁度よい

1 1階から階段を見る。玄関から1間幅の空間が続き、廊下をたまれる場にしている

たまたま出会う場所をつくっておく

家族が集まる場をリビングとダイニングのみにしてしまうと、家族が個室にこもってしまいます。部屋の外の階段をちょっとした居場所にすると、たまたま顔を合わせて会話をする機会が増えます。

水廻りを共有した2世帯住宅。それぞれ別のリビング、ダイニングをつくりました。2つのリビング、ダイニングを結ぶ階段は、光を採り入れるとともに、庭を眺めることができます。階段廻りの窓辺はベンチにもなる窓台をしつらえた心地よい空間になっており、2世帯共有のたまり場になっています。

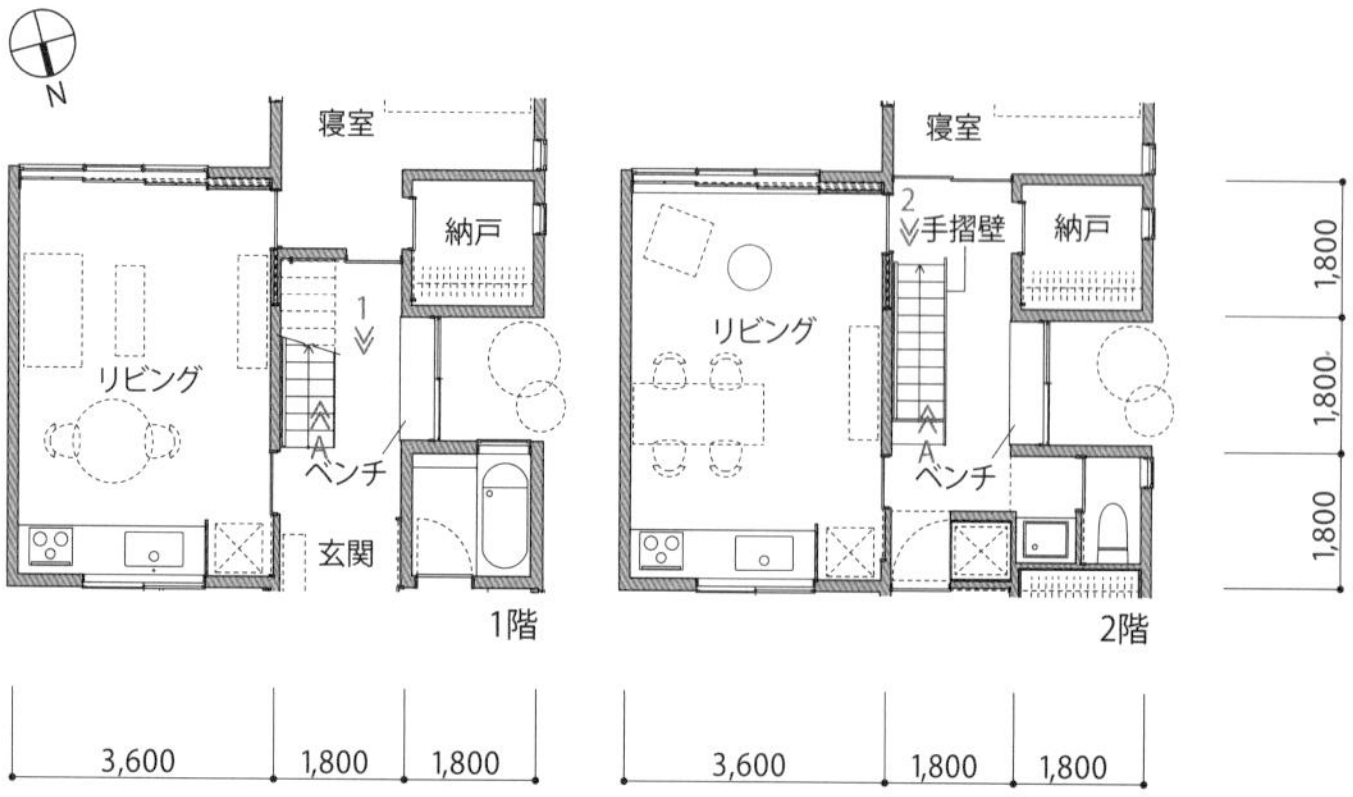
N
寝室
納戸
1
リビング
A
ベンチ
玄関
1階
3,600
1,800
1,800
寝室
2
手摺壁
納戸
リビング
A
ベンチ
2階
1,800
1,800
1,800
3,600
1,800
1,800

平面図S＝1：200

階段の近くの窓を家族がたまれるベンチにする

シナランバーコアを横向きに設置して、手摺壁とした。薄い面材なので安心感を保ちながら軽快さも演出している

窓の外の坪庭から光を採り入れる。大きな窓だが、外部ではなく庭に面しているのでプライバシーが保たれる

壁：石こうボード 12.5t
＋Uトップ塗り 3t

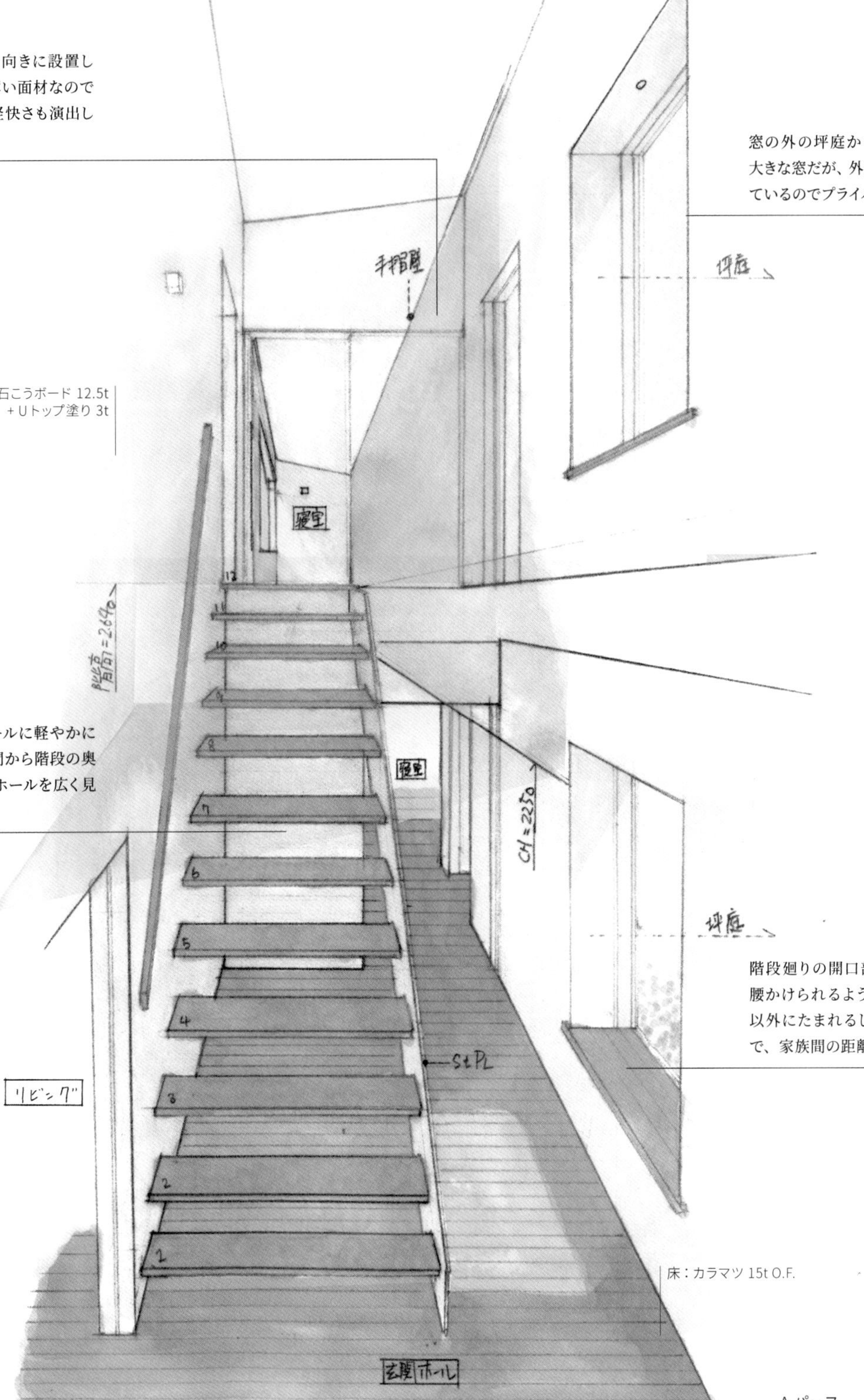

窓からの光が1階ホールに軽やかに落ちる。また段板の間から階段の奥に視線が抜けるのでホールを広く見せられる

階段廻りの開口部は窓台を深くし、腰かけられるようにしている。LDK以外にたまれるしつらえがあるだけで、家族間の距離が近くなる

床：カラマツ 15t O.F.

Aパース

INDEX

幡ヶ谷の家《はたがやのいえ》

規模：木造3階
敷地：103.71㎡
室内：121.92㎡
延床：134.07㎡
施工：幹建設
造園：舘造園
掲載頁：10、56、93、97、118

永山の家《ながやまのいえ》

規模：木造2階
敷地：74.31㎡
室内：85.23㎡
延床：87.48㎡
施工：幹建設
造園：舘造園
掲載頁：12、44、90、94、124、148

那須の家《なすのいえ》

規模：木造2階
敷地：1,986.00㎡
室内：131.76㎡
延床：146.88㎡
施工：ユーディーホーム
造園：舘造園
掲載頁：14、58、92、98、122、128、150

町田の家《まちだのいえ》

規模：木造2階（改築）
敷地：165.30㎡
室内：103.82㎡
延床：106.25㎡
施工：幹建設
掲載頁：42、79、102、126、138

溝口の家《みぞのくちのいえ》

規模：木造2階
敷地：101.66㎡
室内：107.68㎡
延床：107.68㎡
施工：幹建設
掲載頁：26、156

浜田山の家《はまだやまのいえ》

規模：木造2階
敷地：143.92㎡
室内：141.63㎡
延床：152.94㎡
施工：滝新
掲載頁：55、78、88、106、144

鵠沼の家《くげぬまのいえ》

規模：木造2階
敷地：116.07㎡
室内：90.38㎡
延床：92.54㎡
施工：幹建設
造園：舘造園
掲載頁：22、40、116、140

八ヶ岳の小さな離れ《やつがたけのちいさなはなれ》

規模：木造 平屋
敷地：2,860.00㎡
室内：19.44㎡
延床：25.92㎡
施工：田中住建
掲載頁：108

狭山の家《さやまのいえ》

規模：木造2階
敷地：140.75㎡
室内：116.52㎡
延床：123.57㎡
施工：幹建設
造園：en景観設計
掲載頁：20、48、64、114、154

スケッチ制作：丸山弾
協力：鈴木雪乃
　　　鳥山治子

撮影：砺波周平　カバー、28–35、64–71、112、114–115、128–135、142、155
　　　丸山弾　　上記頁を除く
図面トレース：坪内俊英　章扉を除く
ブックデザイン：O design
印刷・製本：シナノ書籍印刷

石神井の家《しゃくじいのいえ》

規模：木造2階
敷地：115.39㎡
室内：87.48㎡
延床：103.68㎡
構造：mono
施工：滝新
造園：舘造園
掲載頁：25、52、74、96

富士見の家《ふじみのいえ》

規模：木造 平屋
敷地：489.19㎡
室内：134.57㎡
延床：136.64㎡
施工：幹建設
掲載頁：24、54、62、80、86、104、120

横浜青葉の家《よこはまあおばのいえ》

規模：木造2階
敷地：140.77㎡
室内：90.72㎡
延床：93.96㎡
施工：幹建設
造園：en景観設計
掲載頁：18、38、50、82、113、152

宇都宮の家《うつのみやのいえ》

規模：木造2階
敷地：337.74㎡
室内：93.42㎡
延床：106.06㎡
施工：伴工務店
掲載頁：6、28、84、112、142、153

丸山 弾　まるやま・だん

1975　東京都生まれ
1998　成蹊大学卒業
2003–2007　堀部安嗣建築設計事務所
2007　丸山弾建築設計事務所設立
2007–　京都芸術大学 通信教育課程 大学院　非常勤講師

丸山弾建築設計事務所
〒164-0003 東京都中野区東中野4-25-5-106
Tel/ fax：03-3367-7756
URL：http://www.dan-maruyama.com/
email：info@dan-maruyama.com

美しい住まいのしつらえ

2020年8月24日　初版第1刷発行

著者　丸山弾

発行者　澤井聖一
発行所　株式会社エクスナレッジ
〒106-0032 東京都港区六本木7-2-26
http://www.xknowledge.co.jp/

問合せ先
編集　Tel：03-3403-6796／Fax：03-3403-0582
info@xknowledge.co.jp
販売　Tel：03-3403-1321／Fax：03-3403-1829